Novas lideranças políticas e
alternativas de governo na
América do Sul

FUNDAÇÃO EDITORA DA UNESP

Presidente do Conselho Curador
Marcos Macari

Diretor-Presidente
José Castilho Marques Neto

Editor-Executivo
Jézio Hernani Bomfim Gutierre

Conselho Editorial Acadêmico
Antonio Celso Ferreira
Cláudio Antonio Rabello Coelho
José Roberto Ernandes
Luiz Gonzaga Marchezan
Maria do Rosário Longo Mortatti
Maria Encarnação Beltrão Sposito
Mario Fernando Bolognesi
Paulo César Corrêa Borges
Roberto André Kraenkel
Sérgio Vicente Motta

Editores-Assistentes
Anderson Nobara
Denise Katchuian Dognini
Dida Bessana

PROGRAMA SAN TIAGO DANTAS DE PÓS-GRADUAÇÃO
EM RELAÇÕES INTERNACIONAIS
Universidade Estadual Paulista – UNESP
Universidade Estadual de Campinas – Unicamp
Pontifícia Universidade Católica de São Paulo – PUC-SP

LUIS FERNANDO AYERBE (Organizador)
Aldo Duran Gil - Ana Maria Stuart - Andrés Serbin -
Carlos Eduardo Carvalho - Carlos Oliva Campos -
Gilberto Dupas - Haroldo Ramanzini Júnior -
Manuela Trindade Viana - Marcelo Fernandes de Oliveira -
Rafael Duarte Villa - Rodrigo Alves Correia - Tullo Vigevani

Novas lideranças políticas e alternativas de governo na América do Sul

© 2008 Editora UNESP
Direitos de publicação reservados à:
Fundação Editora da UNESP (FEU)
Praça da Sé, 108
01001-900 – São Paulo – SP
Tel.: (0xx11) 3242-7171
Fax: (0xx11) 3242-7172
www.editoraunesp.com.br
feu@editora.unesp.br

Programa San Tiago Dantas de Pós-Graduação em
Relações Internacionais da UNESP, Unicamp, e PUC-SP
Praça da Sé, 108 – 3º andar
01001-900 – São Paulo – SP
Tel.: (0xx11) 3101-0027
www.unesp.br/santiagodantassp
www.pucsp.br/santiagodantassp
www.ifch.unicamp.br/pos
relinter@reitoria.unesp.br

CIP – Brasil. Catalogação na fonte
Coordenadoria Geral de Bibliotecas da UNESP

N824
    Novas lideranças políticas e alternativas de governo na América do Sul / Luis Fernando Ayerbe (organizador). São Paulo: Editora UNESP: Programa San Tiago Dantas de Pós-Graduação em Relações Internacionais da UNESP, Unicamp e PUC-SP, 2008.

    ISBN 978-85-7139-830-6

    1. América do Sul - Relações exteriores.   2. América do Sul - Aspectos políticos.   3. Política internacional - Século XX. I. Título.

CDD: 327.8
CDU: 327 (8=6)

Beneficiário de auxílio financeiro da CAPES – Brasil

Editora afiliada:

*à querida colega
Ana Maria Stuart
1945-2008*

Sumário

APRESENTAÇÃO 9
    Luis Fernando Ayerbe

1 NOVAS LIDERANÇAS NA AMÉRICA DO SUL: O CASO KIRCHNER 15
    Ana Maria Stuart

2 BOLÍVIA E EQUADOR NO CONTEXTO ATUAL 39
    Aldo Duran Gil

3 RELAÇÃO ENTRE POLÍTICA DOMÉSTICA E INTEGRAÇÃO REGIONAL: UMA INTERPRETAÇÃO DO BRASIL NO GOVERNO LULA DA SILVA 83
    Tullo Vigevani, Haroldo Ramanzini Júnior e Rodrigo Alves Correia

4 HUGO CHÁVEZ: LIDERANÇA E POLARIZAÇÃO 117
    Andrés Serbin

5 A ASCENSÃO DE URIBE NA COLÔMBIA: SEGURANÇA INTERNA E ALIANÇA ESTRATÉGICA COM OS ESTADOS UNIDOS NA CONSTRUÇÃO DO ESTADO-NAÇÃO 153
    Rafael Duarte Villa e Manuela Trindade Viana

6 "ESQUERDA CONFLITIVA" E POLÍTICA ECONÔMICA: NOTAS SOBRE ARGENTINA, BOLÍVIA E VENEZUELA   183
Carlos Eduardo Carvalho

7 A AMÉRICA DO SUL NA ENCRUZILHADA DE SUA HISTÓRIA: FRAGMENTAÇÃO, ALTERNATIVAS POLÍTICAS E OPÇÕES A PARTIR DA PERIFERIA   199
Carlos Oliva Campos

8 A UNIÃO SUL-AMERICANA DE NAÇÕES: OPORTUNIDADES ECONÔMICAS E ENTRAVES POLÍTICOS   235
Gilberto Dupas e Marcelo Fernandes de Oliveira

9 NOVOS ATORES POLÍTICOS E ALTERNATIVAS DE GOVERNO: OS CASOS DE ARGENTINA, BOLÍVIA, BRASIL E VENEZUELA   265
Luis Fernando Ayerbe

SOBRE OS AUTORES   303

APRESENTAÇÃO

Luis Fernando Ayerbe

Os primeiros anos do século XXI desenham para o entorno latino-americano um cenário ao mesmo tempo difícil e rico em possibilidades. Entre os elementos característicos relevantes destacamos: o esgotamento de um ciclo econômico marcado pela liberalização dos mercados, no contexto do chamado "Consenso de Washington"; a emergência de forças políticas e movimentos sociais cuja ação consegue combinar a crítica ao modelo dominante com a construção de alternativas de poder estatal; e a ascensão de governos preocupados com a revalorização do protagonismo do Estado em relação ao mercado, com o objetivo de recuperar capacidades de gestão nos âmbitos interno – especialmente na promoção da eqüidade social – e externo, em busca de afirmação regional no âmbito sul-americano e maior autonomia nas relações com os Estados Unidos.

Neste livro, que apresenta os resultados do projeto *Novas lideranças políticas e alternativas de governo na América do Sul*, desenvolvido no Instituto de Estudos Econômicos e Internacionais (IEEI), com o apoio da Fundação Friedrich Ebert, são analisadas seis experiências nacionais em que os elementos acima destacados adquirem rica diversidade de significados: Argentina, Bolívia, Equador, Brasil, Venezuela e Colômbia.

A Argentina sai de um conflito interno de amplas proporções, em que o presidente Néstor Kirchner, eleito em 2003, encaminhou um processo de normalização institucional. Tenha-se presente que neste país se explicita de forma drástica a crise do neoliberalismo, num marco de descrédito das lideranças tradicionais, emergência de movimentos sociais radicalizados, que não convergem na direção de um modelo alternativo, recolocando o

Partido Justicialista no centro da política nacional. A evolução recente tem implicações importantes na inserção regional, com a aproximação ao seu entorno imediato – Mercosul – e à América Latina em geral, numa revisão da política externa de alinhamento automático com os Estados Unidos que prevaleceu até 2001.

Na Bolívia, a renúncia de Sánchez de Lozada em 2003, após forte reação popular contra o anúncio da concessão a empresas estrangeiras da produção e da exportação de gás natural, abriu um processo de instabilidade e radicalização que conduziu, em dezembro de 2005, à eleição de Evo Morales. Ex-deputado pelo Movimento ao Socialismo e importante liderança dos camponeses indígenas plantadores de coca, o novo presidente se mostra decidido na promoção de ações em favor da ampliação do controle estatal das riquezas naturais, confrontando interesses de empresas multinacionais dos setores de gás e petróleo, inclusive de origem brasileira, com implicações para as relações da Bolívia com seus países vizinhos.

A trajetória política recente do Equador tem como característica marcante a forte instabilidade. Em novembro de 2002, é eleito presidente o coronel Lúcio Gutierrez, um dos líderes da rebelião popular que provocou a renúncia de Jamil Mahuad em 2000. Entre os motivos principais da revolta estava a proposta de dolarização da economia, levada adiante por seu sucessor, o presidente interino Álvaro Noboa, e questionada pelo candidato vitorioso nas eleições. Em abril de 2005, por maioria simples, o Parlamento equatoriano decide a destituição de Gutierrez, reiniciando o ciclo de instabilidade institucional e de polarização política que marca fortemente as eleições de novembro de 2006, em que Rafael Correa, ex-ministro de Economia, derrota Álvaro Noboa, candidato próximo dos setores conservadores.

No Brasil, o cenário aberto com a chegada ao governo do Partido dos Trabalhadores, na figura de seu líder histórico Luiz Inácio Lula da Silva, abriu numerosas expectativas e interrogações. Mais do que o questionamento radical da trajetória iniciada por seu antecessor, Fernando Henrique Cardoso, os primeiros quatro anos da administração de Lula, reeleito para um segundo mandato, se pautam pela continuidade da política econômica e do comprometimento com a governabilidade e a segurança regional. O aspecto diferenciado está na maior ênfase dada à agenda social, no combate à fome e à pobreza e, no âmbito da política externa, na ampliação da agenda de integração, que ganha impulso com a criação, em 2007, da União Sul-Americana de Nações (Unasul).

A Venezuela é o ensaio de um projeto que conta com o apoio das camadas populares, que aspiram à implementação de reformas políticas e econômicas em seu favor. No entanto, o presidente Hugo Chávez, eleito pela primeira vez em 1998, enfrenta forte oposição interna, liderada pelas elites tradicionais e por setores médios, o que mantém o país em permanente situação de polarização política. Fortalecido por uma conjuntura econômica propícia em virtude dos altos preços do petróleo, e sob o amparo da conquista de um terceiro mandato com 62,9% dos votos em dezembro de 2006, passou a propor mudanças estruturais mais profundas, sob a bandeira do "socialismo do século XXI". No âmbito regional, Chávez exerce um forte protagonismo. Sua proposta de uma Alternativa Bolivariana para as Américas (Alba) busca se apresentar como contraponto à arquitetura das relações hemisféricas implementada pelos Estados Unidos.

A escolha da Colômbia como estudo de caso objetiva estabelecer um contraste com a trajetória dos outros países. Álvaro Uribe é eleito presidente em setembro de 2002, obtendo um segundo mandato em maio de 2006. Sua agenda de governo coloca em primeiro plano o endurecimento no combate às organizações guerrilheiras, ao narcotráfico e aos grupos paramilitares, sinalizando para o estreitamento das relações com os Estados Unidos e apresentando-se como aliado na chamada guerra global contra o terrorismo. Sua atuação neste campo tende a gerar tensões com os países vizinhos, cujo exemplo mais recente é a crise desencadeada pela ação militar contra o acampamento das Farc situado no interior do território equatoriano, que colocou em estado de alerta a comunidade regional, rapidamente mobilizada para garantir uma resolução pacífica no âmbito da OEA.

Tomando como referência a evolução política e econômica dos países selecionados, a estruturação do livro contempla duas dimensões temáticas que expressam as linhas de pesquisa que orientaram o trabalho. Os primeiros cinco capítulos abordam de forma individualizada as experiências de Argentina, Bolívia, Equador, Brasil, Venezuela e Colômbia. Os quatro capítulos finais apresentam uma análise transversal e comparativa das políticas econômicas, das relações exteriores, das dinâmicas de integração e dos significados políticos da emergência das novas lideranças sul-americanas.

Iniciando os estudos de caso, Ana Maria Stuart, querida colega e amiga desaparecida recentemente, a quem o livro é dedicado, aborda a trajetória argentina durante o governo de Néstor Kirchner. A autora atribui grande parte do sucesso do presidente, confirmado por pesquisas que indicam um altíssimo nível de popularidade ao deixar o governo, à conjunção de fatores de caráter endógeno e exógeno. Entre eles destacam-se: a personalidade do ex-mandatário, forjada numa história de vida que apresenta características muito especiais; a cultura política do peronismo, movimento no qual tanto ele como sua esposa e sucessora no cargo, Cristina Fernández Kirchner, desenvolveram sua militância; e, finalmente, a conjuntura de crise terminal que viveu a República Argentina no início do século XXI.

No Capítulo 2, Aldo Duran Gil analisa a natureza do processo de transformação conduzido pelos atuais governos de Bolívia e Equador, que contam com grande apoio das massas populares e indígenas. No caso boliviano, propõe a elaboração de uma caracterização do governo Morales, identificando as continuidades e mudanças com respeito à revolução nacionalista de 1952. No caso equatoriano, de início mais recente, destaca os desafios enfrentados pelo presidente Correa, especialmente a oposição da oligarquia conservadora, com sede em Guayaquil, e a hostilidade do governo colombiano, agravada pela luta militar contra as Farc.

No Capítulo 3, Tullo Vigevani, Haroldo Ramanzini Júnior e Rodrigo Alves Correia discutem as características do governo Lula da Silva, questionando as conotações populistas atribuídas por alguns analistas. Para os autores, o respeito às instituições democráticas, assim como a preocupação com o equilíbrio macroeconômico sugerem outra tendência. Para fundamentar essa hipótese, o texto busca entender a natureza da administração do Partido dos Trabalhadores segundo suas especificidades, considerando a relação entre suas políticas e a estrutura institucional do Estado, e suas conseqüências para a política regional e exterior do Brasil.

No Capítulo 4, Andrés Serbin analisa a experiência venezuelana sob o governo de Hugo Chávez, identificando como tendência mais evidente o desenvolvimento de uma liderança nacional, regional e internacional fortemente polarizadora, inclusive no interior da esquerda. Para o autor, Chávez tem conseguido aprofundar a polarização social existente na Venezuela, transformando-a numa polarização política. Ao mesmo tempo, tem tentado projetar essa polarização para a região – especificamente para o Caribe, os países andinos e o Cone Sul – e no plano internacional, como parte de um projeto político com fortes componentes personalistas.

Rafael Duarte Villa e Manuela Trindade Viana abordam, no Capítulo 5, o caso colombiano, destacando os desafios enfrentados pelo governo de Uribe no combate aos diferentes grupos armados e na luta antidroga. De acordo com os autores, um cenário de sucesso nesse campo permitirá atingir a presença do Estado em todo o território nacional, e a sociedade civil colombiana lhe cobrará menos, no futuro, pelo déficit democrático gerado por suas políticas de linha dura. Caso contrário, Uribe será "só mais um presidente entre tantos outros" e terá contribuído para o aprofundamento do déficit democrático na Colômbia.

Iniciando os estudos comparativos, Carlos Eduardo Carvalho discute no Capítulo 6 a trajetória econômica dos novos governos de esquerda sul-americanos, tomando como referência Venezuela, Argentina e Bolívia. O autor aborda as políticas econômicas básicas, especialmente fiscal, cambial e de juros, e as de caráter mais abrangente, que constituem seus paradigmas gerais. Com base nesta segunda dimensão, adota a distinção entre governos "conflitivos" e "amigáveis", criticando as perspectivas focadas em conceitos como "neoliberalismo" e "neopopulismo". Seu objetivo é ampliar a avaliação da sustentabilidade dos caminhos empreendidos nesses países.

No Capítulo 7, Carlos Oliva Campos avalia as possibilidades de convergência das políticas externas dos países sul-americanos na construção de um espaço coletivo regional, num quadro em que as prioridades hemisféricas dos Estados Unidos se dirigem à bacia do Caribe (México, América Central e Caribe). Ainda que o contexto se apresente favorável, o autor aponta para três desafios cruciais: a tendência à fragmentação regional, a necessidade de conviver num clima de pluralismo ideológico e a interpretação do tema das lideranças como uma fortaleza coletiva, a ser empregada em função do objetivo comum.

No Capítulo 8, Gilberto Dupas e Marcelo Fernandes de Oliveira discutem a viabilidade estratégica da União Sul-Americana de Nações, dimensionando o desafio das novas lideranças no estabelecimento de consensos políticos capazes de compensar eventuais perdas de soberania. Os autores propõem alguns eixos em torno dos quais o consenso poderia ser buscado: uma rota eficiente de ligação entre o Pacífico e o Atlântico; um acordo energético de amplas proporções; a consolidação de cadeias produtivas regionais; um plano de crescimento auto-sustentado para a região amazônica; e um acordo para a preservação da água doce e dos recursos ambientais.

No capítulo final, Luis Fernando Ayerbe coloca em perspectiva o perfil das novas lideranças regionais, destacando três níveis de análise: sua caracterização, tomando como referência as posições do governo estadunidense e o debate intelectual latino-americano, especialmente aquele pautado pela dicotomia *populismo–nova esquerda*; a análise comparativa dos governos de Chávez, Morales, Lula e Kirchner, em sua busca por compatibilizar as alianças e os compromissos programáticos internos com estratégias nacionais de desenvolvimento, e as possibilidades abertas para o estabelecimento de um espaço de convergência no âmbito sul-americano.

Concluindo esta apresentação, cabe destacar algumas escolhas de método que orientàram a elaboração dos capítulos, em que se buscou contemplar a convergência em torno da temática central do livro, preservando a diversidade de perspectiva dos autores. Por tratar-se de processos em desenvolvimento, abertos a inúmeras possibilidades investigativas e interrogantes, privilegiamos um esforço analítico direcionado a diferenciar aquilo que expressa a volatilidade da conjuntura, dos fatos e evidências reveladores de um itinerário passível de compreensão. Esperamos assim contribuir para um debate intelectual e político que se afigura cada vez mais amplo e polêmico.

*   *   *

Gostaríamos de agradecer à Fundação Friedrich Ebert, que contribuiu para a viabilidade financeira da pesquisa, ao Programa San Tiago Dantas de Pós-Graduação em Relações Internacionais da Unesp, Unicamp e PUCSP, e à Editora UNESP, que tornou possível a publicação deste livro.

1. Novas lideranças na América do Sul: o caso Kirchner

Ana Maria Stuart

Este trabalho visa a ajudar a entender o sucesso do projeto de Néstor Kirchner, presidente da Argentina de 25 de maio de 2003 a 10 de dezembro de 2007. Sua esposa Cristina foi eleita sua sucessora e manterá a maioria do gabinete ministerial, numa clara indicação de continuidade.

A hipótese com a qual trabalhamos é a seguinte: grande parte desse sucesso (confirmado por pesquisas recentes que indicam um altíssimo nível de popularidade do presidente ao deixar o governo)[1] explica-se pela conjunção de vários fatores, alguns endógenos e outros exógenos. Entre os primeiros, é importante assinalar a personalidade do presidente, forjada numa história de vida que apresenta características muito especiais. Entre os segundos, a cultura política do peronismo (movimento político no qual o presidente e sua esposa desenvolveram sua militância) e a conjuntura de crise terminal que viveu a República Argentina no início do século XXI.

Para abordar o desafio de comprovar essa hipótese, organizamos o argumento em cinco momentos:
1. A história de vida.
2. A cultura política.
3. A conjuntura argentina (2001-03).
4. A consolidação da liderança no exercício da presidência.
5. A tarefa da hora: construir uma nova força política.

---

[1] Ver os jornais argentinos de 2 dez. 2007.

Luis Fernando Ayerbe

HISTÓRIA DE VIDA

Néstor Kirchner e Cristina Fernández pertencem à geração dos anos 1970. Qual é o significado dessa pertença? A geração argentina que chegava à juventude nesses tempos não tinha ainda exercido direitos democráticos. Depois do golpe contra o governo de Juan Perón em 1955, uma sucessão de tentativas de eleições proscritivas – nas quais a candidatura de Perón estava banida – formou governos extremamente vulneráveis que acabaram todos com intervenções militares. A última dessa seqüência foi aquela conduzida pelo general Ongania em 1966, interrompendo o governo do presidente Illia, eleito pela União Cívica Radical. O golpe de Ongania tinha a pretensão de realizar uma "revolução" que se perpetuaria no poder até fundar uma "nova Argentina". Para tanto, interveio em todas as instituições, entre elas sindicatos e universidades. Os impactos dessa forte intervenção autoritária em todos os âmbitos da sociedade argentina imediatamente geraram altos graus de resistência, principalmente entre os trabalhadores e os estudantes, que, em inédita aliança, organizaram as maiores revoltas sociais com ampla participação popular, colocando grandes cidades em pé de guerra contra o governo ditatorial. O "Cordobazo", o "Rosariazo" e outros levantes nas províncias ilustram bem esse momento. Nesse combate contra a ditadura foram ensaiadas todas as formas de luta: desde a insurreição até a formação de organizações político-militares, como as Forças Armadas Revolucionárias (FAR), os Montoneros, que posteriormente se fundiram com a primeira, e o Exército Revolucionário do Povo (ERP), para mencionar as mais importantes. A ação combinada dessas lutas debilitou o governo das juntas militares, que tratou de organizar uma saída eleitoral negociada com o ex-presidente Juan Perón, exilado na Espanha.

Fruto dessas negociações, das quais participaram também setores políticos e representativos da sociedade civil organizada, em especial os jovens, os trabalhadores e as organizações político-militares, foi a saída eleitoral de março de 1973, na qual Cámpora foi eleito presidente com Perón ainda banido. Cámpora se elegeu com o compromisso de convocar novas eleições sem proscrições. Seu breve governo contou com o apoio e a ativa participação de todos os setores que tinham combatido a ditadura militar. Seu mandato expirou com o novo pleito eleitoral, que em outubro do mesmo ano consagrou Juan Perón presidente com mais de 80% dos votos.

A terceira presidência de Perón foi interrompida pelo agravamento de sua doença. Menos de um ano depois, em julho de 1974, o presidente morreu, deixando o governo com a vice-presidente, Isabel Perón. O caos, originado principalmente por setores de direita liderados pelo ministro López Rega, tomou conta do país. Em março de 1976, novamente os militares interromperam o processo constitucional e retomaram o poder. Desta vez para exercer a mais cruenta experiência de terrorismo de Estado conhecida na Argentina e, segundo muitos analistas, em nosso continente.

Em La Plata, cidade capital da Província de Buenos Aires, o movimento estudantil da época era altamente politizado e foi protagonista das jornadas de combate às ditaduras militares. Néstor Kirchner ingressou na Universidade em 1969 e logo depois aderiu à *tendencia nacional*, cujo desenvolvimento foi grande nesse período, chegando a romper a hegemonia que a esquerda ortodoxa tinha exercido no movimento estudantil.[2] Ele militou na Federación Universitaria de la Revolución Nacional (FURN), agrupamento estudantil surgido logo depois do golpe de Ongania. A identidade desse agrupamento poderia ser traduzida pela seguinte autodefinição: "não somos estudantes peronistas, somos peronistas que estamos estudando" (Curia, 2006, p.35).

A adoção do peronismo como primeira identidade social e política foi comum nessa geração. A história recente era cristalina. No plano político, o governo Perón tinha sido derrubado por um golpe militar, e desde então nunca mais houve pleno exercício da democracia no país. No plano econômico, os modelos implementados pelos governos civis e militares que se sucederam (com as exceções das breves presidências de Frondizi e Illia) buscaram combater a política econômica da década peronista restaurando a ordem econômica liberal que tinha predominado durante a década de 1930. No plano social, a perda de direitos e a perseguição e a proscrição do peronismo mantiveram acesa a identidade peronista na maioria do povo argentino, que passou a exercer, pelos mais variados meios, uma estratégia de resistência aos governos de turno.

Essa experiência política foi reivindicada pela agrupação à qual aderiu Néstor Kirchner. Como já foi mencionado, o FURN fez parte da chamada "corrente nacional", que surgiu da contestação às correntes estudantis tradicionais, vinculadas ao Partido Comunista e outros partidos de esquerda que, historicamente, tinham exercido uma militância antiperonista.

O golpe de 1976 iniciou uma perseguição implacável contra todas as organizações que tinham lutado para derrotar a ditadura anterior e continuavam ativas, exercendo diversas formas de protagonismo durante o governo Cámpora e o governo Perón; durante o governo Isabel, haviam passado claramente à oposição. O saldo de mortos e desaparecidos ficou em torno de cinqüenta mil argentinos; os exilados foram mais de um milhão.

Como muitos dessa geração, quando a situação de insegurança pessoal tomou dimensões dramáticas, Néstor e Cristina escolheram o exílio "interno". Em vez de deixar o país, recolheram-se a uma província onde era

---

[2] Nessa época surgiu a Unión Nacional de Estudantes (UNE), que passou a disputar influência com a Federação Universitária Argentina (FUA), até então a única central estudantil.

17

possível refugiar-se da onda repressiva. Os dois, já casados, partiram para Santa Cruz, província de origem de Néstor, onde tinham família e formas de sustentação.

O radicalismo do cenário político do período 1966-83 deixou seqüelas em todos os que viveram essa experiência histórica dramática na qual o Estado de direito esteve ausente e a democracia tornou-se uma referência insignificante. O testemunho de um dos protagonistas do livro *La voluntad* o expressa assim:

> ... uma das raízes do problema estava em que a organização estava em mãos de pessoas para as quais a militância combatente, seus limites e fronteiras clandestinas, era quase a única coisa importante que tinha lhes acontecido em suas vidas. (Anguita & Caparrós, 1998, p.366)

Essa experiência-limite de juventude, unida à da perda de amigos, colegas de escola e faculdade e companheiros de militância que morreram ou desapareceram em mãos da repressão da ditadura de 1976, deixou marcas que ficaram para sempre. Aqui se encontra parte da explicação para a retomada da agenda, no governo Kirchner, sobre as violações aos direitos humanos e para a execução de medidas contra os responsáveis pelos horrores da ditadura.

A volta para a democracia, em 1983, encontrou o casal Kirchner exercendo a advocacia em Rio Gallegos, capital de Santa Cruz. O triunfo de Raúl Alfonsin, da Unión Cívica Radical, foi resultado do desgaste do peronismo durante a presidência de Isabel Perón. Alfonsin contou com extenso apoio para a reimplantação da democracia no país, em especial para a reinserção da Argentina no mundo como um país que voltava a exercer a democracia e o respeito aos direitos humanos. Kirchner foi um daqueles que não perderam a identidade peronista: sua reaparição política foi na eleição interna do Partido Justicialista para a escolha do candidato a governador de Santa Cruz, em julho de 1983. Em 30 de outubro do mesmo ano, Arturo Puricelli, candidato apoiado por Kirchner, sagrou-se governador. Néstor Kirchner exerceu o primeiro cargo público de sua vida: chefe da Caixa de Previdência Social da Província. Nesta primeira experiência de gestão, Kirchner já mostrou seu estilo de condução:

> Sem consultar ninguém, Kirchner imprimiu uma vertigem impensada à sua função na Caixa de Previdência, uma entidade que contava com financiamento próprio. Aumentou os salários dos empregados, destinou não menos de vinte delegações ao interior da Província, designou seus quadros, viajou para inaugurá-las e até dispôs a abertura de linhas de crédito. (Curia, 2006, p.61)

Cristina também foi funcionária do governo provincial: assessora do Ministério da Educação. Quando Kirchner deixou o cargo por desentendimentos com o governador, Cristina não o seguiu e continuou com a função que exercia.

O passo político seguinte de Néstor Kirchner foi disputar e ganhar a Prefeitura de Rio Gallegos, capital da Província de Santa Cruz, em 1987. Sua administração também ficou caracterizada por grandes inovações. Nesse período, Cristina exerceu seu primeiro mandato parlamentar como deputada provincial.

Em 1991 Néstor Kirchner foi eleito governador de Santa Cruz, enquanto no plano nacional Carlos Menem elegia-se presidente. No início, como muitos outros, Kirchner acreditou na palavra de ordem da campanha menemista: a "revolução produtiva". Acompanhou o governo Menem e foi beneficiado por várias medidas do governo central, em especial por financiamentos para pagar os salários dos funcionários públicos e as dívidas do começo de mandato. Kirchner tinha assumido a província em meio a grave crise financeira e testou sua capacidade de liderança pedindo a confiança dos trabalhadores provinciais, que tiveram seus salários cortados no início da gestão, mas devolvidos no ano seguinte.

Em meados de 1994 instalou-se a Assembléia Constituinte e Cristina foi eleita legisladora. Desde o início dos trabalhos, destacou-se por suas posições de defesa dos interesses das províncias. Nessa época, acabou a confiança dos Kirchner no governo Menem e eles passaram então a articular no Partido Justicialista um movimento contra a condução menemista. Kirchner chegou a enfrentar Carlos Menem pessoalmente, quando numa reunião de governadores o interpelou: "Senhor presidente, eu quero ratificar tudo o que disse e se publicou nos meios. Sou peronista, não menemista, e não sou um convertido", respondeu Kirchner quando o então presidente acusou os governadores de destruir o país com suas demandas constitucionais (ibidem, p.83).

No mesmo ano de 1994, Néstor Kirchner foi reeleito governador com maioria de votos em todos os municípios e com dois terços dos legisladores da Assembléia Provincial. Cristina, eleita senadora pela Província de Santa Cruz, mostrou desde o início divergências com o bloco de senadores menemistas, chegando a ser afastada das comissões parlamentares que integrava. Nas eleições seguintes candidatou-se a deputada nacional e obteve, em Santa Cruz, a expressiva votação de 59,6%, contra 29% do segundo colocado.

Em seu segundo mandato como governador, Néstor Kirchner trabalhou para a realização de uma reforma da Constituição provincial com o intuito de incluir, entre outros, um artigo que permitisse a reeleição indefinida para governador. Com maioria no Partido Justicialista de Santa Cruz, a reforma foi aprovada e Kirchner teve a via livre para disputar um terceiro mandato. Disputou e ganhou. Esta passagem de sua vida política é sempre citada pelos que definem sua liderança como hegemonista e reforça o argumento dos que interpretam a decisão de apresentar a candidatura de Cristina à presidência como um estratagema para perpetuar-se no poder. O antecedente foi muito evocado quando o presidente sofreu uma derrota importante como apoiador das pretensões do governador da Província de Misiones de convocar um plebiscito com o mesmo objetivo de aprovar a reeleição indefinida. O governador perdeu e o presidente Kirchner teve que assimilar o golpe. Quando outros governadores ensaiaram a mesma estratégia, já não contaram com o apoio presidencial.

No exercício do terceiro mandato como governador de Santa Cruz, Néstor Kirchner teve participação ativa na Liga dos Governadores das Províncias, protagonismo importante para a construção de seu projeto nacional. A mídia pouco informou sobre o projeto político kirchnerista, apresentando a candidatura Kirchner como fruto de uma escolha feita pelo presidente Eduardo Duhalde. As primeiras medidas tomadas pelo governo Kirchner (Stuart, 2003, p.68) desmentiram rapidamente as versões sobre sua subordinação ao setor do "justicialismo" representado por Duhalde. Se a habilidade para negociar com os dirigentes do Partido Justicialista da província de Buenos Aires, liderados por Duhalde, permitiu o surgimento de sua candidatura nacional apesar da escassa expressão de sua província (Santa Cruz detém 0,5% do eleitorado do país), seu estilo de fazer política e as articulações próprias dentro do justicialismo explicam a autonomia, num primeiro momento, e, em um segundo, o aberto enfrentamento com Eduardo Duhalde.[3]

A CULTURA POLÍTICA

O peronismo foi, e para alguns continua a ser, o movimento nacional e popular hegemônico que moldou a cultura política argentina de 1945 até 1983.[4] Para outros essa influência dura até hoje. Néstor Kirchner e Cristina pertencem a esse projeto político que expressou historicamente a vontade das maiorias na Argentina. Essa identidade[5] foi definidora das condutas políticas dos Kirchner, das quais o voluntarismo é um dos traços mais fortes. O Partido Justicialista conserva parte da mística do "movimento peronista" vinculado a uma experiência de governo popular exitosa e res-

---

[3] Nas eleições presidenciais recentes, o setor do Partido Justicialista que responde a Duhalde apoiou a candidatura de Roberto Lavagna.
[4] Em 1983, pela primeira vez desde 1945, o Partido Justicialista perdeu uma eleição e Raúl Alfonsín foi eleito presidente pela União Cívica Radical.
[5] Os Kirchner participaram das lutas que tinham como principal palavra de ordem "*Luche y Vuelve*", e estiveram nas históricas manifestações organizadas para receber Perón depois de seu longo exílio.

ponsável pela implantação do Estado de bem-estar social na década de 1945-55. O "menemismo" foi considerado traidor desses princípios fundacionais por grande parte do partido e do movimento sindical.[6]

A militância de Néstor e Cristina começou na luta contra a ditadura (1966-73), durante a etapa em que já se perfilavam a decadência do regime militar e a emergência de novas lideranças forjadas no contato com Juan Perón ainda no exílio.

Para entender o estilo Kirchner de fazer política, mencionar essa experiência é fundamental, principalmente porque a democracia era desconhecida por essa geração. Desconhecida ou mal conhecida, já que aparecia nos discursos de partidos e setores sociais que a violaram sistematicamente desde o golpe que derrubou o governo Perón em 1955. A explicação sobre o desencontro entre a institucionalidade democrática e a vontade popular foi desenvolvida por Stuart (2001). A vivência democrática na Argentina esteve sempre vinculada às lutas contra governos mais ou menos autoritários ou abertamente ditatoriais. A democracia nunca se expressou de maneira completa no plano institucional; sempre foi um processo em construção na sociedade, na busca por recuperar ou ampliar direitos políticos, econômicos e sociais.

Nas décadas de 1960 e 1970 outros fatores tiveram importante incidência nos jovens: a vitória da Revolução Cubana, o Maio de 1968 e a derrota dos Estados Unidos na Guerra do Vietnã. Na literatura corrente da militância argentina, os textos preferidos eram os relacionados com as lutas libertadoras e revolucionárias de descolonização[7] e os ensaios de historiadores "revisionistas". No cinema, a *nouvelle vague* e o cinema de Glauber Rocha e de Pino Solanas. Nas artes plásticas, os *happenings* do Instituto Di Tella e um sem-número de mostras comprometidas, como a intitulada *Tucumán arde*, na qual numerosos artistas expressavam os diferentes ângulos da exploração sofrida pelos cortadores de cana do noroeste argentino.

Jorge Taiana, pai do atual ministro de Relações Exteriores, foi ministro de Educação e Cultura do governo Cámpora, e em seu Ministério houve forte presença de membros das forças políticas que tinham combatido a ditadura. Os projetos eram vinculados à divulgação da cultura nacional. Entre eles tiveram destaque uma série de telenovela sobre a resistência peronista, documentários biográficos sobre pensadores e lutadores nacionais (Cooke, Jauretche, Scalabrini Ortiz, Ugarte, Hernandez Arregui, Marechal, Puigrós, entre outros) e coleções de bolso baratas sobre processos revolucionários do Terceiro Mundo que lotavam as bancas de jornal e eram

---

[6] Para uma explicação documentada e fundamentada da dissociação entre peronismo e menemismo, ver Yannuzzi (s.d.).
[7] Franz Fannon foi um *must* da época.

febrilmente consumidas pelos estudantes e militantes (Anguita e Caparrós, 1998, p.54).

No plano político, havia certa indiferença e até desprezo pelas instituições democráticas. Os discursos eram sobre "reconstrução nacional" e "libertação nacional" e giravam em torno de princípios antiimperialistas, antimonopólicos e antioligárquicos. Perón era a condução que representava esse ideário. Os "controles" exercidos sobre o governo democrático de Cámpora estavam em mãos do "povo organizado", que tinha plena participação no governo não somente pela via do Parlamento, mas também pela via direta das organizações populares que se reservavam o direito de exercer justiça popular. É difícil encontrar a palavra "democracia" na literatura e nas diversas expressões da militância da época. Vejamos um trecho do discurso do presidente eleito Héctor Cámpora:

> O processo revolucionário de libertação e reconstrução nacional foi plebiscitado nas urnas. A decisão popular implica o repúdio massivo, explícito e categórico à política de dependência. Essa política já estava agônica e em 11 de março recebeu o golpe final. Se alguém ainda não percebeu, convém que o faça depressa. (Bonasso, 1997, p.411)

Esta concepção da política como confronto explica-se pela experiência anterior de resistência popular do peronismo, que pela primeira vez chegava ao governo depois de 1955. Duraria muito pouco o governo Cámpora, e não houve tempo para aprender as regras da convivência político-democrática. É interessante notar que os críticos dessa "cultura política" não levam em conta a experiência "democrática restrita" na Argentina no período 1955-66. No livro recente de Natalio R. Botana, *Poder y hegemonía*, encontra-se uma análise profunda sobre as dificuldades da implantação da "democracia republicana": "O componente republicano da democracia é um atributo inscrito na condição cidadã que tem a peculiaridade de converter as instituições em crenças compartidas" (2006, p.64). O que Botana não disse é que não houve essa possibilidade, já que de 1955 a 1983 a Argentina viveu em um Estado de não-direito. No livro há poucas referências às ditaduras militares e aos efeitos perversos que geram nas sociedades, entre elas as mazelas que o próprio autor desenvolve no Capítulo 2, "La confrontación como estilo político" (ibidem, p.82), e "La dialética de la enemistad" (ibidem, p.88).

O contexto histórico que marca as trajetórias de Néstor e Cristina contribuiu para a cultura política justicialista e, em especial, para a visão de construir poder sem preocupações com limites institucionais, uma das heranças a fazer parte da identidade dessa geração que viveu sua juventude num Estado de não-direito.

Com a volta à democracia em 1983, o casal Kirchner retomou a política no Partido Justicialista, onde se alinhou com os chamados "renovadores".[8] As gestões de governo municipal e provincial foram experiências que contribuíram para lhe dar o perfil do político que sabe tomar decisões certas em momentos de crise, como os enfrentados tanto no município de Rio Gallegos como na Província.

O perfil executivo de Néstor foi sempre complementado com o perfil legislativo de Cristina, que, até a recente eleição como presidente, foi sucessivamente legisladora provincial, legisladora constituinte, senadora nacional pela Província de Santa Cruz, deputada nacional e novamente senadora pela Província de Buenos Aires. Esse perfil "decisionista" de Kirchner coincide com a versão histórica acerca da capacidade do peronismo de saber exercer o poder. Duhalde acabou reforçando essa percepção com o sucesso de sua presidência provisória, como será visto na seção seguinte. O estabelecimento de um calendário eleitoral, seu cumprimento e a transmissão do mando na data prometida também contribuíram para o ressurgimento do peronismo como a corrente política capaz de resolver crises e cumprir promessas.[9]

A cultura política de Néstor Kirchner está fortemente influenciada por esses traços do movimento ao qual pertence, assim como pelas diferentes experiências de sua geração política. Depois de ganhar a eleição de 2003, por uma tênue margem de legitimidade, a gestão presidencial de Kirchner mostrou traços particulares que foram definidores de uma liderança capaz de lidar com os rescaldos da crise quase terminal de 2001-02.

A CONJUNTURA ARGENTINA (2001-03)

O presidente De la Rúa, eleito em 1999, tinha mandato até fins de 2003, mas renunciou em dezembro de 2001, dada a crise total de representatividade que afetou seu governo:

> Apesar das enormes expectativas, durante os dois anos do governo da Alianza (2000-2001) não se deu a mudança que teria permitido uma transformação da realidade socioeconômica argentina. Esta mudança requeria o fim da Lei de Conversibilidade, mas o governo De la Rúa preferiu paliativos para uma situação cada vez mais insustentável. Finalmente os riscos não contemplados se fizeram efetivos na reação dos mercados. (Carlino & Stuart, 2005, p.128)

---

[8] Néstor Kirchner e Carlos Menem representaram projetos antagônicos no Partido Justicialista desde a interna partidária de 1988 em que Carlos Menem venceu o senador Antonio Cafiero, para a candidatura à presidência. O senador, naquele momento, representava as forças da renovação peronista em busca da democratização das estruturas do Partido Justicialista.

[9] Duhalde seguia assim a tradição justicialista cujo *slogan* inaugural fora *"Perón Cumple"*.

Depois de uma seqüência de renúncias dos que tinham direito a assumir constitucionalmente,[10] foi nomeado presidente o ex-governador da Província de Buenos Aires, Eduardo Duhalde, que assumiu em janeiro de 2002 com a tarefa de lidar com a gravíssima crise econômica, política e social. Para enfrentar as conseqüências das medidas adotadas no último período do governo De la Rúa e do superministro Cavallo, Roberto Lavagna foi nomeado ministro da Economia. A competência de Lavagna permitiu a diminuição das mobilizações da classe média contra o chamado *corralito*, que tinha bloqueado os recursos bancários da população, medida tomada para inibir a corrida aos bancos, a fuga de capitais e a perda das reservas. Manifestações – caracterizadas como *panelazos* – se alastraram pelo país, aumentando as fileiras dos novos movimentos sociais. Nesse quadro, a convocação antecipada das eleições visava a reduzir a grave crise de legitimidade política que tomara conta do país.

Assim, o mérito do governo Duhalde residiu na capacidade de apagar o "incêndio" social que ameaçava a democracia e de restaurar o funcionamento institucional do poder Executivo nacional. Durante 2002, o presidente interino tentou conter a crise econômica mediante a desvalorização do peso, a promoção de uma política de substituição de importações, a *pesificación* das dívidas em dólares e uma devolução negociada dos depósitos bancários. Em matéria de contenção social, impulsionou um abrangente e efetivo programa, chamado "Jefes e Jefas de Hogar", que subsidiou os desempregados com aproximadamente 150 pesos mensais.

No plano político, convocou eleições antecipadas com o objetivo de que um novo presidente eleito assumisse em 25 de maio de 2003. É importante ponderar que o cumprimento desse calendário contribuiu bastante para a retomada da credibilidade da cidadania no processo político-institucional.

Assim, o governo de Eduardo Duhalde, candidato presidencial do Partido Justicialista derrotado nas eleições de 1999, conseguiu tomar o controle da situação e estancar o processo de desagregação econômica, social e política que tinha tomado conta do país como conseqüência da incapacidade do governo da Alianza de cumprir as expectativas que havia gerado. Mesmo quando o duro ajuste, que implicou a necessária saída da convertibilidade, significou importante arrocho salarial e queda abrupta do Produto Interno Bruto.

Além da retórica, há uma explicação histórica: o Partido Justicialista conserva parte da mística do "movimento peronista" vinculado a uma experiência de governo popular exitosa (1945-55). Com a transmissão do mando no dia prometido para o presidente eleito Néstor Kirchner, Duhalde

---

[10] O vice-presidente Carlos Chacho Álvarez havia renunciado em 2000 por desentendimentos com De la Rúa na resolução de questões vinculadas a subornos no Senado.

saiu do governo com sua biografia "passada a limpo", porque havia cumprido o prometido. As críticas que recebera como governador da Província de Buenos Aires, por práticas de corrupção e vinculações com negócios ilícitos, ficaram no esquecimento.

As eleições de abril de 2003 mostraram um cenário totalmente inédito. Um novo ordenamento político emergia, sepultando a contenda clássica entre os dois grandes partidos que tinham monopolizado a disputa desde 1983: a União Cívica Radical e o Partido Justicialista. O surgimento da Frente del País Solidario (Frepaso) como terceira força política competitiva, durante a década de 1990, não chegou a quebrar o bipartidarismo, porque depois do fracasso do governo da Alianza houve total dispersão das lideranças e dos quadros políticos da Frepaso e da União Cívica Radical (UCR), partidos formadores da Alianza.

Foi a eleição de 2003 que mostrou a metamorfose ocorrida no campo político, constituindo-se na mais diversificada da história recente em termos programáticos: Néstor Kirchner, Carlos Menem, Ricardo López Murphi, Elisa Carrió e Adolfo Rodriguez Saá representavam projetos diferentes e alinhavam apoios representativos dos diversos interesses da sociedade argentina.[11] Os agrupamentos da esquerda tradicional que coincidiram nos protestos contra De la Rúa iniciaram um processo de divisão e dispersão que os inibiu de traçar uma estratégia comum e determinou a escassa projeção de seus candidatos.

No justicialismo apareceram três candidatos: o ex-presidente Menem, o governador de Santa Cruz, Néstor Kirchner, e o ex-governador de San Luis e efêmero presidente interino, Adolfo Rodríguez Saá. Um congresso do Partido Justicialista, com maioria do setor comandado por Duhalde, suspendeu a eleição interna e autorizou os três candidatos a participar separadamente. O presidente Duhalde manifestou logo sua preferência pelo candidato Néstor Kirchner, enquanto o ministro de Economia, Roberto Lavagna, declarava sua disposição de continuar no cargo se Kirchner fosse eleito.

A Alianza estava dissolvida e muitos deixaram as fileiras da tradicional União Cívica Radical. O setor mais progressista foi para o ARI, de Elisa Carrió, e o mais conservador, liderado pelo ex-ministro López Murphi, formou o partido Recrear, de centro-direita liberal. Um terceiro grupo, liderado por Melchor Posse (ex-prefeito de San Isidro) ingressou na frente liderada pelo candidato Rodríguez Saá.

---

[11] Kirchner, por sua história, sempre esteve alinhado com os setores da "renovação", nas fileiras do antimenemismo. Por outro lado, Carrió e López Murphy haviam representado projetos antagônicos na União Cívica Radical, que ambos abandonaram para formar novos partidos: de centro-esquerda, o Alternativa para uma República de Iguais (ARI) e de direita neoliberal, o Movimento Recrear.

Na Frepaso a dispersão foi total: um grupo entrou no ARI de Elisa Carrió, outro apoiou Kirchner, e o Partido Socialista[12] apresentou candidato próprio. Outro grupo manteve o nome de Frente Grande, nucleado em torno do chefe de governo da cidade de Buenos Aires, Anibal Ibarra.

O programa do governador de Santa Cruz, Néstor Kirchner, retomava os postulados clássicos do Partido Justicialista, focando a disputa na crítica à candidatura de Menem, que representava a volta da política econômica neoliberal, da corrupção e do alinhamento aos Estados Unidos.

A eleição colocou no cenário as várias antinomias da história contemporânea da Argentina, em especial aquela que se desenha na opção pelo modelo de desenvolvimento. O liberalismo dos anos 1990, centrado na dolarização e nas privatizações, tinha sido condenado como responsável pela crise de 2001-02.

A profundidade da crise, que se desenhou ao longo do ano de 2001 para eclodir em dezembro do mesmo ano, é outra das chaves que explicam a emergência da liderança de Kirchner. A experiência de gestão em Santa Cruz, como prefeito de Rio Gallegos e como governador, foi a de lidar com situações que requeriam soluções drásticas. O enfrentamento bem-sucedido dos problemas financeiros e políticos sem dúvida contribuiu para aumentar a confiança em seu estilo de governar. A segurança, juntamente com a determinação para decidir rapidamente em situações difíceis própria de sua personalidade, fez de Kirchner o presidente adequado para o gravíssimo momento que vivia a Argentina. Em especial, a crise de representação tinha jogado o país em um Estado de não-direito, em que as instituições políticas (partidos) e estatais (poderes) tinham perdido toda a legitimidade. A assunção do presidente Kirchner, eleito com apenas 22,36% dos votos,[13] encheu as páginas dos jornais com comentários sobre a fragilidade do novo presidente eleito. No entanto, sua popularidade cresceu rapidamente. A sociedade pareceu premiar, desde o início, esta figura quase desconhecida que trazia um discurso de resgate das tradições do peronismo: capacidade de governar com justiça social e defesa da soberania nacional.

É importante ponderar que sem entender a gravidade da crise que assolou a Argentina nesse período é difícil compreender a rapidez do processo de aceitação do novo presidente por parte da maioria da população, aceitação que logo se tornou apoio sustentado a todas as medidas implementadas por seu governo. Kirchner foi o presidente que deixou o gover-

---

[12] O Partido Socialista Democrático e o Partido Socialista Popular tinham-se reunificado em 2001 sob a denominação Partido Socialista.
[13] Menem e Kirchner passaram ao segundo turno quase empatados. No entanto, o primeiro renunciou e deixou a vitória para Kirchner, fato que foi considerado por alguns analistas uma manobra de Menem para tirar legitimidade ao triunfo de Kirchner, que as pesquisas já davam por certo.

no com o mais alto índice de aprovação popular dos últimos vinte anos de história democrática.

A CONSOLIDAÇÃO DA LIDERANÇA NO EXERCÍCIO DA PRESIDÊNCIA

Serão abordadas aqui as ações do governo Kirchner que consolidaram um estilo próprio de liderança. Portanto, não há pretensão de esgotar todo o repertório de medidas governamentais no plano político, econômico e social, nem de fazer um balanço de toda a gestão de governo. Trata-se especificamente de observar os gestos e os discursos que definiram essas políticas, em tentativa de unir a retórica à ação. Nas palavras de Kirchner, "Continuamos dizendo que somos nacionais e populares, não populistas, porque não renunciamos nem à nossa idéia nem à nossa história nem à necessidade de representar cabalmente o povo argentino em seu pensamento".[14]

A trajetória de Kirchner, observada nos pontos anteriores, é coerente com a concepção de representação dos interesses do povo e da nação. A leitura do peronismo que a geração dos anos 1970 fez inseria-se na tradição latino-americana que começou com Haya de la Torre em 1924, quando este fundou a Aliança Popular Revolucionária Americana (Apra). Nos debates ideológicos no seio da esquerda latino-americana houve a polêmica, por um lado, acerca da natureza progressista desta versão do populismo, diferenciada do populismo europeu, identificado com os nacionalismos de direita que dariam lugar às vertentes nazi-fascistas. Por outro, o triunfo da revolução cubana permitiu o surgimento de novas análises que combinavam as reflexões sobre os governos nacionalistas (Cárdenas no México, Vargas no Brasil, Perón na Argentina) com uma interpretação antiimperialista radical que influenciou notavelmente o pensamento político de gerações de latino-americanos.

Integração regional

A recuperação da história da emancipação dos povos latino-americanos, na relação conflituosa com as potências hegemônicas, está no âmago da opção pela integração latino-americana. Este foi um dos traços peculiares do governo Kirchner. Sua adesão aos postulados do Mercosul marcou sua ação política desde o momento da campanha, quando a agenda da

---

[14] Discurso de despedida (dezembro 2007) em ato para mais de uma centena de prefeitos de todo o país.

política externa esteve muito presente (Stuart, 2003). A forte divergência entre a posição de Kirchner de parceria estratégica com o Brasil, para aprofundar o processo de integração do Mercosul, e o alinhamento automático de Menem com a política dos Estados Unidos de aprovação da Alca marcou o debate. O governo De la Rúa, apesar das expectativas de mudança geradas pela plataforma eleitoral da Alianza, tinha dado continuidade à política externa do governo Menem e não mudou os sinais do alinhamento com os Estados Unidos.

O governo Duhalde iniciou a inflexão e aproximou-se do Brasil, manifestando vontade política de fortalecer o Mercosul e agindo em conseqüência. O governo Kirchner, ao longo de sua gestão, mostrou ser fiel a esse compromisso, mesmo quando precisou lidar com graves dificuldades postas pelos setores exportadores brasileiros. A aprovação do Mecanismo de Adaptação Competitiva permitiu consolidar um modelo de Mercosul baseado na integração produtiva, modelo bem diferente do aplicado no Mercosul dos anos 1990, centrado no intercâmbio comercial. Essa sintonia operava num contexto não isento de problemas decorrentes, principalmente, das tarefas pendentes para conseguir a convergência macroeconômica.

A política externa com fortes traços de autonomia, apoiada na aliança com o Brasil, deveria ainda passar no teste do equilíbrio das relações intraregionais, no marco da construção da União Sul-Americana de Nações (Unasul). O governo Kirchner teve que lidar com o governo Chávez com um tratamento especial, dada a generosidade com que tinha agido este governo durante a crise da dívida.

Juan Gabriel Tokatlian, em texto publicado no jornal *La Nación* em 15 de março de 2007, sustentou que as reiteradas visitas do presidente da Venezuela, Hugo Chávez, à Argentina despertavam mais interesse no exterior que entre os argentinos. "Abundam interpretações simplistas, pejorativas e exageradas, próprias de uma leitura que acredita na conspiração ou se sustenta na ignorância", disse. O argumento de Tokatlian sustenta que a relação de simpatia entre o kirchnerismo e o chavismo explica-se também pelas afinidades históricas entre o justicialismo e o bolivarianismo.

A crise de 2001-02 tinha revivido os sentimentos antiimperialistas argentinos, e em boa parte da sociedade argentina persiste até hoje a interpretação de que Washington deixou o país cair sem oferecer ajuda alguma, diferentemente da Venezuela. Explica Tokatlian com muita propriedade:

> As relações carnais se tornaram descarnadas. Durante a presidência de Duhalde, Washington não saiu em ajuda nem mobilizou o FMI para resgatar a Argentina – o que tinha feito, sim, em outros casos na América Latina e na Ásia. Com a chegada ao governo do presidente Kirchner, e no marco dos altos preços internacionais para os hidrocarbonetos, aparece a "mão estendida" de Caracas, que provê de energia, compra bônus, importa bens e aporta fundos para a recuperação argentina.

Renegociação da dívida externa

As orientações do presidente Kirchner ao ministro Lavagna foram para "não aceitar exigências desmedidas do FMI".[15] Entre as "reformas" que o Fundo exigia no curto prazo encontravam-se uma compensação aos bancos pela "pesificação", a abertura ao capital privado dos bancos Nación e Província e a modificação do imposto sobre a gasolina para aumentar a arrecadação. As pressões aumentaram para que o ministro Roberto Lavagna acertasse rapidamente, com os credores privados, os termos em que a Argentina pagaria os sessenta bilhões de dólares de dívida pública em *default*.

A difícil negociação constituiu o primeiro e um grande desafio do governo Kirchner. O sucesso mostrou para a sociedade argentina e para o mundo que a Argentina saíra do *default* de cabeça erguida, contra todas as previsões catastrofistas disseminadas pelos "mercados". Até o Ministério das Finanças do Brasil, parceiro estratégico, estava convencido do risco que a operação argentina representava. Mas a determinação de Kirchner foi capaz de pôr a voz da política acima da voz do mercado. Hoje a Argentina está novamente nas mesas de negociações tentando uma resolução honrosa dos rescaldos da crise. Mas o país é outro. Em 2002, as perdas do PIB tinham atingido aproximadamente 11%. Hoje o país apresenta taxas anuais de crescimento da ordem de 8%.

Sete de cada dez argentinos opinaram bem ou muito bem sobre o acordo que o governo conseguiu com o FMI; também na grande maioria da população mostrou-se presente o ressentimento contra o FMI e os credores internacionais (Godio, 2006, p.86). A negociação da dívida, questão central a ser resolvida, foi centralizada pelo presidente Kirchner e originou não poucas tensões com os representantes dos interesses dos credores. Essas tensões impactaram o governo, provocando forte atrito com o vice-presidente Daniel Scioli, cuja carreira política foi vinculada ao mundo dos negócios da era menemista. O presidente, no entanto, foi firme e manteve suas posições, marcadas por forte relação com os princípios de uma geração que cresceu politicamente no "repúdio à dívida externa". Kirchner pôs em prática sua convicção e, dessa forma, ganhou o apreço e a confiança da sociedade.

---

[15] *Clarin*, 8 jul.2003.

As medidas impactantes do primeiro mês de governo, o crescimento econômico e as políticas públicas de distribuição de renda

As medidas mais impactantes foram tomadas no primeiro mês de governo. Julio Godio, com base nas decisões de corte rupturista e nos dados sobre a formação da equipe de governo, constituída por número importante de companheiros do Grupo Calafate,[16] trabalhou a idéia de "revolução desde cima". Em seu trabalho, o autor conseguiu alinhar os argumentos para demonstrar essa hipótese. Entre eles, a marca confrontativa. Vejamos então as primeiras medidas, que tiveram amplo apoio da população: substituição da cúpula das Forças Armadas, renúncia do presidente da Corte Suprema de Justiça, regulamentação dos capitais voláteis, negociação com as organizações dos *piqueteros*.

Outra frente de decisões importante foi a relacionada com os planos de emergência social. A sociedade argentina, submetida às conseqüências da aplicação sistemática de políticas econômicas que comprometeram gravemente os pilares da produção e do trabalho, estava ainda sob os efeitos do que já foi chamado verdadeiro holocausto social (aproximadamente 50% abaixo da linha da pobreza). O aumento do salário e das aposentadorias, somado à continuidade e ao aprofundamento dos planos sociais aplicados pelo governo Duhalde, teve como resultado o aumento da demanda, o crescimento da economia e a redução da desigualdade social. No último ano, neste aspecto, os resultados são notáveis: a redução da desigualdade foi de 36 vezes para 30 vezes em comparação com o mesmo período de 2006. Dessa forma, os números do Instituto Nacional de Estatística e Censos (Indec) mostram a seguinte relação: os 10% mais ricos (3,8 milhões de pessoas) ganham 2.190 pesos por mês, enquanto os 10% mais pobres (3,8 milhões) ganham 73 pesos por mês. As causas da queda na desigualdade social são atribuídas aos vinte trimestres consecutivos de crescimento com inclusão social. Para o sociólogo Artemio López, a melhora também é produto do aumento do emprego e da maior formalidade no mercado laboral. O índice de Gini, usado para verificar esses dados, mostra que, se durante a crise (2001) o índice estava em 0,54, hoje é de 0,49 (similar ao de 1996). Interessante é verificar um dado histórico: nos anos 1970, antes do golpe militar, o índice era de 0,35 (similar à média européia).[17]

Outras estatísticas foram mostradas pelo governo Kirchner como grandes triunfos de sua gestão: a queda do desemprego (de aproximadamente

---

[16] Grupo político que acompanhou a trajetória de Kirchner em Santa Cruz, muitos dos quais foram militantes, como Kirchner, da tendência reformista do peronismo.

[17] Lembrar que, na construção do índice de Gini, quanto mais próximo de zero, maior a igualdade.

26% a aproximadamente 8%, hoje) e a queda da pobreza (hoje, aproximadamente 26%, perante os 60% da época da crise).

As críticas às políticas públicas para combater a desigualdade põem o foco em dois problemas: o crescimento do gasto público e da inflação. Os argumentos atacam a participação do Estado na economia e, de maneira pontual, a cobertura do Estado em matéria de previdência social e políticas públicas. Alfredo Zaiat, em interessante texto publicado no jornal *Página 12*,[18] sob o título "Cobertura universal", sustenta que o discurso econômico predominante de crítica ao aumento do gasto público busca impedir as iniciativas de universalização da renda, como as dos planos "Chefes e Chefas do Lar", que não chegam a ser universais embora tenham abrangência massiva.

Setores da classe média, passado o sufoco da crise, mostraram-se muito permeáveis a este tipo de discurso crítico de um Estado responsável por ampla cobertura social. Resulta paradoxal que num país em que toda a sociedade sofreu todas as conseqüências da mais cruenta experiência do neoliberalismo tenham ainda eco argumentos contrários à responsabilidade do Estado na área econômico-social.

Política de direitos humanos

Por último será abordada a ação do governo Kirchner que melhor expressou sua pertença à geração dos combatentes das ditaduras: preocupação com os princípios de respeito ao direito internacional e de proteção aos direitos humanos. Nesse sentido, a anulação do decreto que rejeita a extradição dos militares acusados de violações aos direitos humanos em tribunais estrangeiros constituiu um dos primeiros pontos de conflito do presidente Kirchner com os militares.

A área de direitos humanos foi a que consumiu grande energia do exercício presidencial, expondo seu papel de presidente sem temor ao julgamento dos que viram essas ações como inapropriadas. Mais uma vez, Kirchner preferiu a lealdade à sua biografia. E, apesar das críticas midiáticas de importantes intelectuais e formadores de opinião, a sociedade soube entender a dedicação do presidente a essa causa.

Em primeiro lugar, uma questão fundamental: Kirchner tinha definido que enviaria para a Justiça o pedido de anulação dos decretos de "obediência devida" e "indulto" para serem declarados inconstitucionais. Ele tinha se negado a derrubá-los por decreto e também não quis que o Congresso o fizesse, por considerar que este não teria legitimidade suficiente para derru-

---

[18] Edição de 8 set. 2007.

bar uma lei aprovada no próprio Legislativo. Kirchner quis que a Corte Suprema da Nação declarasse a inconstitucionalidade dos decretos de Menem para mostrar que essa era uma questão constitucional, acima dos poderes.

No dia 24 de março de 2006, no 30º aniversário do golpe de 1976, vários atos se realizaram em todo o país. No ato oficial, o único orador foi o presidente, que fez um discurso centrado na declaração de dia não laborável para que os cidadãos pudessem parar e refletir sobre as causas que tinham levado os argentinos ao sofrimento do processo de repressão, perseguição, tortura, morte e desaparecimento de pessoas. Vários julgamentos começaram e muitos processos correm na Justiça até hoje. As críticas dos setores vinculados aos militares, à Igreja e aos setores "tradicionais" da sociedade argentina se expressaram por um porta-voz comum: o jornal *La Nación*.

O que surpreendeu mais foi a crítica vinda de setores das camadas médias e de intelectuais que aderiram ao discurso conservador. A candidata do ARI, Elisa Carrió, chegou a pedir o fim da "perseguição" aos militares, no âmbito de um discurso de defesa das instituições "republicanas" que estariam sendo atropeladas pelo autoritarismo kirchnerista. Setores de esquerda o acusaram de oportunista, argumentando que as medidas seriam somente de "fachada", como se os processos na Justiça não estivessem realmente acontecendo. O setor que majoritariamente apoiou desde o princípio a política de direitos humanos do governo foi o representado pelas Madres y Abuelas de Plaza de Mayo. Um dos momentos mais eloqüentes do discurso de posse de Cristina Kirchner ocorreu quando se dirigiu às mães e avós, que retribuíram com saudações e fortes expressões de emoção.

Se essas mulheres, as primeiras a sair em manifestação com seus lenços brancos, a desafiar a ordem do terror de Estado, estão do lado da política de defesa de direitos humanos, não há dúvidas acerca de sua legitimidade. O que pode ser considerado uma falta de reconhecimento ao primeiro presidente do período democrático, Raúl Alfonsin (1983-89), que submeteu as Juntas Militares a julgamento, pode encontrar explicação na proximidade com as Mães e Avós da Praça de Maio, que ficaram altamente desapontadas quando do recuo de Alfonsin com as leis do "ponto final" e da "obediência devida".

A vinculação da democracia aos direitos humanos é uma visão específica que muitas vezes se distancia bastante de outras visões vinculadas à democracia como exercício de normas. Não deveria ser assim, porque ambos os aspectos, o normativo e o substancial, são importantes na construção democrática. Não obstante, em países que tiveram longas experiências autoritárias, as instituições não mostram um funcionamento apropriado e as sociedades respondem a padrões de comportamento não-democráticos. Isso também acontece na Argentina, apesar de ser um dos países latino-americanos com tradição de cultura institucional e partidária mais do que centenária.

No entanto, a prática de construir poder desde o governo e manter essas vias livres, seja para a manutenção, seja para a recuperação desse poder, é objeto de muitas críticas da oposição dita "republicana". O problema é que a construção republicana na Argentina sempre esteve contaminada pela luta dos "conservadores" contra os "populistas". Como tratado aqui em outra seção, o populismo na América Latina teve conteúdo diferente daquele surgido na Europa. Como aconteceu na Argentina, o peronismo "tachado" de populismo teve alto poder democratizador, porque permitiu a inclusão da maioria da população no exercício dos direitos políticos, econômicos e sociais.

Essa caracterização foi herdada pelo kirchnerismo. Um empresário do setor imobiliário assim referiu-se aos candidatos da eleição de 2007: "Lopez Murphy é o mais capacitado. E o pior candidato seria o nosso atual presidente, porque está imerso num populismo que vai nos custar muito caro, e vai nos fazer perder tudo o que se conseguiu em matéria de crescimento nos últimos anos". Outro empresário, também ligado à construção e participante da mesma mesa, explicou:

> Não me convence nenhum dos candidatos. Mas sei que vai ganhar Kirchner, não me cabe a mínima dúvida. As pessoas apostam na continuidade de um governo que gerou mais trabalho e melhorou a sua qualidade de vida. Mas eu sou partidário de uma mudança. Vejo o Kirchner excessivamente hegemônico. Prefiro um país mais republicano, onde se respeitem as instituições. Nesse sentido, viria bem uma mudança, que já sei que não acontecerá ... [19]

Uma das hipóteses sobre a democracia é que esta constitui um processo histórico inacabado, não linear, que envolve o cumprimento de normas e princípios e também condições para o seu desenvolvimento no plano das instituições e da sociedade, nas áreas da política e da economia. Sem dúvida, na Argentina esta hipótese é de fácil comprovação. Por um lado, há na sociedade a memória da universalização de direitos econômico-sociais básicos: salário, habitação, saúde e, principalmente, educação. Se a fruição desses direitos, ao longo da história, pode perder qualidade, no imaginário das pessoas contam como reservatório capaz de sustentar a auto-estima da cidadania mesmo nas situações mais difíceis. A fria leitura das estatísticas muitas vezes oculta as mediações político-sociais, que acabaram por diferenciar a tragédia argentina de outras tragédias do continente.

A democracia está sempre em processo, e na Argentina é decorrente de uma experiência histórica que teve forte presença da sociedade, pressio-

---

[19] Revista *Notícias*, 23 mar. 2007.

nando sempre por liberdade e igualdade. A crise de 2001-02 foi mais uma expressão-limite de frustração cidadã do que uma capitulação à desordem. A demanda *"Que se vayan todos"* estava dirigida à classe política que tinha governado o país desde 1983, isto é, o Partido da União Cívica Radical (UCR), de Raúl Alfonsin (1983-89), o Partido Justicialista, liderado por Carlos Menem (1989-99), e o governo da aliança entre a UCR de Fernando de la Rúa e a Frepaso de Carlos Chacho Alvarez (1999-2001). Álvarez tinha renunciado um ano antes da eclosão da crise (2000).

Como mostraram as eleições de 2003 e 2007, esse sistema partidário continua desagregado. O amplo apoio que o presidente Kirchner recebeu nas eleições de 2003 abriu perspectivas para iniciar uma reforma política. Falou-se muito e foram feitos vários ensaios, mas, infelizmente, as eleições de 2007 apresentaram o mesmo quadro de crise de representação partidária que as de 2003. É importante analisar estes resultados para avaliar as possibilidades de recomposição institucional da sociedade política argentina.

Os membros do Partido Justicialista votaram em três candidatos: Cristina Kirchner, Roberto Lavagna e Rodriguez Saá. O Partido da União Cívica Radical também: Lilita Carrió, Cristina e Lavagna. No Partido Socialista (PS) houve votos para Carrió (que levou em sua chapa o senador Rubén Giustiniani, do PS, como candidato a vice-presidente) e para Cristina, que teve os votos dos chamados socialistas K. A esquerda mostrou a dispersão costumeira e também a falta de apoio popular. E a direita fez o pior resultado possível, dadas as expectativas após o triunfo de Macri na capital federal havia apenas dois meses. A desagregação partidária mostra que nenhuma proposta consegue aglutinar a cidadania, que mantém um alto grau de autonomia no momento da eleição. O que existe já foi denominado "horizontalidade" ou "transversalidade", e mostra uma tendência de agregação dos setores sociais que se distanciaram dos partidos tradicionais e compartilham novos valores e práticas políticas consolidados nos tempos do *"Que se vayan todos"*.

Se olharmos com mais profundidade, a tendência à transversalidade já estava presente no surgimento da Frente País Solidário (Frepaso), que na eleição de meio de mandato do governo Menem (1995) chegou a contar com 30% dos votos, colocando seus dirigentes no primeiro plano nacional e gerando grandes expectativas em um amplo espectro social formado por peronistas progressistas e setores oriundos de outros partidos de esquerda. O fracasso da experiência de governo da aliança De la Rúa-Chacho acabou fortalecendo setores que, como Kirchner, faziam oposição ao menemismo nas fileiras do Partido Justicialista.[20]

---

[20] Enquanto Menem aplicava uma política de ajuste no plano nacional que aumentava o desemprego e a exclusão, a província de Santa Cruz, governada por Kirchner, mostrava uma

A União Cívica Radical, o partido mais antigo da Argentina, baluarte das lutas pela democratização da vida política no final do século XIX e nas primeiras décadas do século XX, praticamente desapareceu do cenário nas eleições de 2003 e 2006.

A legitimidade de Kirchner sustenta-se num estilo diferente de fazer política e numa nova forma de gestão de governo que o distancia da classe política responsável pela derrubada do Estado e pela hecatombe social (1990-2001).

Esse estilo diferente de fazer política origina muitas críticas. O conceituado cientista político Juan Carlos Torre o explica da seguinte forma:

> Mais concretamente, nossas diferenças remetem a valorações diferentes e contrastantes das formas de se fazer política ... Uns colocando o acento sobre os meios da política, outros sublinhando as finalidades da política; são essas as questões de método que delimitam nossas diferenças.[21]

O autor reconhece a relevância dos conteúdos da gestão política do governo Kirchner e espera que essa "questão de método" seja resolvida. Dificilmente essa questão será equacionada de "cima para baixo". Até agora, como já dito várias vezes, a construção do poder foi feita desde o Estado. O kirchnerismo cresceu fortemente nestes quatro anos e meio de exercício de poder. Hoje, quando volta à sociedade, o ex-presidente dá sinais de querer trilhar o caminho inverso: construir poder "de baixo para cima".

A TAREFA DA HORA: CONSTRUIR UMA NOVA FORÇA POLÍTICA

Em diversos discursos de despedida da presidência, Néstor Kirchner manifestou que sua tarefa durante a presidência de Cristina será a construção da força política que "capitalizará" os triunfos do exercício de governo. Já houve reuniões convocando novas forças regionais, em especial representantes do poder local. Nessas ocasiões, Kirchner desenhou seu projeto de construir uma grande força plural com base no Partido Justicialista. Nas audiências encontraram-se peronistas, radicais, militantes de movimentos sociais, municipalistas e outros representantes da sociedade

---

taxa de desemprego de 3% e a implementação de políticas públicas para os setores mais desfavorecidos. Isso explica os 80% dos votos obtidos por Kirchner em sua província.

[21] Conferência apresentada por Juan Carlos Torre no Clube de Cultura Socialista, abril 2007. Encontra-se na íntegra em: <www.escenariosalternativos.org>.

organizada. Por isso o presidente teve que buscar expressões de consenso e de equilíbrio. "Estou feliz de ter sido parte da construção plural", disse. Depois acrescentou: "Devemos consolidar este processo de construção de um país onde a classe trabalhadora, nossa classe média, os empresários nacionais constituam este projeto nacional e popular que se consolidou naquele 17 de outubro de 1945".[22]

Em 1945, Perón assumiu a liderança de um novo movimento político, em confronto com essas oligarquias e em representação dos interesses do "povo", constituindo uma experiência que democratizou a sociedade pela via da distribuição de renda e da instauração dos direitos econômico-sociais. No entanto, o descaso com as regras e a institucionalidade republicana não somente marcou as gestões de governo como passou a caracterizar a prática do movimento peronista. O primeiro questionamento sério a esse estilo de fazer política foi feito pelas lideranças da Frepaso, que enfrentaram o governo Menem e suas práticas de corrupção. O "frepasismo" constituiu o primeiro "movimento transversal" que buscou aglutinar a militância dispersa pelo mal-estar causado pelas políticas neoliberais do governo Menem. O surgimento da Frepaso permitiu o enfraquecimento do bipartidismo na Argentina, mas não foi suficiente para consolidar outro sistema partidário.

> A esse respeito interessa mostrar que, para além da convencional oposição entre populismo e socialdemocracia, o que ressurge com força no kirchnerismo, e em especial entre os intelectuais envolvidos nele, é uma concepção estrutural e essencialista da esquerda, que se autodefine a partir de uma contradição principal e a conseqüente atribuição de valores e desvalores aos atores: o povo, a nação, as empresas estrangeiras, os organismos financeiros. (Novaro, 2007)

Dessa forma, a tarefa não cumprida pela Frepaso, que não conseguiu fincar raízes no movimento sindical nem em movimentos sociais alternativos, poderá ser retomada pelo kirchnerismo, que tem uma base mais sólida, formada pelos apoiadores das políticas do governo Kirchner. Essa força é plural e multifacetada e vai além do que é conhecido como "opinião pública". Se a Frepaso não conseguiu conservar os apoios recebidos desde o governo, a nova força política que Kirchner busca formar terá nos triunfos de seu governo o reservatório de valores, princípios e ações que pretende adotar como programa.

Nas propostas kirchneristas observa-se a ampliação do conceito de pluralidade com o objetivo de somar a militância extrapartidária. Também

---

[22] Discurso de despedida em ato para prefeitos, em inícios de dezembro de 2007.

começou sua retirada do poder sem perder o estilo que o marcou nos últimos quatro anos e meio na Casa Rosada. Desde sua tradicional tribuna, dedicou críticas à oposição, aos portenhos (residentes da cidade de Buenos Aires que deram o triunfo ao prefeito Macri) e aos meios de comunicação.

A proposta é constituir um movimento amplo, formado por pessoas de todas as vertentes que acompanharam e apoiaram sua gestão de governo, com a intenção de ter como centro de sua tarefa a reorganização do Partido Justicialista.

REFERÊNCIAS BIBLIOGRÁFICAS

ANGUITA, E., CAPARRÓS, M. *La Voluntad:* una historia de la militancia revolucionaria en la Argentina (1973-1976). Buenos Aires: Grupo Editorial Norma, 1998. t.2.

BONASSO, M. *El Presidente que no fue.* Buenos Aires: Planeta, 1997.

BOTANA, N. *Poder y Hegemonía.* El régimen político después de la crisis. Buenos Aires: Editora Emecé, 2006.

CARLINO, A., STUART, A. M. Un enfoque multidimensional dos vinte años de democracia en Argentina. In: DUPAS, G. (coord.) *América Latina a comienzos del siglo XXI.* Perspectivas económicas, sociales y políticas. Rosario: Homo Sapiens Ediciones, 2005.

CURIA, W. *La cara oculta de Kirchner.* El último peronista. Buenos Aires: Editorial Sudamericana, 2006.

GODIO, J. *El tiempo de Kirchner.* El devenir de una "revolución desde arriba". Buenos Aires: Editorial Letragrifa, 2006.

NOVARO, M. *Izquierda y populismo en la política argentina.* Disponível em: <www.escenariosalternativos.org>. 2007.

STUART, A. M. Política externa e democracia argentina. *Política Externa (São Paulo)*, v.10, n.1, p.24-39, 2001.

_____. Argentina: a reconciliação do Estado com a sociedade. *Política Externa*, v.12, n.2, set./out./nov. 2003.

TORRE, J. C. *Cuestiones de Método.* Disponível em <www.escenariosalternativos.com>. ZAIAT, A. Cobertura universal. *Página 12*, 2007.

YANNUZZI, M. de los Á. *Modernización conservadora:* el peronismo de los noventa. Rosario: Editorial Fundación Ross, s/d.

2. BOLÍVIA E EQUADOR NO CONTEXTO ATUAL

Aldo Duran Gil

INTRODUÇÃO

Nosso objetivo neste trabalho é apresentar uma análise sobre a natureza do processo de transformação conduzido pelas novas lideranças políticas que conquistaram o poder governamental na Bolívia e no Equador no período pós-2006, com grande apoio das massas populares e indígenas. Na primeira parte, examinaremos o caso boliviano, com o intuito de propor a elaboração de uma caracterização do governo Morales. Para tanto, procederemos à identificação dos traços essenciais da chamada "revolução democrática" e do caráter dos principais elementos de mudança ocorridos. Logo, analisaremos o caráter da liderança política e os aspectos principais da política externa. Na segunda parte apresentaremos uma reflexão geral sobre o caso equatoriano.

BOLÍVIA: A REVOLUÇÃO NACIONAL DEMOCRÁTICA DE 2006

A pergunta que se impõe é: qual é a natureza das mudanças estruturais conduzidas pelo governo Morales e pelo Movimento ao Socialismo (MAS) até o momento? Será que estamos diante de uma nova revolução nacional, completamente diferente da Revolução Nacional de 1952? Ou se trata de duas revoluções complementares? Não fará a última parte de um processo revolucionário iniciado em 1952 e que se configura como uma segunda etapa?

Consideramos que essa problemática deve ser analisada com base no primado das transformações sócio-históricas de longo prazo. Para tanto, partimos da hipótese segundo a qual as duas revoluções têm caráter nacionalista burguês e estão comprometidas, a seu modo, com a colocação em prática de uma variante de desenvolvimento capitalista dependente com forte intervenção do Estado (um tipo de capitalismo de Estado). O caráter diferencial da última revolução estaria em seu aspecto democratizante e indigenista. Para demonstrar nossa hipótese, analisaremos as principais características das transformações ocorridas no governo Morales, bem como a natureza da liderança política e da política externa.

A conjuntura política atual

Em 2006 o país está praticamente à beira do colapso econômico, com profunda desigualdade social, alto índice de desemprego e informalidade, crescente pauperização, amplo descontentamento das massas populares urbanas e camponesa-indígenas diante do abuso das empresas privadas prestadoras de serviços públicos e da pilhagem dos recursos energéticos pelo capital estrangeiro, em conluio com os governos de plantão, alto índice de instabilidade política e convulsão social causadas por vinte anos de políticas estatais neoliberais (1985-2005). Em síntese, trata-se da crise do Estado neoliberal e do capitalismo privado instaurado nesse período, que começaram a entrar em colapso com a "guerra da água" (2000) e "a guerra do gás" (2003), dinamizada pela luta antineoliberal das massas populares e indígenas. A revolta das massas populares demonstra uma etapa acelerada e radical do processo de aprofundamento do desmantelamento do Estado com a política de privatizações, desregulamentação do padrão de intervenção do Estado e de extrema abertura econômica.

No plano político e institucional, os partidos políticos neoliberais se revezam periodicamente no poder, favorecendo os interesses de setores minoritários (burocracia estatal, empresários e capital estrangeiro espoliador), excluindo a maioria social. A democracia neoliberal entra em colapso: funciona com baixo índice de participação, e os partidos não conseguem representar os interesses das maiorias empobrecidas, um índice significativo da crise de representação e de organização partidária neoliberal. As reivindicações das grandes massas populares por melhores condições de vida e pela reprodução da força de trabalho se exercem fora do sistema político-partidário: as massas populares pressionam diretamente o Estado para que atenda a suas reivindicações; o Estado contesta com repressão e violência, aprofundando a crise de representação partidária, da democracia neoliberal e do Estado.

Em outros termos, a crise do Estado e da democracia neoliberal configura uma crise de hegemonia no seio do bloco no poder,[1] que repercute notavelmente no aparelho de Estado e no sistema político-partidário vigente, bem como em toda a formação social boliviana (crise nacional). Neste terreno analítico, lançaremos hipóteses indicativas, de caráter provisório.

A nosso ver, a crise de hegemonia presente denota uma tendência de desarranjo interno no sistema hegemônico de interesses monopolistas que vigorou no período neoliberal. Isso se expressaria pela perda da preponderância política dos interesses monopolistas dominantes, dirigidos pelo capital financeiro internacional. As frações burguesas nativas aliadas compartilham com esse capital – a título de condomínio, porém não dirigente – a hegemonia política mediante a articulação de três segmentos monopolistas: o capital mineiro, o capital agroindustrial e o capital bancário privado nacional. Com a ascensão do MAS ao poder governamental, o bloco no poder tende a apresentar um caráter altamente movediço, denotando uma situação de instabilidade hegemônica, uma desorganização da correlação de força das classes presentes em luta que tende a favorecer a constituição da burocracia estatal como *força social*. Neste quadro, a burocracia do Estado, liderada pela pequena burguesia e por camadas médias (oriundas de setores indígenas ou não) articuladas ao MAS e amplamente apoiadas pelos movimentos populares (indígena, camponês e urbanos), tenta conduzir um processo de transformação do país pela via democrática com base na nacionalização do gás e do petróleo, na reforma agrária, na inserção das massas indígenas e numa nova carta constitucional (Assembléia Constituinte), aspectos reivindicatórios cruciais do movimento popular antineoliberal que foram integrados na plataforma programática do MAS.

Nesse quadro político é que devemos entender o governo Morales e os conflitos e contradições entre ele e a oposição autonomista no momento atual. As mudanças em curso na Bolívia sob esse governo seriam, direta ou indiretamente, o resultado de um processo de luta draconiana radicalizada pelos movimentos populares urbano e camponês-indígena contra os últimos governos neoliberais. A inédita vitória eleitoral de 2005 mostraria que o MAS conseguiu canalizar as expectativas das massas populares descontentes com o regime neoliberal, em franca crise, e dirigir o movimento de massas antineoliberal que tinha como bandeira de luta a democracia participativa, a recuperação dos recursos energéticos do país, com os lemas da nacionalização, da reforma agrária e da redistribuição mais justa e igual da renda petrolífera para a maioria social. Resta saber se de fato isso ocorreu. Um balanço crítico do governo Morales nos ajudará a esclarecer a dúvida.

---

[1] Crise de hegemonia definida por Poulantzas em *Pouvoir politic et classes sociales* (1968) e por Saes em *República do capital* (2001).

Principais elementos de mudança

Depois de dois anos da ascensão ao poder governamental do partido MAS, o impacto das mudanças gerais nos planos socioeconômico e político realizadas pelo governo ainda manifestam uma mistura de grande expectativa para a maioria social, e ao mesmo tempo desconfiança, conflito e incerteza para setores das classes médias, das chamadas "oligarquias" regionais e do capital estrangeiro. Para os nossos propósitos, mencionemos as principais mudanças estruturais e político-institucionais levadas a cabo pelo governo do MAS.

Em primeiro lugar, pode-se dizer que o importante processo de mudança que vive atualmente o país tem duplo caráter. No âmbito sociopolítico e cultural estaria ocorrendo uma nova "irrupção" das grandes maiorias sociais, uma "segunda revolução" (a outra foi a de 1952) de tipo multiétnica, multicultural, plurinacional e democrática, mais igualitária, com justiça e com inclusão social. No âmbito econômico, existe uma intensa luta entre a maioria social expressiva e a minoria social regional pela *redistribuição* da renda do país e a alocação de recursos públicos oriundos das principais matérias-primas (gás, petróleo e minérios). Uma significativa parte da maioria social, os camponeses e indígenas, foi cronicamente excluída do sistema político e da renda nacional. Já a minoria social monopolizou os benefícios da principal riqueza nacional e tradicionalmente controlou os aparelhos de Estado nos níveis central, estadual, municipal e regional. A "explosão social", com múltiplos mecanismos de pressão sociopolítica, levada a cabo por setores alinhados tanto ao governo do MAS como à oposição nos planos local, estadual e nacional (greves, marchas, manifestações, paralisações, bloqueio de rodovias, reuniões massivas em praça pública denominadas *cabildo* etc.) pode ser explicada pelas reivindicações redistributivas.[2]

Na interpretação do governo Morales e do MAS, estariam ocorrendo na Bolívia uma profunda "revolução democrática" e o início do desenvolvimento do "capitalismo andino/amazônico", com a intervenção decisiva do Estado, o qual recuperou sua soberania depois de um longo período de governos neoliberais. Trata-se de uma revolução democrática nacionalista semelhante à ocorrida em 1952, porém mais abrangente, por ter inserido a

---

[2] A redistribuição da renda nacional com justiça social está claramente estampada na nova Carta Constitucional aprovada em dezembro de 2007, reiterada em vários artigos. Vejamos um exemplo: "O Estado ... assegurará o desenvolvimento mediante a redistribuição eqüitativa dos excedentes econômicos em políticas sociais, de saúde, educação, cultura, e no reinvestimento no desenvolvimento econômico produtivo" (Art. 307, inciso V; doravante, todas as traduções são nossas).

massa indígena no sistema político e ampliado formalmente a cidadania e a igualdade política, social e jurídica, com justiça.[3]

Em segundo lugar, as mudanças socioeconômicas, políticas e culturais revelam traços neopopulistas do governo Morales (um aspecto polêmico no âmbito acadêmico). Lembremos que o regime do Movimento Nacionalista Revolucionário (MNR) se caracterizou, por um lado, pela integração das massas trabalhadoras e setores do campesinato no sistema político, com a outorga de uma legislação trabalhista favorável, ao mesmo tempo que controlou o sindicalismo; por outro, implementou uma política nacional-desenvolvimentista com forte controle do Estado, viabilizando assim uma modalidade de capitalismo de Estado de tipo periférico, o que implicava a reconquista da soberania nacional e, por conseguinte, a recuperação dos recursos naturais articulada a uma política de nacionalização. Em seu empenho para integrar/controlar as massas trabalhadoras e camponesas, os governos do MNR utilizaram mecanismos clientelistas para assegurar voto e lealdade política ao regime (distribuição de terras e redistribuição direcionada e desigual da renda estatal para os principais setores demandantes de recursos), mecanismos que eram legitimados pela ideologia movimentista/nacionalista (o nacionalismo revolucionário).

Uma análise das políticas estatais do governo Morales detecta traços da prática de uma política neopopulista semelhante à praticada pelo MNR em dois aspectos: 1) na inculcação de uma ideologia movimentista/socialista, uma variante da ideologia movimentista/nacionalista tradicional: o socialismo, então, deve ser entendido em sua acepção socialdemocrata de cunho nacionalista; 2) na retomada do tripé da política nacionalista do MNR que funcionou com uma lógica redistributivista com fins clientelista e eleitoreiro: nacionalização, reforma agrária e sufrágio universal. A despeito da importância dessa política e de seus relativos avanços ocorridos sob o governo Morales, num país em que tais problemas se mantêm ao longo do tempo, destacaremos rapidamente os elementos que nos parecem mais importantes.

Nacionalização dos recursos energéticos: gás e petróleo

A nacionalização implementada pelo governo Morales tem o caráter de uma "nacionalização branca": mesmo ressuscitando a empresa petrolífera

---

[3] Para Morales, trata-se de uma revolução também na esfera do direito. "Necessitamos de justiça, queremos justiça, a justiça não pode ser negócio; com os câmbios estamos descolonizando a justiça para nacionalizar o direito; seria importante nesse contexto que as decisões sobre demandas não fossem políticas, mas jurídicas, que de verdade façamos justiça, que não se faça justiça olhando o sobrenome ou a cor da pele" (Rojas, 2007).

estatal (Yacimientos Petrolíferos Fiscales Bolivianos – YPFB) e anunciando a associação (criação de empresas mistas ou de tipo *joint ventures*) com o capital estrangeiro com controle majoritário relativo e formal das ações pelo Estado, este apenas recupera o solo e o subsolo (propriedade jurídica) e aumenta o imposto relativo, mantendo intacto o essencial do negócio nas mãos das transnacionais petrolíferas que operam no país com mínimo investimento: o monopólio da extração, da prospecção e, sobretudo, da comercialização. Não por acaso nenhuma das empresas transnacionais que opera no setor foi embora do país depois do decreto de nacionalização. Tais empresas, em seu discurso ideológico, até mesmo sinalizaram o aumento dos investimentos para 2008, quando na verdade nunca investiram além do mínimo necessário para manter em funcionamento a indústria extrativa no país.[4] Daí as deficiências e os limites da política de nacionalização. Para tanto, basta mencionar os limites mais importantes.

Em vez de dar um salto qualitativo para estabelecer as condições necessárias da industrialização do país com base nos recursos energéticos, o governo Morales abdica desse projeto e prefere se contentar com a renda petrolífera para implementar seu projeto neodesenvolvimentista dependente e seus programas redistributivistas. Temos aqui o caso da defesa de um Estado rentista e não de um Estado produtor ou industrializador, que confirma a tendência histórica de reprodução do padrão mineiro-extrativo exportador da economia boliviana ao longo do século XX e da pilhagem acelerada dos recursos energéticos pelas transnacionais.[5]

Trata-se de um problema crucial, pois o governo Morales surge justamente para se contrapor a um modelo de dependência no período neoliberal caracterizado por Saes como novíssima dependência (diferentemente da nova dependência instaurada no período 1950-80), que aprofundou o empobrecimento e a pilhagem das matérias-primas dos países periféricos (Saes, 2007, p.161-2).

---

[4] Uma análise do volume de investimento direto a longo prazo no país demonstra que é crônico o escasso investimento do capital estrangeiro nos setores extrativos, predominando a prática da pilhagem combinada com múltiplos métodos de extorsão, chantagem, boicote, punição, evasão fiscal, caixa dois e até contrabando de matéria-prima, entre outros, por parte das empresas estrangeiras. Um exemplo paradigmático: o envio de remessas dos bolivianos (imigrantes) que moram no exterior (principalmente Espanha e Estados Unidos) chegou a oitocentos milhões de dólares em 2007, quase igual ao volume total dos investimentos anunciado para 2008 por todas as firmas petrolíferas que operam no país (novecentos milhões de dólares) e ligeiramente menor que o investimento anunciado pela Petrobras para os próximos anos (um bilhão de dólares) (cf. *La Razón*, 13 dez. 2007 e 29 dez. 2007; *Folha Online*, 12 dez. 2007).

[5] A política mineira e petrolífera do governo Morales demonstra o acordo (pacto político) entre este e o grande capital petrolífero monopolista estrangeiro (Petrobras, Repsol, British Petroleum, Total, Oxy etc.) para a manutenção dos contratos, concessões e privilégios leoninos em troca do aumento do imposto.

Reforma agrária

A reforma agrária implementada pelo governo do MAS tem caráter distributivista de cunho reformista e não radical. Ela serviria como um instrumento para atenuar a grande desigualdade social e a pauperização no campo boliviano, bem como para a formação de um mercado interno e a expansão da fronteira agrícola. Todavia, serviria também para corrigir a estrutura desigual da propriedade agrária implantada na reforma de 1953, caracterizada pela grande concentração de terras no leste e pela existência de minifúndios na região ocidental. Denominada por Morales "Revolução agrária", a *Ley de Reconducción Comunitaria de la Reforma Agraria* agilizaria um processo de reversão e saneamento de terras improdutivas que não cumprem a *función económico social* (FES), para logo redistribuí-las às comunidades, sob o controle social e a vigilância dos camponeses, num programa que comportaria mecanização, ajuda técnica, empréstimos estatais e subsídios agrícolas.

A política agrária parece ser o calcanhar-de-aquiles do governo Morales, fonte de grandes conflitos e contradições, devido à oposição cerrada dos detentores da grande e média propriedade fundiária da região de Santa Cruz à política governamental. Esses setores proprietários, junto com a burguesia agroindustrial exportadora, não reconhecem a nova Carta Constitucional (declarada ilegal), aprovada pela Constituinte controlada pelo MAS, que legitima a reforma agrária do governo. Todavia, com uma jogada antidemocrática, sem participação popular, redigiram e aprovaram sua própria carta "constitucional" regional, o Estatuto do Departamento Autônomo de Santa Cruz,[6] que se opõe ao minifúndio, à distribuição de terras, bem como à destruição do grande latifúndio – este seria o ponto crucial. Em seus aspectos gerais, o Estatuto se coloca acima da nova Constituição republicana ao definir funções que só a ela competem; atropela o conceito de autonomia departamental e regional ao defender uma autonomia separatista, de cunho federalista, num Estado unitário, negando, assim, a autonomia das nações ou regiões indígenas definidas na Constituição.[7] Não por

---

[6] Um artigo da redação do Bolpress.org analisa o conteúdo do Estatuto e detectou que ele foi plagiado do Estatuto da Generalitat de Cataluña, região autônoma do reino da Espanha, de 1979. Ver: "Autonomistas cruceños plagiaron a los catalanes en su estatuto" (21 dez. 2007).

[7] É impossível aqui fazer uma análise comparativa da nova Constituição e do Estatuto do Departamento Autônomo de Santa Cruz para detectar as ambigüidades e contradições gerais, e as autonomias em especial. Uma leitura rápida dos artigos 270-283 e 290-297, que tratam da questão da autonomia, revela que a Constituição define quatro tipos de autonomia, legitimando a reivindicação autonômica de Santa Cruz e abrindo uma brecha jurídica para as interpretações radicais sobre o assunto contidas no Estatuto (cuja polarização se dá entre a departamental e a indígena-camponesa). A ambigüidade do texto constitucional sobre essa matéria parece revelar a hipótese de que o governo do MAS fez

acaso esses setores proprietários são os grandes aliados incondicionais do grande capital monopolista petrolífero que opera na região leste (onde estão as melhores terras do país e as maiores reservas de gás e petróleo), o qual exerce enorme influência política e ideológica na região, incentivando o conflito separatista. Pode-se perceber, assim, o interesse fundamental das oligarquias regionais: controlar as regiões com maior reserva de gás e petróleo com base em leis próprias definidas no Estatuto com o objetivo precípuo de firmar contratos diretos com as transnacionais petrolíferas e, por conseguinte, açambarcar a renda petrolífera. Assim, em sua luta contra o governo, a liderança autonomista arrasta seus homólogos dos departamentos de Beni, Pando e Tarija (que compõem a região geográfica denominada "meia lua") para encampar a luta pela autonomia departamental, ameaçando permanentemente com a separação de fato do resto do país.[8]

Diante desse cenário, o governo Morales tem sinalizado abertura e diálogo com os setores agrários proprietários, mesmo que antes da implementação do decreto da segunda fase da reforma agrária (agosto de 2007) tal diálogo tenha fracassado. Os representantes das principais associações da grande propriedade fundiária (Confeagro e CAO) se retiraram da reunião em protesto contra o tratamento favorável do governo aos representantes camponeses e indígenas (CSUTCB, MST e pequenos produtores). Conforme ocorreu na primeira fase da reforma em 2006, quando o governo foi obrigado a abrir mão de seu programa inicial (não realização de uma reforma agrária clássica, radical) para tentar pacificar o campo diante de uma possível deflagração de "guerra civil" desencadeada pelos proprietários fundiários, na segunda fase (2007) a política de negociação com o grande latifúndio segue a lógica da *concertación* (pacto) no âmbito político geral – isto é, o pacto de unidade praticado nas negociações com a oposição política e partidária em relação à Assembléia Constituinte. Por outro lado, existem dois aspectos importantes em que o governo mostra fraqueza e predisposição ao *pacto de unidade*: 1) a participação de "todas" as organizações agrárias no processo de implementação da política agrária (organizações camponesas, pequenos proprietários, incluindo as organizações do grande e médio latifúndio) oculta o fato da desigualdade de pressão sobre a burocracia estatal para concretizar suas reivindicações – isto é, a crônica superioridade de pressão exercida pelas organizações agrárias proprietárias sobre o Estado, organizações que representam o poderoso setor agroindustrial exportador, dirigidas pelas "oligarquias" regionais auto-

---

uma concessão (pacto) ao movimento separatista, caro ao projeto de transformação constitucional contido no programa inicial do partido, principalmente no que toca à reforma agrária.

[8] No início de fevereiro (2008) a oposição autonomista radicaliza suas posições e lança um ultimato ao governo: a realização do referendo departamental em maio para legitimar o Estatuto Autonômico.

nomistas; 2) a legislação que determina os latifúndios produtivos e improdutivos segue critérios diversos, ambíguos e contraditórios, cuja pedra de toque está justamente no ponto que diz respeito à definição da *função econômico social* (FES), o que possibilita o processo de maquiamento da grande e média propriedade fundiária.

Isso configura uma reforma agrária de tipo branda e reformista: a distribuição quantitativa de pequenas parcelas na periferia da fronteira agrícola (terras improdutivas e de difícil acesso aos mercados agrícolas), com outorga de empréstimos governamentais de cunho leve aos pequenos produtores. Trata-se de uma nova modalidade de reforma agrária com expansão de minifúndios e a proteção velada do grande latifúndio no leste do país, que serve como instrumento de concessão econômico-social para o camponês e o indígena com o fim de obter lealdade política ao regime vigente e ampliar sua base social de apoio, como se dera na primeira reforma agrária em 1953, prática que se consolidou ao longo dos anos 1950, 1960 e 1970, durante os governos do MNR e os governos militares. Isso, a nosso ver, reforçaria a outra face do padrão econômico boliviano, predominante ao longo do século XX: o agrário-camponês. A outra face desse padrão é o mineiro-extrativo.[9]

Assembléia Constituinte

Vejamos o caráter do funcionamento da Assembléia Constituinte. Ela tenta viabilizar mudanças concretas no plano institucional nos âmbitos nacional, estadual, regional, municipal e territorial indígena (comunal), e redefine o papel dos principais órgãos e aparelhos estatais (Parlamento, Judiciário, polícia, Forças Armadas). Tenta impor a democracia participativa e a consulta permanente (referendo) sobre os principais assuntos conflituosos no país, bem como a revogação do mandato dos principais representantes eleitos, como aspectos da lógica de funcionamento do Estado. Além do mais, propõe uma nova concepção de país ao definir o Estado como plurinacional comunitário, multiétnico, multicultural e multilingüístico, ou seja, legitima, inclui e protege as comunidades indígenas e camponesas. Trata-se de uma "revolução democrática" (como defendem os líderes do governo do MAS) que apresenta um salto qualitativo em

---

[9] A despeito da melhora do setor externo com preços favoráveis dos produtos de exportação no governo Morales (gás, petróleo, soja, e o revigoramento do setor mineiro-exportador devido à alta dos preços dos metais no mercado mundial) e do recorde das exportações de 2007 em relação a outros anos, o setor que comanda a economia é o do petróleo-gás (cf. *La Razón*, 30 jan. 2008; INE, 2008). Em suma, o padrão econômico preponderante da Bolívia no início do século XXI continua a ser o mineiro-extrativo.

relação às anteriores constituições e configura uma constituição democrático-popular e indigenista peculiar de tipo avançada, de cunho social e igualitarista, aproximando-se, nestes últimos aspectos, do antigo *Welfare State* dos países centrais. Em seus aspectos socioeconômicos gerais, a nova Carta Constitucional tem caráter redistributivista e neodesenvolvimentista, com forte papel do Estado na economia (planificação, projetos de desenvolvimentos etc.), configurando um tipo de capitalismo de Estado próximo ao que vigorou nos governos do MNR (1952-64) e muito semelhante às políticas estatais defendidas pelos governos militares reformistas de 1969-71: Ovando e Torres.

Durante os dois anos do governo Morales, e praticamente em todo o período de funcionamento da Assembléia Constituinte (até o momento), o maior conflito desencadeado pela reforma constitucional se trava em torno da autonomia dinamizada pelos camponeses e indígenas (maioria social expressiva) e da autonomia departamental dinamizada pelos chamados Comitês Cívicos, comandados pelas "oligarquias" regionais (minoria social), basicamente do departamento de Santa Cruz. Em síntese, um embate entre as autonomias indígena e departamental.

Trata-se de duas concepções de país antagônicas. Uma tenta incorporar a maioria social no sistema econômico, político e cultural, com outorga de direitos civis, políticos e sociais cronicamente negados, e redefine e amplia a cidadania em geral. Outra, emanada de uma minoria social autodenominada "democrática" e "moderna", defende que somente com a autonomia de tipo departamental o país poderia conquistar um desenvolvimento econômico e social de cunho modernizador e auto-sustentado. Na concepção dessas minorias, o principal pressuposto de tal desenvolvimento seria a proteção da propriedade privada e o investimento do capital estrangeiro. Seu objetivo principal seria tentar conter o avanço político da maioria camponesa-indígena e da população pobre das cidades, que estariam sendo impulsionadas (segundo o discurso das minorias) aberta e declaradamente pelo governo do MAS para invadir e destruir a propriedade privada e criar um ambiente de desobediência civil, pondo em perigo o "Estado de direito" – isto é, trata-se da ameaça de destruição do grande latifúndio. Graças a um discurso autonomista incendiado e racista contra as massas indígenas e contra o governo, tais minorias proprietárias conseguiram manipular as classes médias e as massas populares urbanas pauperizadas, atraindo-as para sua esfera de influência política, o que lhes permitiu instrumentalizar um poder contestatório diante do governo central e um poder de barganha contra o projeto de país impulsionado pelo governo do MAS.

No momento político atual (fevereiro de 2008), carregado de grande incerteza, depois de um período de confronto político direto com níveis expressivos de violência (novembro de 2007), à beira do colapso social e da ameaça da separação de fato dos departamentos autonomistas, a solução parece *retomar* o rumo de uma saída pactuada entre governo e oposição.

O caráter da liderança política da "revolução democrática"

Analisemos agora o caráter da liderança política que conduz o processo socioeconômico, político e ideológico de reformas. Para entender o caráter dessa liderança, tentemos identificar, *grosso modo*, os setores sociais que compõem tanto o comando do MAS como o pessoal que dirige o aparelho do Estado.

Sabe-se que depois do esmagamento do movimento sindical (COB) e do esfacelamento de sua liderança como resultado do brutal desmonte do Estado e da privatização das principais empresas estatais (Comibol etc.) no primeiro governo neoliberal (1985-89), os dirigentes sobreviventes do proletariado mineiro são obrigados a um auto-exílio político e econômico nas selvas subtropicais (Yungas e Chapare). Eles passam a se engolfar no movimento *cocalero* e logo compartilhar sua direção com os líderes camponeses da principal organização camponesa boliviana, a Confederación Sindical Única de Trabajadores Campesinos de Bolivia (CSUTCB). Em franca crise devido à derrota imposta pelos primeiros governos neoliberais, a COB perde paulatinamente seu poder de convocação e logo a CSUTCB, filiada à COB desde 1979, passa a disputar ferrenhamente a liderança sindical, até que em 1987 se retira definitivamente da COB. Na primeira metade dos anos 1990 o movimento sindical boliviano vive momento de refluxo, porém consolidando o ponto de inflexão com a presença crescente do movimento *cocalero* e sua grande influência no seio da CSUTCB. Com o aumento da repressão militarizada dos camponeses plantadores de coca, desencadeada pelos governos neoliberais apoiados pelos Estados Unidos no âmbito dos planos de luta contra o narcotráfico, os *cocaleros* (dos quais Morales é um dos principais líderes) passam a liderar a luta sindical no âmbito nacional e a exercer influência significativa sobre outras organizações populares e indígenas (como a dos *aymaras* do altiplano).

A segunda metade dos anos 1990 marca outro momento importante de fluxo e refluxo, não precisamente do movimento sindical, mas dos movimentos e organizações populares antineoliberais e da emergência dos partidos políticos originados nos primeiros, que tentam representá-los (MAS e MIP). Neste período, as lutas comportam, pelo menos, as seguintes características: radicalização dos *cocaleros* contra a repressão governamental e racha no seio da CSUTCB pela disputa de sua direção entre Morales e Quispe; radicalização dos indígenas (*aymara* e *quechua*) pela autonomia de seus territórios e a compatibilização dessa luta pela defesa da terra e do território, marcando, assim, a ação reivindicatória conjunta das organizações indígenas das terras alta (*aymara* e *quechua*) e baixa (guarani etc.) – isto é, a entrada em cena de grupos indigenistas do resto do país ao longo dos anos 1990, produto da grande "Marcha Indígena pelo Território e a Dignidade" iniciada em 1990.[10] Essa explosão dos movimentos sociais indígena e camponês se complementa com outra, a dos movimentos sociais urbanos (sindicatos, associações de moradores etc.) na "guerra da água" (2000) e na "guerra do gás" (2003). A COB passa a recuperar seu poder de convocação, constituindo-se num dos atores importantes na radicalização da luta nessas jornadas, principalmente em 2003, com a derrubada do governo Lozada.[11]

É nesse quadro político que se deve entender a emergência do MAS e de suas principais lideranças. Nascido no seio da principal organização camponesa da Bolívia (CSUTCB), principalmente dos sindicatos de trabalhadores camponeses plantadores de coca da região do Chapare, o MAS conseguiu se constituir num partido moderno de massas de caráter indigenista que tenta representar os diversos setores do movimentos populares bolivianos. Em seus aspectos gerais, existiria semelhança com o partido pequeno burguês do MNR dos anos 1940 e 1950. Quanto a seu caráter de classe, o MAS se diferencia do MNR em relação à sua origem camponesa, mas se assemelha a este em relação à sua composição pequeno-burguesa e ao seu caráter supraclassista: apelo a todas as classes sociais com forte ideologia nacionalista e de recuperação da soberania do país – o traço distintivo do MAS seria seu apelo ideológico indigenista, ou seja, uma redefinição do conceito nacional com base no caráter indígena e camponês: a recuperação da soberania indígena.[12] Se a Revolução Nacional de 1952, dirigida pelo MNR, inseriu o proletariado mineiro e a massa trabalhadora urbana no sistema político, a "revolução democrática" em curso, direcionada pelo MAS, insere a massa indígena e camponesa no sistema político vigente.

A liderança do partido é composta por dois grupos sociais: 1) um majoritário de origem predominantemente camponês *aymara*, oriundo das regiões do altiplano (La Paz, Oruro, Potosi), recrutado dos sindicatos *cocaleros*

---

[10] Um importante estudo sobre a luta dos movimentos indígenas na década de 1990 e do papel do MAS e do governo Morales é apresentado por Regalsky (2007).

[11] A COB passou à oposição do MAS em 2005. Escapa a nossos objetivos fazer aqui um balanço sobre seu papel no período neoliberal e pós-2000-05, principalmente no período aberto pelo governo Morales.

[12] Não por acaso o traço distintivo do partido de Morales é a luta pela soberania dos povos: Movimento ao Socialismo – Instrumento Político pela Soberania dos Povos. A redefinição do conceito de nação com base na soberania indígena está estampada na nova Constituição: os termos "nações e povos indígenas originários camponeses" ou "indígena originário camponês" são reiterativos.

da região do Chapare (Evo Morales): as Federações do Trópico de Cochabamba; 2) outro de origem predominantemente pequeno-burguesa, de origem índia, mestiça ou branca, cujos integrantes monopolizam os principais cargos do Executivo e do aparelho de Estado (intelectuais nacionalistas, indigenistas etc.): Garcia Linera, Choquehuanca, Lazarte, Quintanilla etc. O partido centra-se na figura de Morales, que aglutina os dois segmentos e as principais facções ou tendências no interior do partido (indigenistas *aymara* e *quechua*, camponeses *cocaleros*, comerciantes varejistas etc.). A influência de Morales na organização do partido é grande, o que dá a impressão de um partido personalista, burocratizado e hierarquizado, que reforça e reproduz relações de dependência das massas camponesas em relação ao líder (cf. Regalsky, 2007). Neste aspecto, a diferença do papel exercido pelo líder do MNR (Estenssoro) e o de Morales no MAS é mínima. Por outro lado, o processo de burocratização do partido se acentua quando o partido conquista o aparelho governamental: as diretrizes políticas tendem a ser determinadas não pelas bases, mas, sobretudo, pelo grupo de técnicos e intelectuais que comanda a hierarquia do aparelho do Estado.[13]

Estamos diante de uma nova liderança política de origem indígena-camponesa e pequeno-burguesa que pode ser caracterizada como uma nova elite que comanda o processo de mudança socioeconômica e política no país. Conforme sustentou o próprio Álvaro Garcia Linera, sociólogo e atual vice-presidente da Bolívia, em entrevista concedida em maio de 2007, essa nova elite estaria compartilhando o poder político com a elite tradicional de origem branca que sempre monopolizou o aparelho de Estado em seus diversos níveis. Para Linera, seria de vital importância que as elites tradicionais reconhecessem esta nova liderança e a participação política dos setores majoritários (camponês-indígena) na vida política nacional. Vejamos:

---

[13] Em relação ao Exército, o governo do MAS conseguiu apoio significativo da hierarquia militar, mesmo que nos primeiros meses do primeiro ano de governo as relações tenham tendido a ser ásperas (julgamento de oficiais responsáveis pelos massacres de 2003, armas e mísseis chineses e, sobretudo, a negação de leis especiais para oficiais estadunidenses e a negação de bases militares dos Estados Unidos no país). O que foi feito mediante uma política de concessões econômicas (aumento relativo de salários) e sociais, sobretudo aumento do orçamento com base na renda petrolífera para reorganizar e modernizar o Exército (redefinição de seu papel coadjuvante no desenvolvimento do país). A prova crucial do apoio e da lealdade da instituição castrense ao governo, a nosso ver, ficou patente na grande parada *indígena campesina, cívico y popular* realizada em Santa Cruz de la Sierra (7/8/2007), sede da oposição autonomista (uma demonstração de forças diante desta), por ocasião do aniversário do Exército em agosto de 2007: o governo conseguiu reunir representantes de todas as nações indígenas do país (mais de trinta) para participarem do desfile da parada militar junto com o Exército. Ver "Morales califica como histórica la Parada Militar en Santa Cruz" (*El Deber*, 8 ago. 2007).

— A idéia não é impor uma reforma?
— Não. Nosso objetivo é *pactuá-la*. Temos dado passos importantes nesse sentido e estamos dispostos a dar outros. Dá para ver de longe o que está ocorrendo na Bolívia: uma ampliação de elites, uma ampliação de direitos e uma redistribuição da riqueza. Na Bolívia isto é uma revolução.
— É uma ampliação ou uma renovação de elites?
— Uma ampliação. Existem pedaços da anterior que vão manter-se, mas eles sozinhos não vão definir o caminho. *As velhas elites têm que entender que agora devem compartilhar as decisões com os índios*. Nunca mais poderão tomar decisões sem consultar os indígenas. Se lograssem entender isso, não haveria complicações.
— E você acredita que elas estão entendendo isso?
— Custa. Estão muito acostumados a mandar sozinhos, por tradição, por herança, por hábito, por costume e por formação. Os indígenas eram os que sempre serviam a mesa, cozinhavam, cuidavam das crianças, eram pedreiros. Agora ... são presidentes, ministros ou diplomatas, obviamente golpeia essa lógica. Mas é a lógica da igualdade e da democracia. No fundo, estamos diante de um amplo processo de igualização social e democratização das decisões. Existem setores que entendem isso e aceitam. Na verdade, existe um setor em nosso bloco que acredita que agora chegou o momento: açambarcar tudo. Isto é um grande erro, porque muitas vezes gera maiores complicações. (Garcia, 28 maio 2007; grifos nossos)

Ao mesmo tempo, tal elite reconhece o poder político das chamadas "oligarquias" regionais, principalmente a de Santa Cruz, devido a seu papel importante no desenvolvimento capitalista na região e seu impacto no resto do país:

— Qual é o efeito político desse enfraquecimento da base econômica de Santa Cruz?
A consolidação de um setor que fica na defensiva, a construção de uma liderança política de resistência, que tem se entrincheirado na região e que busca na autonomia um mecanismo para defender um modo de desenvolvimento da economia vinculado ao capital estrangeiro e às exportações.
No início, nós não entendíamos isso, mas agora sim. Está claro, então, o que temos que fazer como governo: *incorporar este setor ao novo modelo de desenvolvimento que propomos*. É necessário incluí-lo, porque não somos nós que o prejudicamos. Por exemplo, o governo subvenciona 150 milhões de dólares ao ano de diesel, a metade dos quais é para Santa Cruz, para a agroindústria. Não vamos tirá-los.
Mas queríamos que não fosse uma subvenção insustentável, porém que potencializaria processos de modernização, de melhora da produtividade.
Temos que trabalhar junto com o setor empresarial cruceño *num relançamento de um modelo de desenvolvimento agroexportador* que se adapte às novas circunstâncias de perda dos mercados da Comunidade Andina e de concorrência com o Mercosul. Esse é o desafio dos próximos vinte anos. E nossa agroindústria, salvo uma parte, não está preparada para isso.
A autonomia, então, é um mecanismo defensivo. Mas, por sua vez, e esta é a virtude da *intelligentzia cruceña*: logrou sintonizar esse interesse particular com uma velha demanda histórica de maior descentralização.
Daí vem sua eficácia, de sua capacidade de conectar seu interesse com uma herança, com uma memória, uma demanda ....

Nós entendemos isto e, portanto, reconhecemos, viabilizaremos e conduziremos as autonomias departamentais. (ibidem; grifos nossos)

Outro elemento importante que deve ser destacado: a proposição de uma ideologia de Estado para todas as classes sociais. O que se patenteia no empenho do partido e do governo em criar elites indígenas ou frações de classe burguesa de tipo nacional autônoma com base numa acumulação endógena e que consiga peitar o capital estrangeiro, ao estilo das burguesias européias do século XX. Nesse sentido deveríamos entender o resgate e a defesa da soberania do país. Neste ponto, a semelhança do MAS com o partido pequeno-burguês dos anos 1950 e com os militares reformistas do período 1969-71 (Ovando e Torres) salta à vista: a proposição das categorias sociais de Estado (militares, intelectuais nacionalistas) da criação de uma burguesia nacional "pelo alto", no caso do MNR (o Estado de 1952 criou a nova burguesia mineira e a burguesia agroindustrial do leste); diante do fracasso do papel dessas burguesias na transformação do país, caberia aos militares nacionalistas desencadear essa transformação.[14]

No que toca à ideologia e ao programa político do MAS, percebemos elementos reciclados do programa político da socialdemocracia na vertente da Internacional Socialista defendida por Willi Brant nos anos 1970 e 1980, bem como aspectos neopopulistas que remetem à política implementada pelo regime do MNR nos anos 1950 e 1960 (movimentismo nacionalista ou nacionalismo revolucionário). Uma análise do programa político do MAS e, sobretudo, da política praticada em dois anos de governo revela que o socialismo defendido é uma variante terceiro-mundista um tanto radicalizada da socialdemocracia européia. O programa sofre influência política e ideológica de setores da sociedade que sobrevalorizam a ação espontânea dos movimentos sociais, bem como a influência de alguns traços do programa eurocomunista defendido pelos partidos comunistas europeus (principalmente na Itália) nos anos 1970 (transformar a sociedade capitalista pela via democrática).[15]

---

[14] Trata-se do "Mandato de las Fuerzas Armadas" (1969) do governo Ovando, que propõe uma "ideologia de Estado" às massas populares e ao conjunto da sociedade: a retomada da revolução nacional. O que significava recuperar a soberania do Estado e reiniciar o processo de nacionalização da economia, dois aspectos da mesma política de defesa do país diante dos grandes monopólios estrangeiros; na ausência de uma burguesia industrial ou nacional, o processo revolucionário deveria ser dirigido pelos militares nacionalistas. Contudo, a ambigüidade e a contradição do nacionalismo reformista no período expressaram o empenho em reintegrar as massas populares e, ao mesmo tempo, impedir uma mobilização revolucionária como se dera em 52, sendo incapazes de deter a franca ascensão política do proletariado.

[15] A nosso ver, essas seriam as influências ideológicas principais. Evidentemente, as influências são múltiplas e variadas, tanto da tradição nacional como das correntes latino-americanas, como a defendida atualmente por Negri e Holloway (transformar sem tomar o poder etc.).

Em síntese, a plataforma programática do MAS não rompe com o capitalismo nem com o Estado burguês. Ao contrário, defende a sua reprodução ajustando-os às condições do país: a expansão da reprodução das relações sociais capitalistas no país, naquilo que os líderes do MAS denominam "capitalismo andino/amazônico". Portanto, a socialização dos meios de produção e a destruição do Estado burguês estão afastadas da "revolução democrática" nacionalista efetuada pelo MAS e pelo governo Morales. O aspecto mais marcante das transformações estaria na tentativa de viabilização de um Estado neodesenvolvimentista burguês com traços de um capitalismo de Estado de tipo dependente, semelhante ao da Venezuela.[16]

Dito isso, passemos a caracterizar o processo de condução das transformações pela liderança política do MAS e do governo Morales. Embora tenha se consolidado como um partido antineoliberal na eleição presidencial de 2002, foi nas jornadas de 2003-05 que o MAS se constituiu como a principal força político-partidária com amplo apoio das massas populares e de setores médios capaz de conquistar o poder governamental. Conseguiu fazer suas as demandas das ruas e, sobretudo, capitalizar as principais reivindicações e expectativas das massas nos grandes levantes populares do período. Dissemos *capitalizar* por ter integrado tais reivindicações em sua plataforma política e por ter conseguido impor a *estratégia eleitoral* como a principal forma de obter essas reivindicações e como o *único* caminho que possibilitaria um processo de mudanças de cunho reformador.

Sabe-se que o MAS era um dos atores presentes na luta de 2003, entre a múltipla variedade de atores, setores e organizações populares. O que queremos salientar é que ele conseguiu se impor como força eleitoral depois da "guerra do gás": a força motora desse processo foi a massa popular radicalizada, dirigida basicamente pelo Comando Geral Comunitário (CGC), integrada pela Central Obrera Regional (COR), pela organização de moradores da cidade de El Alto de La Paz (Federación de Juntas Vecinales – Fejuve) e pela FSUTCB. Estes setores, junto com os trabalhadores mineiros (FSTMB) e a COB, defendiam a radicalização do processo de luta e a tomada do poder, ou então estabelecer as condições necessárias para a instauração de um governo popular (pelo menos semelhante ao da Assembléia Popular de 1971 ou ao da Venezuela sob o governo Chaves). O MAS rejeitou essa estratégia e a combateu defendendo uma solução da crise política pela via da não-ruptura institucional – isto é, uma solução negociada (por cima) com as principais forças político-partidárias tradicionais que passaram a defender a renúncia de Lozada e a ascensão de Mesa à presidência.[17]

---

[16] Note-se que a nova Constituição (2007) consagra a propriedade privada, mesmo definindo a propriedade comunal indígena.

[17] Foi emblemática a presença de Morales e Mesa (vice-presidente) no palanque na multitudinária concentração em La Paz depois da renúncia de Lozada.

Isso não é novidade, pois, no contexto de um processo revolucionário ou de luta de massas, a história mostra que um partido político ou grupo social pode se aproveitar das ambigüidades e contradições do movimento popular para capitalizá-lo com o fim de impor seus interesses particulares e imprimir um rumo diverso do iniciado pelas massas radicalizadas. Para ficarmos com o caso boliviano, isso ocorreu na Revolução de 1952: as massas trabalhadoras urbanas, lideradas pelo proletariado mineiro, constituíram-se como força motora da revolução; porém este perdeu a direção política do processo revolucionário para o partido pequeno-burguês, o MNR, que se apropriou de suas reivindicações e implementou seu programa político (a revolução nacionalista). Outro exemplo semelhante ocorreu na conjuntura de 1979-80: diante da luta draconiana unificada das massas camponesas e das classes trabalhadoras urbanas, sob o comando do proletariado mineiro, contra o regime militar, a direção da COB se posicionou como um muro de contenção diante das massas radicalizadas, impondo sua derrota e adiando tragicamente a liquidação do regime até 1982.

No período pós-2005 e com a ascensão do MAS ao poder governamental, o país estaria atravessando uma situação semelhante (evidentemente, guardadas as devidas diferenças e proporções). O partido indigenista e pequeno-burguês MAS continua empenhado em levar a cabo sua "revolução democrática" fazendo concessões políticas aos setores dominantes conservadores que dominam o país (as "oligarquias" regionais autonomistas, as frações de capital nacional dominante, o capital estrangeiro etc.). Trata-se daquilo que no jargão boliviano chama-se *concertación* (acordo ou pacto político), e ganha um sentido significativo nas reiteradas afirmações de Morales depois de se tornar presidente: "mandar obedecendo". Mais especificamente, a estratégia do pacto político praticada pela liderança do governo do MAS aparece ideologicamente justificada de forma nítida nos pronunciamentos, discursos, artigos de jornais ou acadêmicos do principal ideólogo do partido e do governo, aqui já citado: A. G. Linera. Em seus aspectos essenciais, Linera sustenta a tese segundo a qual qualquer tipo de transformação atual no país seria praticamente impossível sem a concorrência da "oligarquia" de Santa Cruz, uma classe burguesa modernizada e associada com o capital estrangeiro que estaria empenhada no desenvolvimento da região e teria grande influência no país, principalmente na região leste. Portanto, a revolução democrática e popular emanada sobretudo dos indígenas e camponeses deve – segundo Linera – *compartilhar o poder* com aquela elite regional para levar adiante e concretizar tal revolução. Não se trata de uma revolução socialista, pois não estariam dadas as condições do país para esse tipo de revolução, e sim do desenvolvimento do "capitalismo andino/amazônico".

Estaria aí justificada política e ideologicamente a estratégia de transformação do governo do MAS e o papel que deveriam jogar as duas partes "detentoras" do poder no país: a elite indígena/pequeno-burguesa e a elite regional. Uma vez reconhecido o poder dos dois grupos, algo entendido como "empate histórico", compartilhar o poder seria, portanto, *pactuar*. Isso não significa, para Linera, que tal situação implique ausência de conflito e contradição; poder-se-ia chegar ao ponto do confronto permanente e à utilização da violência de ambos os lados como meio de resolução dos conflitos, o que é caracterizado como "empate catastrófico". Por isso, a melhor solução seria o diálogo, o consenso político ou pacto democrático como meio de solução dos conflitos e não a utilização da violência ou do confronto físico.[18] A idéia do pacto político entre as duas elites está consubstanciada na nova Carta Constitucional de 2007.

Todavia, no terreno da prática política concreta dos atores em luta, uma análise crítica do processo político boliviano e da política estatal implementada pelo governo Morales revela que as transformações gerais de cunho reformista mediante Assembléia Constituinte, nacionalização, reforma agrária e política externa seguem a lógica da estratégia do pacto democrático imposto pela liderança do MAS desde o início do governo. O exemplo mais conspícuo e acabado do pacto se deu na definição das regras de funcionamento da Assembléia Constituinte para aprovar a matéria constitucional: a outorga do poder de veto à minoria na participação do processo de definição da nova Carta Constitucional, o que levou o governo do MAS a ficar refém e à mercê da oposição na medida em que lhe possibilitou o bloqueio e a rejeição dos assuntos cruciais, como as políticas de nacionalização, a reforma agrária, a autonomia indígena e camponesa sustentadas pelos movimentos populares. Isso levou ao fortalecimento do movimento autonomista departamental e ao aumento da desconfiança nos setores dos partidos aliados mais próximos dos movimentos populares, bem como dos setores que conformam a base social de apoio do governo (setores dos movimentos populares, sindicais, indígenas e camponeses radicalizados, alguns dos quais abandonaram o MAS e passaram à oposição).[19]

Em seu combate ao governo com o fim de obrigá-lo a retroceder, a oposição arremeteu contra a Assembléia Constituinte, tanto dentro como fora desta (por pressões e manifestações de rua e no Parlamento), desqua-

---

[18] Linera, sociólogo e ex-guerrilheiro, é um dos discípulos mais importantes de R. Zavaleta. Escreveu vários livros, um deles junto com F. Garcia intitulado *Razón de Estado y el empate histórico boliviano* (1993). Em sua intervenção no Parlamento boliviano em 22 de janeiro de 2007, Linera justificou sua teoria do "empate histórico" e "empate catastrófico".

[19] Apesar de amplos setores do movimento popular camponês-indígena permanecerem sob a órbita de influência política e leais ao governo do MAS, alguns setores do movimento indígena o abandonaram, como a Confederación de Pueblos Indígenas de Bolívia (Cidob), das terras baixas do leste do país, e o Consejo Nacional de Ayllus e Markas del Qullasuyu (Conamaq), do altiplano. Estes se sentiram traídos pela política de unidade nacional do governo imposta no seio da Assembléia Constituinte.

lificando seu funcionamento e seus dirigentes, bloqueando e boicotando a política governamental do MAS. O que se patenteou nos seguintes aspectos de luta em 2007: mudança das regras de debate para aprovar a nova matéria constitucional com dois terços dos votos, e não com a maioria absoluta defendida pelo MAS; imposição da capitalidade plena de Sucre para deslocar a questão essencial e aniquilar a Assembléia; abandono da Assembléia pelos representantes político-partidários da oposição; oposição cerrada ao corte de orçamento oriundo dos impostos petrolíferos (Imposto direto dos hidrocarbonetos – IDH), que, segundo os autonomistas, seriam dos departamentos e que o governo utilizou para pagar a Renda Dignidade para a terceira idade; finalmente, a elaboração do Estatuto autonomista que contraria a Constituição.

Trata-se de um consenso articulado "por cima", uma engenharia política que foi levada a cabo pelo governo do MAS para garantir o processo de elaboração de reforma constitucional e no momento está sendo implementada para executar as reformas aprovadas pela nova Carta Constitucional. Isso significou, no primeiro momento, a instauração de um poder paralelo ao da Assembléia Constituinte com o fim de controlar e, sobretudo, alijar do processo de elaboração de reformas os setores independentes e os movimentos populares (articulados ou não ao partido governista) mais radicalizados. Nesse sentido, o acordo político teria, no mínimo, duas implicações importantes para a oposição: 1) o governo Morales e o MAS são obrigados a retroceder em relação ao seu programa, adotando posições conservadoras e diminuindo sua forte influência política sobre os setores aliados, além de entrar em conflito e confronto com setores mais radicalizados, o que provoca desgaste político para o governo e o partido devido à perda de credibilidade em relação à plataforma programática inicial do MAS; 2) os partidos da oposição (que alimentaram também o pacto político apoiando a autonomia departamental)[20] passam a reconquistar certo terreno político perdido durante os governos neoliberais e a recuperar certa legitimidade diante das massas populares e dos setores médios que derrubaram governos neoliberais.

A política do primado do pacto democrático nas negociações do governo do MAS com a oposição não só repercutiu negativamente nas bases sociais de apoio do partido, principalmente em setores camponeses, indígenas e organizações urbanas, mas também sepultou o exercício de uma democracia participativa direta *sui generis* que estava se gestando e se aprofundando sem a intermediação das organizações político-partidárias tradicionais. O MAS conseguiu, então, controlar e neutralizar os movimentos populares e sindicais posicionando-se como um muro de contenção diante das massas radicalizadas, preferindo as organizações político-par-

---

[20] Cf. "Los partidos dan garantías a la autonomía departamental" (*La Razón*, 3 ago. 2007).

tidárias no seio da Assembléia e excluindo as organizações dos movimentos populares.[21] Todavia, o governo começou a privilegiar os órgãos colegiados e técnicos de decisão para solucionar as crises políticas conjunturais, em detrimento da principal instância democrática (a Assembléia Constituinte), sepultando a democracia participativa: as decisões foram deslocadas para o Parlamento, para as instâncias interinstitucionais e partidárias articuladas à oposição (comitês cívicos, comissão de unificação do país, a Conalde etc.) e, sobretudo, para o Executivo, ajustando-se ao padrão da democracia representativa que vigorou nos governos neoliberais.

No momento atual (fevereiro de 2008), a solução da crise política segue a lógica da *negociação pactuada*[22] pelo governo fora da Assembléia Constituinte, que permanece paralisada e com sua soberania atropelada. Mencionemos os pontos da crise: 1) o corte dos recursos oriundos de um imposto petrolífero departamental feito pelo governo e que a oposição autonomista reclama como seus; 2) rompimento do diálogo sobre a compensação do corte daquele imposto e, principalmente, sobre a *compatibilização* dos Estatutos autonomistas com a nova Carta Constitucional para eliminar as ambigüidades e contradições com o fim de enquadrá-los no processo legal para logo serem legitimados por referendo. A oposição se recusa a dialogar e concentra seu ataque nos cortes dos recursos do IDH.

No fundo, o problema da redistribuição dos recursos da renda petrolífera, no momento, é secundário, apesar de a bandeira da luta redistributiva ser importante, porque os recursos públicos oriundos dessa renda foram cronicamente utilizados como fonte de rendimento para a "oligarquia" regional. Contudo, tal problema constitui-se como a ponta de lança da estratégia geral da oposição, que consiste no bloqueio de toda política governamental (neste caso, o pagamento da Renda Dignidade). O interesse crucial é a rejeição da nova Carta Constitucional, que legitimaria a autonomia indígena e ameaçaria destruir o grande latifúndio na região leste por

---

[21] Um traço constitutivo do Estado burguês, independentemente do regime político que adote, é a instauração de uma política de organização/desorganização das classes dominadas, principalmente das classes trabalhadoras e do campesinato. O exemplo clássico é o bonapartismo francês do século XIX. As ditaduras militares latino-americanas seguiram essa tendência histórica. Porém, o exemplo mais próximo ao caso do governo Morales é o que vigorou no período do MNR no pós-52, que adotou um processo de integração/controle das massas trabalhadoras e camponesas.

[22] Para a oposição, o governo teria rompido o diálogo sobre esses pontos no momento do pagamento da Renda Dignidade com os recursos petrolíferos pertencentes aos departamentos. O governo insistiu na negociação, voltou atrás e concedeu uma compensação de 150 milhões de dólares para os departamentos opositores com recursos nacionais oriundos da renda petrolífera, compensação que não foi aceita pelos dirigentes da oposição. Cf. *La Razón*: "El gobierno sube la compensación a las regiones por el IHD" (9 fev. 2008). Em inícios de fevereiro, a oposição lançou um ultimato ao governo: a realização (em maio) do referendo departamental para aprovar seu Estatuto autonômico.

meio da reforma agrária do governo. Esse seria o problema fundamental para a oposição; por isso responde ao governo com a autonomia departamental de fato, mediante o ultimato do referendo que aprovaria o Estatuto autonomista em maio deste ano.

Finalmente, a política redistributivista de cunho assistencialista da renda petrolífera para crianças, velhos e aposentados parece enquadrar-se numa lógica clientelista e eleitoreira perseguida pelo governo Morales, ou seja, pode estar sendo capitalizada para ampliar seu eleitorado e garantir lealdade de sua base social de apoio, uma vez que o governo vinha apostando no referendo revogatório do mandato do presidente e dos governadores, junto com o plebiscito da aceitação da nova Constituição (cujas jornadas seriam realizadas em abril) como solução para os impasses com a oposição.[23]

A nosso ver, tal solução foi imposta pelo governo ao pagar a Renda Dignidade em início de fevereiro, o que foi visto pela oposição como uma provocação e sinal de rompimento do diálogo. Contudo, ela entendeu a tática do governo, amadureceu sua posição e informou com beneplácito sua decisão em forma de ultimato: a realização de um referendo departamental em maio para aprovar os Estatutos autonomistas, pois sabe que é imbatível eleitoralmente em suas regiões em virtude do alto grau de manipulação do processo eleitoral (financiamento de campanha oriundo do capital petrolífero monopolista estrangeiro). Dissemos com beneplácito pois a oligarquia autonomista sempre almejou deter o controle quase absoluto da região mais rica de recursos energéticos (gás, petróleo) para firmar contratos diretamente com as transnacionais petrolíferas, com o fim de garantir o monopólio da renda petrolífera. Como se percebe, governo e oposição estão recorrendo à cartada do referendo, por iniciativa do primeiro, para solucionar a crise política conjuntural, perseguindo assim interesses semelhantes com efeito socialmente perverso.[24]

---

[23] O impasse da crise política atual, que paralisou as negociações entre governo e oposição autonomista, pode estar caminhando para uma solução provocada pelo governo Morales, caso não se retome o diálogo: a consulta nacional em abril sobre a revogação do mandato do presidente e dos governadores e a aceitação ou rejeição da nova Constituição aprovada pelo MAS sem a presença da oposição. A pior das hipóteses seria uma solução da crise pela via da violência armada (embora esta não seja descartada no contexto de confronto e alto grau de incerteza do processo político atual), porém tanto o governo como a oposição insistem na solução pela via das urnas. Cf. "Las bases masistas rechazan una salida armada a la crisis" (*La Razón*, 17 fev. 2008).

[24] Em seu discurso por ocasião do informe de dois anos de governo, Morales já havia manifestado claramente que o governo garantia as autonomias departamentais: "Quero dizer aos companheiros de Santa Cruz e de outros departamentos que ganharam o referendo das autonomias (Beni, Pando y Tarija) que estão garantidas as autonomias, também missão cumprida com os departamentos onde obterão a maioria nas autonomias" (*Econoticias Bolivia*, 22 jan. 2008).

Não há, portanto, uma situação revolucionária nem uma fase de duplo poder na Bolívia atual, como sustentam alguns autores. O que identificamos seria uma crise de hegemonia marcada por uma acentuada instabilidade do bloco no poder que repercute no aparelho de Estado. Ou seja, a luta no seio do bloco no poder desdobra-se como luta entre os aparelhos central e regional do Estado: a pequena burguesia detendo o controle do aparelho central e as "oligarquias" detendo o controle do aparelho regional.[25] Lembremos que a pequena burguesia (indígena/camponesa/urbana) que comanda o aparelho estatal central não está interessada (conforme afirma Linera) em romper ou liquidar politicamente a "elite tradicional", porém em *compartilhar o poder*.

Aspectos da política externa

A eleição de Morales e a ascensão do MAS ao poder governamental desencadearam grande receio e cautela por parte das classes dominantes do país, do capital estrangeiro e dos Estados Unidos, por medo de a Bolívia se converter numa nova Venezuela. Durante o primeiro ano desse governo, a elite regional autonomista, o capital estrangeiro, bem como Estados Unidos, Brasil, Argentina e Chile passaram a entender – essa é nossa hipótese – o processo de mudança pactuada implementado pelo governo Morales. Nesse contexto é que se deveriam entender os conflitos entre o governo Morales e o Brasil em relação à Petrobras e ao fornecimento de gás. Evidentemente, a ação de um país na esfera regional está condicionada ou sobredeterminada pela ação de outros países que detêm maior peso econômico e político na hierarquia da estrutura do sistema capitalista em âmbito internacional. Embora a política interna de um país não determine a política externa (à exceção do caso dos países imperialistas), isso não significa que esta não seja influenciada por aquela. Vale dizer, as políticas interna e externa têm lógica, dinâmica e complexidade próprias, embora se impliquem mutuamente.

Nesse sentido, a pressão constante das classes dominantes nativas (pela "oligarquia" regional) contra o programa político do MAS e da política estatal implementada pelo governo Morales se exerce conjuntamente com a pressão do capital estrangeiro monopolista, o qual fica oculto e à sombra da ação da oligarquia regional. Isso se deve ao fato de que o capital estrangeiro delegou sua função política e ideológica à oligarquia, para que o represente, e então o conflito de classe aparece como se fosse um conflito entre regiões no país. É evidente que existe um jogo de múltiplas pres-

---

[25] Tampouco se trata de uma luta entre regiões, como quer Roca (1999), que defendeu em décadas passadas que não existiria luta de classes na Bolívia, porém luta entre regiões.

sões políticas para bloquear, neutralizar ou modificar a ação do governo Morales, fazendo-o retroceder no processo de transformação do país. Esse jogo de pressões se ajustou também à política do pacto democrático viabilizada pelo governo em relação à política externa.

Nesse jogo de múltiplas pressões deve-se também entender a ação dos países mais poderosos e influentes na região. No processo de nacionalização (já analisada), o conflito entre o governo Morales e as transnacionais petrolíferas se apresentou como se fosse um conflito entre países (Espanha, que defendeu a Repsol YPF; Brasil, a Petrobras etc.). Devido a diversos fatores, o ator mais poderoso e influente (Estados Unidos) não soube lidar com o governo boliviano, perdendo sua influência e seu controle tradicionais na Bolívia, porém tenta recuperá-los a qualquer custo reativando sua intervenção polivalente: a principal ação que comandaria essa intervenção seria o apoio econômico e político à oligarquia regional, apostando na estratégia da luta autonomista e separatista.

Por outro lado, os Estados Unidos parecem ter delegado sua intervenção ao país mais poderoso e influente da região do Cone Sul, o Brasil (embora este ator tenha interesses próprios). Os acordos comerciais entre os governos Lula e Morales na esfera de integração regional teriam, pelo menos, um duplo sentido: por um lado, o apoio ao processo democrático levado a cabo pelo governo Morales para garantir a estabilidade política do país, tentando afastar o tradicional golpe de Estado (uma permanente ameaça), o que se compatibilizaria com a política da *Cláusula democrática* do Mercosul e impediria o desequilíbrio geopolítico do Cone Sul (e, na pior das hipóteses, uma possível balcanização do país);[26] por outro, a defesa de seus interesses econômicos: a permanência da Petrobras e o fornecimento ininterrupto de gás a "preço de banana", bem como a expansão de suas empresas nacionais. Por seu lado, Argentina e Chile também oferecem seu apoio político formal ao governo Morales, porém mantendo seus interesses próprios: fornecimento de gás barato no caso do primeiro e distensão das relações diplomáticas em relação à problemática do litoral no caso do segundo. Com efeito, os interesses fundamentais por trás do apoio ao

---

[26] Existiriam fortes indícios de que uma das "cartas na manga" do jogo polivalente dos Estados Unidos na Bolívia seria a balcanização, ao estilo da ex-Iugoslávia, e que P. Goldberg, novo embaixador estadunidense na Bolívia, teria sido escalado para concretizar essa política. Esse diplomata teria sido mesmo o responsável pela aplicação dessa estratégia naquele extinto país quando era embaixador. Por outro lado, na defesa dessa estratégia estariam envolvidos integrantes da máfia cubana, como Negroponte (funcionário estadunidense), integrantes das oligarquias regionais autonomistas de Santa Cruz, Guayaquil (Equador) e San Pedro Zula (Venezuela), os quais teriam criado uma organização internacional (a Confederación Internacional por la Libertad y Autonomía Regional – Confilar), com apoio aberto dos Estados Unidos, para desestabilizar os governos Morales, Correa e Chaves. Cf. Dieterich (15 dez. 2006).

governo Morales por parte dos países vizinhos mais influentes seriam, pelo menos, os seguintes: 1) manter certa estabilidade política na Bolívia e garantir a espoliação de seus principais recursos de exportação, mantendo a dependência e o atraso crônico do país; 2) impedir que a Bolívia se esfacele (balcanização), pois do contrário ameaçaria profundamente a segurança e o equilíbrio geopolítico regional; e 3) impedir que o governo Morales vire uma nova Venezuela.

Dito isso, identifiquemos os principais aspectos da política externa praticada pelo governo Morales. Se a lógica da *concertación* aparece como denominador comum na política interna com forte recuperação relativa da autoridade estatal em relação aos setores economicamente poderosos (grande latifúndio, setor agroexportador, grande capital monopolista estrangeiro que opera nos setores de petróleo, mineração e bancos), a política externa assume uma combinação de traços de multilateralismo, reciprocidade e negociação reorientados pela lógica da recuperação da soberania do país. Sabe-se que os regimes populistas tradicionais (1930-64) na América Latina puseram em prática a recuperação da soberania nacional como característica fundamental da implementação da política econômica e social do Estado, com forte intervenção deste nos âmbitos interno e externo. No plano interno, ampla base social de apoio ao regime com a integração das massas trabalhadoras urbanas, com outorga de uma legislação trabalhista favorável à regulamentação da relação capital–trabalho, bem como a execução de um tipo de industrialização nacional dependente comandada pelo Estado na ausência de uma burguesia industrial nativa – isto é, "uma política estatal de integração/controle das classes trabalhadoras, com um intervencionismo socioeconômico a serviço de um projeto de desenvolvimento capitalista nacional" (Saes, 2001, p.78).[27] No plano externo, utilização da prerrogativa "soberania nacional" como instrumento de barganha mediante a prática de um tipo de multilateralismo e reciprocidade nas negociações com os países capitalistas centrais.

Podemos afirmar, a título indicativo, que o governo Morales seguiria mais ou menos a mesma lógica nos dois planos indicados, apesar de que não se pode caracterizar tal governo como de tipo populista tradicional, embora aspectos de sua política executada tenham apresentado traços neopopulistas: ampliação da base social de apoio com base na integração/controle dos trabalhadores camponeses e indígenas combinada com um intervencionismo socioeconômico a serviço de um projeto *sui generis* de neodesenvolvimento capitalista nacional. Isto é particularmente notório no discurso da liderança governamental e partidária, que expressa o sentido

---

[27] Afastamo-nos da caracterização corrente e predominante sobre o populismo baseada na relação "líder–massa", entendida como pré-capitalista e pré-moderna. Sobre este assunto, consultar Saes: "Populismo e neoliberalismo", in *República do capital* (2001).

de um aspecto importante do programa do partido do governo: o resgate da soberania (Movimiento al Socialismo – Instrumento Político por la Soberanía de los Pueblos – MAS-IPSP). De um lado, a integração das grandes massas populares camponesas e indígenas no sistema político, viabilizando uma revolução democrática e jurídica, com justiça social e eqüidade – nas palavras de Morales, uma "revolução democrática cultural" ou "revolução democrática descolonizadora", e a frase emblemática endereçada ao capital estrangeiro: "necessitamos de sócios e não de patrões". De outro, a prática de uma revolução nacional-popular que tenta implantar um "capitalismo andino-amazônico" com decisiva participação do Estado no desenvolvimento capitalista, conforme sustentou Linera.[28]

Em suma, o Estado boliviano redefiniu sua política externa com base na participação multilateral, alinhada com a política externa praticada pelo governo Chaves na Venezuela e em parte pelo governo cubano: soberania, solidariedade e integração entre os povos latino-americanos, patenteadas no Tratado de Comércio entre os Povos (TCP) e enquadrada na corrente política "bolivariana". Trata-se de uma espécie reciclada de posicionamento latino-americanista e terceiro-mundista que surgiu com os países não-alinhados no fim da década de 1950 em alternativa às relações dominantes no âmbito da "Guerra Fria". Todavia, o governo Morales imprimiu um caráter indigenista e multicultural ao funcionamento do aparelho diplomático ajustando-o ao processo de câmbio socioeconômico e político que atravessa o país no plano interno. Mudança importante em relação aos governos neoliberais, cujo corpo diplomático sempre esteve controlado pelas elites e setores médios de origem branca. O ministro das Relações Exteriores é aymara (David Choquehuanca) e existem vários ministros indígenas, camponeses e trabalhadores que compõem o gabinete do governo Morales. No seu discurso no dia 6 de agosto de 2007, Morales enfatizou que a Bolívia recuperou a dignidade e os recursos naturais e lembrou também que antes do seu governo as leis estavam redigidas em inglês e os legisladores não faziam outra coisa senão traduzi-las. Porém, "agora existem ministros indígenas, legisladores indígenas e não existem embaixadas que nomeiem ministros ou imponham políticas" (apud Rojas, 2007).

A seguir, apresentaremos alguns elementos da política externa no contexto dos acordos e tratados comerciais realizados pela Bolívia sob o governo Morales que nos parecem mais problemáticos devido a seu caráter conflituoso e incerto.

---

[28] Cf. Pomeraniec & Stefanoni, 2007; Rojas, 2007; Garcia Linera, jul. 2006; e Garcia, jan. 2006.

Estados Unidos – Alca – APTDEA

Desde o início do governo Morales as relações entre os Estados Unidos e a Bolívia estiveram marcadas pelo conflito, confronto, indiferença e desconfiança mútua, e no momento atravessam certa distensão. O que se deveu ao abandono do governo boliviano da política externa tradicional praticada pelos governos neoliberais, e a seu alinhamento quase automático com a Venezuela e Cuba. O governo Bush praticou uma política vacilante e contraditória, revelando descomunal despreparo e indiferença em relação ao governo Morales. O exemplo disso foi a prática da política agressiva e de desqualificação do líder cocaleiro na campanha presidencial de 2005 pelo embaixador estadunidense naquele momento, que utilizou elementos da arcaica política da "Guerra Fria". O que contribuiu, entre outros fatores, com a ampla vitória eleitoral de Morales e aumentou o sentimento antiimperialista das massas populares bolivianas. O governo Morales se mostrou hostil, agressivo e crítico em relação ao governo Bush e passou a exigir relações de reciprocidade entre os dois países.

Todavia, a artilharia do discurso antiimperialista do governo boliviano concentrou-se contra a Alca, apoiando abertamente um tratado de comércio alternativo com Cuba, Venezuela e Bolívia: o TCP sob a lógica da diplomacia "Aliança bolivariana para as Américas". Com a ascensão de Correa à presidência, o Equador passou a integrar o eixo. Em resposta, o governo estadunidense tentou neutralizar a influência política de Fidel e Chaves no âmbito sul-americano por uma investida ideológica pouco frutífera. Contudo, os Estados Unidos se caracterizaram pela instauração de relações predominantemente de país a país, apesar de utilizar métodos polivalentes. Desde 2007 o governo Bush parece ter dado uma virada nas relações com os países latino-americanos sem falar sobre a Alca: a nova política energética baseada em combustíveis renováveis e não-tradicionais, numa tentativa de atrair novamente tais países para sua esfera de influência e neutralizar a influência regional de Fidel, Chaves e Morales. Por outro lado, os Estados Unidos parecem estar também incentivando a figura de Lula para neutralizar Chaves e o governo venezuelano, e ao mesmo tempo aumentando seu apoio ao governo conservador colombiano (Uribe) para rejeitar as Farc e atingir Chaves.

Há inúmeros relatórios elaborados pela burocracia estatal estadunidense e por intelectuais (academia) preocupados com a recuperação da hegemonia dos Estados Unidos na Venezuela e na Bolívia. Um desses relatórios, que sugere ao governo estadunidense que aplique uma estratégia de ação política, foi elaborado por Gamarra (2007) com o título *Bolivia on The Brink*. O relatório analisa a atual situação da Bolívia sob o governo Morales e sustenta que, depois de deter a influência um tanto inconteste no período neoliberal (vinte anos), os Estados Unidos estariam perdendo terreno nos âmbitos político e econômico como ator tradicional potencial na região. A recuperação da hegemonia política regional seria de vital importância para este ator, no intuito de tentar redefinir as relações entre o dois países, pois se não tomar medidas inteligentes de cunho polivalente e de grande alcance a Bolívia poderá seguir o caminho da Venezuela, ameaçando seriamente a estabilidade na região andina e no Cone Sul. Para tanto, caberia aos Estados Unidos – e esta seria a principal sugestão – fortalecer os laços de relações diplomáticas e comerciais com seus principais aliados (Argentina, Brasil e Chile) com o objetivo de que eles se envolvam e intervenham mais, direta e indiretamente, nos assuntos bolivianos para neutralizar e conter o avanço radical do nacionalismo e do "populismo" do governo Morales.

A nosso ver, a política proposta por esse relatório parece estar sendo aplicada pela *política pragmática* dos países mencionados, que não estava descartada e era uma das formas de intervenção possíveis, uma vez que predomina esse padrão de política (*real politik*) nas relações entre Estados na esfera internacional. Por outro lado, embora exista uma preocupação constante da burguesia imperialista, das burguesias nacionais e das burocracias estatais com a movimentação das massas populares e a revolução social, existe nesse relatório uma exagerada concepção da periculosidade do governo Morales (apesar de sua possível radicalização a curto prazo, a nosso ver essa situação estaria, por enquanto, afastada; a não ser que ocorra outra crise profunda e as massas populares voltem às ruas), além de ele não contemplar a colocação em prática da política do pacto democrático por esse governo.

Nesse sentido, a nosso ver, a instabilidade política da Bolívia ou uma suposta situação revolucionária tende a ser utilizada (os Estados Unidos sempre utilizaram esse argumento) pelos países mais poderosos como pretexto para possíveis intervenções de cunho político e militar no país, caso o regime do MAS enverede (conforme sustenta a oposição) pelos trilhos do "autoritarismo militar" ou do "Estado forte", seguindo o exemplo de Chaves. Daí a intensa campanha política da OEA (Carta Democrática) e do Mercosul (Cláusula Democrática) por vigilância e respeito aos direitos humanos, proteção das *minorias políticas*, equilíbrio e separação de poderes, proteção do capital estrangeiro, numa palavra, defesa do Estado de direito (= direito dos proprietários) visando à reinstauração da democracia representativa limitada ou de cunho neoliberal na Bolívia.[29]

Um dos dilemas atuais do governo norte-americano, do capital financeiro internacional e das elites políticas nativas seria a defesa viável de um tipo de democracia limitada (ou de uma variante desta: o autoritarismo ci-

---

[29] Cf. Informe da Comissão Inter-Americana de Direitos Humanos da OEA: "La OEA se aflige por la violencia que vive el país" (*La Razón*, 8 ago. 2007).

vil de base presidencialista) em vez da restauração pura e simples de ditaduras militares, restauração que seria politicamente arriscada devido ao compromisso histórico de setores da oficialidade militar com o capitalismo de Estado, bem como à ausência de unidade, no interior da instituição castrense, em relação ao projeto neoliberal de "modernização" capitalista (cf. Saes, 2001). Por isso, os casos da Venezuela e Bolívia, nos quais ocorreu uma vigorosa contestação da hegemonia neoliberal por um poderoso movimento popular (em situação semelhante estaria entrando atualmente o Equador), seguida de reorganização institucional pela prática de um tipo de democracia participativa, são vistos com extrema desconfiança e como um perigo pela potência hemisférica e pelos atores regionais (países vizinhos).

A Alca e a APTDEA devem ser analisadas com a consideração dessas observações. Os países latino-americanos em geral e os andinos em particular devem se submeter aos imperativos políticos da potência hemisférica para viabilizar os acordos comerciais, cuja dinâmica de negociação segue uma lógica individual: de país a país, e não coletivamente (basicamente os casos de Peru e Colômbia). A luta dos países do bloco "bolivariano" (Cuba, Venezuela, Bolívia e Equador) não apenas tenta se contrapor à Alca e à APTDEA, colocando em seu lugar o TCP no âmbito da Aliança Bolivariana para as Américas, mas também combater o projeto dos biocombustíveis, uma espécie de "cavalo de Tróia" do governo Bush para resgatar e impor a Alca na América Latina. Depois da visita de Bush ao Brasil em março de 2007, Lula parece ter se convertido em "garoto propaganda" da política de Bush sobre os biocombustíveis na América Latina, tentando neutralizar a influência da liderança de Fidel, Chaves e Morales, que se opõem a tal projeto. Não por acaso os defensores desse novo tipo de produto energético para exportação provêm, na Bolívia, dos setores mais arcaicos e conservadores: os grandes latifundiários e segmentos empresariais do poderoso setor agroindustrial, influenciados pelo discurso de Lula sobre o assunto (no Brasil virou uma política de Estado, com volumoso investimento estatal para atrair o capital estrangeiro).[30] O mesmo setor defende acordos unilaterais com os Estados Unidos no âmbito da APTDEA e da CAN.

Mercosul e Brasil

No âmbito das relações com o Mercosul, a Bolívia ainda não é um membro pleno deste bloco regional, apesar de existir um discurso de integração, cooperação e solidariedade nessa instituição regional, o que demonstra acentuada assimetria e desigualdade em tais relações, bem como a dependência e a vulnerabilidade extremas do Estado e da economia bo-

---

[30] Cf. "Los biocombustibles podrían generar 2 millones de empleos" (*El Diario*, 6 ago. 2007).

livianos. O governo Morales solicitou seu ingresso para ganhar tal *status*, porém permanece ainda à espera de resposta definitiva. A demora para concretizar esse objetivo demonstra que depende da vontade política do Brasil e da Argentina, que não parecem estar interessados, a curto e médio prazos, em ter a Bolívia como membro permanente. Os argumentos e explicações sobre a razão de esse país não ter *status* permanente são variados, com o predomínio dos temas pobreza e instabilidade política permanente, porém justificam ideologicamente a manutenção da dependência e do atraso do país. O exemplo sobre o primeiro tema patenteou-se no discurso do presidente Lula e do Itamaraty ao longo de 2006 e 2007 nos episódios sobre a nacionalização do gás, o aumento do preço do produto e a recompra das refinarias, que eram da Petrobras, pelo governo Morales: o Brasil estaria sendo solidário com o país mais pobre da América do Sul mediante a compra de seu principal produto de exportação, sem a qual a Bolívia não poderia sobreviver economicamente.

Nesse sentido, para os países dominantes do bloco, principalmente o Brasil, seria funcional manter a Bolívia fraca, dependente e instável, justamente pela preponderância econômica, e permitir a espoliação dos recursos energéticos, tão necessários e invejados pelo capital monopolista internacional e pelas elites regionais. O tratamento do Brasil em relação à Bolívia não se desviaria dessa lógica e se expressa nos acordos comerciais e nas relações econômicas determinadas por seus interesses gerais. Evidentemente, é de interesse dos setores econômicos e das elites que comandam o aparelho de Estado na Bolívia buscar mercado para seus produtos de exportação, estando obrigados a praticar relações diplomáticas e comerciais possíveis, de acordo com as condições reais do país, conforme seu peso específico detido na hierarquia de países capitalistas no âmbito regional. Os últimos episódios ocorridos entre a Bolívia e o Brasil (compra de refinarias de petróleo da Petrobras e o anúncio da construção de termelétricas na fronteira com a Bolívia, no rio Madeira-Mamoré, por parte do Brasil, que provocaria um grande impacto ambiental do lado boliviano), carregados de tensões e conflitos, expressam novamente a lógica das relações entre os dois países, marcadas por assimetria e desigualdade profundas.

Contudo, a nova liderança que comanda o aparelho de Estado boliviano se empenha em resgatar boa parte da soberania nacional, tentando estabelecer relações de reciprocidade com os demais países em todos os níveis ou atenuando levemente as profundas assimetrias e desigualdades.

Chile e o tema do litoral

As relações com o Chile se caracterizam por ser das mais tensas e conflituosas, devido à questão do litoral perdido pela Bolívia na chamada

67

"Guerra do Pacífico" em 1879. O governo neoliberal de Sanchez de Lozada (2003) instrumentalizou o tema do litoral mediante a propaganda da obtenção de uma faixa de território com acesso ao mar para justificar a venda de gás ao Chile e ao mercado estadunidense. Depois das jornadas da luta pelo gás (2003-04), em que as massas populares derrubaram os governos Lozada e Rodrigues, o governo Morales atendeu à reivindicação das massas populares de não vender gás ao Chile nem exportar o produto por seus portos justamente devido ao problema do conflito com esse país em virtude do litoral perdido. Todavia, tal governo nacionalizou o gás, dando seqüência ao plebiscito de 2004 que reafirmou a propriedade estatal das jazidas dos hidrocarbonetos, e rejeitou o tema "gás por mar" com o Chile.[31]

Atualmente as relações diplomáticas entre os governos boliviano e chileno atravessam um momento de distensão e de "boa vizinhança", com a retomada do diálogo "sem exclusões" em diversos níveis com o governo Bachelet, inclusive a demanda marítima boliviana. O Chile parece estar sinalizando a tentativa de instaurar um acordo comercial de compra de gás, pois no momento o país vive uma das maiores crises energéticas devido à insuficiência do fornecimento de gás pela Argentina, a qual compra da Bolívia com preço subvencionado e reexporta a esse país. Entretanto, o tema da compra de gás não aparece nas negociações comerciais devido a seu caráter delicado e controverso na Bolívia, já que qualquer tentativa de acordo comercial com base nesse produto está necessariamente atrelada ao problema do litoral. Do lado do governo boliviano, o assunto do "gás por mar", contrariamente ao plebiscito de 2004 que rejeitou esse tipo de acordo com o Chile, parece estar seduzindo a diplomacia boliviana e ganhando consenso no governo Morales, pois, conforme Rada, existiria uma grande pressão do capital monopolista estrangeiro que opera no Chile sobre a burocracia estatal boliviana para que a Bolívia faça um acordo comercial para a venda de gás a esse país.

Por outro lado, os governos bolivianos, independentemente do partido político e de sua orientação ideológica, manipulam constantemente o tema do litoral, graças a um discurso nacionalista, para aumentar sua legitimidade diante das massas populares e das classes médias (caso dos governos militares) ou garantir votos (caso dos governos democráticos), o que é feito geralmente nos momentos de comemoração das festas nacionais (março e agosto). O governo Morales não foi exceção: estabeleceu como um

---

[31] A. Soliz Rada ("Entre Petroleras y ONG", 18 dez. 2007), ex-ministro do Petróleo do governo Morales, agora na oposição, que defendeu uma nacionalização radical, acusa o governo de ser conivente com as transnacionais do petróleo e de entregar os recursos energéticos em troca de impostos miseráveis. Elas teriam financiado os referendos sobre o gás e até mesmo a reforma constitucional. Ele denuncia até que a maioria dos integrantes do governo está a serviço de ONGs financiadas pelo capital estrangeiro que defendem os interesses de algumas empresas transnacionais com interesses na Bolívia.

dos grandes logros de sua política externa a iminente saída ao mar graças à negociação com o Chile. Entretanto, a solução do problema marítimo por parte do Chile não parece ser promissora, já que a política estatal desse país em relação ao assunto não mudou uma vírgula em mais de um século. Além do mais, qualquer solução passaria pela consulta ao Peru, que ainda reivindica como seus o porto de Arica e parte do território limítrofe com o Chile.

Trata-se de um problema trinacional de alta tensão e conflituosidade, justamente porque ameaça a estabilidade geopolítica e militar sub-regional, sob o controle do Chile. Contudo, pode ser que se aviste uma solução a curto e médio prazos, porém, qualquer que seja, ela não deve alterar significativamente o controle geopolítico e militar detido pelo Chile. Uma das soluções seria a concessão, por parte desse país, de uma faixa mínima de território (ou seja, um corredor superestreito) para a Bolívia simplesmente para que possa ter acesso a um porto no litoral de onde escoar seus produtos de exportação. Em troca, o Chile exigiria um território boliviano na fronteira entre os dois países, principalmente na região rica em recursos hídricos, tão escassos do lado chileno.[32] A aposta da troca do corredor oceânico pelo fornecimento de recursos energéticos baratos ("gás por mar"), que estaria ganhando consenso e legitimidade no círculo das elites indígenas e da pequena burguesia que controlam o aparelho de Estado sob o governo Morales, poderia ser muito arriscada para o Chile, argumenta a burocracia chilena, justamente pelo fato de que qualquer acordo comercial ou industrial com base nessa troca não teria nenhuma garantia, pois ela seria inviabilizada pela permanente instabilidade política do país.

O governo peruano agora recorreu ao tribunal internacional de Haia para obrigar o Chile a negociar o litígio sobre territórios marítimos limítrofes reivindicados pelo Peru, justamente na região onde a Bolívia exige uma faixa de território no litoral chileno. A ação do Peru contra o Chile caiu como um balde de água fria no governo Morales, segundo intelectuais e ex-diplomáticos bolivianos. O que, a nosso ver, mantém indefinida a solução da reivindicação boliviana.[33]

---

[32] Essa modalidade de troca (o chamado cambalacho) foi dominante no discurso das ditaduras chilena e boliviana nos anos 1970, mas nunca foi concretizado. Naquela ocasião, o tema marítimo foi amplamente manipulado pela ditadura Banzer pelo discurso de "volta" ou "recuperação do mar" (na verdade ocultou um grande fiasco) e serviu para recuperar certa legitimidade, amplamente perdida, diante das camadas médias e de setores populares alinhados com o regime, num contexto de aumento da repressão contra as classes trabalhadoras e o movimento popular. Por outro lado, a negociação entre Banzer e Pinochet sobre o cambalacho, que culminou com o "abraço de Charaña", serviu também para melhorar a imagem externa negativa da ditadura chilena devido à carnificina das massas trabalhadoras.

[33] Cf. "Un fallo que favorezca a Perú pesaría en el diálogo marítimo" (*La Razón*, 2 fev. 2008).

Luis Fernando Ayerbe

EQUADOR: EXPECTATIVAS E ESPERANÇAS DE MUDANÇAS DEMOCRÁTICAS

O Equador parece ser o país que tem mais semelhanças com a Bolívia, apesar das diferenças históricas e da peculiaridade de cada um. Em seus aspectos gerais, podemos identificar as seguintes: grande população indígena, pobreza acentuada por causa da grande concentração de renda, migração crescente, economia de enclave mineiro (extração de petróleo) cuja principal renda é objeto de luta redistributiva com alta tensão e conflito, presença de capital estrangeiro que se limita a espoliar os recursos naturais e energéticos do país, crônica instabilidade política, acentuada dependência e intervenção permanente dos Estados Unidos nos assuntos internos, e assim por diante. No período atual, em relação aos aspectos específicos, podemos identificar as semelhanças mais importantes, quais sejam: acentuada crise econômica causada pela extrema liberalização da economia (dolarização), que aprofundou a pobreza, colapso da democracia neoliberal e dos partidos políticos tradicionais por obra dos governos neoliberais, existência de uma elite autonomista conservadora (oligarquia) que se opõe a um processo de mudanças sociopolíticas e institucionais de cunho democratizante (cujo centro de operações é a cidade de Guayaquil) e rebelião das massas populares e indígenas contra os governos neoliberais. Atualmente o país está atravessando um momento de mudanças sociopolíticas e econômicas. No plano político institucional, segue os modelos venezuelano e, sobretudo, boliviano (guardadas as devidas diferenças e proporções): nacionalização, Assembléia Constituinte para definir a nova Carta Constitucional e reforma agrária.

Podemos também identificar diferenças importantes que no entanto não alteram o caráter pobre e dependente dos dois países: um mediterrâneo e outro com importante faixa litorânea com uma cidade portuária (Guayaquil) que tem papel crucial para a economia do país. Com efeito, a mediterraneidade da Bolívia contribui com seu atraso e sua dependência e aprofunda o estrangulamento de sua economia. Contudo, não determina sua pobreza e sua dependência (o caso contrário é o do Equador).

Nosso objetivo principal não é fazer uma análise comparativa sóciohistórica geral entre os dois países, nem sobre as condições que determinam seu atraso, e sim algumas observações gerais sobre o processo de mudanças em curso no Equador e refletir sobre alguns aspectos semelhantes ocorridos na Bolívia nesse terreno.

O processo político neoliberal chamado "ajuste estrutural" (desmonte do Estado) no Equador ocorreu tardiamente em relação ao caso boliviano, porém teve impacto tão devastador quanto na Bolívia durante o primeiro período da implantação da política neoliberal com a dolarização da economia. No caso do Equador, a dolarização se impôs de forma mais brutal e selvagem pelo capital financeiro internacional em contubérnio com a oligarquia articulada aos bancos nacionais sob o governo Noboa em 2000, provocando o aprofundamento dos níveis elevados de pobreza das massas populares e indígenas. O país então entrou em falência econômica, provocando também o colapso da democracia neoliberal e a volta da instabilidade política acentuada. À semelhança do caso boliviano, os levantes indígenas contra os governos neoliberais e em defesa da soberania (território, cultura, língua etc.) começaram em 1990 e se estenderam ao longo dessa década. A mobilização indígena de 2000 marcou o início de um período importante da luta antineolibeal das massas populares, principalmente contra a dolarização da economia, e começou a ganhar crescente apoio das massas populares urbanas e de setores militares. A mais importante revolta militar-indígena contra a dolarização foi comandada pelo coronel L. Gutierrez, que forçou a destituição de Mahuad e instaurou uma "Junta de Salvação Nacional", a qual porém logo ficou sem efeito devido à imediata intervenção do Exército, que devolveu a presidência a Noboa. A seguir Gutierrez foi eleito presidente, assumindo o cargo em 2003, para depois ser deposto pelo Parlamento em 2005. Nas eleições de novembro de 2006, o ex-ministro de economia, Rafael Correa, ganhou as eleições pelo partido Alianza Pais (AP), derrotando o candidato da oligarquia conservadora (Noboa), cuja plataforma política era de caráter antineoliberal, semelhante à de Morales e Chaves.

Correa assumiu a presidência em janeiro de 2007 e anunciou a aplicação de programa político cujos principais eixos se articulavam em torno da recuperação da economia com base na nacionalização do petróleo, da convocação da Assembléia Constituinte para elaborar uma nova carta constitucional e da reforma agrária, tentando atender às reivindicações das massas populares e indígenas. Assim, o país entrou num novo ciclo político marcado por grande expectativa e esperança de mudança político-institucional para as grandes massas populares e os setores médios aliados.

Nas eleições para a Assembléia Constituinte (30/9/2007), o partido de Correa conquistou 72 de 130 representantes, garantindo a maioria simples e a hegemonia no processo decisório da elaboração da nova Carta Constitucional. O Partido Sociedade Patriótica (PSP), do ex-presidente Gutiérrez, se constituiu na segunda força, com 13 representantes, ao passo que a terceira força foi detida pelo Partido Renovador Institucional de Ação Nacional (Prian), liderado pelo empresário Noboa, com seis cadeiras.[34] Tratou-

---

[34] Sabe-se que desde a mobilização de 1994 a Confederação das Nacionalidades Indígenas do Equador (Conaie) vem defendendo a realização de uma Assembléia Constituinte para refundar o país. Ela optou por não apresentar candidatos nesta eleição, para manter a mobilização popular vigilante, a fim de que a Constituinte cumpra realmente seu verdadeiro papel: o caráter de "refundação".

se de uma significativa vitória que permitirá às forças políticas progressistas realizar mudanças importantes e possibilitará, com folga, que o partido governante dirija o processo político e imprima o conteúdo que as massas populares exigem das mudanças. Comentando sobre a regra dos dois terços que o MAS aceitou para aprovar a matéria constitucional na Bolívia, Correa afirmou que não se cometerá o erro desse partido, pois na Constituinte equatoriana as decisões a ser aprovadas terão como base a maioria simples. Atualmente, a Constituinte está trabalhando na reforma constitucional para apresentar os resultados em março de 2008.

Não entraremos na análise das políticas econômica, agrária e externa,[35] bem como do processo da reforma constitucional em curso. Basta dar alguns exemplos que nos permitam visualizar, ao menos parcialmente, a tendência da evolução das mudanças conduzidas pelo governo Correa e pelo partido da situação.

Petras, em sua análise sobre a vitória das forças populares na Constituinte e sobre a política estatal do governo Correa no Equador, pondera:

> Temos uma grande massa radicalizada, uma vitória contundente por parte de Correa, mas com uma forte contradição interna entre forças progressistas e forças conservadoras dentro da sua equipe.
> Creio que a medida tomada por Correa de impor um imposto sobre os lucros extraordinários é uma indicação das medidas populistas, mas não estruturalistas, no sentido em que deixou intacto o fato de 40% das exportações ainda estarem em mãos estrangeiras. O que aumentou para o país foram os ingressos do petróleo, em mais de 80 milhões por mês.
> Creio que poderíamos ver algumas medidas reformistas e uma política muito eclética no exterior, criticando a política extremista dos Estados Unidos, enquanto se segue assinando contratos com empresas estrangeiras dispostas a aceitar os termos igualitários entre o Equador e as multinacionais (*Radio Centenário*, 10/10/2007).

E sobre a possível evolução do processo político, pelo menos a curto prazo, comenta:

> Correa fica sobre uma grande massa radicalizada, porém mais ou menos inorgânica.
> Ou seja, não existe uma estrutura sociopolítica com força neste momento. Os eletricistas, os petroleiros, em grande parte, dividiram seus votos entre Correa e outros grupos.

---

[35] Podemos citar os seguintes problemas: resgate da renda petrolífera, não-pagamento da volumosa dívida externa, atenuação da política de dolarização, rejeição do TLC e da APTDEA, expulsão da transnacional Oxy, não-renovação da concessão para que os Estados Unidos mantenham a base militar de Manta, alinhamento automático com o governo Chaves e o TCP, criação de projetos petrolíferos com a participação das estatais petrolíferas de ambos os países etc.

Então, há que ver como caminha o processo, mas em geral vemos derrotas decisivas dos velhos partidos oligárquicos e dos candidatos da oligarquia.

Nessa nova configuração do poder acredito que a direita vai tratar de influenciar no seio do partido governista, creio que, estando os seus integrantes excluídos de suas próprias agrupações políticas, nestas instituições vão fazer uma política articulada aos setores conservadores do partido governista. (ibidem)

Por outro lado, podemos identificar dois problemas cruciais que podem paralisar e entorpecer o processo político de mudança em andamento no Equador, que a nosso ver seriam o calcanhar-de-aquiles do governo Correa: 1) a recalcitrante oposição da oligarquia conservadora, com sede em Guayaquil;[36] 2) a crescente hostilidade do governo colombiano, agravada pela luta militar conjunta desencadeada por ele e pelo governo estadunidense contra as Farc. No momento, a Colômbia é o maior enclave militar estadunidense na América Latina e passou a ter enorme importância estratégica geopolítica e militar na sub-região nos anos 1990, principalmente para combater o movimento guerrilheiro. Depois da vitória de Chaves na Venezuela, teria passado a ser o centro de operações para desestabilizar esse país e agora provavelmente o governo Correa. Trata-se de uma sub-região com alto índice de tensão e conflituosidade devido à presença das Farc e também pelo fato de a Colômbia estar interposta entre dois países considerados "chavistas". Assim, o processo de transformação em curso no Equador pode vir a depender da política adotada pelo governo equatoriano em relação a esses dois problemas (que em princípio não teriam relação direta, porém podem ser potencializados para desestabilizar o regime de Correa), do rumo da política de intervenção militar estadunidense adotada nessa luta e da ação dos atores envolvidos.

CONSIDERAÇÕES FINAIS

No âmbito acadêmico, é comum encontrar análises comparativas entre os dois países, principalmente nos Estados Unidos, que tendem a fazer estudos com base numa classificação geográfico-regional e histórica semelhante dos países latino-americanos. Nessa classificação, a Bolívia e o Equador fariam parte dos "Andes Centrais", sub-região que integraria a grande região andina. Esse é o caso do importante trabalho de Malloy e Conaghan

---

[36] Na marcha organizada pela oposição autonomista oligárquica contra o governo no dia 24 de janeiro de 2008, J. Nobot, um dos principais líderes, afirmou: "Eu sou o escudo da oligarquia e a espada para fracionar o Equador"; "O que é com Guayaquil é comigo"; ou então: "Ninguém pára Guayaquil na sua autônoma decisão de progresso" (cf. *Quincenário Opción*, 2 a 18 fev. 2008).

(1994) intitulado *Unsettling Statecraft. Democracy and Neoliberalism in the Central Andes*. Os autores analisam a problemática das mudanças do Estado e do desenvolvimento do capitalismo no início da fase neoliberal tomando em conta a relação de três instâncias importantes: Estado, mercado e sociedade civil. Tais instâncias não teriam poder próprio, mas um poder que emanaria da relação entre as outras duas instâncias da sociedade, o qual seria delegado a um grupo de atores políticos – recrutados por critérios políticos (democracia política) e técnicos (burocráticos) – que apenas cumpririam o papel de representantes do Estado e da burocracia estatal. Assim, as duas instituições intermediariam os conflitos de interesses entre a sociedade civil e o mercado. Em suma, os autores partem do pressuposto de que a sociedade capitalista de tipo avançado estaria baseada num Estado não-corporativista ou não-clientelista, cuja unidade do poder político estaria diluída numa multiplicidade pluralista de centros de decisão, entre os quais estaria instaurado certo "equilíbrio automático" provocado pela "harmonização" dos diversos grupos de pressão (empresas, sindicatos etc.) que representariam as forças econômicas de uma sociedade integrada. Em sociedades com um capitalismo heterogêneo e atrasado como as dos países latino-americanos (neste caso os países dos Andes Centrais), as relações entre as principais instâncias da sociedade tenderiam a ser pautadas por um Estado com ascendência clientelista, populista e corporativista, ocasionando assim conflitos, crises e instabilidade política permanente.

Em ambos os tipos de sociedade, o processo de elaboração da política estatal (*policy making*), principalmente da política econômica – conforme os autores –, seria o produto da ação dos representantes das três instâncias da sociedade, direcionado pelos representantes do Estado e da burocracia estatal (governo, parlamento e elites burocráticas). Num contexto de recessão e crise econômica acentuada, tal processo tenderia a ser impulsionado por ampla coalizão composta por integrantes dos três setores fundamentais, e direcionado pelas "elites políticas conscientes" e pela "nova elite econômica" alinhada às forças que predominam no mercado mundial: o neoliberalismo. No caso dos países andinos e, por extensão, dos países latino-americanos (que no período 1950-70 fracassaram em aplicar variantes do modelo nacional-desenvolvimentista, primeiro no regime populista e depois no militar), a crise e a estagnação econômica de inícios dos anos 1980 teriam obrigado as novas elites econômicas a comandar o processo de democratização e reestruturação do Estado baseado no modelo neoliberal. O processo de *policy making* aplicado pela "coalizão neoliberal" (direcionada pelas "novas elites econômicas") que originou as mudanças substantivas no Estado, na sociedade civil e no mercado teria evidenciado uma defasagem entre os critérios formal e informal de elaboração da política econômica, configurando, assim, um tipo de democracia já evocado por Tocqueville: o despotismo democrático.

Excluindo alguns temas evocados pela análise dos autores que não compartilhamos teoricamente,[37] o exame sobre o processo de mudanças ocorrido no período do neoliberalismo na Bolívia e no Equador é de muita importância, pois mostra que, diferentemente do conteúdo da política aplicada nos governos neoliberais, estaria ocorrendo processo semelhante, porém com objetivos contrários a essa política e conduzido por uma liderança diferente. Detectamos que essa liderança nos dois países está composta por setores da pequena burguesia (elite indígena, mestiça ou branca), segmentos das camadas médias e de categorias sociais de Estado (militares, burocracia civil), apoiados amplamente pelas massas populares (indígenas, trabalhadores, moradores de bairros etc.). E o conteúdo programático da política social do Estado a ser implementado deriva da luta pelas múltiplas reivindicações das massas populares antineoliberais, cujos principais aspectos podem-se sintetizar nos seguintes eixos: nacionalização, reforma agrária e reforma do Estado, que seriam implementados por intermédio da Assembléia Constituinte, que elaboraria uma nova carta constitucional.

Trata-se de uma nova coalizão política, diversa da "coalizão neoliberal" que vigorou no período anterior, que podemos chamar de "coalizão socialista". O sentido do termo "socialista" tem aqui a conotação designada tanto pelas demandas dos movimentos populares nas ruas como pelo discurso oficial, estampado na expressão "socialismo do século XXI", e exprimiria o caráter da luta antineoliberal e antiimperialista, bem como os anseios e expectativas das massas populares por mudança social profunda. Por outro lado, tem sentido amplo e eclético. Conforme a nossa análise do caso boliviano em relação ao governo Morales e ao MAS, na prática o termo não denota um sentido marxista, porém se aproxima do sentido utilizado pela socialdemocracia, adotando caráter redistributivista e igualitarista, com traços neopopulista e neodesenvolvimentista.

Essa coalizão socialista seria composta por forças político-partidárias heterogêneas do campo popular (movimentos populares urbanos, indígena, camponês, sindicatos, novos partidos políticos etc.) comprometidas com

---

[37] Vale dizer, a diferenciação estanque entre os processos econômicos e políticos nas sociedades capitalistas avançadas e nas sociedades capitalistas periféricas (a despeito de sua complexidade e de diferenças concretas), o corporativismo, o clientelismo e o despotismo democrático (que seriam constitutivos das últimas sociedades), bem como o funcionamento harmonioso entre sociedade civil, mercado e Estado nos países capitalistas centrais. Não cabe aqui discutir se o despotismo democrático é constitutivo dos países periféricos pressuposto que, para dizer pouco, desde Tocqueville e St. Mill se tornou uma tese indiscutível. Sobre os temas corporativismo e clientelismo, o primeiro foi integrado à lógica de funcionamento do capitalismo e o segundo é um problema constitutivo da sociedade capitalista em geral, e não um fenômeno pré-capitalista, pré-moderno e corruptor, pois é constante nas democracias mais avançadas: cf. Theobald (1992).

a realização do programa político definido pela luta das massas populares, cuja direção caberia aos setores que comandam o aparelho de Estado (pequena burguesia, elite indígena etc.). Sua principal tarefa histórica seria, então, contrariamente à "coalizão neoliberal" (desmonte do Estado), reestatizar o conjunto da economia petrolífera e criar as condições necessárias para logo possibilitar sua expansão a outros setores da economia, como no modelo venezuelano. Não se trata, evidentemente, da destruição do Estado burguês e da construção de um Estado socialista, mas da modificação – isto sim – da forma do Estado burguês: forma democrática participativa. Por outro lado, os casos boliviano e equatoriano delineiam um Estado burguês dependente com traços nacionalista e neodesenvolvimentista que viabiliza um tipo de capitalismo de Estado contrário ao capitalismo privado que vigorou anteriormente. A novidade estaria nesses aspectos apontados.

Nesse contexto, no processo de elaboração da política de Estado, o problema que aparece não é tanto a "defasagem entre os critérios formal e informal de elaboração" de tal política, como apontam Malloy e Conaghan, mas as defasagens entre programa político do partido e a direção adotada pela burocracia estatal na definição do conteúdo das principais políticas, que pode chegar até a contradizer as diretrizes programáticas. Isso ficou claro em nossa análise do caso boliviano. Contudo, se a problemática de defasagem, ambigüidade e contradição entre programa e política estatal implementada pela burocracia é constitutiva de todo processo decisório na elaboração da política estatal, no sentido de estar determinada pelo modelo de sociedade vigente (no caso, a sociedade capitalista) e pelos interesses dos grupos e classes em luta, sua atenuação só pode vir (pelo menos nos casos de que nos ocupamos) da vigilância das massas populares e de sua força política para pressionar e intervir para que suas reivindicações contempladas no programa do partido não se tornem meros *slogans*.

Estamos diante de formas de reação política nacional contra o capitalismo neoliberal imposto nesses países, denominadas por Saes "novíssima dependência" na América Latina. Para Saes, o esgotamento do modelo da nova dependência (conforme estudada por Cardoso e Falleto), que defendia a instauração de um padrão de industrialização baseado na substituição de importações e a colaboração do capital estrangeiro (um tipo de desenvolvimento associado), teria ocorrido no final dos anos 1970. Nos anos 1980 a periferia do capitalismo teria entrado numa situação de passagem da nova dependência para uma ainda mais perversa, uma forma extrema, caracterizada pela unilateralização desse tipo de dominação econômica no plano histórico: o aprofundamento do empobrecimento causado pela pilhagem das economias periféricas. O capital estrangeiro não realiza novos investimentos (como na fase da nova dependência com a industrialização associada) e, em vez disso, impõe uma política estatal neoliberal baseada na privatização do setor público, na promoção da abertura comercial e na internacionalização do sistema financeiro na América Latina. O que implicou uma mudança no *padrão de intervenção* do Estado capitalista na economia (Saes, 2001, p.82). O capital estrangeiro somente estaria interessado em açambarcar as fontes de matéria-prima e de energia existentes nas economias periféricas. Assim, "A novíssima dependência representa, portanto, o empobrecimento e a pilhagem das economias periféricas, variando apenas de uma para outra a intensidade do empobrecimento e da pilhagem, em função do grau de resistência local". E acaba por instaurar "um processo de 'periferização de segundo grau', que consiste num afastamento dessas economias com relação às funções clássicas desempenhadas pela periferia no sistema capitalista mundial" (Saes, 2007, p.161-2).

Todavia, existiriam três modelos políticos de reação nacional à novíssima dependência na América Latina: o da Argentina, o do Brasil e o da Venezuela. O modelo político venezuelano, que corresponderia a um capitalismo de Estado, seria o que mais teve influência em outros países de economia de enclave, como a Bolívia – e a nosso ver, também o Equador –, que "tenta repetir, em escala bem mais modesta", a experiência venezuelana de construção de um capitalismo de Estado (ibidem, p.166-8).

Finalmente, tentemos sinalizar alguns cenários possíveis para a evolução dos casos de que nos ocupamos: que rumo tomarão os processos políticos atuais na Bolívia e no Equador? Qual a relação dos movimentos populares com a experiência de reação política nacional encetada por esses países contra a extrema e perversa dependência? Com base em nossa análise do caso boliviano na primeira parte deste trabalho e em nossas observações sobre o caso equatoriano, podemos arriscar algumas hipóteses sobre a evolução do processo político nesses países.

Em relação ao caso boliviano, os cenários possíveis seriam: 1) sobrevida do governo do MAS com certa dificuldade a curto prazo, e com muita dificuldade a médio prazo, que assumiria as características de um regime de tipo neopopulista e neodesenvolvimentista que faz concessões (pacto democrático) ao capital estrangeiro, ao governo estadunidense e às oligarquias autonomistas opositoras, delineando um regime mais avançado que o do MNR dos anos 1950; 2) derrota do governo do MAS por obra da ação conjunta da oligarquia autonomista e do governo estadunidense e como efeito da perda paulatina ou crescente do apoio dos movimentos populares ao regime, devido ao aniquilamento da democracia participativa por parte da ação da burocracia estatal e partidária; 3) radicalização do processo político boliviano por obra dos movimentos populares, o que obrigaria o governo a expandir a estatização da economia, aproximando-a da experiência venezuelana, e imporia o aprofundamento da democracia participativa e de formas de autogestão[38] dos trabalhadores e camponeses: nas empresas estatizadas e no campo, com a criação de cooperativas tanto nas comunidades indígenas e camponesas como em terras desapropriadas ou do Estado.

Em relação ao caso equatoriano, teríamos os seguintes cenários: 1) o processo político de mudanças adotaria o exemplo boliviano (adoção da prática do pacto democrático), conforme a primeira hipótese supramencionada, com traços do modelo venezuelano; 2) a hipótese do caso boliviano, neste segundo cenário, serve para o caso equatoriano; 3) a radicalização do processo político por obra do movimento popular, que obrigaria o governo a expandir a estatização da economia, aproximando-a da experiência venezuelana, e imporia o aprofundamento da democracia participativa e de formas de autogestão dos trabalhadores e camponeses – isto é, uma variante da terceira hipótese do caso boliviano, porém dotada de particularidade e peculiaridade próprias.

REFERÊNCIAS BIBLIOGRÁFICAS

ASAMBLEA CONSTITUYENTE DE BOLIVIA. Nueva Constitución Política del Estado. Aprovada por la Asamblea Constituyente. La Paz, 14 dez. 2007. 40p. Disponível em: <http://www.eldeber.com.bo/2007/cpe%20final.pdf>.

AZEVEDO, F. *Bolívia – Informe de Observatório – Año 2007*. Informe Anual. Diálogo democrático, PNUD, The Carter Center. 30p. Disponível em <http://www.democraticdialoguenetwork.org/network/cases/files.pl?cases_id=2;type=1;lang=es>.

BOLPRESS. *Autonomistas cruceños plagiaron a los catalanes en su estatuto*. Disponível em: <http://www.bolpress.com/art.php?Cod=2007122102>. Acesso em 21 dez. 2007.

DÁVALOS, P. *Ecuador*: El debate prohibido. Buenos Aires: Consejo Latinoamericano de Ciencias Sociales (Clacso), 2007, p.1-3.

DIETERICH, H. "Bolivia: hoy, la derecha va al poder". Disponível em: <www.rebelion.org>. Acesso em 15 dez. 2006.

DURAN GIL, A. *Desenvolvimento capitalista e Estado burguês na América Latina*. Paper apresentado no XI Encontro Nacional de Economia Política – Alternativas ao liberalismo na América Latina, de 13 a 16 de junho de 2006, Vitória (ES), Brasil, Sociedade Brasileira de Economia Política – SEP/Universidade Federal de Espírito Santo. 23p.

ECONOTICIAS BOLIVIA. *Bolivia: la rebelión de los 100 clanes*. La Paz, 9 jan. 2008. Disponível em: <http://www.econoticiasbolivia.com>.

---

[38] Existe um silêncio sobre o tema da co-gestão no governo Morales (a COB está na oposição). Contudo, num estágio de radicalização do movimento popular, o tema deve reaparecer e suscitar, pelo menos, o debate sobre a viabilidade dessa estratégia. A co-gestão foi uma experiência que fracassou na Bolívia.

_____. Dos anos de Evo y no cambia nada – La Central Obrera y los mineros de Bolivia evalúan la gestión gubernamental y se trazan las tareas revolucionarias del 2008. La Paz, 30 jan. 2008.

_____. El presidente jura que cumplió el 90% de sus promesas. La Paz, 22 jan. 2008.

ESTATUTO DEL DEPARTAMENTO AUTÓNOMO DE SANTA CRUZ. Santa Cruz de la Sierra, 15 dez. 2007. Disponível em: <http://www.eldeberservices.com/2007/estatutos.php>.

GAMARRA, E. Bolívia en el borde. *Centro para la Acción Preventiva, Council on Foreign Relations*, 24 fev. 2007.

GARCÍA ARGAÑARÁS, Fernando. *Razón de estado y el empate histórico boliviano*:1952-1982 Cochabamba: Los Amigos del Libro-Mala Yerba Editores, 1993.

GARCIA, F. *Razón de Estado y el empate histórico boliviano: 1952-1982*. La Paz: Los Amigos del Libro, 1993.

GARCIA LINERA, A. El evismo: lo nacionalpopular en acción. *Observatorio Social de América Latina (Osal)*, n.19, jul. 2006; Buenos Aires: Consejo Latinoamericano de Ciencias Sociales (Clacso).

_____. El "capitalismo andino-amazónico". *Le Monde Dipomatique*, ed. chilena, jan. 2006. Disponível em: <http://www.lemondediplomatique.cl/El-capitalismo-andino-amazonico.html>.

_____. "Las élites comparten el poder". *Econoticias Bolivia*, 28 maio 2007. Disponível em <www.econoticiasbolivia.com>.

HARNECKER, M. Ecuador: movimiento indígena encabeza la lucha. 7 dez. 2001. Disponível em <http://www.rebelion.org/izquierda/harnecuad071001.htm>.

HIDALGO Flor, F. Los movimientos indígenas y la lucha por la hegemonía: el caso de Ecuador. In: DÁVALOS, P. (comp.). *Pueblos indígenas, Estado y democracia*. Buenos Aires: Clacso, 2005, p.341-7. Disponível em <http://bibliotecavirtual.clacso.org.ar/ar/libros/davalos/CapHidalgoFlor.pdf>.

INSTITUTO NACIONAL DE ESTADÍSTICA – BOLIVIA (INE). Disponível em <http://www.ine.gov.bo/asp/indicadores.asp?TI=2>.

KRUSE, T. La 'Guerra del Água' en Cochabamba, Bolivia: terrenos complejos, convergencias nuevas. In: DE LA GARZA TOLEDO, E. (comp.). *Sindicatos y nuevos movimientos sociales en América Latina*. Buenos Aires: Clacso, 2005.

LARREA MALDONADO, A. M. Movimiento indígena, lucha contra el TCL e racismo en Equador. *Observatorio Social de América Latina (Osal)*, ano VI, n.19, jul. 2006; Buenos Aires: Consejo Latinoamericano de Ciencias Sociales (Clacso).

MALLOY, J., CONAGHAN, C. *Unsettling Statecraft. Democracy and Neoliberalism in the Central Andes*. Pittsburgh: University of Pittsburgh Press, 1994.

MOVIMIENTO AL SOCIALISMO – INSTRUMENTO POLÍTICO POR LA SOBERANÍA DE LOS PUEBLOS (MAS-IPSP). Disponível em <http://www.masbolivia.org>.

MOREANO, A. "Equador en la encrucijada". *Observatorio Social de América Latina (Osal)*, n.19, jul. 2006; Buenos Aires: Consejo Latinoamericano de Ciencias Sociales (Clacso).

NOGUEIRA, F. M. G., RIZZOTTO, M. L. F. (orgs.). *Políticas sociais e desenvolvimento: América Latina e Brasil*. São Paulo: Xamã, 2007, p.155-72.

ORELLANA AILLÓN, L. "Hacia uma caracterización del gobierno de Evo Morales". *Observatorio Social de América Latina (Osal)*, n.19, jul. 2006; Buenos Aires: Consejo Latinoamericano de Ciencias Sociales (Clacso).

PETRAS, J. Evo y su apuesta por el capitalismo. *Econoticias Bolivia*, abr. 2007. Disponível em: <www.econoticiasbolivia.com>.

_____. Evo Morales y el neoliberalismo indígena. *Econoticias Bolivia*, 1º abr. 2006. Disponível em: <www.econoticiasbolivia.com>.

_____. Evo Morales y Bolivia: gestos populistas y fondo neoliberal. *Econoticias Bolivia*, jan. 2006. Disponível em: <www.econoticiasbolivia.com>.

_____. Rebellión in Ecuador. Disponível em <http://www.rebelion.org/petras/english/ecuador170102.htm>. Acesso em fev. 2000.

POMERANIEC, H., STEFANONI, P. Los servicios básicos y los recursos naturales no se pueden volver a privatizar y la vida no puede ser tratada como una mercancía, eso no es negociable. Entrevista com Evo Morales, 25 jul. 2007. Disponível em: <http://www.rebelion.org/noticia.php?id=54061>.

POULANTZAS, N. *Pouvoir politic et classes sociales*. Paris: Maspero, 1968. 2v.

RADA SOLIZ, A. "Entre petroleras y ONG". Disponível em <www.bolpress.org>. Acesso em 18 dez. 2007.

RADIO CENTENARIO. El proceso político en Ecuador sigue radilizándose en una forma masiva. Entrevista com o sociólogo norte-americano James Petras. Disponível em: <http://www.rebelion.org/noticia.php?id=57447>. Acesso em 10 dez. 2007.

REGALSKY, P. Bolívia na encruzilhada: o governo de Morales e a política indígena. *Revista Outubro (São Paulo)*, n.15, 2007, p.45-78.

ROCA, J. L. *Fisionomía del regionalismo boliviano*. 2. ed. La Paz: Plural Editores, 1999.

ROJAS CUBAS, P. Bolivia: movimientos sociales, nacionalización y asamblea constituyente. *Observatorio Social de América Latina (Osal)*, ano VI, n.19, jul. 2006; Buenos Aires: Consejo Latinoamericano de Ciencias Sociales (Clacso).

ROJAS, R. Declaraciones de Evo Morales en el aniversario de la independencia nacional. 'Contra las políticas del imperialismo no hay marcha atrás'. *Rebelión*. Disponível em <http://www.rebelion.org/noticia.php?id=54679>. Acesso em 8 ago. 2007.

SAES, D. *Classe média e sistema político no Brasil*. São Paulo: T. A. Queiroz, 1985.

_____. *República do capital*. São Paulo: Boitempo, 2001.

_____. Modelos político latino-americanos na nova fase da dependência. In: NOGUEIRA, F., RIZZOTTO, M. (Org.). *Políticas Sociais e Desenvolvimento*: América Latina e Brasil. São Paulo: Xamã, 2007. v. 1. p.155-72.

SANTOS, B. S. Evo Morales e a dependência. *Observatorio Social de América Latina (Osal)*, ano VII, n.19, jul. 2006; Buenos Aires: Consejo Latinoamericano de Ciencias Sociales (Clacso).

STEFANONI, P. Entrevista – Álvaro Garcia Linera – 'Agora a Bolívia entra na globalização com um Estado forte'. *Carta Maior*. Disponível em <http://cartamaior.uol.com.br/templates/materiaMostrar.cfm?materia_id=13022Internacional>. Acesso em 22 nov. 2006.

_____. Queremos un capitalismo con mayor presencia del Estado. Entrevista com Alvaro García Linera, vice-presidente da Bolívia. Site Rebelion.org. Disponível em <http://www.rebelion.org/noticia.php?id=51113>. Acesso em 20 maio 2007.

TESOLAKIS, A. A. Una perspectiva histórica sobre la nueva nacionalización de los hidrocarburos en Bolivia. 22p. Disponível em <http://www.boliviaenmovimiento.net/Nacionalizacion_en_Bolivia.pdf>.

THEOBALD, R. On the Survival of Patronage in Development Societies. *Archives Européennes de Sociologie (Cambridge)*, v.XXXIII, n.1, p.183-91, 1992.

TICONA ALEJO, E. La rebelión aymara y popular de Octubre de 2003. In: DÁVALOS, P. (comp.). *Pueblos indígenas, Estado y democracia*. Buenos Aires: Clacso, 2005, p.185-96.

TOUSSAINT, E. et al. *La deuda ilegítima del Equador*. Comité para Anulación de la Deuda del Tercer Mundo – CADTM. Disponível em: <http://www.cadtm.org/spip.php?article2759>. Acesso em 25 ago. 2007.

3. Relação entre política doméstica e integração regional: uma interpretação do Brasil no governo Lula da Silva

Tullo Vigevani
Haroldo Ramanzini Júnior
Rodrigo Alves Correia

INTRODUÇÃO

O cenário político da América Latina parece marcado pela emergência de grupos sociais que anteriormente não tiveram acesso ao Estado, ou o tiveram de forma bastante limitada. Ou melhor, em alguns países chegam ao governo ou alcançam significativo poder forças que buscam representar o interesse desses grupos emergentes. A eleição de Lula da Silva – ex-metalúrgico e ex-sindicalista – em outubro de 2002, com mais de 52 milhões de votos, para a presidência da República do Brasil –, é um dos eventos significativos desta nova onda de governantes. Alguns caracterizam parte dos dirigentes contemporâneos de Estados latino-americanos – Nestor e Cristina Kirchner, Evo Morales, Hugo Chávez, Tabaré Vázquez, Rafael Correa, mesmo Lula da Silva e Michelle Bachelet – como populistas ou neopopulistas. Acreditamos que existam consideráveis diferenças e singularidades, fato que complica qualquer tentativa de generalização sob um conceito único. Apesar disso, o termo populista tem sido recorrente em relação a determinadas lideranças políticas, particularmente para aquelas que contam com forte apoio popular. Nos anos 2000, o discurso ou mesmo ações concretas nacionalistas têm sido indicados como associados ao populismo, ainda que esse vínculo não seja automático. Em alguns casos, como no de Alvaro Uribe – fala-se de populismo de direita ou conservador.

Neste texto discutiremos as características do governo Lula da Silva. Alguns associam a ele conotações populistas. Na perspectiva da análise que faremos, não é esse o traço predominante. O respeito pelas instituições democráticas e pelos órgãos do Estado, assim como a preocupação com o equilíbrio macroeconômico sugerem estarmos longe das características que a literatura aponta como populistas. Para fundamentar nossas conclusões, faremos uma discussão conceitual sobre a noção de populismo, buscando suas características históricas e atuais, no Brasil e no debate teórico geral. Buscaremos entender a natureza do governo Lula da Silva a partir de suas especificidades, considerando brevemente determinadas políticas, bem como sua relação com a estrutura institucional do Estado. As conseqüências dessa natureza para a política regional e exterior do Brasil constituem o foco deste texto.

Argumentaremos que as políticas sociais e distributivas do governo, assim como sua ação parcialmente desenvolvimentista, são fatores que não necessariamente coincidem com as necessidades estruturais da integração regional, ainda que não sejam contraditórias com as necessidades dessa mesma integração. Posições nacional-desenvolvimentistas podem ter um reflexo ambíguo para a integração regional, na medida em que enfatizam o grau de liberdade e de autonomia nacional na formulação de políticas e buscam tornar o país um ator protagonista no sistema internacional. Isso pode dar-se tanto na perspectiva de afirmação da autonomia como na perspectiva de que a integração é um fator de fortalecimento da capacidade de barganha internacional. Os governos que se originam na sustentação de camadas pobres e historicamente marginalizadas parecem ser mais permeáveis ao atendimento de demandas distributivas de suas populações, independentemente do efeito que esse atendimento possa ter para a integração regional. Por exemplo, ao menos inicialmente, o simbolismo da nacionalização do gás na Bolívia, em 1º de maio de 2006, visou à apropriação de riqueza, sem consideração, ao menos direta, das questões da integração regional.

O conceito de autonomia, tradicionalmente presente na história da política exterior do Brasil, inclusive nos anos 1990, adquire no governo de Lula da Silva uma centralidade importante, com impacto na ação externa. Liberais e nacional-desenvolvimentistas confluem, ainda que motivados por diferentes razões, no objetivo de evitar a adesão a arranjos que possam limitar opções futuras, impactando as discussões sobre o adensamento institucional dos processos de integração, particularmente o Mercosul.

Pode-se afirmar que o governo Lula da Silva estabeleceu como uma de suas prioridades, desde 2003 – que busca manter ao longo dos dois mandatos –, a inclusão política e social de grupos e atores que tradicionalmente permaneceram em parte excluídos da esfera pública. Historicamente, no Brasil e em outros países da América Latina, assim como em outras regiões pobres, parte significativa da população pouca atenção recebeu do Estado. No momento em que um governo parece apresentar-se com a vontade política de melhorar as condições de vida desse contingente da população, e em que essa política parece real e confiável para setores significativos, pode ocorrer um processo de solidariedade e apoio à liderança. Isso não significa que a figura representativa seja populista. Nem é certo que a popularidade aumente. Em razão de outros fatores, pode haver decréscimo de popularidade mesmo com ações e discursos voltados para a inclusão.

Em busca dos objetivos acima descritos, este texto está estruturado da seguinte forma: a) discutiremos o conceito de populismo, buscando identificar os principais elementos que caracterizariam essa noção; b) considerando alguns estudos recentes, abordaremos a noção de neopopulismo, que vem sendo utilizada por diferentes autores para definir alguns governos da região desde a década 1990; c) focaremos os traços gerais e singulares da política doméstica de Lula da Silva; d) analisaremos as políticas regionais e de integração no governo de Lula da Silva, buscando identificar modificações e permanências.

O CONCEITO DE POPULISMO NA POLÍTICA BRASILEIRA

O fato de Lula da Silva ter sido eleito com apoio de segmentos e classes, particularmente o sindicalismo, que deram sustentação em outros períodos históricos ao que parte da literatura classificou como populismo suscitou por parte de intelectuais, políticos (sobretudo de partidos de oposição) e jornalistas análises a respeito da possível conotação populista de seu governo. Discutiremos as principais características do populismo para verificar se é possível utilizar esse conceito e aplicá-lo a seu governo.

Segundo Ferreira (2001), os termos *populismo* e *populista* não faziam parte do vocabulário político nem da linguagem cotidiana até a época do primeiro governo Vargas. Populismo é um conceito sem uma formulação totalmente precisa, relacionando-se com os diversos significados normalmente atribuídos a essa noção. O sentido com que o termo *populismo* passou para a história, ou melhor, tornou-se senso comum na América Latina, tem conotação aparentemente negativa, ligada a discursos vazios, retórica emotiva e pouco compromisso efetivo com as classes que lhe dariam sustentação e com as instituições democráticas, apesar de historiadores e sociólogos terem estudado seu papel como instrumento de emancipação de grupos sociais e classes trabalhadoras. No caso brasileiro, o populismo estaria inserido em nossa história política como produto do processo de transformação da sociedade iniciado com a Revolução de 1930. Skidmore (1969, p.95) observou que "o político populista seria imprevisível antes de 1930, e este seu sucesso pressupõe um voto relativamente livre. É um líder personalista, cuja organização política gira em torno das suas próprias ambições e da sua própria carreira". Weber (1969), quando definiu as figuras do *condottiere* e do *demagogo*, provavelmente pensava em algo parecido. Mas sabemos que

Weber estava bem longe de uma idéia essencialmente negativa; ao contrário, os considerava chefes políticos típicos do Ocidente.

No período que vai de 1930 a 1964, o populismo costuma ser caracterizado pela forma como ocorre a relação do dirigente político com a população. Essa relação, de forma geral, parecia direta, sem a intermediação de partidos, instituições, sem formas representativas orgânicas. Nela, o comício, o discurso, o rádio pareciam substituir a democracia. Em alguns casos isso era verdadeiro, não em outros (Gomes, 1988). O populismo baseou-se em algumas políticas distributivas, mas sobretudo na relação entre a liderança carismática e o povo genérico, ainda que com um discurso e uma atenção especiais para os trabalhadores. Nos casos argentino e brasileiro, atenção especial sobretudo aos trabalhadores urbanos (Di Tella, 1964). Essa relação acabou tendo força de condicionamento temporal de outras instituições do Estado. Autores que discutem a questão consideram que o populismo, no Brasil, emerge no quadro pós-Revolução de 1930, com a relativa crise do bloco hegemônico até então no poder.

A partir de então, o termo *povo* passa a ser incorporado no cálculo político dos grupos que se encontram no governo ou o almejam. Weffort (1992a) afirma que o populismo é um conjunto de práticas políticas desvinculado de teorias, mas que foi capaz de incorporar, de modo mais ou menos explícito, o sentido de uma democracia da maioria e uma notável preocupação com o igualitarismo político. Seria um estilo de governo parcialmente sensível às pressões populares, que buscaria conduzir as massas no processo político, ainda que manipulando suas aspirações. A lealdade popular ao Estado seria estimulada por políticas parcialmente redistributivas, complementadas com uma melhora nas condições de vida e consumo de parte da população urbana. Um dos efeitos deste processo seria o aumento do mercado interno.

O populismo seria então, "no essencial, a exaltação do poder público; é o próprio Estado colocando-se através do líder em contato direto com os indivíduos reunidos na massa" (Weffort, 1980, p.28). Nessa perspectiva, o populismo foi expressão da emergência das classes populares no bojo do desenvolvimento urbano e também da necessidade, sentida por alguns dos novos grupos dominantes, de incorporar as massas no jogo político. Este seria, então, um fenômeno político da sociedade brasileira e de outros países da região em vias de urbanização e sob o impacto do desenvolvimento industrial.

Ainda de acordo com Weffort (1980), três são os componentes fundamentais que caracterizam o populismo: 1) a personalização do poder; 2) a imagem (parcialmente real e parcialmente mística) da soberania do Estado sobre o conjunto da sociedade; 3) a necessidade da participação das massas populares urbanas. Nessas condições, o chefe de Estado assumiria a posição de árbitro, o que seria mesmo uma das causas de sua força política e simbólica pessoal. Da mesma forma, devido a sua condição de árbitro, o líder tende a ser identificado com o próprio Estado como instituição. Isso pode suceder tanto num contexto ostensivamente ditatorial como num contexto substantivamente democrático. Até aqui, 2008, não é possível afirmar que o governo Lula da Silva tenha se caracterizado pela personalização do poder, nem que o aparelho de Estado se superponha ao conjunto da sociedade. O que é certo é que o presidente empossado em 2003, e reeleito em 2006, tem altos índices de popularidade que acabaram por ter papel significativo para garantir razoável estabilidade a seu governo, mesmo em contextos de fortes ataques, com base judicial ou vindos de forças parlamentares de oposição (Reis, 2008).

O termo populismo se aplica a diferentes situações. Em geral cita-se o populismo russo da segunda metade do século XIX como primeira ocasião de uso da palavra. Foi um movimento de intelectuais urbanos que tinha por intuito buscar o apoio de camponeses para a criação de uma sociedade com traços coletivistas. No caso latino-americano, segundo os estudos produzidos nos anos 1960 e 1970, se caracteriza pela mobilização social, pela integração das classes populares num esquema de articulação política multiclassista e por forte intervenção estatal, visando a impulsionar o processo de industrialização. Acresce-se a isso a condução política centralizada, o que é inerente ao papel carismático do chefe, e, em alguns casos, nacionalista. Podem existir governos populistas, ou neopopulistas, liberais de direita, como teria sido o de Fujimori no Peru, na década de 1990. O termo populista aplica-se a governos de países ricos, particularmente para os Estados Unidos e a Europa, em geral para tendências ou líderes conservadores, quando buscam resultados eleitorais ou popularidade por meio de políticas de redução do gasto público. Nos países ricos, em alguns casos aplica-se a lideranças particularmente carismáticas e mobilizadoras.

Para Laclau (1979), o populismo é algo bem mais complexo do que apenas um discurso político, ainda que este seja uma de suas características importantes. Para ele, o populismo pode ser pensado como uma estratégia político-ideológica, adotada em contextos específicos, cujo objetivo é a conquista do poder. Essa perspectiva poderia ser de interesse para analisar as mudanças operadas no discurso e na prática política de Lula da Silva e do Partido dos Trabalhadores (PT) durante a campanha eleitoral de 2002. Mesmo nesse caso, cabe registrar, para diferenciar seu governo das formas anteriores de populismo, que a busca de sustentação de parte de diferentes e importantes segmentos da burguesia parece não ter ocorrido com o desconhecimento da origem histórico-social de sua força. A demonstração dessa interpretação estaria na preocupação de efetivar, ao longo do governo, políticas de caráter distributivo. Além de contribuir para um cenário internacional favorável, existente ao menos de 2003 a 2007, contribuem para um razoável crescimento econômico e para a atenuação do desemprego. Ainda segundo Laclau (1979, p.182), "o populismo surge historicamente, ligado a uma crise no discurso ideológico dominante que é, por sua vez, parte de uma crise social mais geral". Certamente, o acesso do PT ao governo nacional refletiu uma crise mais geral, ainda que em momento algum tenha sugerido mudanças qualitativas importantes nas regras constitucionais brasileiras, em particular nas regras estabelecidas pela Constituição de 1988.

Num regime populista, o aparelho estatal obtém boa parte de sua força e sua legitimidade no poder que o chefe lhe confere. E, por sua vez, o poder do chefe, do líder populista, é conferido pela massa do eleitorado, seja quando são respeitadas as formas de democracia representativa, seja quando a participação se dá por meios assembleístas ou plebiscitários. Weffort (1980, p.34) considera que os líderes populistas não podem ser de todo infiéis às massas. De fato, há um limite para isso, além do qual a imagem do líder começa a se dissolver. Na análise do populismo latino-americano dos anos 1940, 1950 e 1960, reconhece-se que sua complexidade reside em que, ao mesmo tempo, foi um modo determinado e concreto de manipulação das classes populares, mas também um modo de expressão de suas insatisfações. Ou seja, teria sido um dos mecanismos pelos quais os grupos dominantes exerciam seu domínio, ao mesmo tempo que esse domínio era objeto de mudanças nem sempre de seu interesse. No populismo, haveria certa situação de compromisso entre os diversos grupos, que teria como centro o presidente, atuando como árbitro neste contexto. Roberts (1995) considera que é a decomposição de formas institucionalizadas de representação política que possibilita o surgimento de líderes populistas. Em sua visão, o populismo seria uma tendência presente nos países em que as instituições políticas são débeis, o que não parece ser o caso do Brasil atual. No governo Lula da Silva não houve mudanças nas regras eleitorais e, sobretudo, permaneceram intocadas as instituições do Estado. O jogo democrático, a força da oposição, as liberdades políticas substantivas (de opinião, de organização, da imprensa) certamente jogam o seu papel, como acontece nos Estados de direito. A experiência do voto sobre a Contribuição Provisória sobre Movimentação Financeira (CPMF) no Senado, em 13 de dezembro de 2007, quando o governo sofreu uma derrota que debilitou parte de sua política, inclusive distributiva, demonstraria a regularidade do funcionamento das instituições e a recusa a qualquer tipo de insinuação plebiscitária ou de apelo à mobilização para pressionar instituições do Estado.

Na visão de Ianni (1991), o "pacto populista" se caracterizaria por um arranjo de poder policlassista, em virtude da "ausência de uma classe social suficientemente forte, politicamente organizada e com visão hegemônica de si para assumir e exercer o poder sozinha. Por isso, a aliança se torna necessária" (ibidem, p.160). O sistema estaria fundamentado numa coalizão com interesses divergentes, o que em certa medida relaciona-se com suas próprias características, quais sejam, a ideologia nacionalista, a referência ao povo, a estratégia industrializante e, principalmente, o papel central do Estado. O populismo seria um pacto entre grupos heterogêneos em busca de ganhos que só podem ser atingidos pela ação coletiva, que busca a contestação da estrutura de poder político-econômico vigente em determinada situação. No caso do governo Lula da Silva, podemos certamente falar em policlassismo, em aliança de classes e numa coalizão com interesses divergentes, como as crises internas e externas ao governo o demonstram. Sua base política e parlamentar é fortemente heterogênea. Ao mesmo tempo, devemos considerar que na contemporaneidade essa composição é uma característica inerente a governos de muitos Estados, mesmo quando não há características populistas.

O populismo, segundo a crítica de esquerda, é contrário à organização das massas, do povo, dos trabalhadores. Ainda que estimule algum grau de mobilização das camadas populares, há um limite para isso. Segundo essa crítica, o populismo limita a organização autônoma em relação ao Estado. Como argumenta Ianni (1991), a politização intensiva e extensiva das massas populares, em especial nas ocasiões de crise político-econômica, teria sido uma das principais razões do abandono do pacto populista por parte da burguesia e da classe média. Para ele, além de um discurso populesco ou demagogo, um elemento central do populismo é a aliança de classes. O discurso do líder permite que as divergências entre os grupos que compõem a aliança sejam relativizadas, construindo uma base que busca contestar a estrutura de poder vigente. No governo Lula da Silva há situações que evidenciam vínculos entre o Estado e a organização autônoma de movimentos populares. Isso pode ser uma das explicações para a diminuição da quantidade de greves no setor privado, enquanto as realizadas no setor público explicam-se, parcialmente, pelo peso de tendências à esquerda do PT. Movimentos sociais tendencialmente anti-sistêmicos, como o Movimento dos Trabalhadores Rurais Sem Terra (MST), mantêm vínculos com o governo, mas isso não aconteceu apenas no período pós-2003.

Segundo parte da literatura, no populismo o líder passa a ser o detentor simbólico das aspirações políticas das massas, o que não quer dizer que haja exata correspondência entre suas ações e as preferências do segmento político que o apóia. Como argumenta Carvalho (2001), o populismo pode, sob certos aspectos, ser considerado manipulação política, uma vez que seus líderes pertenciam às elites tradicionais e não tinham vinculação autêntica com as classes populares. Por outro lado, é importante considerar que o controle que esses líderes tinham sobre os votantes era menor do que o controle existente em outras situações de dominação tradicional, como nos casos do patriarcalismo, do patrimonialismo ou quando havia forte predomínio oligárquico, condições amplamente vigentes antes de

1930, na República Velha (Leal, 1976). Ainda que haja elementos para afirmar que no governo Lula da Silva há formas de comunhão de interesses entre o Estado e entidades representativas de classes, profissões e movimentos sociais, não pode ser desconhecido o fato de que houve acesso efetivo à elite governante de representantes de grupos que nunca antes a haviam alcançado. Portanto, a interseção entre Estado e movimentos sociais exige uma explicação específica, que a análise clássica do populismo não permite. Como analisa Rodrigues (2006), o fortalecimento do PT, crescente desde 1980, maior a partir da eleição presidencial de 2002, incorporou ao aparelho de Estado representantes de grupos que nunca o haviam alcançado.

Para Stewart (1973), a unidade constituída pelo populismo encontra-se não nos pormenores de uma série de situações específicas, mas na pauta recorrente de um tipo ideal de relação social. O populismo surgiria como uma resposta a determinados desafios colocados pelo processo de modernização, entre eles o do desenvolvimento econômico e o do fundamento da autoridade política. Repetindo argumento já desenvolvido, tanto pelo ângulo formal como pelo ângulo da substância da vida democrática, a modernização que haveria no governo Lula da Silva se insere nos padrões atuais da globalização, sem alterações nos fundamentos da autoridade. Worsley (1973) considera que uma questão importante consiste em distinguir a intervenção popular séria, efetiva e independente da "pseudo-intervenção" manipulada, puramente ilusória ou simbólica. Com o risco de julgar intenções difíceis de ser mensuradas, esse argumento evoca a necessidade de compreender se os programas sociais do governo fundamentam-se em objetivos legitimadores e instrumentais ou, ao contrário, seriam fruto de um projeto que tem por intuito a definitiva atenuação das desigualdades, cuja gravidade há décadas é apontada como uma das principais razões da reprodução do subdesenvolvimento.

Com base nos termos colocados anteriormente, tendo em conta as interpretações clássicas, parece correto refutar a caracterização do governo de Lula da Silva como populista. Há fortes especificidades nesse governo.

> É verdade, no meio tempo ele tinha assumido o compromisso de respeitar os contratos e zelar pela estabilidade da moeda. É verdade também que, uma vez eleito, seguiu à risca o prometido. Mas nem por isso as políticas de seu governo obedecem ao *script* do neoliberalismo. Elas fogem claramente dele para pôr um fim ao ciclo das privatizações, ao restaurar em sua condição original o Banco Nacional de Desenvolvimento Econômico e Social (BNDES), ao reabrir o debate em torno das "agências reguladoras", ao revalorizar o ensino universitário público e ao implementar programas sociais de envergadura inédita. (Cruz, 2007, p.405-6)

Para Ianni (1991), uma variável importante do populismo é a contestação da estrutura de poder vigente. O governo Lula da Silva se diferencia parcialmente no que tange ao pessoal político/burocrático anterior, há certa mudança de pessoas e grupos que são alçados à direção do país. Mas sua ação não pode ser chamada de contestação dos anteriores grupos econômica e politicamente dirigentes.

No plano da política externa, há mudanças, há ênfases, mas certamente não há ações dirigidas a minar diretamente a estrutura internacional de poder. Buscam-se alternativas, inclusive no plano da integração regional, mas sem contestação aberta, nos fatos e no discurso. Em geral as ações de política internacional, inclusive quando há divergência e antagonismo com os países desenvolvidos, não se operacionalizam por meio da oposição frontal, mas buscam o interesse por meio da negociação. São os casos da busca de arquivamento do projeto da Área de Livre Comércio das Américas (Alca) e a ação protagonista na Rodada Doha da Organização Mundial do Comércio (OMC), por meio do G-20. O mesmo pode ser dito em relação à tentativa de buscar um assento permanente no Conselho de Segurança das Nações Unidas, no quadro da reforma da organização.

Não encontramos na presidência Lula da Silva os conceitos conhecidos de populismo econômico. Como dissemos, há ações e discursos que indicam ser o distributivismo parte essencial de sua política: a campanha nacional e internacional contra a fome o confirma. O objetivo político-eleitoral está presente, mas há ações efetivas, que alcançam parte das regiões e camadas mais pobres, com resultados concretos. Tal ênfase pode viabilizar-se em virtude de uma soma de circunstâncias parcialmente favoráveis. As ações ganham efetividade apoiadas em conjuntura econômica internacional positiva e em políticas econômicas que contribuem para ampliar o mercado interno. Essas ações podem sugerir que, diversamente do passado, haja menor vulnerabilidade externa.

Ao mesmo tempo, desde o início do governo houve rigor fiscal, sob a direção do Banco Central e do Ministério da Fazenda, este último tanto na gestão Palocci como na gestão Mantega. Bresser Pereira (1991), utilizando argumentos de Dornbusch e Edwards (1990), discute a noção de populismo econômico, que teria como fundamento a indisciplina fiscal. Ele seria caracterizado pela incapacidade de controlar o déficit público e de manter as demandas salariais dentro de limites não-inflacionários. Na perspectiva de Bresser Pereira (1991), o populismo econômico tem como pressuposto a idéia de que desenvolvimento e distribuição de renda poderiam ser realizados pela elevação dos salários, pelo aumento dos investimentos e dos gastos sociais públicos. Para ele, isso abriria caminho para a inflação e desequilíbrios macroeconômicos. Podemos dizer que a conduta macroeconômica, o rigor fiscal e a geração de seguidos superávits primários estão longe do populismo econômico. Verifica-se no governo Lula da Silva redução da dívida pública, manutenção dos juros reais em patamar relativamente alto e continuidade da valorização da estabilidade econômica, dando continuidade ao processo iniciado em 1993 no governo Itamar Franco e confirmado no de Cardoso. O princípio da estabilidade monetária parece compartilhado por parte significativa da população.

Weffort (1992b) escreveu no início dos anos 1990 que os governos democráticos da América Latina, que surgiram depois das ditaduras militares, nada tinham a ver com o populismo tradicional. A razão para isso, segundo ele, residia na incapacidade que os governos tinham de oferecer os benefícios sociais e econômicos que haviam sido alcançados nos períodos de Vargas, de Perón, no auge do Partido Revolucionário Institucional (PRI) ou da Aliança Popular Revolucionária Americana (Apra). Isso o levava ao pessimismo em relação à possibilidade de consolidação democrática. Decorridos quase vinte anos, parece abrir-se na região a perspectiva de que a democracia pode consolidar-se com amplo apoio, exatamente pela razão de se desenvolverem políticas que, aos olhos das massas populares, parecem abrir possibilidades de desenvolvimento, de superação dos piores níveis de pobreza, num contexto de permanência da democracia. Esse horizonte existe, mas ainda não está consolidado na região, nem mesmo no Brasil. Importante crítico do governo Lula da Silva, Cardoso (2007, p.17) considera a diferença dos regimes dos anos 1990 e do século XXI em relação a outros períodos históricos:

> vive-se uma situação diferente dos anteriores processos populistas, de tipo varguista, peronista, ou que nome tenham tido. Aqueles apelavam diretamente às massas, incorporavam-nas parcialmente na sociedade, desprezavam a democracia representativa, redistribuíam recursos, mas não alentavam propósitos de mudança da ordem econômico-social prevalecente.

Parece haver evidente diferença em relação à forma pela qual o populismo do passado relacionava-se com a democracia, ainda que naquele passado os dois tenham convivido. O governo Lula da Silva assenta-se na legitimidade constitucional e democrática. Até aqui ninguém pôs em dúvida prevalecer o respeito pelos poderes da República, a vigência dos direitos e das liberdades. Podemos afirmar, retomando Weffort (1980; 1992a) e Ianni (1991), que o populismo consistiu numa etapa particular do desenvolvimento capitalista brasileiro. Da mesma forma que para Leal (1976), o coronelismo foi um sistema político historicamente datado, específico da Primeira República (1889-1930).

O CONCEITO DE NEOPOPULISMO APLICADO AO CASO BRASILEIRO

A partir da década de 1990 alguns autores empregam o termo neopopulismo para designar os regimes políticos de alguns países latino-americanos nos quais os governantes contam com apoio popular, em geral lastreado em classes e camadas tradicionalmente afastadas do Estado, e implementam medidas distributivas (Lodola, 2004). Os que buscam analisar a política desses países a partir do conceito de neopopulismo o fazem observando o que consideram diferenças e similaridades entre o que ocorreu nos anos 1940 e 1950 e o que acontece a partir da década de 1990. Outros (Villas, 2004; Quijano, 1997) argumentam que os autores que utilizam o termo neopopulismo, além de não considerarem as particularidades dos governos assim genericamente classificados, têm uma compreensão limitada e simplificadora do conceito de populismo. Na visão de Villa e Urquidi (2006), um aspecto central que o conceito de neopopulismo pouco considera e não consegue equacionar de maneira eficaz refere-se à questão da legitimidade, ou seja, ao fato de a maior parte dos governantes ditos neopopulistas terem emergido com base na vontade política, expressa eleitoralmente pela maioria, contando com raízes em grupos historicamente afastados do poder.

Os que utilizam o conceito de neopopulismo consideram esta atualização do termo populismo parte de um processo em que a política na sociedade moderna ofereceria condições para o sucesso deste tipo de prática. Em outras palavras, a espetacularização do espaço público pelo esvaziamento do conteúdo programático dos partidos e a personalização das campanhas políticas seriam elementos favoráveis ao surgimento do neopopulismo. Este contexto, contudo, não é exclusivo dos países latino-americanos, e vem sendo analisado desde os anos 1970 e 1980 (Leone, 1987). Na América Latina, a partir dos anos 1990, as dificuldades dos governos em equacionar questões fundamentais, como desenvolvimento e justiça social, acabaram por favorecer tendências que se apresentaram como portadoras da crítica ao neoliberalismo e à ortodoxia econômica. Questão importante é saber diferenciar os conteúdos dessas críticas. A utilização generalizada do termo neopopulista, com a aplicação da idéia de "movimento pendular da história", sugeriria uma volta ao passado, ainda que em novos termos e no contexto da globalização (Cervi, 2001). Acreditamos ser mais correto insistir no novo contexto, fundamentalmente diferente daquele que permitiu o surgimento do populismo na primeira metade do século.

Segundo Roberts (1995), seria correto utilizar o conceito de neopopulismo desde que estivessem presentes as seguintes condições: 1) liderança política personalizada e paternalista; 2) coalizão de apoio multiclassista de parte de setores populares urbanos ou rurais, sindicalizados ou informais, contra a burguesia globalizada; 3) mobilização política vertical, que submete e subordina instituições políticas democráticas; 4) ideologia eclética e contra o *status quo*; 5) uso de métodos redistributivos e clientelistas para obter apoio político de setores populares excluídos dos ganhos da globalização. Lodola (2004) utiliza padrões muito parecidos: 1) liderança personalizada não necessariamente carismática; 2) coalizão de apoio multiclassista; 3) forte mobilização social vertical; 4) ideologia eclética e anti*establishment*; 5) uso sistemático de métodos redistributivos. Mesmo sendo difícil dizer em que medida essas condições existem ou não no governo Lula da Silva, é certo afirmar que em boa medida não as encontramos. Trata-se de liderança carismática, mas não personalista; não prevalecem tendências autoritárias que possam sugerir subordinação das instituições do Estado, e tampouco há o enfrentamento da globalização como tal. Esse último aspecto tem grande importância porque baliza a política externa e regional. Como indicado acima, há políticas redistributivas, mas a ação governamental demonstrou não esquecer que a globalização da economia coloca limites para essa dimensão. As políticas redistributivas têm bases mais estreitas se comparadas às dos anos 1940 e 1950, em virtude das condicionalidades impostas pelo contexto internacional. Se as políticas sociais não são acompanhadas por políticas de desenvolvimento sustentável, pela modernização, pelo acesso à sociedade da informação, nesse caso o risco é o de um populismo debilitador do interesse nacional. No governo Lula da Silva, a política de aumento de renda dos mais pobres, por exemplo o projeto Bolsa Família, parece vinculada a uma estratégia de desenvolvimento que contempla elementos modernizadores, inclusive visando ao aumento da poupança interna. Em outros termos, a distribuição é pensada como instrumento de políticas de desenvolvimento. Os mais otimistas consideram que a passagem do Projeto Piloto de Investimentos (PPI), de 2004, para o Programa de Aceleração do Crescimento (PAC), de 2007, representa uma evolução no sentido de assegurar o desejado crescimento sustentável, viabilizando que haja o controle da inflação sem ter na taxa de juros a única âncora (Inesc, 2008).

A utilização que alguns fazem do conceito de neopopulismo pode trazer uma vantagem. No caso deste texto, vantagem que ajuda a caracterizar o governo Lula da Silva. Quando comparado ao populismo latino-americano clássico, destaca-se que ambos surgem de uma crise que possibilita a emergência de novos movimentos na esfera política e social. O que caracterizaria a situação contemporânea seria o surgimento de forças predispostas e com capacidade de resistência aos movimentos globalizantes, mas sem capacidade propositiva hegemônica. Haveria uma redução da capacidade das elites de continuar reproduzindo sua legitimidade na esfera pública. Teria características anti-sistêmicas, seria o reflexo da crise resultante do não-cumprimento de muitas das promessas do neoliberalismo e talvez até da própria democracia. Ao mesmo tempo, não haveria capacidade de formulação de projeto de desenvolvimento econômico, social e político moderno. Parece haver relação entre a crise do modelo neoliberal e o fortalecimento de tendências que retórica ou concretamente o criticam. Parte das forças que dão sustentação ao governo Lula da Silva apresenta-se como modernizante, *update* com as questões científicas, tecnológicas, empresariais. Exemplos como os da Petrobras, da política energética, a preocupação com o desenvolvimento científico e tecnológico, a ênfase na presença política e econômica internacional, apesar do poder relativo baixo e das assimetrias desfavoráveis existentes, indicam uma tendência em direção à especificidade sugerida. Especificidade que busca fortalecer a crítica da hegemonia existente, buscando, ao mesmo tempo, capacidades propositivas. Em outros termos, buscar-se-iam não ações defensivas, mas propositivas. Nisso haveria uma diferença substantiva em relação àquilo que a literatura caracteriza como o neopopulismo.

Este conceito, assim como o de populismo, apresenta alto grau de indefinição. Caracteriza-se sobretudo pelo que nega, por indicar uma reação *contra*. Não há nele caráter programático e propositivo. Seria uma expressão política que se alimenta das frustrações causadas pelo não-atendimento de demandas prementes das camadas populares. Sua legitimação surgiria da descrença das massas em relação às propostas e aos programas dos partidos e de lideranças políticas tradicionais ou históricas. Tanto Uribe como Chávez apresentam características desse tipo. O primeiro diferenciando-se de liberais e conservadores, o segundo da Ação Democrática (AD) e do Comitê de Organização Política Eleitoral Independente (Copei). Segundo Jimenez (1997), as novas lideranças beneficiam-se da "fadiga cívica" da população em relação ao Estado, aos partidos e a velhos dirigentes políticos. Para mostrar a amplitude com que pode ser usado o conceito de neopopulismo, veja-se que Boito Jr. (2003) considera Collor de Mello um pioneiro dessa tendência, por apelar aos "descamisados" contra os "marajás", aparentemente descolando-se do sistema partidário.

Mäder (2007) sustenta que a longa sobrevivência do conceito de populismo estaria ligada à sua imprecisão teórica. O uso do termo populismo tornou-se tão grande que o conceito desvinculou-se do contexto histórico, ganhou elasticidade, sendo utilizado para explicar situações diferentes. Em geral a idéia é vinculada a uma conotação pejorativa, que partiria das experiências históricas, considerando-se seu efeito prático, na América Latina do início do século XXI, o impacto negativo para a democracia (ibidem). Críticos do governo Lula da Silva, como Boito Jr. (2003), Marques e Mendes (2006) e outros, ainda que a partir de posições distintas, afirmam tratar-se disso por haver apelo, a partir do Estado, às massas politicamente desorganizadas. Estas depositariam no líder suas esperanças, na possibilidade de que as protegesse, enfraquecendo a autonomia da organização autônoma dos trabalhadores. Tratar-se-ia de um populismo de novo tipo, regressivo, não atuando para reduzir as desigualdades sociais, reforçando a dependência econômica do país (Boito Jr., 2003). Se no passado havia ação tendo em vista o desenvolvimento econômico, hoje o governo Lula da Silva não apresentaria uma política industrial e de desenvolvimento (Marques & Mendes, 2006). A continuidade de sua popularidade, considerada difusa, seria sustentada por programas de transferência de renda, alguns herdados do governo anterior, o de Cardoso, como o Bolsa Escola e o Bolsa Alimentação, criados em 2001, unificados em 2003 no Bolsa Família (Nicolau & Peixoto, 2007), quando seu caráter alcançou maior abrangência, constituindo-se em eixo programático do governo.

Tendo em conta que o fenômeno do populismo é de caráter político, indicamos quatro pontos que agrupam princípios fundamentais da teoria democrática e devem servir de base para interpretar o tipo de governo, ou ao menos para classificá-lo como democrático *tout court*. O *primeiro* ponto refere-se à questão do papel da democracia como instrumento de vontade popular. O fato de que nas eleições possam ganhar candidatos externos ao *establishment* tradicional, que ascendem ao poder na esteira de movimentos que se consideram historicamente marginalizados, poderia levar a uma nova fase de *fortalecimento democrático do Estado*. Poder-se-ia desenvolver um movimento centrípeto, levando ao reconhecimento do papel do Estado por parte de grupos que vinham dele se afastando. A legitimidade se comprovaria por uma democracia que possibilita não apenas alternância, mas também emergência dos despossuídos. Reis (2008), radicalizando a definição, fala em "populismo mais autêntico".

O *segundo* ponto refere-se à questão da *governabilidade*. Para evocar um conhecido texto de Weber (1969), podemos estar diante de uma evolução da ética da convicção para a ética da responsabilidade, sem abandono da primeira, mas com aprendizado das necessidades de governo. As responsabilidades de governo levam à necessidade de resolver os problemas, de indicar soluções. A evolução em direção à governabilidade não é certa. O que é certo é que os dirigentes políticos que governam, ao buscar o sucesso de seus projetos, o atendimento dos anseios de seus representados e a continuidade de seu poder ou do poder de suas tendências e seus movimentos, são levados necessariamente à busca do êxito. Podem, ante o tema da governabilidade, apresentar tendências opostas. Por um lado, a busca do êxito político-administrativo, visto como atendimento das demandas sociais e da demanda de desenvolvimento do país, exige competência e eficiência. Por outro lado, a repetição de dificuldades no exercício administrativo, a verificação da impossibilidade de atendimento das expectativas podem levar à busca do apoio popular por meio de *fughe in avanti*, isto é, pela reiteração de promessas, pela criação de miragens futuras. Neste segundo caso estaríamos diante do populismo. Acreditamos haver razoável reconhecimento de que no governo Lula da Silva parece prevalecer a busca da competência, ainda quando esta nem sempre seja alcançada. As *fughe in avanti* não se manifestaram, certamente não prevaleceram.

O *terceiro* ponto também tem a ver com democracia, mas vista de outro ângulo. As qualificações de democracia têm sido variadas ao longo do tempo e em todo o século XX repetiram-se debates a seu respeito. Schumpeter (1984) afirmou que democracia é o respeito às regras para a escolha dos que devem ter o mando, sinalizando fortemente o aspecto institucional. Para Dahl (1997), dois fatores são importantes: o direito à competição e a maior participação dos cidadãos na vida pública. No Brasil, o *papel das instituições* parece manter-se plenamente, o que em boa medida garante o fortalecimento da democracia, assim como o respeito pelo Estado de direito. A globalização, a participação da sociedade civil em escala mundial, os chamados valores politicamente corretos, ainda que paradoxalmente, tudo contribui para que hoje, no século XXI, haja atenção para o respeito às instituições. A consolidação de instituições democráticas fortes, entre elas a possibilidade de partidos representativos e de movimentos sociais, e o Estado de direito são os parâmetros para definir se estamos na plena vigência democrática.

O *quarto* ponto que incide no caráter do regime político é o da *capacidade de produzir resultados sociais e econômicos positivos*. Aqui há um elemento que ajuda a caracterizar o governo Lula da Silva. É senso comum repetir que a democracia é o governo do povo. A experiência do século XX indica que a desconexão, ainda que parcial, da economia internacional pode trazer conseqüências negativas para os Estados. A modernidade implica conexões amplas, fluxos comerciais, culturais, tecnológicos, financeiros, mas também o reconhecimento das diferenças nacionais e locais. Se um governo com origem em movimentos populares quer alcançar êxito social e econômico, tem que prover adequada relação com o mundo exterior. Esse tema é de grande importância para a política externa do Brasil. Para obter resultados econômicos e sociais significativos, o *laissez-faire*, a crença fundamentalista no mercado não parecem ser o caminho. O paradoxo de um governo que em parte tem sua origem na crítica do Estado é que, ao buscar o desenvolvimento, perceberá a necessidade de um Estado moderno, competente, que garanta direitos e diferenças. Nesse caso, o governo dificilmente poderá enveredar pelo caminho do neopopulismo. O fato de a democracia aparentemente enraizar-se na sociedade e passar a ser um instrumento de alternância fortalece o caráter garantista (Ferraioli, 1995) do Estado, podendo contribuir para inviabilizar atitudes personalistas, ainda que nem sempre isso aconteça.

Colocada dessa forma a discussão sobre o neopopulismo, podemos agora afirmar ser difícil encontrar na América Latina identidade de projetos políticos. Essa discussão, assim como a caracterização de boa parte dos governos da região como de esquerda e centro-esquerda, mais dificulta do que facilita a análise. Como enquadrar governos liderados por Bachelet, Vázquez, Chávez, García, Correa ou Lula da Silva, ainda que pertencentes a partidos socialistas, de esquerda ou de tradição nacionalista, numa mesma classificação? Portanto, é difícil afirmar que o processo de integração regional ou a ação internacional dos países se funda sobre o que Nardin (1987) chama de associação de objetivos. Cada um dos governos precisa ser compreendido a partir de suas características particulares. A chegada ao poder de governos que de algum modo representam ruptura com seus antecessores dos anos 1980 e 1990 não chegou a fortalecer o alinhamento regional (Lima, 2006). Esses governos tendem a ser mais sensíveis ao atendimento das demandas de suas sociedades, independentemente do efeito que suas ações possam ter para os processo de integração regional. Oliveira e Onuki (2006) argumentam que é necessário qualificar a tese do vínculo direto entre posicionamento político de esquerda e apoio à integração regional. Em outras palavras, haveria, em tese, algo que favorece a associação de objetivos, se consideradas algumas posições ideológicas. Mas as dificuldades próprias da integração regional na América do Sul ou Latina e, mais em geral, entre países pobres, somadas aos diferentes níveis de compreensão de quais os caminhos para o desenvolvimento, levam a problemas de difícil solução no tocante à integração.

A forma de inserção internacional dos países, em particular do Brasil, contribui para explicar a ação internacional. O qüinqüênio 2003-07 foi um dos mais favoráveis para a economia mundial nos últimos quarenta anos. O aumento do preço das *commodities*, inclusive do petróleo e do gás, a liquidez observada no sistema financeiro beneficiaram os países da região. Ao mesmo tempo que fortaleceram o comércio externo, em boa medida confirmaram os países latino-americanos como exportadores de matérias-primas, enfraquecendo o vetor de complementaridade e a preocupação com ela.

O governo Lula da Silva tem como um de seus focos centrais de ação a política distributiva, facilitada pelas condições internacionais favoráveis e indiretamente fortalecida pela valorização do real. Essas condições macroeconômicas consolidam a tendência que se vinha observando desde 1995 (Giambiagi, 2007). Em seu governo, ao menos no período de 2003 a 2007, houve valorização do salário mínimo (Figura 1 e Tabela 1), acompanhada de diminuição do desemprego. O êxito dessa política não se deu no contrafluxo de alguns dos atributos da globalização, em particular da utilização da oportunidade oferecida pelo fluxo de capitais para o Brasil. O constante aumento da corrente de comércio exterior também contribuiu, ainda que o aumento do mercado interno tenha sido a condição mais importante. A política exterior e regional tem tido destacada importância, tanto nos aspectos econômicos como nos políticos, caracterizando-se pelo pragmatismo, ainda que temperado pela utilização, no plano internacional, dos conceitos diretores do governo.

Novas lideranças políticas e alternativas de governo na América do Sul

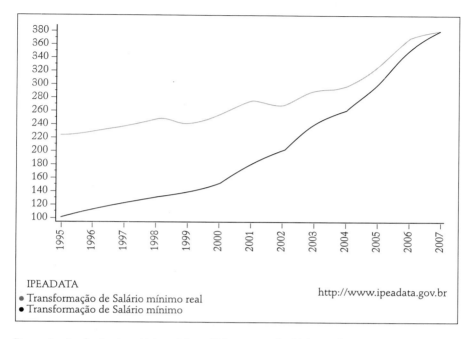

Figura 1 – Evolução do salário mínimo. Valor nominal × Valor real (1995-2007) – Série em reais (R$) constantes do último mês de cada ano.
Fonte: Instituto de Pesquisas Econômicas Aplicadas (Ipea) e do Banco Central (2008), deflacionando-se o salário mínimo nominal pelo Índice Nacional de Preços ao Consumidor (INPC) do Instituto Brasileiro de Geografia e Estatística (IBGE).

Tabela 1 – Evolução do salário mínimo (2002-07)

Ano	Salário mínimo real	Salário mínimo nominal	Salário mínimo calculado em dólares*	Salário mínimo calculado em euros*
2002	266,1019	200,00	56,6	53,92
2003	289,2832	240,00	83,07	66,09
2004	295,2812	260,00	97,95	71,64
2005	324,3404	300,00	128,17	108,34
2006	368,0437	350,00	163,70	124,10
2007	380,0000	380,00	214,53	145,67

* Cotação a partir do valor nominal, em dezembro de cada ano.

A razão do uso do termo *populismo* para caracterizar genericamente diferentes governos latino-americanos pode ser encontrada em algumas das especificidades dos regimes, inclusive no brasileiro. Nesse caso, o conceito teria que ter outro tratamento, visto que seria inerente à história institucional do país e não específico de Lula da Silva. Na visão culturalmente enraizada de alguns grupos, a debilidade do Estado – sua incapacidade de exercer adequadamente funções consideradas fundamentais – seria parcialmente substituída pela expectativa de sua satisfação pelo poder executivo, particularmente pelo presidente. Quando a instituição Presidência mantém popularidade depois das eleições, a expectativa social pode contribuir para aumentar seu poder de agenda. No governo Lula da Silva, como vimos em dezembro de 2007 no episódio da votação da CPMF pelo Senado, verifica-se que esse poder tem limites e não tem sido maximizado pelo recurso à mobilização de rua. As atitudes relativamente defensivas nos acontecimentos em que houve acusação de corrupção, em 2005 e 2006, indicariam não ter havido utilização plena da popularidade, nem busca de exercício de pressão maior sobre as instituições. A mobilização e a pressão são recursos próprios do populismo e do neopopulismo.

Recorrendo a Dahl (1997), que considera a democracia, ou poliarquia, um processo de construção institucional que cada vez mais incorpora e organiza a competição política, no caso brasileiro pode-se identificar no acesso de movimentos sociais e partidos políticos ao Estado o fortalecimento da democracia, inclusive sua aceitação do jogo eleitoral competitivo. Coutinho (2005), ao discutir a América do Sul, argumenta que, uma vez incluídos nas instituições políticas, não apenas por meio da participação eleitoral, mas também nas instâncias decisórias do Estado, os atores envolvidos tornam-se parte do sistema, passam a ter que responder pelo que ele gera e, simultaneamente, desenvolvem noção de pertencimento.

Alguns dados indicam haver êxito nesse objetivo. Lesbaupin (2006) sugere haver diálogo maior com os movimentos sociais. Como vimos nas Tabelas 1 e 2, o salário mínimo vem sendo usado como instrumento de elevação da renda e tem contribuído para a redução, ainda que pequena, das desigualdades. Os dados do Ipea (<http://www.ipeadata.gov.br/ipeaweb.dll/ipeadata?21714671>) mostram que o índice de Gini recuou de 0,589 em 2002 para 0,569 em 2006. Ao mesmo tempo, o equilíbrio macroeconômico foi mantido ao longo da administração, como sugeriam as propostas da campanha eleitoral de 2002 ("Diretrizes do programa de governo" e "Carta ao povo brasileiro"). O desenvolvimento econômico foi modesto no governo Lula da Silva, mas as taxas tenderam a se elevar nos primeiros cinco anos (Kume, 2007), o que indica a possibilidade de existência de bases sólidas para a continuidade do crescimento, ainda que, em certa medida, mantendo razoável dependência do quadro mundial (2000: 4,3%; 2001: 1,3%; 2002: 1,9%; 2003: 0,4%; 2004: 4,5%; 2005: 2,2%; 2006: 3,8%; 2007: 4,9%).

Após assumir o governo em 2003, Lula da Silva aumentou a meta de superávit primário de 3,75% do PIB para 4,25%, como conseqüência da crise econômica estimulada pela campanha eleitoral de 2002. Em 2004 e

2005, o governo destinou o equivalente a 4,59% e 4,83% do PIB, respectivamente, para o pagamento de juros da dívida. O governo Cardoso havia destinado ao pagamento de juros em seu último ano, 2002, 3,89% do PIB (Ministério da Fazenda, 2007). Para Moraes (2005, p.200), "praticamente todas as frentes de ação do governo são campo de uma disputa dura, entre o recuo e o conservadorismo, por um lado, e o avanço, o progresso social e o interesse das massas, por outro". A autopercepção do governo em relação ao populismo e ao neopopulismo surge em diferentes manifestações, sinalizando haver uma auto-imagem que incorpora as diferenças diante desses fenômenos. Segundo Mantega (*O Estado de S. Paulo*, 14 out. 2007), o governo busca um social-desenvolvimentismo que teria três pilares:

> O primeiro é o crescimento sustentado. Isso significa crescer puxado pelo investimento, sem gerar dívidas e déficits. É o primeiro divisor de águas em relação ao crescimento do passado. ... Hoje, o crescimento se dá com controle da inflação. O segundo pilar é o mercado de consumo de massa. E o terceiro pilar é uma participação mais importante do Brasil no mercado internacional, é trabalhar com superávits comerciais e geração de moeda forte.

Como discutiremos, esses pilares podem ter efeito positivo para a integração regional, na medida em que sejam fatores de estímulo ao comércio, aos investimentos integrados, inclusive nas áreas de energia e transporte, ao fortalecimento de cadeias produtivas, ainda que não produzam de forma direta essas sinergias virtuosas.

Finalizando a discussão sobre o neopopulismo, em que mostramos as especificidades do governo Lula da Silva e no que ele se diferencia das características em geral atribuídas a esse termo, vejamos sua relação com os movimentos sociais. Moreira (1997) afirma que uma das características da esquerda latino-americana que surge e se consolida no pós-Guerra Fria é sua capacidade convocatória em relação aos movimentos sociais. Mais do que estatizantes ou socialdemocratas, estas forças (e o PT faria parte delas) poderiam ser consideradas *movimentistas*, na medida em que surgiriam da mobilização social. No Brasil, o governo Lula da Silva encontra origem e apoio em diversos movimentos sociais. Entretanto, acreditar que está assentado sobre esse apoio, de maneira indistinta, seria incorrer em erro. Existe tal apoio, mas ele não é indistinto, nem unânime. Parte dos movimentos sociais que dão sustentação ao governo surgiram em oposição ao autoritarismo da época da ditadura militar. Não se iniciaram nem são resultado de ações instrumentais do governo, tal como ocorreu em parte no período de Vargas (Gomes, 1988). Isso não significa que tenham ou mantenham duradouramente a independência em relação ao Estado, mas que suas características são outras. A ação do governo não está voltada para a mobilização, que foi característica de movimentos de esquerda, de direita, nacionalistas, democráticos ou autoritários em outros períodos históricos. No caso brasileiro, as regras da democracia formal, o Estado de direito surgem como razoavelmente estáveis, depois de terem passado por graves crises, como um *impeachment* e a vitória de um partido considerado anti-sistêmico.

A POLÍTICA REGIONAL DO GOVERNO LULA DA SILVA

Discutiremos aqui as políticas regionais do Brasil sob o governo Lula da Silva, buscando identificar mudança e continuidade em relação à América do Sul e, principalmente, ao Mercosul. Essas políticas não se afastam totalmente de objetivos e posições tradicionais da política exterior do Brasil, o que não significa que não haja mudanças. Até porque o quadro mudou significativamente a partir de 2003. As relações com os países do entorno têm a ver com a busca de intensificação do comércio intra-regional, com os investimentos brasileiros, com a tentativa de consolidar um espaço político, econômico e de segurança regional. Da mesma forma, parece clara a intenção de diminuir a influência dos países ricos, inclusive dos Estados Unidos, ainda que isso signifique competição e cooperação, não confronto.

A percepção do sentido de continuidade da política externa brasileira geralmente é atribuída, por diferentes autores, às características institucionais de seu processo de formulação, principalmente de parte do Ministério das Relações Exteriores. "A narrativa da estabilidade seria, portanto, uma construção conceitual da diplomacia, repetida e legitimada pela comunidade de estudiosos da política externa" (Lima, 2006, p.5). A política regional durante o governo de Lula da Silva apresenta elementos de continuidade e de ruptura. Permanece a percepção, presente também no governo Cardoso, do papel do país como mediador de crises na região. Ao mesmo tempo, busca-se um tipo de protagonismo que não tem diretamente a ver com necessidades de política interna. Procura-se manter um perfil baixo, sem recurso a efeitos midiáticos. Há persistência na busca de superação de crises, que se repetem na América do Sul e no Mercosul. A política exterior de Lula da Silva, refletindo em parte sua política doméstica, seria caracterizada por um perfil nacionalista e desenvolvimentista, com o pragmatismo sugerido pela globalização. Segundo Veiga (2007), haveria um "repaginamento do nacional-desenvolvimentismo". Como argumentamos, posições de matriz nacional-desenvolvimentista não necessariamente têm reflexo positivo para a integração regional, na medida em que enfatizam o grau de liberdade na formulação de políticas e buscam tornar o país ator relevante no sistema internacional. As idéias de *global player* e de *global trader* podem ou não se apresentar descoladas de uma forte identidade regional, no caso mercossulina.

No governo Lula da Silva, o país demonstra posição mais crítica em relação aos efeitos da globalização e do neoliberalismo. Resiste a negociar ou a assumir compromissos internacionais que cerceiem a capacidade do Estado de estabelecer políticas públicas nacionais, questão importante em setores de alta tecnologia ou dependentes de políticas industriais. É dessa forma que deve ser entendido o forte empenho nas negociações da Rodada Doha da Organização Mundial do Comércio (OMC), inclusive o esforço para a formação e a continuidade do G-20. Ainda que com resultados escassos na reorganização das relações existentes, há uma visão reticente e crítica em relação aos constrangimentos da ordem internacional. O governo busca fortalecer o debate a respeito dos temas do desenvolvimento, do combate à pobreza e da desigualdade entre os países. Esses temas são tradicionais, históricos, da diplomacia brasileira, mas o caráter do governo Lula da Silva e sua base social original lhes dão particular significado. Pode-se perceber que parte das ações internacionais tem caráter preventivo. Isso é inerente às relações externas dos Estados, mas a questão ganha relevância por incidir na busca de colocar freio a riscos derivados do nível assimétrico de poder. Essa conduta não é nova nas relações internacionais, o retardamento de negociações resulta do objetivo de postergar resultados que se prevêem desfavoráveis. Busca-se remeter decisões a quando poderá haver uma relação mais favorável. Isso vale para a OMC, mas também valeu para a atitude em relação às negociações para a criação da Alca. Tenta-se evitar constrangimentos que condicionem possibilidades de desenvolvimento. O argumento vale no tocante a direitos autorais, à propriedade intelectual, à possibilidade de utilização de tecnologias sensíveis ou ao meio ambiente.

Os conceitos de autonomia e soberania, tradicionalmente presentes na história da política externa brasileira, adquirem renovada centralidade a partir de 2003. Ganham relevância, talvez de forma paradoxal, nas duas situações de assimetria: em relação aos países ricos e em relação aos países da região. Diante da política regional, confluem perspectivas de liberais e de nacional-desenvolvimentistas, ainda que motivados por razões diferentes. Confluem no objetivo de evitar a adesão a arranjos que possam limitar opções futuras. Isso é particularmente válido quando a assimetria favorece o Brasil. Há ênfase no argumento da importância da integração da América do Sul, particularmente o Mercosul, mas insiste-se a respeito da capacidade brasileira de agir no plano global sem constrangimentos. Um dos instrumentos para esta ênfase, que nos fatos resulta em relativização do Mercosul, está no *up grade* dado à América do Sul. As dificuldades para o crescimento relativo do comércio regional, no Mercosul e na América do Sul, da integração produtiva, apesar de alguns avanços ocorridos na integração energética, mostram que há razões econômicas estruturais impeditivas, mas também mudanças significativas no cenário internacional que o governo Lula da Silva é obrigado a ter em conta. Uma delas foi o crescimento da economia mundial a partir de 2001, com destaque para o papel da China (Vadell, 2008). Isso levou setores empresariais e grupos importantes no governo a reorientar o foco de seus interesses. Conseqüentemente, mantida a ênfase política na integração, ela teve o significado proporcionalmente reduzido. Há ativismo em relação a outras regiões, como China, Índia, Rússia e África, e não deixa de haver forte atenção para com Estados Unidos, México, União Européia, Oriente Médio etc. A idéia de integração com Índia e África do Sul (IBSA) e a energia a ela dedicada mostram isso.

Segundo Guimarães (2006), um dos desafios da estratégia de inserção internacional do Brasil é "articular um bloco econômico e político na América do Sul, não hegemônico, com mecanismos de compensação e com processos efetivos de redução de desigualdades entre os Estados da região, a partir de um Mercosul reformulado, e em coordenação essencial com Argentina e Venezuela" (ibidem, p.294). Há uma orientação afirmativa para o Mercosul, mas ele é visto como uma ponte para a integração sul-americana. Amorim explicita claramente a preocupação, mostrando que para o Brasil o Mercosul não é fechado, isto é, seria um bloco aberto para a região. "O Sul de Mercosul não é de Cone Sul. Tanto que é Mercado Comum do Sul. Foi a mídia quem transformou em Cone Sul" (Amorim, 2005, apud Mariano, 2007, p.163). Vista a dificuldade estrutural para a integração da América do Sul, o adensamento do Mercosul seria um projeto no qual a vontade política e a capacidade econômica dos países envolvidos poderiam de fato produzir efeito substantivo. Isto é, Argentina e Brasil, colaborando com Paraguai e Uruguai, teriam instrumentos institucionais, políticos e econômicos para impulsionar uma integração plena. A questão das dificuldades estruturais foi captada pelo governo Lula da Silva, tanto é verdade que não optou pela acentuação discursiva do papel da integração. Em questões concretas, como a do gás boliviano, optou pela negociação pragmática. O esforço para deslanchar o projeto da Comunidade Sul-Americana de Nações (Casa), formalizada em dezembro de 2004 na cidade de Cuzco, deve ser interpretado à luz dessas orientações. O esforço já existiu nas administrações Itamar Franco e Cardoso, mas ganhou força na de Lula da Silva.

Haas (1964) argumentava, no caso da Comunidade Econômica Européia (CEE), que para o fortalecimento dos processos de integração regional é preciso que os interesses das principais elites sejam atendidos. Se as expectativas desses atores convergissem com a da integração, surgiria então uma mobilização que daria sustentação ao processo. O aprofundamento e a expansão estariam relacionados com a capacidade dos governos de garantir a continuidade dos ganhos materiais e simbólicos para as elites, visto seu papel de fiador da integração. No caso do Mercosul, parte das elites, tanto brasileiras como argentinas, não parece atribuir a importância necessária à integração regional, ainda que muitas vezes não seja contrária a ela. Há uma dificuldade objetiva em delegar ou compartilhar soberania com instituições comunitárias regionais, e existem visões divergentes quanto à importância da região para a inserção internacional dos países, tendências fortes no caso brasileiro. A potencial perspectiva de ganhos de escala em termos econômicos, que alguns acreditam ser alcançável se houver priorização na busca de acesso aos maiores mercados, sobretudo o norte-americano e o europeu, explica determinadas posições restritivas em relação ao Mercosul por parte de setores da sociedade no Brasil.

O governo Lula da Silva representou parcial mudança nos equilíbrios de classe que sustentam o governo e o Estado, e representou o mesmo no tocante ao pessoal dirigente. Nesse sentido, havendo maior autonomia em relação a setores empresariais, poder-se-ia admitir maior valor à lógica político-ideológica, ao simbolismo da integração regional. Mesmo sem ter sido desprezada esta lógica, até mesmo valorizada em algumas situações, as dificuldades estruturais parecem prevalecer. A posição brasileira em relação ao Banco do Sul, inicialmente proposto pelos governos venezuelano e argentino, defendendo critérios econômicos na alocação e na utilização dos recursos, mostra que nas relações regionais o rigor que vale para as questões macroeconômicas internas também prevalece.

Há na sociedade setores desinteressados pelo Mercosul, em alguns casos abertamente contrários ao seu possível aprofundamento. Por exemplo, encontro realizado em novembro de 2004, que reuniu empresários de diversos segmentos e entidades, como Federação das Indústrias do Estado de São Paulo (Fiesp), Associação Brasileira dos Fabricantes de Calçados (Abicalçados), Associação Nacional dos Fabricantes de Produtos Eletroeletrônicos (Eletros) e Associação Brasileira de Comércio Exterior (AEB), demonstrou ser razoável a adversidade ao bloco regional. As discussões giraram em torno da idéia da defesa de um passo atrás em relação ao Mercosul: há entre empresários intensa discussão sobre a necessidade de retroceder de uma união alfandegária, imperfeita e perfurada, para uma área de livre comércio. Segundo o grupo reunido, o Mercosul seria uma âncora que seguraria o Brasil nas negociações internacionais, dificultando acordos bilaterais com Estados Unidos e União Européia (*Valor Econômico*, 16 nov. 2004). As análises que resultam das preocupações empresariais confirmam essa tendência à redução do significado da integração para o Brasil. Nota-se nelas certo interesse em limitar o papel que o Mercosul tem para a política exterior e como referência para a estratégia econômica e comercial internacional.

A Argentina foi o primeiro país que Lula da Silva visitou depois de eleito, oficialmente sempre manteve presente a idéia de "reconstrução" do

Mercosul. Na primeira reunião de Lula da Silva com o então presidente da Argentina, Eduardo Duhalde, em novembro de 2002, mencionou-se a necessidade de voltar ao espírito do Programa de Integração Comercial e Econômica (Pice) assinado pelos presidentes Sarney e Alfonsín em 1986. Por diversas vezes, afirmou-se a importância de uma política industrial e de financiamento comum. Mesmo com a eleição de Néstor Kirchner, em 2003, com uma política e um discurso favoráveis ao Mercosul, e com sinais ideológicos próximos aos de Lula da Silva, os grandes passos foram escassos. Observam-se posições comuns. Em casos específicos, como na Cúpula de Chefes de Estado das Américas, em Mar del Plata, em 2005, quando houve coincidência na ação com o fito de adiar *sine die* as negociações da Alca, elas tiveram grande importância. Mas de forma geral não houve esforços mais amplos de coordenação e convergência. As negociações são constantes e assinalam-se alguns avanços, mas não chegam ao salto necessário a um mercado comum. As relações Brasil–Argentina, que têm papel central para os dois países, continuam importantes na primeira década do século XXI, mas passam a ser vistas como possuidoras de menor peso relativo. Segundo Hirst (2006), atualmente a prioridade atribuída pelo Brasil à América do Sul pode ser uma forma de substituir a proposta anterior de máxima prioridade à aliança estratégica com a Argentina. As razões econômico-estruturais impeditivas tendem a prevalecer sobre traços de afinidades políticas, culturais e ideológicas. Entre as razões estruturais estão a existência objetiva de estruturas produtivas não complementares, o peso que os produtos primários têm nas economias dos dois países, a diferente inserção no mundo. A redobrada atenção à integração energética, ao desenvolvimento de tecnologias sensíveis, temas discutidos na viagem de Lula da Silva à Argentina em fevereiro de 2008, indicam haver forças no Estado que continuam focadas numa perspectiva de integração profunda.

Lima (2007) argumenta que há uma erosão da coalizão doméstica responsável por um dos patrimônios da política externa brasileira contemporânea: a aproximação com a Argentina. Essa política havia sido o resultado da convergência de preferências tanto de setores favoráveis à abertura econômica como de setores desenvolvimentistas. Hoje, podemos afirmar que ambos os setores não produziram, ou não puderam produzir, políticas que efetivamente fortalecessem a integração regional no âmbito do Cone Sul. Ao contrário, em razão de interesses econômicos e políticos, muitas vezes não lhe deram o suporte necessário. Sempre foi um desafio compatibilizar as aspirações universalistas e protagonistas das elites brasileiras com uma relação sólida com a Argentina, que não é só fundamental para o Mercosul, mas também faz parte de qualquer tentativa de formalização de um bloco sul-americano. Tanto no governo Cardoso como no de Lula da Silva, o país não conseguiu obter uma adequação de suas posições universalistas para fazê-las coincidir com a consolidação da integração, do Mercosul em particular. A explicação desse fenômeno exigiria uma discussão específica que buscasse compreender as raízes dessa evolução. O que é certo é que, no caso brasileiro, mesmo um governo com original inclinação para a esquerda, e com base em movimentos populares, tem dificuldade para contrapor-se a essa erosão.

Desde 2003 o Brasil passou a reconhecer de forma explícita a existência de assimetrias estruturais no bloco, mas as tentativas de oferecer contrapartidas aos outros sócios não tiveram a densidade necessária. Diferentemente da interpretação de Burges (2005), a falta de densidade tem origem sobretudo nas próprias dificuldades, não sendo a visão *egoísta* a respeito dos benefícios da integração a explicação fundamental. Tampouco tem significado abrangente a interpretação de que para o Brasil a integração regional tem como objetivo específico assegurar o fornecimento estável dos recursos energéticos de que necessita. Apenas em 2006, 15 anos depois do Tratado de Assunção, implementou-se o Fundo de Convergência Estrutural, com recursos de US$ 100 milhões, a fim de atenuar as conseqüências desfavoráveis da integração nos Estados menores, Paraguai e Uruguai. No governo Lula da Silva existe preocupação em relação aos limites postos pelo formato da integração do Mercosul, mas não parece ser suficiente para superar as debilidades estruturais.

> O Mercosul tem diante de si o desafio de reinventar-se e atender às expectativas de todos os seus membros. Temos de desenhar mecanismos que equacionem em definitivo as assimetrias, inclusive com o aporte de novos recursos. Precisamos encarar de frente as questões relativas ao fortalecimento institucional e à implementação, em cada um de nossos países, das decisões e acordos que tomamos no bloco. Esta nova etapa do Mercosul que estamos iniciando exigirá que suas instituições estejam à altura de nossas ambições. ... Mais Mercosul significa, necessariamente, mais institucionalidade. (Lula da Silva, 2006)

Vimos que na sociedade brasileira essa perspectiva não apenas não é consensual, mas enfrenta resistências reais.

Uma das questões de política externa que assumiram relevância no Brasil, com repercussão na campanha eleitoral de 2006, foi o caso da nacionalização dos hidrocarbonetos na Bolívia, promovida por Morales em 1º de maio de 2006, quando foram atingidos os interesses da Petrobras. A posição do governo de procurar uma solução negociada gerou intenso debate, constituindo-se em caso exemplar para a verificação das possibilidades e dos limites de uma colaboração que tenha como pressupostos concepções de mundo e valores com alguma semelhança: crítica das desigualdades sociais, desenvolvimento, distância dos centros de poder mundial, idéias genericamente socialistas. Este episódio demonstrou que as possibilidades oferecidas por algumas afinidades encontram limites lógicos nos interesses de setores, de classes, de grupos nacionais. No caso da

Bolívia, assim como nos anos 1940 e 1950 havia sido o estanho, o gás é visto simbolicamente como valor a ser preservado para garantir a emancipação da população original, historicamente oprimida: os indígenas do Altiplano. O dinamismo do governo Lula da Silva na região não é suficiente para aumentar a capacidade de articulação regional. No caso, a atitude prudente, algumas afinidades, o apelo à racionalidade econômica podem ter ajudado a reconstruir a colaboração. A capacidade de *entender o outro* nessa questão específica teve significado positivo, ainda que as necessidades da racionalidade econômica, das duas partes, tenham jogado um papel importante. Para Hirst (2006, p.136), "es aún nebuloso el concepto que define la presencia de Brasil en América del Sur, una construcción política que no atiende a las mismas expectativas dentro y fuera del país". Isso significa que idéias realistas continuam a ter significado. Afinidades abrem alguns caminhos, promovem certa compreensão, mas no caso da política regional e exterior do Brasil não permitem superar o papel dos interesses.

As relações do governo de Lula da Silva com o de Chávez, da Venezuela, podem ser interpretadas com os mesmos instrumentos analíticos. Como em outros contextos, o Estado brasileiro, o que pode ser diferente de forças políticas e sociais favoráveis ou contrárias, mantém sólidas relações com o Estado venezuelano. Isso permite conciliar a promoção de projetos comuns e sua implementação com análise custo-benefício rigorosa. Ao discutirmos o neopopulismo, observamos que a atuação do governo brasileiro, pautada, como dissemos, por critérios econômicos estritos, vale também para a política de integração regional. Os acordos entre a Petrobras e a Petróleos de Venezuela S.A. (PDVSA), inclusive a construção de uma refinaria em Pernambuco, a discussão sobre a construção de um gasoduto sul-americano, até mesmo a integração das Forças Armadas são temas estimulados pela existência de afinidades, mas no caso brasileiro parece haver avanços apenas quando os acordos ganham conotação de políticas de Estado, com garantias de longo prazo. No caso das relações com a Venezuela, o forte interesse empresarial no mercado daquele país acaba por dar sustentação à intensificação de relações. A formulação da proposta venezuelana para constituir o Banco do Sul, sugerindo-o como alternativa aos critérios do Banco Mundial e do Fundo Monetário Internacional (FMI), encontrou resistência das autoridades brasileiras, particularmente as do Ministério da Fazenda. Essas autoridades estavam preocupadas em criar uma gestão sustentável, desvinculada de modos assistencialistas, inserindo o banco na perspectiva de uma *ratio* desenvolvimentista. Numa interpretação mais forte, as relações entre Venezuela e Brasil revelam que os países sul-americanos, mesmo os que parecem ter algumas coincidências ideológicas, não têm um projeto de política externa comum (Villa, 2007), o que não impede que as coincidências possam viabilizar algum entendimento; mas elas não constituem o traço essencial.

Nos exemplos considerados, as relações com Bolívia e Venezuela, percebe-se, antes de mais nada, pragmatismo realista. No episódio da nacionalização dos poços explorados pela Petrobras e de suas refinarias na Bolívia, tendências políticas e grupos econômicos brasileiros criticaram não ter sido tomada uma atitude mais rígida, particularmente medidas de *side-payments*. O governo adotou uma posição de busca permanente de canais de diálogo, levando em conta os interesses de longo prazo do Brasil, sem desconhecer direitos bolivianos. Não houve nem uma atitude de tipo populista de buscar vantagens políticas por meio de uma posição nacionalista-brasileira, nem uma atitude paternalista de tipo terceiro-mundista. A discussão prévia do governo e a preparação para essa situação no Ministério das Relações Exteriores, com intenso debate a respeito, e na Petrobras permitiram enfrentar a situação. O que não significa que não tenha havido riscos sérios, que poderão voltar a ocorrer, ainda que em contextos diferentes. Este episódio, assim como a maior internacionalização de significativo número de empresas brasileiras, trouxe à luz, paradoxalmente sob o governo do Partido dos Trabalhadores, o fato de o Estado passar a ter que considerar com maior ênfase, como parte de sua política regional e global, os investimentos brasileiros no exterior. Consolida-se o argumento de que algumas afinidades ideológicas, políticas e culturais não têm tido a força de mudar interesses estruturais.

A política regional do governo Lula da Silva confirma o interesse preliminarmente traçado em 2000, na I Reunião de Presidentes da América do Sul, realizada em Brasília, durante o governo Cardoso, de fortalecimento da infra-estrutura regional (Iniciativa para a Integração da Infra-Estrutura Regional Sul-Americana – Iirsa). No encontro presidencial de Cuzco de 2004 foram aprovados 31 projetos na área de integração da infra-estrutura física regional (<www.iirsa.org>). Segundo Zugaib (2006), o compromisso firmado pelos presidentes Lula da Silva e Toledo naquela reunião – tornar realidade a rodovia Interoceânica, que ligaria Iñapari, na fronteira do estado do Acre, aos portos peruanos de Ilo e Matarani no Pacífico — simboliza o significado que vem se dando à integração regional. A outra vertente é a integração energética. Nesse campo, que interessa a quase todos os países da região, inclusive o Chile, têm sido dados alguns passos significativos. Exemplos são os projetos de construção de uma usina hidrelétrica na Amazônia peruana, na divisa com o Brasil, e a negociação para um projeto da hidrelétrica binacional Garabi, no rio Uruguai, entre Brasil e Argentina, assim como a construção de uma nova linha de transmissão de energia ligando Itaipu a Assunção.

Não há no governo Lula da Silva o desenvolvimento de instrumentos estritamente novos de apoio à integração. Foi finalizado o Fundo de Convergência Estrutural, estão em curso os entendimentos para a criação do Banco do Sul. Busca-se aproveitar meios já existentes: na tentativa de viabilizar a ação do BNDES em apoio à presença regional de empresas brasileiras, o que permitiria fortalecer algumas cadeias produtivas e o próprio comércio, conta-se com os Convênios de Crédito Recíproco (CCR). Outras instituições regionais, como a Corporação Andina de Fomento (CAF), o FONPLATA e o Banco Interamericano de Desenvolvimento (BID), também são consideradas aptas, particularmente para financiar os projetos de integração física da América do Sul (Iirsa). Houve nos últimos anos aumento dos investimentos e da atuação de empresas brasileiras na região sul-americana; são os casos de Petrobras, Vale do Rio Doce, Gerdau, Banco Itaú, Bunge e AmBev. Já em operação em sete países da região (Argentina, Bolívia, Colômbia, Equador, Peru, Venezuela e Uruguai), a Petrobras tem na atuação regional um importante componente de sua atuação internacional. A produção de petróleo e gás natural na Argentina é a maior da Petrobras fora do Brasil, e desde dezembro de 2004 a empresa atua na distribuição de gás natural no Uruguai.[1]

A política de integração regional do governo Lula da Silva reflete algumas das hesitações que encontramos na sociedade, isto é, no exercício do papel de *paymaster* (Mattli, 1999). Isso reflete heterogeneidade de interesses na sociedade. Não são apenas os interesses dos empresários pela busca de grandes mercados que colocam obstáculos à integração, não são apenas a necessidade de relações com os países ricos e com os grandes países em desenvolvimento e a não-complementaridade entre as economias que colocam dificuldades, mas também os interesses da maioria da população, que é pobre, que não tem recursos básicos. Tudo isso sugere dúvidas. Seria difícil convencer populações que estão entre as mais pobres da América do Sul e do Mercosul a pagar custos de integração. Acrescentem-se a isso os interesses regionais, as políticas federativas que não contribuem para uma assimilação do regionalismo à dinâmica política nacional. Retomando a questão do distributivismo e das políticas sociais, marca do governo Lula da Silva, como financiar um projeto de Bolsa Família em escala do Mercosul ou da América do Sul?

CONCLUSÕES

Buscou-se mostrar aqui por que na década de 1990 e no século XXI ressurge no Brasil e em outros países latino-americanos o apoio a políticas distributivas, que põem como centro de sua ação este objetivo (Lula da Silva, 2008). A desilusão com a crença fundamentalista de que o mercado seria o instrumento de superação da pobreza abriu caminho para dirigen-

---

[1] Ver: <http://www2.petrobras.com.br/portugues/ads/ads_AtuacaoInternacional.html>.

tes políticos, partidos, líderes carismáticos que, ao criticar aquela crença, acenam com a possibilidade de atendimento de reivindicações populares. As formas como essas direções políticas, muitas vezes alçadas ao comando do Estado, agem devem ser estudadas em suas especificidades. No Brasil, o governo Lula da Silva, tendo em conta suas propostas e suas promessas, buscou formular e realizar políticas que não podem ser classificadas de populistas ou neopopulistas. Para esse governo, as políticas sociais e de redistribuição de renda buscam inserir-se no marco de um planejamento econômico de longo prazo, com viés desenvolvimentista. Há revalorização do papel do Estado como indutor do desenvolvimento. Tanto as políticas sociais como a política exterior e regional buscam orientar-se para este objetivo. Ainda é cedo para avaliar os resultados, mas de acordo com a análise feita, contando com o momento favorável da economia global, ao menos até 2007, os resultados são relativamente positivos, apesar de bem inferiores aos de importantes países asiáticos. A estabilidade macroeconômica parece ter sido alcançada. Ainda que com as condicionalidades determinadas pela forte dependência de matérias-primas ou semi-elaborados na pauta das exportações.

Apontamos que tanto no caso do Brasil como no de outros países, o termômetro mais importante para medir a existência ou não de populismo ou neopopulismo é o respeito pleno pelas instituições e pelo Estado de direito. Nos anos até aqui percorridos, de 2003 a 2008, do governo Lula da Silva, eleito pelo PT, não encontramos indícios de violação significativa de direitos democráticos nem da Constituição. Não houve instrumentalização da mobilização popular contra órgãos do Estado, nem mesmo quando o governo foi posto em posição de réu. O debate, mesmo o duro confronto, se dá no plano programático ou de valores. Em outros termos, não parecem surgir, com força, tendências plebiscitárias ou assembleístas.

O governo Lula da Silva parece ciente das restrições políticas e econômicas, internas e externas, o que evita o recurso a formas milenaristas na condução de sua relação com o *povo*. Ao mesmo tempo, a administração do Estado e a conduta simbólica parecem inserir na vida social e política, na economia, massas que sempre se sentiram à margem. Isso acontece ao mesmo tempo que o governo mantém uma política rigorosa de equilíbrio macroeconômico com traços marcados pelo desenvolvimentismo. Há a percepção de que um desafio central nestes primeiros anos do século XXI é compatibilizar, ou tentar compatibilizar, políticas de Estado que busquem resgatar a dignidade da maior parte da população com as responsabilidades e os limites determinados pela mundialização. Nisso reside uma das particularidades do governo, que argumenta rejeitar condicionamentos e, ao mesmo tempo, não rejeita a globalização. O resultado é compatibilizar a não-adesão a formas autárquicas e uma reiteração dos valores da soberania e da autonomia. Com isso busca criar barreiras protetoras contra o poder dos países ricos. Ao mesmo tempo e paradoxalmente, não desenvolve um espírito plenamente cooperativo em seu entorno e no Mercosul. Há a preocupação com a cooperação e a ação que a tem por finalidade, mas não são suficientemente fortes para neutralizar as dificuldades estruturais, discutidas no texto, para a integração regional. A existência de governos no Mercosul e na América do Sul dotados de afinidades genéricas não se tornou suficiente para projetar políticas de integração sustentadas ideologicamente.

Verificamos que o voluntarismo e a vontade política do governante são importantes, mas não suficientes para determinar os rumos da integração e mesmo o seu êxito. Discutimos a existência de razões econômico-estruturais impeditivas para a elevação do patamar da integração. Interesses nacionais, subnacionais, de grupos e de classes de diferente orientação podem constituir-se em fatores dificultadores da integração. Quando esta se realiza entre países e populações pobres, é difícil a construção de políticas compensatórias que facilitem a adesão social ao bloco regional. A crença brasileira na própria capacidade de ser *global trader* e *global player* aumenta a busca por um protagonismo que certamente tem base. Ao mesmo tempo, o custo de ser *pay master* é elevado.

A posição do Estado é que "não há solução individual para nenhum país da América do Sul" (Guimarães, 2006, p.320). Ou seja, afirma-se que a integração dos países e a busca de esquemas compartilhados de desenvolvimento são a única forma de se conseguir uma inserção soberana no sistema internacional. Discutimos que a posição do governo Lula da Silva em relação ao Mercosul não consegue alterar uma situação em que o bloco tem dificuldade para aumentar o seu perfil relativamente baixo. Há dificuldades também para apresentar-se como tal nos grandes debates mundiais. As afinidades políticas, culturais e ideológicas não são suficientes. A sociedade brasileira não está mobilizada para reverter isso, parece mesmo haver uma atenuação do interesse pela integração regional. Debilidades estruturais do Brasil, entre outras a pobreza, cuja superação é exatamente objeto central da política do governo, e a indefinição doméstica nos países da região impõem limites objetivos para a ação do governo Lula da Silva.

REFERÊNCIAS BIBLIOGRÁFICAS

BOITO JUNIOR, A. A hegemonia neoliberal no governo Lula. *Crítica marxista (Rio de Janeiro)*, v.17, 2003.
BRESSER PEREIRA, L. C. (org.). *Populismo econômico*. Ortodoxia, desenvolvimento e populismo na América Latina. São Paulo: Nobel, 1991.
BURGES, S. W. Bounded by the reality of trade: practical limits to a South American region. *Cambridge Review of International Affairs*. v.18, n.3, out. 2005.

CARDOSO, F. H. Caminhos novos? Reflexões sobre alguns desafios da globalização. *Política Externa*, v.16, n.2, 2007.

CARVALHO, J. M. *Cidadania no Brasil: o longo caminho*. Rio de Janeiro: Civilização Brasileira, 2006.

CERVI, E. U. As sete vidas do populismo. *Revista Sociologia e Política (Curitiba)*, n.17, 2001.

COUTINHO, M. J. V. *Crises institucionais e mudança política na América do Sul*. Rio de Janeiro, 2005. Tese (Doutorado) – Instituto Universitário de Pesquisas de Rio de Janeiro (IUPERJ).

CRUZ, S. C. V. e. *Trajetórias:* capitalismo neoliberal e reformas econômicas nos países da periferia. São Paulo: Editora Unesp, 2007.

DAHL, R. A. *Poliarquia:* participação e oposição. São Paulo: Edusp, 1997.

DI TELLA, Torcuato. *El sistema político argentino y la clase obrera*. Buenos Aires: Editora Universitaria, 1964.

DORNBUSCH, R.; EDWARDS, S. La macroeconomía del populismo en América Latina. *El Trimestre Económico*, n.225, 1990.

FERRAIOLI, L. *Derecho y razón*: teoría del garantismo penal. Madri: Trotta, 1995.

FERREIRA, J. (org.). *O populismo e sua história* – debate e crítica. Rio de Janeiro: Civilização Brasileira, 2001.

GIAMBIAGI, F. *Dezessete anos de política fiscal no Brasil:* 1991-2007. Texto para Discussão n.1309, Ipea, 2007.

GOMES, A. de C. *A invenção do trabalhismo*. São Paulo: Edições Vértice e IUPERJ, 1988.

HAAS, E. B. *Beyond the Nation State*. Stanford: Stanford University Press, 1964.

HIRST, M. Los desafíos de la política sudamericana de Brasil. *Nueva Sociedad*, n.205, set. 2006.

IANNI, O. *A formação do estado populista na América Latina*. 2. ed. Rio de Janeiro: Civilização Brasileira, 1991.

INESC (Instituto de Estudos Socioeconômicos). *Pensando uma agenda para o Brasil*. Brasília: Inesc, 2008.

JIMENEZ, A. R. *Las formas modernas de la política – estudio sobre la democratización de América Latina*. Mérida, Venezuela: Centro de Investigaciones de Política Comparada, 1997.

KUME, H. Red Mercosur/IDRC. "Comércio e Crescimento". Montevideo, 2007.

LACLAU, E. *Política e ideologia na teoria marxista. Capitalismo, fascismo e populismo*. Rio de Janeiro: Paz e Terra, 1979.

LEAL, V. N. *Coronelismo, enxada e voto*. São Paulo: Alfa Omega, 1976.

LEONE, P. *Lo spettacolo della politica*. Cosenza: Editoriale Bios, 1987.

LESBAUPIN, I. *Governo Lula: o governo neoliberal que deu certo?* 2006. Disponível em: <http://www.gritodosexcluidos.com.br/documentos/20_governoLula_reeleicao.pdf.> Acesso em: 26 out 2007.

LIMA, M. R. S. de. Decisões e indecisões: um balanço da política externa no primeiro governo do presidente Lula. *Observatório Político Sul-Americano*, Rio de Janeiro, jan. 2007. Disponível em: <http://observatorio.iuperj.br>.

_____. Decisões e indecisões: um balanço da política externa no primeiro governo do presidente Lula. *Carta Capital*, 27 dez. 2006. Disponível em: <http://observatorio.iuperj.br>.

LODOLA, G. Neopopulismo e compensações aos perdedores de mudanças econômicas na América Latina. *Cadernos Adenauer (Rio de Janeiro)*, n.2, 2004.

LULA DA SILVA, L. I. Discurso do presidente da República, Luiz Inácio Lula da Silva, por ocasião do encerramento da XXX Cúpula dos Chefes de Estado do Mercosul. Córdoba, jul. 2006. Disponível em: <http://www.mercosul.gov.br/discurso>. Acesso em 2 dez. 2006.

_____. Mensagem do presidente da República ao Congresso Nacional. Íntegra da mensagem disponível em: <www.estadao.com.br/nacional/not_nac120556,0.htm>. Acesso em 6 fev. 2008.

MÄDER, M. E. N. de S. Perspectivas para a América Latina no século XXI. *Revista História Agora (Rio de Janeiro)*, 19 mar. 2007.

MANTEGA, G. *O Estado de S. Paulo*, 14 out. 2007.

MARIANO, M. P. *A política externa brasileira, o Itamaraty e o Mercosul*. Araraquara – SP, 2007. Tese (Doutorado) – Programa de Pós-Graduação em Sociologia. Faculdade de Ciências e Letras – Unesp.

MARQUES, R. M., MENDES, A. O social no governo Lula: a construção de um novo populismo em tempos de aplicação de uma agenda neoliberal. *Revista de Economia Política*, v.26, n.1, 2006.

MATTLI, W. *The logic of regional integration: Europe and beyond*. Cambridge: Cambridge University Press, 1999.

MINISTÉRIO DA FAZENDA. Disponível em: <http://www.fazenda.gov.br/resenhaeletronica/MostraMateria.asp?cod=335552>. Acesso em: 26 out. 2007.

MORAES, R. Notas sobre o imbróglio do governo Lula. *Lua Nova*, n.65, 2006.

MOREIRA, C. *Democracia, cultura política y desarrollo:* una comparación entre Uruguay y Brasil. Rio de Janeiro, 1997. Tese (Doutorado) – Instituto Universitário de Pesquisas de Rio de Janeiro (IUPERJ).

NARDIN, T. *Lei, moralidade e as relações entre os Estados*. Rio de Janeiro: Forense-Universitária, 1987.

NICOLAU, J. M., PEIXOTO, V. As bases municipais da votação de Lula em 2006. Disponível em: <http://forumnacional.org.br/forum/pforum62a.asp>. Acesso em 27 nov. 2007.

OLIVEIRA, A. J., ONUKI, J. Eleições, política externa e integração regional. *Revista de Sociologia e Política*, v.27, 2006.

QUIJANO, A. Populismo y fujimorismo. In: BURBANO DE LARA, F. (org.). *El fantasma del populismo*. Caracas: Nueva Sociedad, 1997.

REIS, F. W. Por um populismo mais autêntico. *O Estado de S. Paulo*. São Paulo, 24 fev. 2008.

ROBERTS, K. Neoliberalism and the transformation of populism in Latin American: the Peruvian case. *World Politics*, v.48, n.1, 1995.

RODRIGUES, L. M. *Mudanças na classe política brasileira*. São Paulo: Publifolha, 2006.

SCHUMPETER, J. A. *Capitalismo, socialismo e democracia*. Rio de Janeiro: Zahar, 1984.

SKIDMORE, T. *Brasil:* de Getúlio a Castelo. Rio de Janeiro: Paz e Terra, 1969.

STEWART, A. As raízes sociais do populismo. In: TABAK, F. *Ideologias – populismo*. Rio de Janeiro: Ed. Eldorado, 1973.

VADELL, J. *América do Sul recebe o dragão asiático*. Paper. International Studies Association (ISA), 49. Annual convention. San Francisco, 2008.

VEIGA, P. da M. Política comercial no Brasil: características, condicionantes domésticos e *Policy Making*. In: JANK, M., SILBER, S. (orgs.). *Políticas comerciais comparadas*. Desempenho e modelos organizacionais. São Paulo: Singular, 2007.

VILLA, R. D., URQUIDI, V. D. Venezuela e Bolívia: legitimidade, petróleo e neopopulismo. *Política Externa*, v.14, n.4, 2006.

VILLA, R. D. Limites do ativismo venezuelano para a América do Sul. *Política Externa*, v.16, n.2, 2007.

VILLAS, C. M. ¿Populismos reciclados o neoliberalismo a secas? El mito del neopopulismo latino-americano. *Revista de Sociologia e Política*, v.22, 2004.

WEBER, M. A política como vocação. *Ciência e política*. São Paulo: Editora Cultrix, 1969.

WEFFORT, F. C. *O populismo na política brasileira*. 2. ed. Rio de Janeiro: Paz e Terra, 1980.

_____. *Qual democracia?* São Paulo: Companhia das Letras, 1992a.

_____. Novas democracias. Que democracias? *Lua Nova (Centro de Estudos de Cultura Contemporânea (Cedec)/Marco Zero, São Paulo)*, n.27, 1992b.

WORSLEY, P. O conceito de populismo. In: TABAK, F. *Ideologias – populismo*. Rio de Janeiro: Eldorado, 1973.

ZUGAIB, E. *A hidrovia Paraguai-Paraná*. Brasília: Funag, 2006.

4. Hugo Chávez: liderança e polarização[1]

Andrés Serbin

O "FENÔMENO" CHÁVEZ E AS POLARIZAÇÕES

Desde a sua posse na presidência da Venezuela, Hugo Chávez Frias conseguiu impulsionar, de maneira progressiva, mas nem por isso menos midiática e espetacular, uma seqüência de processos que geraram um significativo impacto em seu país, na região e, em certa medida, no mundo. No contexto desses processos, conseguiu, por um lado, aprofundar a *polarização social* existente na Venezuela e transformá-la numa *polarização política*, que sobrevive a todas as tentativas de superação, paralelamente ao impulso de um projeto pessoal de transformação do país. Por outro lado, tentou projetar esta polarização na região – especificamente no Caribe, nos países andinos e no Cone Sul – e continua com seus esforços para projetá-la no mundo, gerando uma *polarização geopolítica* que provavelmente responde às suas convicções mais profundas. Retomando um discurso maniqueísta, preto no branco, entre os bons e os vilões do filme global, o que parecia ter se diluído com o fim da Guerra Fria, conseguiu dividir seu entorno próximo e acessível em dois pólos claramente confrontados: de um lado, os revolucionários bolivarianos e seus aliados em diversos países, que lutam contra as desigualdades características da América Latina e do Caribe, contra o neoliberalismo, contra a unipolaridade da hegemonia norte-americana e contra a globalização; do outro, as elites aliadas aos interesses de Washington e as grandes corporações,[2] e sua aspiração em manter um *status*

---
[1] Tradução do espanhol, Julia Souza Ayerbe.
[2] Obviamente associados, no caso da Venezuela, com as elites locais e a partidocracia do recente passado democrático.

quo de concentração do poder e da riqueza, com as conseqüentes seqüelas de exclusão e de postergação social para amplos setores da população. Essa mesma estratégia foi aplicada não só em âmbito interno e regional, senão também no âmbito internacional.

Como conseqüência dessa situação, não faltaram análises, de diferentes perspectivas, sobre a polarização na Venezuela, focadas não só de um ângulo político e social, mas também cultural, ideológico e psicológico (Ellner & Hellinger, 2003; Medina & Maya, 2003; García Guadilla, 2003; Valdivieso Ide, 2004; Silva, 2004; Corrales, 2005; Alvarez, 2006).[3] É inegável que o estilo confrontativo e as aspirações de se converter em um líder de transcendência nacional, mas também regional e mundial, converteram Chávez, a partir de uma série de concepções pessoais e de uma notável vontade de poder (Marcano & Barrera, 2005), num evidente promotor e catalisador destas polarizações.[4]

Ainda que nas ciências sociais o conceito de polarização não tenha sido suficientemente desenvolvido do ponto de vista teórico, ater-nos-emos neste caso à conceituação elaborada por Esteban e Ray (1994; 1999),[5] no campo da economia, aplicável ao resto das ciências sociais, como um conceito apropriado para captar um conflito potencial. Entendendo a polarização como "o grau em que a população se agrupa em torno de um pequeno número de pólos diferentes uns dos outros", Esteban & Ray sustentam que a polarização social reflete "uma somatória de antagonismos entre indivíduos", que se agrupam por mecanismos de identificação e geram antagonismos com outros a partir de sua mútua alienação. Segundo esses autores, quando se trata de avaliar potenciais conflitos, o grau de agrupamento pode ser mais significativo do que a medição da desigualdade, tanto em classes sociais e etnias como em conflitos nacionalistas, religiosos ou tribais – "claramente têm mais relação com a polarização dos atributos relevantes que com a desigualdade da sua distribuição através da população". Conseqüentemente, nas sociedades mais polarizadas com relação a algum atributo essencial para a sua estabilidade social, a aparição de conflitos é mais comum e possuem eles maior intensidade, podendo chegar a assumir um sentido violento ou armado (Esteban, 2006, p.16-8).[6]

---

[3] Apenas para citar alguns que, tanto desde a ciência política e a sociologia, como desde a psicologia, abordaram o fenômeno da polarização na Venezuela. A lista dos autores citados não pretende ser exaustiva e só representa uma mostra da abundante literatura a respeito, particularmente a produzida na Venezuela nos últimos anos.

[4] Como destaca relatório sobre a situação da Venezuela, no início de 2007, "A polarização no corpo político atingiu proporções históricas, com elites tradicionais e muitos entre a classe média se opondo a estas mudanças profundas em uma série de eleições e nas ruas", em *International Crisis Group* (2007, p.iii).

[5] Ver também Duclos, Esteban & Ray (2004) e Gasparini & Molina (2006).

[6] Se bem que os estudos de Esteban & Ray se desenvolvem a partir do estudo da polarização econômica, num trabalho recente sobre a Bacia do Mediterrâneo, no contexto de um

Nesse sentido, as polarizações que Chávez tende a promover em diferentes níveis e em diferentes âmbitos geram identificações com um pólo – cuja liderança busca assumir e representar – e antagonismos extremos com o outro pólo, marcado por uma radical alienação do primeiro. O "outro" assim definido contribui para alimentar e reforçar uma estratégia de poder confrontativa, que recria permanentemente um conflito atual ou potencial de soma zero e contribui para a construção social de visões políticas, geopolíticas e ideológicas baseadas na polarização.

Nesse contexto, uma questão freqüente, e dotada de força particular em virtude de alguns acontecimentos recentes, é se efetivamente a liderança de Chávez, tanto em nível nacional como internacional, representa a nova modalidade de formulação de um projeto de esquerda, depois do fracasso do "socialismo real" e do sistema soviético e da dificultosa sobrevivência do socialismo cubano, num panorama regional em que nos últimos anos e mediante processos eleitorais foram eleitos diversos presidentes que se identificam com posições de esquerda ou centro-esquerda. Ou se a polarização que promove em âmbito nacional e internacional não se projetará, mais cedo ou mais tarde, para uma polarização no mesmo campo da esquerda, especificamente latino-americana, numa conjuntura em que esta deverá provar, mediante políticas adequadas, sua capacidade de superar as deficiências e falências sociais introduzidas pelo neoliberalismo, num contexto democrático que demanda forte capacidade de diálogo, negociação e construção de consensos. Este não é um questionamento menor, tendo em conta os desafios postos para uma região que pode chegar a se debater entre um legado de violência, conflito e polarização, recriado na conjuntura atual, e a busca da construção de uma governabilidade democrática, tanto em nível nacional como regional.

Analisemos essas três questões separadamente, levando em conta a articulação entre as dinâmicas sociopolíticas nacionais e as dinâmicas geopolíticas regionais e internacionais no caminho particular que assume o projeto político pessoal de Chávez.

---

projeto financiado pela União Européia sobre "Polarização e conflito". Esteban conclui que uma polarização mais acentuada implica maior risco de instabilidade política e adverte sobre a existência de "um risco muito elevado de que surja um conflito aberto", não necessariamente armado, entre diferentes países. Ver <http://www.polarizationandconflict.org/>. No âmbito latino-americano, a discussão sobre polarização está estreitamente associada a uma "família de termos" que inclui governabilidade e desenvolvimento. Ver por exemplo Knack & Keefer, 2006. Corrales (2005, p.117) não duvida em afirmar que, no caso do estudo da polarização política, não é possível alcançar uma homogeneidade metodológica e intelectual e faz falta recorrer a diferentes enfoques, incluindo o estruturalismo, o institucionalismo histórico e o construtivismo, no entanto, não se pode apoiar exclusivamente na abordagem da *rational choice*.

Luis Fernando Ayerbe

DA POLARIZAÇÃO SOCIAL À POLARIZAÇÃO POLÍTICA

Como aponta corretamente Ellner (2003), a emergência da liderança de Chávez na Venezuela e o seu acesso ao poder nas eleições em 1999 foram o resultado de uma adequada capitalização de sua parte de uma situação de polarização social crescentemente decantada na sociedade venezuelana, num contexto de deterioração do sistema de conciliação de elites (Rey, 1991), que caracterizou, desde 1958, o sistema democrático instaurado e consolidado com o *Pacto de Punto Fijo*.

Para o processo de polarização social contribuíram vários fatores, que puseram em questão os pactos partidários, a institucionalização dos partidos políticos, a aprendizagem política prévia, a condição de país rico com base nas exportações petrolíferas, o sistema de representação promocional e a composição multiclassista dos partidos políticos até este momento (Ellner, 2003), traços distintivos do sistema estabelecido com o *Pacto de Punto Fijo* entre os partidos Acción Democrática (AD) e o Comitê de Organización Política Electoral Independiente (Copei), em conjunto com a União Republicana Democrática (URD), excluindo os partidos de esquerda. Estes traços distintivos entraram em crise de uma maneira mais visível, sobre a base da acumulação de fatores sociopolíticos e econômicos, com o *caracazo* de 1989, as duas tentativas de golpe de Estado no começo da década de 1990, durante o segundo governo de Carlos Andrés Pérez, e o *impeachment* deste em 1993. Dois fatores de ordem socioeconômica contribuíram decisivamente para o desdobramento desta série de eventos críticos: as flutuações dos preços internacionais do petróleo no decorrer das décadas de 1980 e 1990, que afetaram a renda fiscal da Venezuela, e os programas de ajuste estrutural promovidos por Carlos Andrés Pérez durante a sua segunda presidência (1988-93), gerando uma redução da capacidade aquisitiva do povo venezuelano, um aprofundamento da separação social entre a elite econômica e política e uma ampla massa da população crescentemente deslocada para a economia informal e para um mercado de deterioração institucional por efeitos da corrupção. De fato, este conjunto de fatores acentuou as tensões sociais existentes e representou drástica ruptura com o passado, num país que "até então ... havia sido um dos países com maior mobilidade social na América Latina" (Ellner, 2003, p.35).

O resultado se expressou num significativo aumento da desigualdade, incrementando as distâncias e as tensões entre os setores não-organizados da população e os setores mais privilegiados, o que gerou uma polarização social caracterizada por cinco traços diferentes: a) o crescimento da economia informal e o agravamento das desigualdades sociais; b) o ressentimento mútuo entre as classes baixas e os setores relativamente privilegiados da população; c) o surgimento de partidos defensores das classes baixas, como a Causa R (LCR) e o Movimiento Quinta República (MVR), rompendo com a tradição dos partidos multiclassistas associados ao *Pacto Punto Fijo*; d) a emergência de líderes políticos como Chávez, cujo discurso e cujas ações favoreciam os pobres à custa dos grupos privilegiados, com base numa retórica dirigida às classes baixas, alienando simultaneamente a classe média; e) o desenvolvimento de marcadas preferências das classes baixas e da classe média por determinados candidatos presidenciais, mais do que por partidos tradicionais, e por determinadas políticas, diferentemente das eleições anteriores a 1994 (p.37), e que marcaram o surgimento da assim chamada "antipolítica".

A polarização social assim configurada e aguçada progressivamente desde os anos 1980 precedeu a eleição de Chávez, mas na década de 1990 se transformou numa evidente polarização política, por ele capitalizada e promovida. A este quadro cabe agregar que a polarização social se agravou nos primeiros três anos de governo de Chávez, dando azo a uma maior polarização política na medida em que se atribuía sua origem ao legado dos anos anteriores.

Neste contexto, duas décadas de decadência da economia e de aumento das desigualdades e da desarticulação social criaram as condições que facilitaram a politização das desigualdades sociais na democracia venezuelana. A emergência do "fenômeno" Chávez se dá, em conseqüência, associada à aparição de um líder populista, carismático e com forte apelo comunicativo em relação aos pobres e despossuídos, que desafia o sistema político mas, por sua vez, redesenha a identidade de classes. No estilo confrontativo que o caracteriza, tanto no que diz respeito à sua personalidade como à sua formação militar e à sua limitada experiência prévia na política eleitoral e na gestão pública, Chávez estimulou os ressentimentos sociais dos setores excluídos e postergados e "os enfileirou para um assalto frontal contra o velho regime" (Roberts, 2003, p.94).

Simultaneamente, Chávez somou alguns elementos da polarização geopolítica que desenvolveria no futuro, questionando não só o modelo neoliberal ao qual se associavam os programas de ajuste estrutural dos dois governos que o precederam,[7] mas também (mesmo que de forma progressiva) o que em sua percepção era sua fonte de inspiração mais visível: a hegemonia norte-americana.

No entanto, Chávez não institucionalizou efetivamente uma divisão de classes com uma estrutura partidária orgânica que a representasse (cuja evidência são as dificuldades atuais de organizar e estabelecer o Partido Socialista da Unidade Venezuelana – PSUV), mas deu lugar a uma clara

---

[7] Embora, na prática, durante os primeiros três anos da sua presidência, Chávez não tenha inovado significativamente as políticas econômicas de seus dois predecessores.

redefinição do eixo da proposta sociopolítica da Venezuela ao fazê-la corresponder às desigualdades subjacentes, rompendo não só com o modelo prévio de conciliação democrática senão também com uma cultura política decantada em torno da criação de consenso e da evitação de conflitos. Neste processo, Chávez se apoiou fundamentalmente num amplo espectro de organizações de esquerda, particularmente aquelas que cresceram e se desenvolveram, freqüentemente, com uma perspectiva anti-sistêmica, como expressões da política tradicional (mesmo que neste amálgama não devam ser descartadas também as expressões da esquerda mais tradicional) e, principalmente, na assimilação aberta e acelerada da política e da gestão pública das forças armadas, gerando profundas perturbações em sua organização e sua estrutura e impulsionando, a partir da aprovação da Constituição de 1999, uma série de mudanças institucionais na configuração de um desenho próprio, orientado a afirmar o poder presidencial. Novamente, neste processo, sua personalidade, seu carisma e sua vontade de poder contribuíram para a utilização da polarização política sustentada na polarização social, para desenvolver e fortalecer o poder presidencial, incrementado pela capacidade de despesas clientelares geradas pela valorização sustentada dos preços do petróleo desde o primeiro lustro deste século (Marcano & Barrera Tyszka, 2005), valorização por certo nada alheia a um ativo envolvimento de seu governo e dele mesmo na revitalização da Organização de Países Exportadores de Petróleo (Opep) como um instrumento crucial na regulação das cotas de produção dos países petroleiros e com efeitos evidentes sobre esse aumento sustentado.

Como resultado, conforme consideram alguns analistas, a presidência de Chávez se converteu no governo mais polarizado da Venezuela desde o fim da década de 1940 e da América Latina desde o governo sandinista na Nicarágua nos anos 1980 (Ellner & Hellinger, 2003). No entanto, esta polarização política não reflete uma situação estável e fixa, muito menos a base social que sustenta o bloco chavista e que deveria refletir uma polarização social de acordo com seus lineamentos de classe. Ainda que originalmente a força de governo que levou Chávez ao poder tenha se apoiado num consenso inclusivo, que atraiu para uma plataforma antipartido não apenas os mais pobres e marginais, senão também a classe média, os intelectuais, os novos grupos civis e os militares. Quando essa plataforma começou a expor uma posição antimercado, geraram-se suas primeiras fissuras (Corrales, 2005, p.106). A progressiva centralização do poder que se seguiu à sua eleição em 1998[8] também contribuiu para que muitos de

---

[8] International Crisis Group (2007) resume da seguinte maneira o processo: "Chávez veio reestruturando o país desde que foi eleito pela primeira vez em 1998. Um ano depois do seu triunfo, impulsionou a promulgação de uma nova Constituição que desmantelou o concerto dos grandes partidos tradicionais que dominaram o país durante quase duas ge-

seus partidários iniciais se alienassem de sua posição e passassem à oposição, além das oportunidades oferecidas pelo oportunismo eleitoral e político de Chávez e sua utilização dos crescentes recursos petrolíferos, na medida em que a própria Constituição de 1999, em vez de organizar uma série de novos direitos nominais para os cidadãos ordinários, expandiu principalmente o poder presidencial e dos militares (ibidem, p.107).[9]

A polarização política, mais que social, se aprofundou com o que Corrales denomina *arrebato do poder* (*power grab*) por parte dos chavistas ao ascender ao governo, mediante a expansão do controle de instituições fundamentais à custa de seus opositores, com a eliminação da maior parte das instituições nas quais a oposição ou os independentes (o Congresso nacional, o poder Judiciário) tinham alguma presença e sua substituição por instituições controladas totalmente pelos chavistas (a Assembléia Nacional Constituinte, o *Congresillo*), e a promoção e aprovação de uma Constituição ultra-estadista, antipartido, pró-militar, com limitada representação da oposição. De fato, Chávez assegurou seu controle sobre o aparato judicial e os mecanismos de controle e fiscalização e sobre o Conselho Nacional Eleitoral mediante a seleção e a designação de seus membros; impulsionou o enfraquecimento dos governos regionais, revertendo o processo de descentralização e estabelecendo conselhos comunais não-eleitos; pressionou os meios de comunicação da oposição e criou meios oficiais alternativos; e perseguiu os opositores mediante mecanismos como a lista de Tascón e o programa Maisanra, que contribuíram para sua identificação, sua exclusão

---

rações, e o substituiu por uma democracia 'participativa' baseada na relação direta do Presidente com o povo. O Congresso deixou de ser bicameral e se converteu em uma Assembléia Nacional unicameral, cuja composição é exclusivamente chavista desde que a tão fragmentada oposição boicotou imprudentemente as eleições legislativas de dezembro de 2005. Os freios e equilíbrios tradicionais sobre o poder executivo praticamente desapareceram na medida em que instituições-chave como a Fiscalia Geral, o Tribunal Supremo de Justiça, o Conselho Nacional Eleitoral e as Forças Armadas foram caindo progressivamente sob o controle do Presidente e seus cargos normalmente ocupados por civis. Nos bairros pobres se lançaram ambiciosos programas de serviço social denominados 'missões', que ajudou a granjear ao governo o apoio popular. O controle estatal da economia, e não só do crucial setor petrolífero aumentou, da mesma forma que a pressão sobre as ONGs e os meios de comunicação da oposição".

[9] O rol do Executivo e, particularmente, do presidente, se fortaleceu com a nova Constituição, com a extensão do período presidencial de cinco a seis anos, a possibilidade da sua reeleição e a introdução de leis habilitantes, que transferiram poderes legislativos ao presidente. Por sua vez, eliminou as restrições existentes para a participação dos militares na política e delegou ao presidente a aprovação de elevações e promoções (International Crisis Group, 2007, p.6). Como apontava um freqüente comentarista das concepções geopolíticas do presidente, este processo responde a uma estratégia eleitoral-hegemônica, de acordo com uma metodologia que "passa por fazer crescer eleitoralmente a revolução desde o Estado democrático-representativo, até transformar em Estado revolucionário" (Garrido 2005a, p.65).

de postos governamentais e sua eventual perseguição, entre outras medidas (International Crisis Group, 2007, p.11-6). Este *arrebato do poder* foi o principal disparador no aprofundamento da polarização política; no entanto, teve forte impacto sobre a oposição (Coppedge, 2003), ao incrementar sua insegurança e sua percepção de uma ameaça à sua sobrevivência por não ter controle ou acesso ao Estado, e ao facilitar sua unificação para além de sua fragmentação política e social e das divergências entre uma estratégia de oposição política e uma estratégia golpista que daria seus primeiros frutos, mesmo que frustrados, com o golpe de abril de 2002. Mesmo assim, incidiu sobre a deserção de alguns membros da coalizão governante, gerando uma significativa e reiterada recomposição em nível governamental, processo que continuou desde então, com a saída de numerosos aliados e partidários do governo das funções do Estado, seu afastamento de Chávez (muitas vezes associada a um distanciamento e a uma inimizade pessoal) e sua proximidade à oposição.[10]

No entanto, o *arrebato* do poder e o aprofundamento da polarização política conseqüente também geraram o reforço mútuo do extremismo entre o governo e a oposição, com pouco espaço para posições intermediárias, particularmente paradoxal na hora de julgar as filiações ideológicas (Corrales, 2005, p.114). Este *arrebato* do poder, iniciado em 1999, continuou de forma sustentável no decorrer dos anos seguintes, reforçando-se logo após o frustrado golpe de Estado de abril de 2002, a subseqüente greve petroleira, o referendo de 2004, as eleições legislativas de 2005 e a reeleição de Chávez em dezembro de 2006, culminando na proposta de uma reforma constitucional com uma maior concentração de poderes na figura presidencial, sua reeleição indefinida e a instauração do chamado "socialismo do século XXI" no país, que deveria ser aprovada no referendo de 2 de dezembro de 2007, que Chávez perdeu por uma pequena margem.[11]

---

[10] A lista é muito extensa, e inclui tanto personalidades como organizações, como casos mais ilustrativos, basta citar Francisco Arias Cárdenas, que o acompanhou na tentativa de golpe de 1992 e se converteu em candidato presidencial da oposição para retornar novamente ao governo como embaixador designado da ONU; Luis Miquilena, que foi seu mentor político, integrou seu governo como ministro de Interior e Justiça e na atualidade critica Chávez, e mais recentemente o general Raúl Isaías Baduel, que foi um fator-chave na reposição de Chávez no poder no momento do golpe de abril de 2002 e seu ministro de Defesa, que atualmente o criticou duramente por tentar um "golpe contra o Estado" com a tentativa de aprovar uma nova constituição em dezembro de 2007.

[11] O Referendo Constitucional da Venezuela de 2007 foi uma proposta inicialmente feita pelo presidente venezuelano Hugo Chávez, que propôs modificar 33 artigos e logo foi ampliado pela Assembléia Nacional da Venezuela com o objetivo de modificar 69 artigos da Constituição de 1999. O Referendo para a aprovação destas modificações se efetuou no dia 2 de dezembro de 2007 e de acordo com os escrutínios do Poder Eleitoral, o "NÃO" obteve 50,7% dos sufrágios (4.504.354 votos), diante de 49,29% do "SIM" (4.379.392 votos). No bloco A o projeto de Reforma Constitucional foi rejeitado por 50,7% dos eleitores e no Bloco B, a rejeição foi de 51,05%, dado que as perguntas estavam estruturadas em dois

Ao mesmo tempo, fez-se manifesto no controle absoluto conseguido pelo presidente sobre a empresa Petróleos da Venezuela (PDVSA), logo após o golpe de 2002 e da greve que paralisou e polarizou ainda mais o país entre 2002 e 2003, encabeçada pela indústria petroleira. Neste contexto, o controle da institucionalidade política, das Forças Armadas – mediante uma série de reformas neste setor que lhe atribuíram papel protagonista no processo de consolidação do projeto bolivariano – e da economia, tanto pelo controle discricionário dos fundos do Banco Central da Venezuela como pelo manejo pessoal do presidente sobre a PDVSA,[12] aprofundou e acentuou a polarização política no país, por mais que as bases sociais e políticas do projeto bolivariano sejam flutuantes e respondam a defecções e mudanças na composição da coalizão que originalmente levou Chávez ao poder.

Como apontam Marcano e Barrera Tyzska (2005, p.380), "na Venezuela, os poderes aparecem fusionados no Executivo", em que pese a Constituição de 1999 ter ampliado a tradicional divisão entre o poder Executivo, o poder Legislativo e o poder Judiciário com dois poderes adicionais: o poder Eleitoral e o poder Cidadão, rapidamente politizados (International Crisis Group, 2007, p.11). No entanto, esta fusão não é só produto da vontade de poder do presidente, mas responde também a uma cultura militar e caudilhista sempre presente na história venezuelana, e que faz de Chávez "uma fortaleza militar em movimento com muita atração para a sociedade venezuelana que não é república, aquela que não depende ainda da cidadania cívica, senão da chegada de um messias" (ibidem, 2005, p.387), e que replica, no nível da cultura política, uma polarização cultural sempre presente nesta sociedade. Como resultado, Hugo Chávez é o presidente

---

blocos, de acordo com os diversos artigos a modificar. A vitória da oposição poderia ser por uma margem mais ampla que o anunciado oficialmente. Enquanto as autoridades eleitorais venezuelanas anunciaram a derrota da reforma por uma diferença de 1,4%, Ojo Electoral, o organismo independente que supervisionou o processo eleitoral com o aval do governo venezuelano, assinalou que a oposição ganhou por uma margem de 3,8%. É de destacar que com respeito às eleições de 2006, Chávez perdeu três milhões de votos, que se contabilizam entre os *chavistas* que se abstiveram e aqueles que diretamente votaram pelo "NÃO". A abstenção foi de 44%. Ver "Análisis de referendum constitucional de Venezuela de 2007" em www.cries.org.

12 No relatório de novembro de 2006 sobre corrupção e abuso de poder na Venezuela, um analista considera que "Nos oito anos que passaram desde a posse de Hugo Chávez, se estima que 130 bilhões de dólares de recursos líquidos provenientes do petróleo (depois de deduzir os custos da produção petrolífera) entraram no tesouro nacional, se bem que a cifra pode chegar até 180 bilhões. A ampla categoria das estimativas se deve à falta de informação confiável sobre a produção e renda do petróleo na Venezuela desde 2001. Petróleos da Venezuela, a corporação petroleira governamental, deixou de publicar seus estados financeiros anuais consolidados em 2003 e enviou a última documentação à Comissão de Bolsa e Valores dos Estados Unidos em 2005, com um atraso de dois anos, já que as cifras correspondiam a 2003 (Coronel, 2006, p.3-4).

com maior acúmulo de poder desde 1958 e o exerce de maneira personalista (ibidem, p.381), e como tal "ele é o povo" (Blanco, 2002, p.79).[13] Esta polarização cultural contribuiu também para uma transformação da cultura política estabelecida no país durante as quatro décadas do sistema democrático *puntofijjista*, introduzindo e aprofundando um conflito previamente diluído ou soterrado.

Essa mesma polarização, tanto política como social e cultural, em que pese seu caráter flutuante, mantém do lado do governo alguns atores claramente identificados com o presidente – uma significativa parte das Forças Armadas, crescentemente politizadas e envolvidas na gestão pública,[14] e uma série de agrupamentos de esquerda, alguns deles manifestamente reticentes a se incorporar ao PSUV[15] mas não por isso decididos a se afastar do governo. Por outro lado, no plano social, esta polarização marcou uma diferenciação e uma fragmentação profundas na sociedade civil, dividida entre os setores opositores, não necessariamente identificados com os partidos políticos da oposição e com freqüência procurando espaços para não ser arrastados aos extremos e ao confronto existente entre ambos os pólos, e as organizações identificadas com Chávez, como ilustra o surgimento de algumas organizações e movimentos da sociedade civil (e mesmo de alguns partidos políticos), como os Círculos Bolivarianos, estruturados desde o governo e fortemente beneficiados pelo impacto positivo das Missões e dos programas sociais[16] impulsionados por este entre

---

[13] Com o qual parece cumprir, finalmente, ao pé da letra a "primeira lei da petropolítica" de Friedman: "O preço do petróleo e o ritmo da liberdade sempre deslocam em diferentes direções em países ricos em petróleo" (Friedman, 2006, p.31).

[14] Para além de uma mudança drástica das relações entre civis e militares, com crescente envolvimento dos militares na questão política e, em particular, nos programas sociais (iniciados com o Plan Bolívar em 2002, cancelado um ano depois; o Fondo Único Social (FUS), e o lançamento das *misiones,* o enfraquecimento dos controles civis sobre as Forças Armadas, e sua aberta conversão em ator político, os quatro ramos tradicionais das Forças Armadas – exército, marinha, força aérea e guarda nacional – se somaram, a partir de setembro de 2005, à Reserva Nacional e à Guarda Territorial, postulados como pilares de uma doutrina de segurança baseada na guerra assimétrica e a doutrina da resistência nacional, que reportam, à margem da estrutura de mando habitual das Forças Armadas, diretamente ao presidente (ICG, 2007, p.19).

[15] Em janeiro de 2007, Chávez convocou os quatro partidos que formam parte da coalizão governamental para propor a incorporação ao Partido Socialista Unido da Venezuela (PSUV), de recente criação para a construção do "socialismo do século XXI", "modelado no Partido Comunista cubano", ao qual o partido de orientação socialdemocrata Podemos, o Partido Comunista da Venezuela e Pátria Para Todos (PPT) se negaram (*The Economist*, 8-14 dez. 2007, p.30).

[16] Os programas sociais e, particularmente, as missões dirigidas aos setores mais empobrecidos da sociedade venezuelana são provavelmente os que mais divergência criam em torno do governo de Chávez, entre os defensores destes programas como a quinta-essência da democracia participativa e protagonista e do compromisso social de Chávez, e seus detratores que, fundamentalmente, as associam com práticas clientelistas e com alto grau

os setores sociais tradicionalmente excluídos e marginalizados, e pelos subsídios canalizados para muitos deles. Nesse sentido, como assinala recente relatório de Cries,[17] a polarização política se arraigou, num processo de *ritornello*, na sociedade civil, reforçando a polarização social anteriormente existente.[18]

UM MUNDO MULTIPOLAR E UM HEMISFÉRIO BIPOLAR?

As aspirações de Chávez no plano internacional nunca estiveram ocultas, desde os planejamentos esboçados em sua proposta de governo *Uma revolução democrática*, de abril de 1998, apesar de representarem objetivos extremamente ambiciosos. Entre eles se destacam dois mais explícitos: a consolidação de um mundo multipolar que contrabalance a unipolaridade norte-americana e a integração plena das nações da América Latina e do Caribe para configurar um dos pólos deste esquema mundial. Também se soma a eles, de maneira menos explícita, a aspiração a se converter pessoalmente em um dos artífices deste novo sistema internacional e em um dos

---

de corrupção da nova elite que o rodeia, particularmente alguns altos oficiais das Forças Armadas que estiveram a cargo deles (ver debate "For and Against Chávez. The Debate Continues" em *LASA Forum*, inverno 2007, v.XXXVIII, Issue I, p.14-7; ver também Coronel, 2006).

[17] Ver <www.cries.org/docs>.

[18] Nesse sentido, são pertinentes para o caso da Venezuela algumas observações mais gerais feitas por Armony (2006, p.39). "Sob o populismo clássico, o 'povo' consiste nos trabalhadores, a burguesia nacional, e a classe média gerindo e expandindo o Estado. Hoje em dia, 'o povo' iguala os pobres e os marginalizados, muitas vezes vistos como antagônicos da classe média urbana, que agora é freqüentemente vista como parte da elite". Este é um dos paradoxos venezuelano que, como assinala o mesmo autor, "oferece um contrastante modelo de incorporação da sociedade civil de cima para baixo", pelo menos no que se refere aos pobres e marginalizados. No entanto, evitamos, em função do alcance deste capítulo, uma discussão mais detalhada do ponto de vista conceitual, sobre a noção de populismo e neopopulismo, abundantemente tratada na discussão sobre o *chavismo* e a esquerda latino-americana. Atemo-nos, em todo caso, à caracterização esboçada por Tedesco (2007, p.14), que nos parece sugestivamente adequada ao contexto conceitual do presente trabalho: "O populismo é considerado ... como uma forma de representação: o líder e o povo. É uma forma de identificação política pela qual o líder se proclama parte do povo e o povo acredita que é representado plenamente pelo líder. Neste processo de identificação política, forma-se um inimigo. Geralmente, o inimigo é formado por aqueles que oprimiram o povo através da dominação econômica e política. Assim, na formação de um regime populista de representação, a política e a sociedade se polarizam. O populismo não constrói consenso, pelo contrário, cria antagonismo. Por trás do surgimento do populismo, existe geralmente uma crise de representação política ou uma renovação da classe política. Enquanto o populismo parece ser compatível com eleições democráticas, é mais difícil que respeite o Estado de direito. O populismo tende a concentrar o poder nas mãos do presidente, minando a construção ou a manutenção de poderes (*horizontal accountability*)".

grandes líderes do mundo do século XXI, seguindo os passos de Simon Bolívar, figura de forte enraizamento no imaginário popular venezuelano (Koeneke & Toro, 2001).

Além disso, para a conformação deste mundo multipolar, em que pese uma visão estadista que privilegia a soberania nacional e o papel do Estado-nação, a mobilização das grandes massas de despossuídos e excluídos se torna um mecanismo fundamental, para o qual o apoio dos movimentos sociais e das organizações não-governamentais é também de vital importância.[19] No entanto, o instrumento crucial para a realização destes objetivos é a utilização dos benefícios provenientes dos recursos petroleiros. Neste sentido, Chávez não só mostrou uma aberta disposição a "colocar o petróleo como arma vital e predileta a serviço de seu projeto político" (Romero, 2006a, p.225) no âmbito doméstico, mas também o assumiu como principal recurso para cumprir seus objetivos internacionais, mediante a implementação de uma conseqüente "diplomacia petroleira", nem sempre distante das modalidades da política exterior promovida durante as décadas precedentes, mas com objetivos mais ambiciosos e dirigida a buscar o apoio não só de outros governos, senão também de organizações e movimentos sociais que se identifiquem com seu projeto, tanto na América Latina e no Caribe como fora do âmbito regional (Serbin, 2007a; Romero, 2006a).

Não entanto, a implementação desses objetivos internacionais tem estado consistentemente articulada aos avanços políticos no âmbito doméstico – tanto à crescente concentração de poder pessoal e à alienação e à estigmatização da oposição como ao controle avançado dos recursos petroleiros, no contexto da construção social de visões geopolíticas e geoestratégicas baseadas também na polarização, confrontando, em sua percepção, a globalização neoliberal sob a hegemonia estadunidense com uma polarização global, baseada em sua visão de um mundo multipolar. Neste contexto, as aspirações de Chávez de promover um mundo multipolar remetem, com muita freqüência, a uma visão associada às saudades do mundo bipolar da Guerra Fria (e nem sempre à visão internacional pluricêntrica), particularmente reforçada desde a expansão do unilateralismo da administração Bush após o 11 de Setembro. O componente militar que inclui esta visão está fortemente associado à crescente militarização, à compra de armas de países não-alinhados com os Estados Unidos (mesmo que também a tentativas, algumas delas frustradas por pressões dos Estados Unidos, de compra de armas de países europeus e latino-americanos,

---

[19] Como aponta um analista, na sua concepção Chávez "reafirmou a posição pluripolar, outorgou caráter geopolítico à aliança com países exportadores de petróleo e anunciou que seu governo praticará "uma diplomacia paralela com os povos ..., desenvolvida posteriormente através do Congresso Bolivariano dos Povos" (Garrido, 2004).

como nos casos da Espanha e do Brasil), e à nova doutrina de segurança desenvolvida sobre a base de uma concepção da "guerra assimétrica", em função de hipóteses de conflito tanto com os Estados Unidos como, eventualmente, com a Colômbia.[20]

Como conseqüência, a deflagração de uma estratégia internacional para a obtenção desses objetivos se desenvolveu em diferentes etapas e com diferentes ênfases e focos sub-regionais e globais, e com uma transformação substantiva da estrutura da diplomacia venezuelana tradicional. Nesse sentido, González Urrutia formula duas etapas claramente diferenciadas da política exterior de Chávez, tanto em suas ações e seus propósitos como em seus métodos e objetivos. A primeira delas se inicia em 1999 e se estende até meados de 2004, cristalizada no Plano Nacional de Desenvolvimento 2001-07, no qual se estabelecem os objetivos correspondentes à busca do "equilíbrio internacional". Esta etapa se centra em "fortalecer a soberania nacional e promover o mundo multipolar", incorporando também elementos de uma "agenda social" como componente relevante da política exterior. A segunda começa a se desenvolver pouco depois do triunfo de Chávez no referendo revocatório de agosto de 2004, na seqüência de um seminário de alto nível em Caracas nos dias 12 e 13 de novembro, que traçou o "novo mapa estratégico" da revolução bolivariana. Nesta nova etapa, postulou-se a consolidação do projeto revolucionário bolivariano e a conformação de alianças geopolíticas e estratégicas com outros países, gerando por sua vez uma reestruturação e uma reorientação institucional do Ministério de Relações Exteriores (González Urrutia, 2006, p.160-6).

Entre os dez objetivos aprovados no contexto desse seminário, figura como objetivo nº 10: "Continuar impulsionando o novo sistema internacional multipolar" (Chávez, 2004). Neste contexto, Chávez enumerou, para uma política externa baseada nas prioridades geopolíticas, cinco pólos de

---

[20] No contexto dos alcances deste trabalho não desenvolveremos os aspectos relacionados com a militarização e o armamentismo na Venezuela, para o qual remetemos à abundante literatura existente, mas queremos sublinhar, desde uma visão geopolítica do sistema internacional muito próxima ao presidente, a consideração de que, na sua percepção, no contexto da hipótese de guerra assimétrica, "o potencial inimigo invasor é o exército dos Estados Unidos, mesmo que não se descarte que o esperado ataque possa se dar através da fronteira colombiana, como uma extensão do Plano Colômbia – Patriota" (Garrido, 2005b, p.7). "Neste sentido, a partir de 2004, se inicia nas forças armadas venezuelanas uma mudança doutrinária importante, na base de uma nova hipótese de conflito bélico – a guerra assimétrica, entendida como aquela que se realiza entre uma força não estatal contra um Exército de Estado, e onde esta força não estatal procura a vulnerabilidade do inimigo. Nesta perspectiva, o inimigo estratégico da revolução são os Estados Unidos, considerado o império motor da globalização unipolar. Seu aliado político-militar é a Colômbia" (Garrido, 2005b, p.27-8; ver também Garrido, 2006). Dali a conseqüente reestruturação das Forças Armadas, e a criação da Reserva da Guarda Territorial antes mencionada (Jácome, 2006).

poder no mundo: Europa, Ásia, África, América do Norte e América do Sul, e formulou, para a época e em nível regional, a conformação de dois eixos contrapostos – por um lado, o eixo Caracas, Brasília e Buenos Aires, por outro Bogotá, Quito, Lima e Santiago de Chile, este último dominado, segundo sua percepção, pelo Pentágono (González Urrutia, 2006, p.166; <http://www.mpd.gob.ve/prog.gob/pg_eqmun.htm>), entendendo que os governos de Lula da Silva e de Néstor Kirchner se alinhavam com sua posição antiestadunidense.[21] Na articulação dos diversos pólos e eixos, nesta visão evidentemente geopolítica, o contexto do enfrentamento com os Estados Unidos é crucial.

Para aquele momento, o enfoque de Chávez da cena internacional estava fortemente imbuído de sua visão de um mundo multipolar que contrabalançasse a política unipolar e unilateral deflagrada pelos Estados Unidos desde o 11 de Setembro de 2001, e de uma visão regional claramente polarizada entre os que se identificavam com os interesses de Washington e os que se alinhavam contra a hegemonia estadunidense, para além de qualquer matiz ou particularidade específica. Esta última visão, alimentada pelo aprofundamento de suas denúncias da hegemonia norte-americana desde a tentativa de golpe de abril de 2002,[22] atingiu o clímax durante a Cúpula das Américas realizada em Mar del Plata em novembro de 2005, quando declarou que a Alca estava enterrada e propiciou e celebrou o questionamento dos países do Mercosul sobre a materialização dela. A polarização, nesta ocasião, correu pelos canais paralelos: por um lado, a posição assumida (por diversas razões, principalmente vinculadas aos avanços das negociações comerciais na OMC) por parte dos países-membros do Mercosul, especialmente Brasil e Argentina, diante das pressões estadunidenses para acelerar a criação da Alca, e por outro a realização de uma Cúpula paralela de movimentos sociais e organizações de esquerda, na qual Chávez teve um papel e um discurso centrais, atacando a Alca, a hegemonia estadunidense e a globalização neoliberal.

No decorrer dos anos seguintes à sua vitória no referendo revocatório e no lançamento dos dez objetivos estratégicos de novembro de 2004, Chávez iniciou uma série de iniciativas tendentes a acentuar essa polarização – solicitou (e obteve) a entrada da Venezuela no Mercosul e retirou o país do Grupo dos Três (Colômbia, México e Venezuela) e da Comunida-

---

[21] Garrido (2005, p.115) formula, porém, que ao ser o "novo socialismo" promovido por Chávez, "revolucionário (esta) característica o afasta das propostas nacionais reformistas de Lula, Kirchner, Tabaré Vázquez ou Lagos".

[22] Golpe que Chávez não deixou de atribuir a uma conspiração desenvolvida com o apoio de Washington, reforçada pelo conhecimento da administração de Bush do governo *de facto* da junta encabeçada por Pedro Carmona em clara desvirtuação da Carta Democrática Interamericana e em franca contraposição com as atitudes assumidas pelos governos dos países latino-americanos e caribenhos.

de Andina de Nações (CAN), enquanto a maioria dos membros estava no processo de assinar acordos de livre comércio com os Estados Unidos; redobrou seus esforços para impulsionar a Alternativa Bolivariana para as Américas (Alba) graças a uma estreita cooperação e a uma aliança com Cuba, com a incorporação da Bolívia, depois do triunfo eleitoral de Evo Morales e do Movimento ao Socialismo (MAS) neste país, e da Nicarágua, com o retorno ao poder de Daniel Ortega e dos sandinistas e com a adesão de Rafael Correa, o novo presidente do Equador (Serbin, 2007a); impulsionou o desenvolvimento do programa de assistência petroleira no Caribe (Petrocaribe) e promoveu programas semelhantes no Cone Sul e na área andina, com a Petrosur e a Petroandina (Serbin, 2006a); comprou em repetidas ocasiões títulos argentinos da dívida; formulou a criação do Gasoduto do Sul entre Venezuela e Argentina, com a participação do Brasil; iniciou as discussões para a criação de um Banco do Sul com contribuições regionais que financiariam o desenvolvimento dos países da América do Sul (com alguma reticência brasileira), de recente concretização; estabeleceu a Telesur como uma alternativa de comunicação, em nível regional, ao predomínio dos meios norte-americanos, como a CNN, e investiu todos os seus esforços e uma parte substancial dos recursos petrolíferos disponíveis para atrair para a sua causa não só os governos caribenhos, andinos, da América Central e do Sul, senão também uma multidão de intelectuais e organizações políticas e sociais dispostos a apoiar seu projeto bolivariano de unificação da América Latina e Caribe em uma "Nação de Repúblicas" e a impulsionar sua confrontação crescente[23] com os Estados Unidos e a administração de George W. Bush, qualificado como "Mr. Danger", a encarnação do Diabo, genocida e outros epítetos (Serbin, 2006b; 2007a).[24]

No entanto, se bem que a assistência energética e financeira tenha sido em geral bem recebida pelos países da região, mesmo por aqueles claramente alinhados com Washington, a iniciativa da Alba não prosperou para além dos conversos e aliados já mencionados e foi, em muitos casos, em especial no âmbito do Mercosul, da CAN, do Sica e da Caricom, francamente ignorada, de maneira que não prosperou a aspiração a polarizar a região entre os adeptos da Alba e os signatários da Alca ou dos acordos de livre comércio com os Estados Unidos.[25] Também não obteve sucesso,

---

[23] Pelo menos na retórica, já que a Venezuela continua provendo entre 11% e 14% do petróleo consumido pelos norte-americanos.

[24] Possivelmente nesta breve descrição da energia gasta por Chávez para promover diversas ações e iniciativas na região, algumas ficarão no tinteiro, mas, na perspectiva do argumento principal desta exposição, acredito que os fatos enumerados contam por si sós para ilustrar o processo de reforço do eixo regional *versus* a hegemonia estadunidense, e a utilização dos recursos petrolíferos da Venezuela para esse fim.

[25] Como assinalou recentemente um analista em relação à aspiração de liderança regional de Chávez, "Mas o principal dilema de diplomacia de Chávez é decidir se opta por ser a

apesar dos recursos investidos para ganhar as vontades e o apoio dos governos da região à incorporação da Venezuela como membro não-permanente do Conselho de Segurança da ONU, a aspiração de utilizar a eleição de um novo secretário-geral da Organização dos Estados Americanos (OEA) (que pela primeira vez não contou inicialmente com o apoio dos Estados Unidos) como uma plataforma para agravar a polarização com os Estados Unidos, apesar da franca concentração do poder de Chávez na Venezuela e do controle e da disposição conseqüentes de ingentes recursos financeiros provenientes das entradas petroleiras (Serbin, 2006b).

No entanto, o triunfo nas eleições de dezembro de 2006 e o começo de seu novo mandato presidencial deram um novo empurrão às aspirações regionais e internacionais de Chávez, dando início a uma terceira etapa de sua política exterior, orientada não só a ampliar a criação de um novo mapa estratégico mundial de caráter multipolar, senão também a acelerar a integração bolivariana e a projeção do "socialismo do século XXI",[26] ao assinalar que se fechava a "etapa de transição" e se passava à construção deste projeto, com a elaboração de uma nova Constituição aprovada pela Assembléia Nacional dia 3 de novembro de 2007, que deveria ser submetida a um referendo dia 2 de dezembro do mesmo ano. O chanceler Nicolás Maduro considerava, em agosto de 2007, que "a política exterior venezuelana deve passar a uma ofensiva especial" que "se traduz num combate que se dá na Venezuela e no mundo todos os dias. ... combate por um mundo multipolar, pluripolar, democrático e sem imperialismo" (*Noticias del Sur*, 2007). A reforma constitucional proposta considerava, em seu artigo 152, a orientação da política exterior "para a configuração de um mundo pluripolar, livre da hegemonia de qualquer centro de poder imperialista, colonialista ou neocolonialista", e o artigo 153 incluía "a promoção da confederação e a união da América Latina e o Caribe", com o objetivo de "conformar um grande bloco de poder político, econômico e social" num aprofundamento dos enfoques já delineados desde 2004 na política externa venezuelana, numa das mais marcadas confrontações com os Estados Unidos (*Prensa Latina*, 2007).

Estas posições se refletiram com maior clareza no Plano de Desenvolvimento 2007-2013, que Chávez qualificou como o "fim da transição",

---

liderança de um grupo com pouca capacidade de influenciar de maneira substantiva as agendas externas sul-americanas, como é a ALBA. Ou se aceita participar de um bloco de países, como o MERCOSUL, em que suas metas de liderança e sua capacidade de iniciativa passarão pelo crivo de aceitação de atores e de táticas dilatórias regionais de maior peso como Brasil e Argentina. Ou, em último caso, lhe restaria ser a liderança moral dos movimentos sociais da América do Sul, opção de limitadas ambições, não só para o governante venezuelano, mas para a liderança venezuelana histórica. Tão dada a lances de grandeza em política externa regional" (Duarte Villa, 2007, p.48).

[26] Ver sobre "socialismo do século XXI" anunciado na Venezuela uma interessante análise de Raúl Gonzáles Fabre (2007).

impondo um controle total do Estado sobre as atividades produtivas com valor estratégico e legitimando, uma vez mais, o petróleo como o instrumento fundamental do Plano. Este também atribui à PDVSA o papel de servir de impulso da política externa do presidente, fortalecendo Petroamérica, Petrocaribe, Petrosur e as alianças com Irã, Argélia e Líbia, além de consolidar o eixo Cuba–Venezuela–Bolívia e desenvolver "uma estratégia mundial para a mobilização das massas em apoio ao processo revolucionário" (*Venezuela Hoy*, 2007a). Neste contexto se identifica também uma série de blocos de poder aos efeitos do aprofundamento dos vínculos internacionais, não só em nível regional, mas também internacional: Irã, Síria, Bielo-Rússia e Rússia para sustentar posições comuns nos organismos internacionais; China, Vietnã, Malásia e regiões circunvizinhas para promover o intercâmbio tecnológico; Europa, África, Opep, a fim de aprofundar as alianças estratégicas; e América do Norte, com o objetivo de desenvolver o apoio dos grupos solidários à revolução e os setores excluídos da sociedade (ibidem). Desta forma, os dez grandes objetivos estratégicos da revolução, particularmente os referidos à sua visão da política internacional, encontram, depois de 2006, segurança e desenvolvimento na elaboração da nova Constituição e no Plano de Desenvolvimento Econômico e Social 2007-2013.

A conseqüente radicalização da política externa avançou, nesse sentido, para além do estreito envolvimento na Opep, iniciado pouco antes de assumir a presidência em 1999 (e que, como vimos, contribuiu para a escalada dos preços de petróleo a partir de 2003), e de relações políticas e comerciais com alguns do países árabes (incluindo o Iraque, quando persistia o regime de Saddam Hussein), Rússia, China[27] e outros identificados em 2004 como potências aliadas estratégicas no enfrentamento com os Estados Unidos (e que justificaram numerosas viagens, visitas protocolares, reuniões e acordos, incluindo a compra de armamento da Federação Russa, da Bielo-Rússia e da China); mas também o aprofundamento das relações com um ator particularmente irritante para os Estados Unidos, o Irã, a ponto de no decorrer de 2007 Chávez ter se encontrado pessoalmente três vezes com o presidente iraniano Mamad Ahmadinejad, com uma

---

[27] Como assinala Garrido (2006): "A aliança estratégica multipolar com o pujante eixo russo-chinês, a comunhão com o islamismo radical, via Irã, a expansão do triângulo revolucionário-energético americano entre Venezuela-Cuba-Bolívia e a socialização do MERCOSUL, somada à proposta de formar a Federação de Estados da América do Sul como passo prévio ao nascimento da Pátria Grande de Bolívar, são as metas que traçou Chávez, com o poder energético como motor da sua geopolítica". Em seu momento, a Organização de Cooperação de Xangai, que inclui tanto a Rússia como a China e outros países da esfera de influência do primeiro, também possibilitou o estreitamento dos laços já existentes entre a Venezuela e o Irã estabelecidos pelo governo bolivariano durante a reunião da Opep em Caracas em 2000.

agenda em que, aparentemente, a escalada no confronto com os Estados Unidos é um ponto relevante.[28]

No entanto, apesar de "a hostilidade e a atitude desafiante para [com] Washington [terem sido], desde o princípio, as características predominantes do regime de Chávez" (Schifter, 2007, p.19), a relação com os Estados Unidos atravessou, neste contexto, várias etapas: a primeira, que abarca desde a ascensão de Chávez até o 11 de Setembro de 2001, se caracteriza por uma moderada retórica antiestadunidense e uma ênfase na polarização conseqüente das concepções geopolíticas e estratégicas na orientação geral da política externa, em marcado contraste com os seus alinhamentos gerais nos anos anteriores, orientados para a cooperação econômica e comercial; a segunda, depois do 11 de Setembro, quando a hostilidade com os Estados Unidos se incrementa, cobrando particular força após abril de 2002; e a terceira, segundo Schifter, que sucede ao referendo revogatório de agosto de 2004, quando as tentativas de procurar âmbitos de cooperação entre os dois países encontraram uma série de dificuldades, com um acréscimo nas tensões e nas recriminações mútuas. É nesta etapa que se decanta claramente a nova doutrina de segurança, oficializada em 2005, baseada numa hipótese de conflito com os Estados Unidos e, eventualmente, com a Colômbia, por seu vínculo com o Plano Colômbia e o Plano Andino, no contexto da concepção de guerra assimétrica. No entanto, a vitória eleitoral de dezembro de 2006 parece inaugurar uma quarta etapa, com o aprofundamento das medidas de nacionalização e da retórica agressiva por parte de Chávez. Mesmo assim, como assinala o mesmo analista, é pouco provável que a curto prazo se produza uma interrupção das compras estadunidenses de petróleo venezuelano, já que "existe uma articulação constante e fluida entre o socialismo do século XXI de Chávez e o intercâmbio econômico com os EUA, que é fundamental para gerar os recursos necessários para essa visão" (Schifter, 2007, p.21).

De fato, as iniciativas de abrir o mercado chinês ao petróleo venezuelano para modificar esta situação bateram em numerosos obstáculos, não tanto de ordem política quanto técnica (as refinarias chinesas não estão adaptadas para processar o petróleo bruto pesado e de alto conteúdo sulfuroso da Venezuela) e geográfica (a necessidade de transportar o petróleo bruto até o Pacífico para embarcar para a China).[29]

---

[28] O mesmo Garrido apontava, já para 2005, que "A relação 'estratégica' com o Irã, agora colocado para além dos fatores que apóiam a multipolaridade (Rússia–União Européia), tanto pelo assunto nuclear (em que a Venezuela foi seu único apoio real), como pela posição perante Israel e a negação do Holocausto, pode se converter num detonante real de magnitude maior, ao incorporar a Venezuela, pela via da solidariedade ativa (declarações de chefes de Estado), ao conflito do Oriente Médio" (Garrido, 2005b).

[29] Na sua vista à China em dezembro de 2004, Chávez considerou a possibilidade de desenvolver dois projetos para facilitar o embarque de petróleo a este país, um através do

Além disso, Romero (2006) considera que na atualidade as relações entre a Venezuela e os Estados Unidos (que define como "esquizofrênicas", em que a escalada de hostilidade contradiz com a existência de interesses mútuos difíceis de anular) alcançaram um ponto crítico, basicamente por três conjuntos de "mal-entendidos": em primeiro lugar, pelas diferentes visões de mundo que postulam ambos os governos: a visão de um mundo multipolar de Chávez e a política unilateral dos Estados Unidos; em segundo lugar, pelas diferentes visões hemisféricas, em particular em torno dos processos democráticos na região e da intervenção ou ingerência estrangeira que atenta contra a soberania nacional; e em terceiro lugar pelas diferentes visões sobre as relações bilaterais. No entanto, para os Estados Unidos Chávez

> não formulou uma resposta sólida relativa aos temas da transparência eleitoral, da segurança jurídica para os negócios privados e do papel da empresa privada no desenvolvimento econômico da Venezuela [enquanto] para o governo da Venezuela existe no governo estadunidense um grupo de decisores e pessoas com influência que aspiram a tirar o presidente Chávez do poder por qualquer meio (p.169).

Se este último argumento sintoniza muito bem com uma percepção, por parte de Chávez, equiparável à do governo cubano em relação ao papel de certos setores da sociedade norte-americana e, particularmente, da comunidade cubano-americana nas pressões e na persistência do embargo dos Estados Unidos a Cuba (Serbin, 2001; 2008), a visão de Chávez daquele país, se bem que regida por um alto grau de pragmatismo no que se refere às relações imediatas (Russell, 2007, p.45), também está carregada de substanciais componentes ideológicos que Romero identifica com posições antiocidentais mas que, em essência, refletem sua percepção de um mundo multipolar em condições de resistir à hegemonia estadunidense e da necessidade de aprofundar as polarizações e os antagonismos com esse fim.

No entanto, a recente derrota de Chávez em 2 de dezembro de 2007, em sua tentativa de fazer aprovar por um referendo uma nova Constituição, abre uma série de questões sobre a continuidade e a sustentabilidade de sua política internacional e regional; além disso, uma nova frente de confronto se forma com o episódio dos reféns das Farc da Colômbia, processo no qual Chávez assumiu papel protagonista (e fortemente midiático), e que, adicionalmente, pode gerar uma nova polarização, desta vez no contexto da esquerda latino-americana.

---

oleoduto já existente no Panamá, mas que deveria reverter seu fluxo até o Pacífico, e o outro pela construção de um oleoduto desde a Venezuela atravessando a Colômbia para chegar ao Pacífico, com a colaboração deste país.

Luis Fernando Ayerbe

A POTENCIAL POLARIZAÇÃO DA ESQUERDA NA AMÉRICA LATINA E NO CARIBE

Depois de se fechar a etapa dos regimes militares e autoritários e da irrupção e consolidação da democracia, e sob o impacto das reformas ortodoxas propiciadas pelo "Consenso de Washington" e suas seqüelas – enfraquecimento do Estado e aprofundamento da fratura social – na última década, diferentes líderes e organizações políticas de esquerda e de centro-esquerda da América Latina e do Caribe chegaram ao poder mediante processos eleitorais. Apesar de cada um desses processos – desde a eleição de Lula da Silva no Brasil, Néstor Kirchner na Argentina e Hugo Chávez na Venezuela – responder a dinâmicas políticas e a uma evolução particular das forças de esquerda em cada país, hoje predominam os governos desta orientação na região, convivendo com governos conservadores – casos de Colômbia, México e da maioria dos países da América Central, que se identificam com posições ideológicas e com políticas diferentes, em muitos casos no contexto de um claro alinhamento com os Estados Unidos. O surgimento dos governos de esquerda, democraticamente eleitos, na região suscitou amplo debate sobre as características desta esquerda e suas diferenças em relação à esquerda revolucionária que, no contexto da Guerra Fria, buscou chegar ao poder por via armada e cuja única testemunha viva é a Cuba de Fidel Castro,[30] e sobre sua efetiva capacidade de implementar políticas orientadas a superar as desigualdades existentes e a promover uma distribuição mais eqüitativa da renda.

Não entraremos, no contexto dos alcances deste capítulo, no debate sobre como se concebe a esquerda, que características a distinguem no contexto latino-americano e caribenho e quais são suas diferenças em relação a regimes populistas ou neopopulistas, assunto para o qual basta remitir à abundante literatura a respeito na atualidade. O que nos interessa, em virtude do propósito deste capítulo, é analisar as diferentes percepções que o fenômeno chavista desenvolveu no contexto deste debate, e como uma série de novas condições políticas e geopolíticas pode dar lugar a uma polarização em seu seio.

A ascensão de Chávez ao poder em 1999 atraiu, desde o início, amplos setores da esquerda latino-americana e caribenha; no entanto, evidentemente, inaugurava uma nova época na região, em virtude de um crescente e agudo questionamento de sua população às políticas neoliberais de ajuste e a suas seqüelas sociais, e de uma renovada preocupação por seu impacto nas desigualdades sociais que as caracterizam. As eleições que levaram,

---

[30] Mesmo que atualmente em processo de paulatina transformação. Ver a respeito Serbin, 2007b.

sucessivamente, Lula da Silva, Néstor Kirchner e Tabaré Vázquez ao poder no Brasil, na Argentina e no Uruguai coincidiram com a consolidação da coalizão entre socialistas e democratas cristãos no Chile e apontaram claramente, entre o fim do século XX e o princípio do século XXI, para uma crescente tendência à eleição de governos de esquerda e de centro-esquerda na região. Com a chegada ao poder de Chávez na Venezuela em 1998, Lula da Silva no Brasil em 2002, reeleito em 2006, Kirchner em 2003, sua esposa Cristina Fernández Kirchner em 2007 na Argentina, Tabaré Vázquez em 2004 no Uruguai, Evo Morales em 2005 na Bolívia, Michele Bachelet em 2003 no Chile, depois de um exitoso governo de Ricardo Lagos pela mesma coalizão, Daniel Ortega em 2006 na Nicarágua e Rafael Correa em 2006 no Equador (isso sem falar de Alan Garcia no Peru e dos primeiros ministros e presidentes eleitos no Caribe de fala inglesa, incluindo Guiana, e no Caribe não-anglófono, incluindo aí Leonel Fernández na República Dominicana e René Preval no Haiti), em 2007 mais de 60% da população total de 527 milhões da América Latina moram em países cujos presidentes foram eleitos à esquerda do espectro político (Arnson, 2006, p.3).

No entanto, nos primeiros anos deste século, começaram a ficar evidentes as diferenças no seio desta mesma esquerda que, na região, estava ascendendo ao poder pela via eleitoral, depois de haver estado associada, com freqüência, em suas origens, à luta armada e a posições pouco propensas a priorizar as vantagens da democracia "formal e burguesa" no contexto da Guerra Fria. Uma série de fatores endógenos e exógenos contribuiu para o desenvolvimento desta tendência. Por um lado, internamente, a crescente demanda social para articular a recuperação ou a consolidação da democracia com a implementação de políticas sociais que abordassem e corrigissem as seqüelas negativas dos programas de ajuste, no contexto de novas coalizões sociais e do surgimento de movimentos sociais e de novos atores da sociedade civil, que colocavam em questão, de diversas maneiras, uma governabilidade democrática que não respondera a estas demandas, junto com uma revalorização dos direitos cidadãos recuperados logo após o fim dos regimes militares. Por outro, o fim da Guerra Fria e o colapso da União Soviética esfumaçaram tanto o legado do "socialismo real", evidenciando suas falências, como a polarização entre dois bloqueios enfrentados no sistema mundial, e o controle de suas respectivas áreas de influência. Como conseqüência destes últimos fatores, produziu-se uma distensão evidente entre as pretensões hegemônicas dos Estados Unidos na região e os governos por ela responsáveis, e se abriu espaço para que os governos de esquerda chegassem ao poder sem que fossem qualificados imediatamente de "comunistas" e de uma ameaça ao Ocidente e aos interesses estratégicos dos Estados Unidos. Além disso, o 11 de Setembro contribuiu, para além da crescente preocupação estadunidense com o terrorismo e do impulso adquirido por uma política unilateral, para que se aprofundasse a orientação de suas prioridades estratégicas para outras regiões, e América Latina e Caribe perderam a relevância estratégica e geopolítica que caracterizou a região durante a Guerra Fria.

Nesse contexto, começou a se desenhar um debate muito marcado em torno da existência de duas vertentes de esquerda na região, que começava a se decantar no primeiro lustro do século. Talvez alguns dos textos que melhor ilustrem este debate tenham sido publicados na revista *Nueva Sociedad*, em número especialmente dedicado à esquerda no governo, em meados de 2005.[31] Paradoxalmente, dois dos textos incluídos neste número pertencem a dois analistas venezuelanos, Demetrio Boersner e Teodoro Petkoff, que, desde uma identificação com a esquerda democrática, questionam tanto as credenciais de Chávez para representar a esquerda como as características progressistas do fenômeno chavista. Boersner contrapõe, de uma perspectiva socialdemocrata, uma vertente "inspirada nos ideais universais do socialismo democrático, afastada de deformações autoritárias ou caudilhistas e consciente de que, no atual sistema internacional unipolar, é indispensável avançar na forma reformista e gradual, combinando as pressões sociais com a permanente disposição a negociar" (Boersner, 2005, p.113), na qual inclui Lula e o PT, Néstor Kirchner ("a cabeça de uma corrente relativamente 'luminosa' do peronismo"), Ricardo Lagos no Chile, Tabaré Vázquez e a Frente Ampla do Uruguai, a uma nova corrente populista, de "radicalismo esquerdista" extremo em seus pronunciamentos, mas de contradições fortes em sua "práxis, entre iniciativas social-transformadoras e outras de rançoso corte neoliberal", que percebe a relação Norte/Sul em termos de enfraquecimento hostil, e cujo exemplo mais ilustrativo está representado pela Venezuela, "principal foco desta corrente" (ibidem).

Petkoff, por sua vez, considera a existência de "duas esquerdas na América Latina atual": a primeira inclui Lula da Silva, Lagos, Kirchner, Vázquez e, com um perfil mais contido, os governos de Leonel Fernández na República Dominicana, Martin Torrijos no Panamá e Bahdeo Jagdeo na Guiana; a segunda é representada principalmente por Fidel Castro e por Chávez, que "configuram o pólo latino-americano da esquerda arcaica, associável, ainda, pela graça do Fidel, ao que foi o movimento comunista mundial, desvanecido reflexo da luz, já apagada, da estrela soviética" (Petkoff, 2005a, p.119), mas que contava para a época com as possibilidades potenciais de acesso ao poder, pela via eleitoral, de Daniel Ortega e do sandinismo na Nicarágua; de Evo Morales e do Movimento ao Socialismo

---

[31] Ver *Nueva Sociedad (Caracas)*, n.197, maio-jun. 2005, cujo tema central está dedicado à Esquerda no governo, e que reúne em torno deste tema artigos de Carlos Vilas, Demetrio Boersner, Teodoro Petkoff, Wilfredo Lozano, Rodrigo Arocena e Manuel Antonio Garretón. À época, a revista ainda era publicada em Caracas.

(MAS) na Bolívia, e de Shafik Nadal e do FMLN em El Salvador.[32] Por sua vez, a primeira constitui uma vertente democrática de esquerda, surgida no calor das lutas contra os regimes militares do Cone Sul, de fortes apoios sindicais e partidários, com uma clara posição em defesa dos direitos humanos, e que "marcha por um caminho de reformismo avançado, que compatibiliza a sensibilidade social com a compreensão de que as transformações na sociedade passam por um desenvolvimento econômico com eqüidade e por um fortalecimento e [um] aprofundamento da democracia", enquanto a segunda é identificada por Petkoff, particularmente no caso de Castro e Chávez, com a "esquerda bourbônica" – "essa da qual, como da Casa Real, se possa dizer que nem esquece nem aprende" (Petkoff, 2005a, p.120). Petkoff desenvolve extensivamente essas diferenças, numa compilação de artigos que aparece publicada no mesmo ano, em que caracteriza o fenômeno chavista como

> surgido da confluência do militarismo-nacionalista com diferentes correntes do naufrágio marxista-leninista e da esquerda grupuscular, [que] conforma um movimento e um governo essencialmente personalista, com fortes traços de militarismo, messianismo, caudilhismo e autoritarismo, plasmado num discurso com claras ressonâncias do fidelismo "sessentista", que encontra eco em vastas capas da empobrecida massa popular venezuelana e que utiliza instrumentalmente o mito bolivariano, de grande enraizamento na população venezuelana. (2005b, p.35-6)

Neste sentido, não é o de Chávez "um governo ditatorial e muito menos totalitário como o cubano, mas também não é uma democracia. Autoritário, militarista, com forte propensão autocrática, a afirmação do seu poder pessoal é o alfa e ômega do comportamento de Hugo Chávez, que já fez da lealdade ao chefe o teor da sua política" (ibidem, p.37).

A existência de duas esquerdas – uma moderada e socialdemocrata, a outra radical e populista – não apaga as coincidências existentes, em princípio, em relação a certos temas: impulsionar a justiça social e aprofundar a democracia, em vez de fortalecer o Estado e seu papel na economia. No entanto, uma diferença muito marcada se evidencia no tema do aprofundamento da democracia: enquanto a esquerda democrática procura ampliá-la no contexto da atual democracia representativa e da divisão de poderes existente, as estratégias da esquerda populista para aprofundar a democracia se associam com um tipo de democracia participativa mediada por uma liderança personalista e autoritária que subverte as instituições democráticas e apresenta desvio claramente antidemocrático e antiinstitucional (Mayorga, 2006, p.19).

---

[32] Os dois primeiros chegaram efetivamente ao poder em anos sucessivos e se converteram, apesar de matizes diferenciais marcados, em aliados de Chávez no contexto geral.

Artigo referencial que colocou em relevo este debate e o projetou fora da região foi o de Jorge Castañeda publicado na revista *Foreign Affairs* em maio de 2006. Basicamente, a consideração de Castañeda recorreu à percepção de que progressivamente iam decantando-se duas esquerdas diferenciadas – uma moderna, de mente aberta, reformista e internacionalista, que surgia da esquerda "dura" (ortodoxa) do passado, outra nascida no contexto da tradição populista da região, nacionalista, estridente e rígida. A primeira consciente de seus erros passados, assim como dos modelos cubano e soviético, a segunda não (p.29). Além de identificar de forma crítica Chávez, Evo Morales e Lopez Obrador[33] com esta última tendência (e Kirchner como um caso ambíguo e intermediário) (p.38-9), Castañeda observou que para estes líderes não eram imperativos o bom desempenho econômico, os valores democráticos, os sucessos programáticos e as boas relações com os Estados Unidos, mas restrições incômodas no seu esforço por consolidar seu poder e o controle dos recursos naturais. Especificamente, ao caracterizar Chávez – "[ele] não é um Castro; ele é um Perón com petróleo" –, assinalou seu esforço por dividir o hemisfério em dois campos: um pró-Chávez, outro pró-norte-americano (p.40).

Como se pode apreciar da revisão de apenas alguns dos textos referidos neste debate, ainda que todos os autores, em maior ou menor medida, coincidam em considerar a existência de duas vertentes de esquerda na América Latina e no Caribe, não necessariamente coincidem em quem se localiza nas respectivas casas.[34] De toda forma, os que representam os antípodas das duas vertentes apontadas são, por um lado, Lagos, Lula e Vázquez como representantes da esquerda democrática que assume os compromissos institucionais que lhe impõe sua chegada eleitoral ao poder no contexto de uma institucionalidade democrática, por outro Chávez,

---

[33] Para aquele momento um candidato presidencial com muitas possibilidades de triunfar nas próximas eleições mexicanas.

[34] Lozano (2005, p.133-4), inclusive, vai além e considera, no mesmo número citado de *Nueva Sociedad*, três categorias de movimentos políticos de esquerda na região – *a esquerda fundamentalista*, que rejeita a globalização e tem uma visão instrumental da democracia, como no caso do FMLN de El Salvador e o zapatismo do México; uma *esquerda populista*, que aceita os riscos da globalização, assume a democracia, mas não se compromete com as implicações de tipo institucional que se derivam dele, como no caso de Lucio Gutiérrez no Equador e de Morales na Bolívia e, mais especificamente, de Chávez na Venezuela, e uma esquerda reformadora que aposta na democracia, aceita os riscos da globalização e "entende que a luta contra a exclusão social deve evitar o choque com a direita conservadora", entre a que inclui os casos do Chile, do PT no Brasil, Kirchner na Argentina, Vásquez no Uruguai e Torrijos do PRD no Panamá. A demarcação central entre estas três categorias se dá no âmbito político, "porque enquanto o fundamentalismo de esquerda assume a democracia como um meio, e o populismo esquerdista não a defende em termos das instituições que caracterizam dito regime, só a esquerda reformadora sustenta uma perspectiva da democracia como um compromisso institucional e cidadão" (ibidem, p.134).

como a expressão mais estridente, populista[35] e caudilhista, com claros rumos militaristas, de uma esquerda autoritária e anacrônica, identificada, segundo Petkoff, com o infantilismo de esquerda.

O paradoxo fundamental é que ambas as vertentes, apesar de suas diferenças e tensões internas, convivem, até agora, no contexto de uma mesma família e coincidem em suas perspectivas antineoliberais e suas preocupações sociais. Como assinala Petkoff,

> para a esquerda moderna e democrática, que metabolizou a experiência da luta armada e a crise do modelo soviético, assim como as desventuras do allendismo e do sandinismo, que não se reflete no espelho cubano, as relações com a esquerda bourbônica, conservadora e não-democrática formam parte, no entanto, do manejo das suas tensões internas. (2005b, p.40)

A isso se soma um fator de coesão adicional associado à política externa estadunidense em geral e para a região, na medida em que "os governos de esquerda, cada qual com seu estilo e suas metas próprias, possuem um propósito claro de colocar sobre novas bases as relações de seus países com os Estados Unidos" (ibidem, p.41). Com a diferença de que Chávez, em particular, o faz de uma maneira mais confrontativa e conflitiva com base num conceito falso, próprio da velha esquerda e da ideologia da Guerra Fria, ao considerar que "com os EUA não existe possibilidade de convivência, é o inimigo por antonomásia", enquanto a nova esquerda considera o tema de modo muito mais complexo, que se resume na equação "tensões prováveis, mas convivência inevitável" (ibidem, p.40-1).

Esse matiz diferenciador conduz, por um lado, a modalidades diferentes no relacionamento com os Estados Unidos, desde posições cautelosas mas firmes em favor de uma maior autonomia nacional, tanto no plano econômico como no internacional, até atitudes estridentemente antinorteamericanas, pouco conseqüentes, no entanto, com as realidades do relacionamento econômico efetivo, mas sim com uma visão geopolítica e geoestratégica do mundo.[36] Mas também conduz a visões diferenciadas sobre a governabilidade democrática, entre a necessidade de construir consensos (mesmo que possam se converter em acordos ou pactos sociais que fundamentem projetos nacionais) sobre a base dos apoios provenientes não só dos partidos políticos, mas também dos movimentos sociais e da sociedade civil, e a necessária institucionalidade que os canalize eleito-

---

[35] Para uma versão mais atual do debate sobre as características do populismo na região, ver número mais recente de *Nueva Sociedad*, set.-out. 2006, especialmente os artigos de Ernesto Laclau e de Ludolfo Parmio, que formulam apreciações contrapostas. Ambos coincidem, no entanto, em considerar que o fenômeno populista no caso de Chávez contribuiu para uma extremada polarização da sociedade venezuelana.

[36] Em cujo contexto, tanto Chávez como a administração de George W. Bush parecem complementar-se e refletir-se mutuamente.

ral e politicamente, e um padrão político personalista e antiinstitucional na construção de um poder pessoal desde "cima" e não desde a cidadania como novo ator relevante. A interrogação que se apresenta como parte destas duas diferenças é se Chávez, efetivamente, pertence à mesma "família" da esquerda na que se associa, por razões freqüentemente históricas e sentimentais do desenvolvimento da esquerda latino-americana, à Cuba, ou se seu populismo, seu militarismo e seu radical antinorte-americanismo na conjuntura atual não o afastam, na atualidade, dessa família.

As declarações de Chávez por ocasião do episódio da liberação dos reféns das Farc no começo de janeiro de 2008 – quando sustentou que deviam ser reconhecidas como forças beligerantes pelo governo da Colômbia e pela comunidade internacional, cujas características insurrecionais as convertem numa força política, e que a qualificação de terroristas imposta tanto pelo governo colombiano como pelos Estados Unidos e pela União Européia devia ser modificada – aprofundam a tensão entre as duas vertentes de esquerda existentes na América Latina e no Caribe. Ainda que governos afins, como o Brasil, a Argentina e mesmo o Equador, tenham evitado se manifestar a respeito, preferindo manter sua posição em relação às Farc e identificando-as como forças insurrecionais, sem aceitar o qualificativo de terroristas nem o de forças beligerantes, chamando à busca de uma saída política para a situação colombiana, a consideração de Chávez, rejeitada tanto pela União Européia como pelo governo de Uribe (que se apressou em buscar a confirmação, no âmbito europeu, do caráter terrorista das Farc), além de provocar a comunidade internacional e colocar em posição incômoda seus aliados e amigos regionais (cujos governos, com exceção de Cuba, subscreveram a Carta Democrática Interamericana), leva a um primeiro plano a diferenciação entre uma esquerda democrática que busca o acesso ao poder por via eleitoral, mediante a construção de consensos e uma institucionalização democrática, e uma esquerda insurrecional que procura derrocar pela via armada um governo democraticamente eleito e com um substancial apoio popular, mesmo com sua estreita vinculação com os Estados Unidos, e afeta especialmente a dinâmica política da construção de uma esquerda democrática na Colômbia, colocando obstáculos a suas possibilidades de chegar ao governo nas próximas eleições.

Independentemente do fato de que essa iniciativa de Chávez busque desfigurar e distrair a atenção dos problemas internos que enfrenta após a derrota sofrida no referendo constitucional de 2 de dezembro e em virtude dos crescentes problemas de insegurança, desabastecimento e corrupção na Venezuela a que não consegue pôr fim, ela legitima uma força armada e debilita politicamente a esquerda democrática na Colômbia, fortemente assentada nos centros urbanos e atualmente no governo da cidade de Bogotá, possivelmente o segundo posto de governo mais importante do país depois da Presidência.

De fato, aprofunda as tensões já existentes entre duas tendências do Pólo Democrático Alternativo (PDA) da Colômbia, em torno do reconhecimento das Farc como uma força política com cujo apoio deve ou não contar em seu esforço para alcançar o poder, e que já eclodiram oportunamente antes da crise dos reféns, entre agosto e setembro de 2007.

A conformação do PDA respondeu a um trabalhoso processo de construção institucional como uma alternativa de esquerda democrática de poder na Colômbia. Surgido da convergência do Pólo Democrático Independente (PDI), constituído por diversos grupos de esquerda independentes dos partidos tradicionais (entre eles a Aliança Popular Nacional – Anapo – e ex-guerrilheiros do M-19, como Antonio Navarro Wolf e Gustavo Petro), obteve a prefeitura de Bogotá nas eleições regionais de 2003, com a eleição de Luis Eduardo Garzón, e pela Alternativa Democrática, constituída por um conjunto de forças da esquerda tradicional, como MOIR, Unidade Democrática, Movimiento Ciudadano e Opción Siete, dirigida pelo senador Carlos Gaviria, Díaz da Frente Social e Política. Ambas as forças conformaram o PDA em 2005. Nas eleições de maio de 2006, nas quais foi reeleito Álvaro Uribe para a presidência, o PDA obteve a máxima votação na história da esquerda colombiana, acima do tradicional Partido Liberal, consolidando-se como uma alternativa efetiva de poder às forças e aos setores conservadores que respaldam Uribe. Em outubro de 2007, o candidato do PSD, Samuel Moreno Rojas, ganhou a prefeitura de Bogotá para o período de 2008-12, com um apoio de mais de 43%, consolidando esta opção. No entanto, no decorrer de 2007, surgiram sérias tensões internas no seio da coalizão, a raiz de uma denúncia pública de Gustavo Petro contra a pouca firmeza com que o partido havia condenado o assassinato dos deputados do Valle del Cauca seqüestrados pelas Farc, no contexto de reiterados ataques políticos deste grupo a Petro e a outros dirigentes provenientes do M-19 ou no momento vinculados a ele.[37] A crise gerou um debate entre o presidente do PDA, Carlos Gaviria, e o próprio Petro, a ponto de muitos analistas terem considerado que a coalizão chegava ao seu fim. No entanto, a crise foi superada e em setembro de 2007 a unidade do PDA foi ratificada, assim como sua rejeição ao uso das armas para alcançar o poder ou como instrumento de ação política e o apoio à solução política do conflito armado.[38]

---

[37] Além de uma origem e uma base social diferenciada entre o M-19 e as Farc, sempre existiram marcadas diferenças ideológicas. Ao desmobilizar-se em princípios da década de 1990 e ao se incorporar à luta política no âmbito democrático, os dirigentes do M-19 foram qualificados pelas Farc como traidores da causa revolucionária.

[38] No dia 28 de agosto o PDA emite um comunicado contra as Farc, assinalando: 1. ... que rejeita, sem erros, o uso de armas para chegar ao poder e materializar as ondas reformistas que a sociedade colombiana precisa com urgência. Elegeu sem vacilação a apelação à vontade popular como a única forma viável e legítima para consegui-las. 2. Celebraríamos,

Nesse contexto – a raiz das formulações de Chávez sobre as Farc –, o site do PAD publicou artigo esclarecedor de Luis Sandoval (2008), em que diz que as Farc são

> Politicamente ... uma expressão com apoio e simpatia muito reduzidos na população colombiana. Financeiramente é uma organização forte, com recursos provenientes da extorsão e do tráfico de entorpecentes. Eticamente não manteve a coerência dos meios com o fim, senão que recorreu a ações terroristas, justificando este desvio no terror estatal e para-estatal. As FARC são um projeto desvirtuado e inviável, militar e politicamente ...

Além disso, Sandoval questionava a luta armada por estar na contramão do tempo, e admitiu, seguindo Carlos Gaviria, a necessidade de reconhecer o *status* de insurgente das Farc, porque facilitaria os diálogos e a cooperação internacional, castigando, no entanto, os atos terroristas que pudessem cometer e rejeitando seu reconhecimento como forças beligerantes, que "possibilitaria que [outros] Estados possam dar-lhe o seu apoio".

A referência à possibilidade de reconhecimento do *status* de beligerância e de apoio de Chávez às Farc é óbvia, e condiz com os reiterados registros, não só de setores da direita, sobre as relações de longa data entre o presidente venezuelano e as forças guerrilheiras (Petkoff, 2005, p.56; Garrido, 2005a).

Nesse contexto, uma pergunta que fica sem resposta refere-se aos efeitos que esse processo de potencial polarização possa ter sobre diferentes alinhamentos da esquerda latino-americana, tanto no poder como na oposição, em fóruns como o de São Paulo e o Congresso Bolivariano de los Pueblos, já demarcados por uma composição e lideranças diferenciadas.

O GRANDE POLARIZADOR?

Com base na análise das páginas anteriores, podem-se identificar algumas tendências evidentes no desenvolvimento da liderança nacional, regional e internacional de Hugo Chávez desde seu acesso eleitoral ao governo da Venezuela em 1999, como também considerar algumas questões que ficam em aberto.

---

desde logo, que um triunfo transparente obtido por este caminho trouxesse como conseqüência benéfica, se antes não tivesse ocorrido, o abandono da luta armada por parte de grupos insurgentes que persistem nela ... 4. De chegar ao poder ... por meios tão justos e inquestionáveis como os nossos propósitos, não aceitaríamos – e muito menos solicitaríamos como o fez o atual Presidente – o apoio de quem houvesse chegado às Corporações de representação popular ... com o apoio de grupos armados marcados pelo crime (Courrier International, *Clarín*, 30 ago. 2007, <www.educweb.org-webnews-ColNews-Aug07>; polog.blogsome.com).

Em primeiro lugar, ainda que Chávez não tenha recuado em impulsionar, com a utilização dos recursos petroleiros e de forma gradual, porém sustentada, uma nova configuração da política regional e internacional, seus avanços e retrocessos neste plano estão claramente condicionados pela dinâmica política interna da Venezuela. A radical reforma institucional do país iniciada em 1999 contribuiu para alta concentração de poder, a alienação de amplos setores da oposição e o controle pessoal de Chávez da renda petroleira do país, no contexto de uma sustentada polarização doméstica. No entanto, as derrotas políticas internas, quando se produzem, tendem a se refletir em reorientações pragmáticas de sua política exterior, seja com a moderação dos antagonismos e polarizações, seja em seu aprofundamento e sua ampliação. Para além da intensa liderança internacional de Chávez, a articulação entre suas ações em âmbito internacional e a dinâmica da política nacional está sempre presente. Em ambas, no entanto, o recurso da polarização parece obedecer a uma metodologia definitória para Chávez, que capitaliza com muita habilidade os antagonismos e polarizações subjacentes. Enquanto aconteciam os triunfos políticos internos e se incrementavam a concentração de poder e o controle dos recursos, por meio dos mecanismos institucionais colocados para este fim, a política externa tendia a se expandir em seus objetivos, tanto no plano das relações interestatais como na captação e no recrutamento de movimentos e organizações sociais que estivessem dispostas a respaldar o projeto bolivariano fora da Venezuela, geralmente com apoio financeiro. Esta estratégia teve seus altos e baixos, como demonstramos anteriormente no caso da reunião de Mar del Plata (para os altos) e no da concorrência ao posto não permanente no Conselho de Segurança das Nações Unidas (para os baixos) (Serbin, 2005; 2006a; 2006b; Grotius, 2006).

No entanto, as limitações para a expansão do projeto da Alba em nível regional, como a contraposição à Alca em nível hemisférico, e a falta de adesão dos diferentes aliados estratégicos em âmbito regional ao confronto aberto com os Estados Unidos parecem ter gerado uma nova polarização, até agora incubada, em relação aos governos e partidos progressistas da região que não aderem a esta confrontação. As opções parecem se encaminhar, neste sentido, para retomar não só o apoio aos movimentos sociais e organizações mais radicais da região (e eventualmente dos Estados Unidos e de alguns países europeus), senão também a forças insurrecionais como as Farc, num processo de radicalização das polarizações.

Obviamente, este último passo não está dissociado nem da percepção de que o conservador e pró-Estados Unidos governo de Uribe pode constituir uma ameaça à continuidade do processo bolivariano na Venezuela, no contexto das hipóteses do conflito de guerra assimétrica assumidas pela nova doutrina de segurança, nem de uma situação interna afetada marcadamente pela derrota do referendo constitucional de dezembro de 2007 e pelo incremento do desabastecimento e da insegurança no país, principais preocupações atuais dos venezuelanos.

Em segundo lugar, o jogo das polarizações parece ter mais dificuldades de encampação no âmbito regional. Os diferentes eixos de alinhamento colocados no decorrer da permanência de Chávez no poder bateram, mesmo que não com defecções como no âmbito nacional, com distanciamentos e tensões estreitamente vinculados aos interesses prioritários dos diferentes países. A iniciativa da Alba não teve o eco esperado e seus adeptos parecem se reduzir aos incondicionais habituais: Cuba,[39] Bolívia com Morales, Nicarágua com Ortega, eventualmente Equador com Correa,[40] e alguns Estados insulares do Caribe de fala inglesa, caso de Dominica. Mas este núcleo duro também apresenta tensões e dissidências, como no caso da saída de Chávez da CAN, a que resistiram Morales (que naquele momento assumia a presidência) e Correa, que não acompanharam Chávez (Malamud, 2006). Por outra parte, o eixo Caracas–Brasília–Buenos Aires e a tentativa de Chávez de polarizar o Mercosul com Washington sofrem os altos e baixos impostos pela sustentada liderança brasileira e as reticências cíclicas argentinas.

No entanto, talvez o maior desafio para o jogo de polarizações desenvolvido por Chávez esteja no âmbito global, em que os recursos petroleiros permitiram uma sustentada presença, pouco proporcional às dimensões geográficas e demográficas da Venezuela. O jogo de polarizações neste nível implica o desenvolvimento de estratégias complexas e contínuas, no contexto de uma diplomacia sofisticada e altamente profissionalizada, sempre condicionada pela disponibilidade de recursos financeiros e humanos. A vinculação e o eventual alinhamento com atores poderosos como Rússia e China têm sua contrapartida numa aliança estratégica com o Irã que amplia a margem de confrontações, diferenças e tensões, para além dos Estados Unidos, com atores como Israel e os países europeus, não necessariamente alinhados de forma automática com os interesses estadunidenses.

Em terceiro lugar, as polarizações no campo da esquerda parecem associar-se a uma franca confrontação com a Colômbia, sustentada na hipótese de conflito assimétrico com os Estados Unidos, que se produz como seqüela de um papel pouco lúcido de Chávez na negociação dos reféns com as Farc e das tensões e marcadas divergências com o governo de Uribe em torno dessa situação. Neste contexto, a reiteração do chamado a configurar uma força militar entre os países da América do Sul, agora reduzida aos

---

[39] Cuja evolução está ainda por se ver, mas onde a sintonia pessoal existente entre Chávez e Fidel Castro não se repete da mesma maneira com Raúl Castro.
[40] Cujo governo marcou algumas distâncias tanto no referente ao reconhecimento das Farc como forças beligerantes como na criação de uma força militar conjunta dos países-membros da Alba, recentemente proposta por Chávez.

membros da Alba, para evitar ou enfrentar uma suposta ofensiva contra a Venezuela no âmbito do Plano Colômbia/Patriota/Andino, bate novamente com a indiferença dos atores maiores da região – tanto México, distante ideologicamente de Chávez e de seu projeto, como o Brasil, consciente de uma liderança regional pacífica e mais preocupado com a ampliação de seus mercados do que com confrontação com seus vizinhos, e eventualmente a Argentina, pouco propensa a embarcar em aventuras militaristas que reabilitem plenamente suas Forças Armadas depois do "processo" militar e das frustrações da guerra das Malvinas. Fica a pergunta, neste contexto, se os próprios sócios da Alba, começando por Cuba, estão dispostos a levar o jogo das polarizações e antagonismos de Chávez para a eventual eclosão de um conflito regional.

No entanto, a escalada polarizadora que Chávez desenvolve em face do governo da Colômbia, no momento em que este texto foi escrito, abre a questão de se isso responde exclusivamente a uma posição assumida em relação às Farc e ao reconhecimento de que, perante o esgotamento da via da hegemonia eleitoral, chegou a hora da opção armada (desta vez, na perspectiva de um conflito assimétrico) e do questionamento do governo de Uribe, ou se há a tentativa de aprofundar as polarizações regionais e hemisféricas para desviar a atenção da crescente dificuldade de continuar jogando com as polarizações sociais e políticas de seu próprio país, particularmente a partir de dois fatos: a derrota do referendo constitucional que forçou Chávez a dar marcha à ré em alguns dos aspectos mais radicais do projeto do "socialismo do século XXI" e a necessidade de prestar maior atenção às falências da gestão de seu próprio governo, que começa a gerar crescentes insatisfações entre seus próprios adeptos.

REFERÊNCIAS BIBLIOGRÁFICAS

ALVAREZ, A. Social Cleavages, Political Polarization and Democratic Breakdown in Venezuela. *Stockholm Review of Latin American Studies*, Issue n.1, p.18-28, Nov. 2006.

ARMONY, A. Politics and society. In: ARNSON, C. et al. *The "New Left" and Democratic Governance in Latin America*. Washington D.C.: Woodrow Wilson Center, 2006. p.34-9.

ARNSON, C. et al. *The "New Left" and Democratic Governance in Latin America*. Washington D.C.: Woodrow Wilson Center, 2006.

BLANCO, C. *Revolución y desilusión. La Venezuela de Hugo Chávez*. Caracas: Catarata, 2002.

BOERSNER, D. Gobiernos de izquierda en América Latina: tendencias y experiencias. *Nueva Sociedad (Caracas)*, n.197, maio-jun., p.100-13, 2005.

CARDOZO DA SILVA, E. *Continuidad y consistencia en quince años de política exterior venezolana 1969-1984*. Caracas: Universidad Central de Venezuela, 1992.

CASTAÑEDA, J. Latin America's Left Turn. *Foreign Affairs*, v.85, n.3, p.28-43, maio-jun. 2006.
CHÁVEZ FRÍAS, H. El nuevo mapa estratégico. *Taller de Alto Nivel (Caracas)*, 12 e 13 nov. 2004.
COPPEDGE, M. Venezuela: popular Sovereignity versus Liberal Democracy. In: DOMÍNGUEZ, J., SCHIFTER, M. (eds.). *Constructing Democratic Governance in Latin America*. Baltimore, MD: The Johns Hopkins University Press, 2003.
CORONEL, G. *Corrupción, administración deficiente y abuso de poder en la Venezuela de Hugo Chávez*. Washington D.C.: Cato Institute, 27 nov. 2006.
CORRALES, J. In Search of a Theory of Polarization: Lessons from Venezuela, 1999-2005. *Revista Europea de Estudios Latinoamericanos y del Caribe (Leiden)*, n.79, out. 2005, p.105-17.
DUARTE VILLA, R. Limites do ativismo venezuelano para América do Sulem. *Política Externa (São Paulo)*, v.16, n.2, set./out./nov. 2007, p.37-49.
DUCLOS, J.-Y., ESTEBAN, J., RAY, D. Polarization: Concepts, Measurement, Estimation. *Econometrica*, v.72, n.6, nov. 2004, p.1727-72.
ELLNER, S. Introducción: En la búsqueda de explicaciones. In: ELLNER, S., HELLINGER, D. (eds.). *La política venezolana en la época de Chávez. Clases, polarización y conflicto*. Caracas: Nueva Sociedad/Consejo de Investigación de la Universidad de Oriente, 2003. p.19-41.
ELLNER, S., HELLINGER, D. (eds.). *La política venezolana en la época de Chávez. Clases, polarización y conflicto*. Caracas: Nueva Sociedad/Consejo de Investigación de la Universidad de Oriente, 2003.
ESTEBAN, J. M. Polarización y conflicto. Instituto de Análisis Económico. Bellatera: Consejo Superior de Investigaciones Científicas y Técnicas (CSIC), 2006.
ESTEBAN, J. M., RAY, D. On the Measurement of Polarization. *Working Paper* n.18, Institute for Economic Development, Boston: Boston University, 1991.
_____. On the Measurement of Polarization. *Econometrica*, v.62, 1994, p.819-52.
FERRERO, M. (ed.). *Chávez, la sociedad civil y el estamento militar*. Caracas: Alfadil, 2002.
FRIEDMAN, T. The First Law of Petropolitics. *Foreign Policy (Washington D.C.)*, maio-jun. 2006, p.29-36.
GARCÍA GUADILLA, M. P. Politización y polarización en la sociedad civil venezolana: las dos caras frente a la democracia. *Espacio Abierto. Cuaderno Venezolano de Sociología (Caracas)*, jan. 2003, p.1-29.
GARRIDO, A. La vía multipolar. *El Universal (Caracas)*, 19 dez. 2004.
_____. *La guerra (asimétrica) de Chávez*. Caracas: Alfadil, 2005a.
_____. Tiempo real. *El Universal (Caracas)*, 13 dez. 2005 (2005b).
_____. Chávez, Putín y Ahmadinejad al ataque. *El Universal (Caracas)*. Disponível em: <http://www.analitica.com/va/internacionales/opinion>. Acesso em 29 dez. 2006 (2006a).
_____. Las hipótesis de guerra de Chávez. La confrontación es interna y externa. *Venezuela Analitica*. Disponível em: <www.analitica.com>. Acesso em 7 ago. 2006 (2006b).
GASPARINI, L., MOLINA, E. Income Distribution, Institutions and Conflicts: An Exploratory Análisis for Latin America and the Caribbean. *Documento de Trabajo* n.41, Centro de Estudios Distributivos, Laborales y Sociales, set. 2006, La Plata: Universidad de La Plata.

GONZALEZ FABRE, R. Socialismo del Siglo XXI y a la venezolana: cinco problemitas. *Envío, Revista mensual de la Universidad Centroamericana (UCA) (Managua)*, ano 26, n.307, out. 2007, p.53-7.
GÓNZALEZ URRUTIA, E. Las dos etapas de la política exterior de Chávez. *Nueva Sociedad (Buenos Aires)*, n. 205, set.-out. 2006, p.159-71.
GROTIUS, S. Venezuela contra EEUU: la lucha por el asiento latinoamericano en el Consejo de Seguridad. Madrid: Fundación para las Relaciones Internacionales y el Diálogo Exterior (Fride). 2006. Disponível em <www.fride.org>.
INTERNATIONAL Crisis Group (ISG). Venezuela: Hugo Chávez's Revolution. *Latin America Report (Bogotá/Bruxelas)*, n.19, 22 fev. 2007.
ISACSON, A. El Plan Colombia. Consecuencias no deseadas. *Foreign Affairs (Mexico D.F.)*, v.8, n.1, 2008, p.47-55.
JÁCOME, F. *Venezuela frente al contexto andino y hemisférico. ¿Cambios en la doctrina de seguridad?* Caracas: Instituto Latinoamericano de Investigaciones Sociales (Ildis), 2006.
JOSKO DE GUERÓN, E. La política exterior: continuidad y cambio, contradicción y coherencia. In: NAIM, M., PIÑANGO, R. (dir.). *El caso Venezuela: una ilusión de armonía*. Caracas: Iesa, 1986.
KNACK, P., KEEFER, P. Polarization, politics and property rights. *Policy Research Working Paper* n.2418, Washington D.C.: World Bank, 2006.
KOENEKE, H., TORO, F. La coherencia de la política exterior de Chávez. *VenEconomía Hemeroteca*. 2001. Disponível em: <www.veneconomia.com>.
LACLAU, E. La deriva populista y la centroizquierda latinoamericana. *Nueva Sociedad (Buenos Aires)*, n.205, p.56-61, set.-out. 2006.
LASA Forum. For and Against Chávez. The Debate Continues. *LASA Forum (Pittsburgh)*, inverno 2007, v.XXXVIII, Issue I, p.14-27. Inclui contribuições de Greg Gradin, Sujatha Fernández, Javier Corrales e Michael Penfold, Francisco Rodríguez e Jennifer McCoy sobre o tema.
LOMBARDI, J. V. El permanente dilema de Venezuela: antecedentes de las transformaciones chavistas. In: ELLNER, S., HELLINGER, D. (eds.). *La política venezolana en la epoca de Chávez. Clases, polarización y conflicto*. Caracas: Nueva Sociedad/Consejo de Investigación de la Universidad de Oriente, 2003. p.11-8.
LÓPEZ MAYA, M. *Del viernes negro al referendo revocatorio*. Caracas: Alfadil, 2005.
MALAMUD, C. La salida venezolana de la Comunidad Andina de Naciones y sus repercusiones sobre la integración regional. *Analisis del Real Instituto*. Madrid: Real Instituto Elcano de Estudios Internacionales y Estratégicos, 2006. Disponível em <www.realinstitutoelcano.org>.
MAYORGA, R. A. in ARNSON, C. et al. *The "New Left" and Democratic Governance in Latin America*. Washington D.C.: Woodrow Wilson Center, 2006, p.18-23.
MCCOY, J., SERBIN, A., STAMBOULI, A., SMITH, W. (eds.). *Venezuela: Democracy under Stress*. Boulder: Lynne Rienner, 1996.
MEDINA, M., MAYA, M. L. *Venezuela: confrontación social y polarización política*. Bogotá: Ediciones Aurora, 2003.
NOTICIAS DEL SUR. Observatorio de Política Latinoamericana. Política exterior venezolana debe pasar a una ofensiva especial. Disponível em <www.noticiasdelsur.com>. Acesso em 27 ago. 2007.
PARAMIO, L. Giro a la izquierda y regreso al populismo. *Nueva Sociedad (Buenos Aires)*, n.205, set.-out. 2006, p.62-74.

PETKOFF, T. Las dos izquierdas. *Nueva Sociedad (Caracas)*, n.197, maio-jun. 2005, p.114-28 (2005a).

_____. *Dos izquierdas*. Caracas: Alfadil, 2005b.

PRENSA LATINA. Reforma constitucional perfila política exterior venezolana. Agencia Informativa Latinoamericana Prensa Latina. Disponível em <www.prensa-latina.cu>. Acesso em 29 nov. 2007.

REY, J. C. *La democracia venezolana y la crisis del sistema populista de conciliación*. Madrid: Centro de Estudios Constitucionales, 1991.

ROBERTS, K. Polarización social y resurgimiento el populismo en Venezuela. In: ELLNER, S., HELLINGER, D. (eds.). *La política venezolana en la época de Chávez. Clases, polarización y conflicto*. Caracas: Nueva Sociedad/Consejo de Investigación de la Universidad de Oriente, 2003. p.75-96.

ROMERO, C. El pasado y presente de la política exterior de Venezuela. In: *Venezuela: Rupturas y continuidades del sistema político (1999-2001)*. Caracas: PDVSA, 2001.

_____. La politique exterieure de Chávez et l´Union européenne. In: VAN EEUWEN, D. (dir.). *L´Amérique latine et l'Europe a l'heure de la mondialisation. Dimensions des relations internationales*. Paris: Karthala, 2002.

_____. *Jugando con el globo. La política exterior de Hugo Chávez*. Caracas: Ediciones B, 2006a.

_____. Venezuela y Estados Unidos: ¿una relación esquizofrénica? *Nueva Sociedad (Buenos Aires)*, n. 206, nov.-dez. 2006, p.78-93 (2006b).

ROMERO, C., ROMERO, M. T., CARDOZO DA SILVA, E. La política exterior en las constituciones de 1961 y 1999: una visión comparada de sus principios, procedimientos y temas. *Revista Venezolana de Economía y Ciencias Sociales (Caracas: Universidad central de Venezuela)*, v.9, n.1, jan.-abr. 2003.

SCHIFTER, M. *Hugo Chávez. Un desafío para la política exterior de los Estados Unidos*. Informe especial del Diálogo Interamericano. Washington D.C.: Diálogo Interamericano, mar. 2007.

SERBIN, A. Lejos de Dios y demasiado cerca de... La política exterior de Cuba hacia América Latina y el Caribe. *Foreign Affairs (México)*, v.1, n.3, 2001, p.42-9.

_____. Globalización, integración regional y sociedad civil. In: OLIVA, C., SERBIN, A. (comps.). *América Latina, el Caribe y Cuba en el contexto global*. Araraquara: Unesp/Auna/Cries, 2002, p.19-86.

_____. Diálogo de sordos. *El Nacional (Caracas)*, quinta-feira, 10 nov. 2005, Cuerpo A, p.8.

_____. Cuando la limosna es grande... El Caribe, Chávez y los límites de la diplomacia petrolera. *Nueva Sociedad (Buenos Aires)*, n.205, set.-out. 2006, p.75-91 (2006a).

_____. América Latina en el Consejo de Seguridad: juego de intereses entre Venezuela, Panamá y EEUU. *Papeles de Cuestiones Internacionales (Madrid)*, n.96, inverno 2006-07, p.9-18 (2006b).

_____. Entre UNASUR y ALBA: ¿otra integración (ciudadana) es posible? In: MESA, M. (coord.). *Paz y conflictos en el siglo XXI: tendencias globales*. Anuario 2007-2006. Madrid: Ceipaz/Icaria Editorial, 2007, p.183- 207 (2007a).

_____. Continuidade e mudança em Cuba: uma análise e algumas interrogações. *Política Externa (São Paulo)*, v.16, n.2, set./out./nov. 2007, p.61-72 (2007b).

SILVA, C. Dos veces otro: polarización política y alteridad. *Revista Venezolana de Economia y Ciencias Sociales (Caracas: Universidad Central de Venezuela)*, maio-ago., v.10, n.002, 2004, p.129-36.

TEDESCO, L. El Estado en América Latina ¿Fallido o en proceso de formación? *Documento de Trabajo* de Fride *(Madrid: Fundación para las Relaciones Internacionales y el Dialogo Exterior (Fride))*, n.37, 2007, 18p.

VALDIVIESO IDE, M. Confrontación, machismo y democracia: representaciones del "heroísmo" en la polarización política de Venezuela. *Revista Venezolana de Economía y Ciencias Sociales (Caracas: Universidad Central de Venezuela)*, maio-ago. 2004, v.10, n.002, p.137-53.

VENEZUELA HOY. El Plan 2007-2013. *A.C. Democracia y Desarrollo (Caracas: Konrad Adenauer Stiftung)*, 16 out. 2007, p.3 (2007a).

_____. La misma política exterior. *A.C. Democracia y Desarrollo (Caracas: Konrad Adenauer Stiftung)*, 21 dez. 2007, p.3 (2007b).

Páginas da internet:
www.webpondo.org Ver especialmente edição n.13, jul.-set. 2004, com a entrevista a Joan Maria Esteban.
www.polarizationandconflict.org/
www.mpd.gob.ve/prog.gob/pg_eqmun.htm
www.educweb.org-webnews-ColNews-Aug07
www.analitica.com/va/internacionales/opinion
www.veneconomia.com
www.realinstitutoelcano.org
www.noticiasdelsur.com
www.prensa-latina.cu
www.cries.org
www.semana.com
www.pacoco.org-es

5. A ASCENSÃO DE URIBE NA COLÔMBIA: SEGURANÇA INTERNA E ALIANÇA ESTRATÉGICA COM OS ESTADOS UNIDOS NA CONSTRUÇÃO DO ESTADO-NAÇÃO

Rafael Duarte Villa
Manuela Trindade Viana

INTRODUÇÃO: O CONTEXTO POLÍTICO DA EMERGÊNCIA DE URIBE

> Bolívar e Santander prefiguram nossa identidade política como Nação. O primeiro encarna a idéia de ordem e autoridade. ... O segundo representa o império da lei que garante a segurança e as liberdades. A ordem para a liberdade mediante a autoridade democrática da lei: eis o binômio ético-político que sustenta a continuidade histórica de nossa Nação e outorga sentido a nossa institucionalidade![1]

Foi dessa forma que Álvaro Uribe anunciou os ideais de seu governo na cerimônia de posse como presidente da Colômbia, em 7 de agosto de 2002. Está presente, nesse excerto, seu ideal de Estado para um país que há mais de quarenta anos vivencia um conflito armado. Mais do que isso, está presente a idéia da constituição de um Estado nacional no mais amplo sentido weberiano do termo, feito que, até hoje, não foi atingido plenamente por nenhum estadista colombiano. Nesse sentido, este artigo objetiva defender a tese de que Uribe representa uma proposta de formação de um Estado nacional colombiano a partir da visão do novo conservadorismo emergente no país, do qual Uribe é a expressão mais visível.

De início de 1990 até março de 2002, foram mortos 37 mil colombianos em decorrência do conflito interno, o qual também produziu, de 1985

---

[1] Discurso de posse ("Retomemos el lazo unificador de la ley, la autoridade democrática, la libertad y la justicia social"), 7 ago. 2002, Bogotá, Colômbia. Disponível em: <http://web.presidencia.gov.co/presidente>.

a 2002, cerca de 2,900 milhões deslocados internos no país (Codhes, 2003). Apesar da longa duração do conflito armado na Colômbia, das inúmeras vidas perdidas e dos incalculáveis danos nas esferas social, política e econômica do país, a segurança interna só se tornou prioridade da agenda política dos candidatos à Presidência em 1998, quando Andrés Pastrana (1998-2002) foi eleito.

Sua estratégia foi fundamentada na flexibilização das exigências mútuas, na expectativa de que isso gerasse avanços nas negociações. Embora Pastrana tenha logrado a liberação de aproximadamente trezentos soldados e policiais como resultado de um acordo humanitário, a desconfiança entre os grupos do governo e da guerrilha fez que nenhuma das partes se dispusesse ao cessar-fogo antes que a outra. O resultado disso foi uma negociação letárgica e frágil, em que as partes traíam a confiança uma da outra, recorrendo com freqüência às armas. O sentimento de fracasso de Pastrana só se tornou evidente em fevereiro de 2002, quando as Farc seqüestraram um avião comercial e fizeram reféns todos os passageiros, inclusive o presidente da Comissão de Paz do Congresso. No mesmo dia, o presidente anunciou, em rede nacional, sua decisão de pôr fim ao processo de paz.

Fracassado o processo de negociações levado a cabo pela gestão Pastrana, Álvaro Uribe ascendeu ao poder com o propósito de reunificar um país politicamente fragmentado. Já na campanha presidencial de 2002, seu discurso se contrapunha frontalmente às diretrizes gerais da política para a paz de seu antecessor. Na esteira dos acontecimentos que sucederam o 11 de Setembro, Uribe posicionou-se contrário ao diálogo para a paz promovido por Pastrana e alinhou-se ao discurso das lideranças dos Estados Unidos, passando a enquadrar os grupos insurgentes como terroristas, e não como resultado de um quadro socioeconômico e sociopolítico desfavorável.

No contexto do segundo mandato do presidente Uribe, é interessante compreender alguns fatores-chave que o conduziram ao poder na Colômbia e tornaram positiva a avaliação do eleitorado de seus quatro primeiros anos de governo, o que culminou em sua reeleição, em 2006, com 62% dos votos válidos.[2]

---

[2] Cabe destacar que as eleições de 2002 e de 2006 apresentaram elevado índice de abstenção. Em 2002, apenas 46% do eleitorado compareceu às urnas (11.249.734, num universo de 24.208.311 potenciais votantes). Em 2006, registraram-se apenas 45,05% de participação (Registraduría Nacional del Estado Civil. Dados disponíveis em: <http://www.registraduria.gov.co>. Acesso em 31 jan. 2008).

DESGASTE DOS PARTIDOS

Um dos fatores que contribuíram para o destaque da liderança de Uribe foi o desgaste sofrido pelos partidos na Colômbia, feito que é parte de uma dinâmica geral nos países andinos. Nessa região, as promessas não cumpridas da democracia causaram desgaste imenso nas antigas maquinarias partidárias, as quais se mostraram, durante décadas, incapazes de gerar respostas eficazes às pressões advindas dos déficits sociais e às demandas por democratização.

De um lado, isso levou à incorporação de novos grupos sociais, caso dos indígenas ou movimentos organizados em saúde, moradia e terra. De outro, à constitucionalização de novos direitos, como consumo e meio ambiente, ou também a problemas de violência política, caso da Colômbia. A resultante tem sido que as populações sul-americanas passaram a enxergar os partidos políticos tradicionais como responsáveis pelo crescente aumento da pobreza. Não por acaso, o Relatório sobre a Democracia na América Latina do Programa das Nações Unidas para o Desenvolvimento (PNUD) aponta os partidos políticos como um dos atores que menos confiança suscitam nas populações da América do Sul (ver Tabela 1).

Tabela 1 – Índice de confiança em instituições e atores políticos, por região

Região	Confiança em instituições					Confiança em atores				
	Poder Judiciário	Governo	Municípios	Congresso	Índice	Gente que governa	Partidos políticos	Índice	Índice de confiança em instituições e atores
América Central e México	2,10	2,09	2,19	1,95	2,08	2,23	1,69	1,96	2,02
Região Andina	1,85	1,83	2,03	1,80	1,88	2,15	1,55	1,85	1,87
Mercosul e Chile	1,89	1,81	2,14	1,85	1,92	1,94	1,54	1,74	1,82
América Latina	1,96	1,93	2,12	1,88	1,97	2,12	1,61	1,86	1,91

Fonte: Programa das Nações Unidas para o Desenvolvimento (PNUD). Relatório *A democracia na América Latina,* Anexo Compilação Estatística (2004b).

Os partidos políticos foram, sem dúvida, a instituição mais visível das elites políticas que governaram os países sul-americanos nos últimos cinqüenta anos. Desde fins da década de 1990, assiste-se a um movimento quase generalizado de enfraquecimento das organizações políticas tradicionais e à aposta nas novas lideranças. Como observa Jiménez:

À medida que a desaprovação dos partidos do *status* foi canalizada originalmente por forças 'políticas inovadoras', a estratégia destas últimas incorporava o sentimento de frustração do eleitorado que começava a sofrer o desengano da promessa democrática. (2001, p.68, tradução nossa)

Dada essa situação, um rápido balanço é suficiente para constatar que os partidos políticos tradicionais têm sofrido um desgaste forte em quase todos os países da América do Sul, à exceção de Brasil e Chile e, de alguma maneira, da Argentina. Entre eles, o maior desgaste se faz sentir na região andina. Na Venezuela, a ascensão de Hugo Chávez ao poder significou o enfraquecimento a níveis mínimos do espaço político dos dois partidos tradicionais, Ação Democrática e Copei, que chegaram a somar mais de 90% dos votos do eleitorado venezuelano.

No Equador, o descontentamento social com partidos como Democracia Cristã, Esquerda Democrática e Partido Social-Cristão levou a que, em fins de 1990, surgissem partidos como o populista Sociedade Patriótica 21 de Janeiro, que conduziria Lucio Gutierrez ao poder, e um partido representante dos setores indígenas como o Pachakuti – Novo País (MUPP–NP). Na Bolívia, partidos como o Movimento Nacional Revolucionário (MNR), fundado nos anos 1950 por Paz Estenssoro, perderam muita força eleitoral na virada do século, e seu espaço político foi ocupado por novas forças, a exemplo do Movimento ao Socialismo (MAS) de Evo Morales.

Na Colômbia, esse processo não foi diferente. Desde o surgimento dos partidos políticos tradicionais do país (o Partido Conservador, em 1848, e o Liberal, em 1849), as disputas pelo poder no Estado colombiano foram protagonizadas pelas elites políticas filiadas a esses dois nomes. Em fins do século XIX, o sistema bipartidário colombiano entrou em colapso, devido ao profundo conflito travado entre os dois grupos, e culminou na Guerra dos Mil Dias (1899 a 1902), que causou cerca de cem mil baixas. Os conservadores acabaram vitoriosos no conflito, e os termos da negociação previam a participação simultânea dos dois partidos, com uma maioria conservadora, de modo que garantisse o controle sobre a Presidência. Essa relação de poder sofreu forte deterioração, principalmente a partir de 1930, devido às expressões violentas da disputa desses dois partidos pelo poder, o que conduziu ao início do conflito conhecido como La Violencia (1948-57).[3]

---

[3] Os seguintes estudos são apontados como componentes da bibliografia central sobre o período *La Violencia*: PIZARRO, E. *Insurgencia sin revolución: la guerrilla en Colombia en una perspectiva comparada* (Bogotá: Tercer Mundo Ediciones,1996); OBREGÓN, A. Q. Contemporary Peasant Movements (In: LIPSET, S. M., Solari, A. (eds.). *Elites in Latin America*. Nova York: Oxford University Press, 1967); CAMPOS, G. G., BORDA, O. F., LUNA, E. U. *"La Violencia" en Colombia* (Bogotá: Tercer Mundo Ediciones, 1962. 2v.).

Em 1958, o fim do governo militar de Rojas Pinilla marcou o início da Frente Nacional (1958-74),[4] período durante o qual os Partidos Liberal e Conservador alternavam-se na Presidência a cada quatro anos e dividiam proporcionalmente a burocracia estatal. A dominação desses partidos sustentava-se sob a aparência de uma ordem institucional, que, num delicado equilíbrio, convivia com o conflito armado, a corrupção, a impunidade e a dura repressão aos protestos de questionamento dessa prolongada dominação. Nesse sentido, afirma Giraldo:

> Apesar de ter sido o início da conciliação dos interesses dos partidos tradicionais e da paz entre estes, este período teve como principais conseqüências a despolitização da sociedade, a ruptura progressiva das relações entre o Estado e a sociedade, a exclusão de terceiras forças políticas que representavam uma tentativa de oposição ou de criação de novos partidos, o crescimento do fenômeno da abstenção, a aparição das guerrilhas e a debilitação das estruturas partidárias. (2007, p.126, tradução nossa)

Essa dinâmica institucional entrelaça-se com a ascensão do crime organizado, cujos recursos e interesses operam no plano da institucionalidade. O envolvimento de agentes do narcotráfico com a política, notório principalmente a partir de fins da década de 1970,[5] é reflexo de alianças das elites colombianas das áreas de maior incidência de violência política com milícias armadas que lhes ofereciam proteção – posteriormente nomeadas *paramilitares*. Tal prática resultou na promoção de paramilitares a postos políticos, em troca de segurança nas propriedades dessas elites, o que contribuiu para a associação do nome dos dois principais partidos à violência, ao narcotráfico e ao paramilitarismo.[6] Atualmente, estima-se que cerca de

---

[4] A trégua foi estabelecida em 1953, com o golpe de Estado do conservador general Gustavo Rojas Pinilla. Entre 1954 e 1958, os líderes dos partidos nacionais começaram a cooperar com o Exército, a fim de suprimir o fenômeno crescente do banditismo nas zonas rurais, nocivo aos interesses econômicos dos *hacendados*. De acordo com Aníbal Quijano Obregón, o novo programa do governo contra a insurgência tinha começado a mudar a natureza da conflagração: de uma guerra civil entre partidos, a orientação de alguns grupos combatentes se voltou mais para a consciência de classe (Obregón, 1967). Assim, embora a intensidade do conflito tenha diminuído desde 1958, os combatentes tinham se aliado contra a oligarquia da Frente Nacional, numa luta crescentemente revolucionária.

[5] Esses vínculos conhecem seu ápice em 1994, quando do escândalo do financiamento de grupos paramilitares à campanha de Ernesto Samper. Os presidentes – Andrés Pastrana e Álvaro Uribe – foram eleitos com campanhas cujas propostas principais giravam em torno do lema da anticorrupção. De acordo com levantamento apresentado por Sanín (2004), feito a partir da imprensa (*El Tiempo*), houve 41 acusações penais contra congressistas relacionadas a vínculos com o narcotráfico durante os anos 1990.

[6] Segundo pessoas vinculadas ao Congresso, o movimento Colômbia Viva, advindo da "bancada uribista" e criado em meados de 2003, é respaldado por grupos das autodefesas, as quais reúnem paramilitares (Bleier & Arévalo, 2004).

35% dos membros do Legislativo estejam envolvidos diretamente com o paramilitarismo.[7]

É somente no fim da década de 1980 que o bipartidarismo colombiano se defronta com a tentativa de emergência de novos partidos à arena política, processo que encontrará respaldo na reforma constitucional de 1991, responsável por mudanças nas instituições políticas colombianas vigentes há quase duas décadas. No que diz respeito aos partidos políticos, o artigo 107 da referida Constituição determinou que todos os colombianos têm o direito de fundá-los, organizá-los e desenvolvê-los, da mesma forma que possuem a liberdade de se afiliar ou retirar-se deles. Além disso, a Constituição também definiu as regras básicas do processo eleitoral, o qual passou a ser inspecionado e organizado pelo Conselho Nacional Eleitoral, e definiu os cargos cujos representantes seriam eleitos por voto direto.[8]

Em decorrência disso, a Colômbia viu um grande aumento no número de partidos e movimentos políticos, os quais chegaram a totalizar 61 (Registraduría Nacional del Estado Civil, 2006.)[9] De modo geral, os motivos que levaram à formação desses grupos podem ser considerados conjunturais: eles resultaram de um espaço criado artificialmente pela Constituição de 1991 e representam diferentes tendências sociais e ideológicas, mas foram incapazes de instalar-se com força no sistema de partidos.

---

[7] Em janeiro de 2006, cinco deputados que pretendiam se candidatar às eleições de março foram expulsos de dois partidos uribistas sob tal acusação. Em março de 2007, além de uma série de outras acusações, foi tornado público um acordo assinado em 2001 por trinta deputados e um dos líderes da AUC, Rodrigo Tovart Pupo, com a finalidade de garantir o controle de diversas regiões por esses políticos e paramilitares, principalmente mediante fraudes e a intimidação de rivais políticos e das autoridades. Salvatore Mancuso, um dos paramilitares envolvidos na série de escândalos que veio à tona na mídia no início de 2007, declarou que "seus amigos incluem 35% do Parlamento, além de 80 comandantes militares" (*Carta Capital*, ano XIII, n.438, 4 abr. 2007, p.35).

[8] Vale ressaltar que, embora a Constituição de 1991 tenha estabelecido a estrutura formal em torno da qual as eleições seriam realizadas, as condições de segurança em algumas regiões do país, em decorrência do conflito armado, tiveram efeito direto sobre a livre apresentação de candidatos nos processos eleitorais, bem como sobre o comparecimento de eleitores habitantes dessas regiões às urnas. Desse modo, parte dos resultados esperados com o advento da nova Constituição – notadamente, a ampliação do acesso de diferentes grupos à disputa política – não foi realizada.

[9] Giraldo (2007) faz interessante análise sobre o sistema de partidos na Colômbia. Pelo fato de a grande maioria desses partidos que emergiram a partir da década de 1990 não ter ocupado postos estratégicos de poder, Giraldo especifica as dificuldades de se classificar o sistema partidário colombiano como "multipartidário" (segundo a conceituação de Sartori). Assim, o autor prefere classificá-lo como "multipartidário atenuado", "no qual coexistem duas forças majoritárias (que controlam uma porcentagem ampla do eleitorado) e um número não depreciável de partidos e movimentos, em sua maioria com pouca participação real no poder (medida em votos e assentos), que em muitos casos têm sua origem nas dissidências dos partidos tradicionais (Liberal e Conservador)" (2007, p.134).

É também importante observar que o advento dessas novas regras, associado aos processos de paz que ocorreram de 1980 a 1991, permitiu a incorporação à arena política de membros das guerrilhas Movimento 19 de Abril (M-19), Exército Popular de Libertação (EPL) e Partido Revolucionário dos Trabalhadores (PRT), reunidos no partido Aliança Democrática M-19, além de membros desmobilizados das Forças Armadas Revolucionárias da Colômbia (Farc), pelo partido União Patriótica (UP). Contudo, ao adquirir visibilidade política, centenas de membros desses grupos – incluindo dois candidatos presidenciais – foram assassinados em fins da década de 1980.[10]

Às práticas recorrentes de violência política somou-se o descontentamento generalizado da população colombiana com a política. As expectativas de que a ampliação da arena política promovida pela Constituição de 1991 resolveria muitos dos problemas do país se defrontaram, ao longo da década de 1990, com o recrudescimento do conflito armado, além de com a ausência de melhoras substanciais nas esferas social, econômica e política. O resultado disso foi o desgaste do sistema democrático e dos partidos políticos. Com efeito, de acordo com o Latinobarómetro 2002,[11] a porcentagem de confiança nos partidos colombianos passou de 29,08% em 1997 a 10,01% em 2002.

A fragmentação partidária na Colômbia, a má gestão de muitos governos e a quebra de expectativas de solução dos problemas estruturais do país mediante a reforma política de 1991 fizeram que muitos colombianos depositassem maior confiança em lideranças personalistas do que em partidos.

Pode-se dizer que Uribe se beneficiou desse contexto do desgaste dos partidos na Colômbia. Dissidente do Partido Liberal[12] desde os primórdios de sua trajetória política, Uribe organizou sua candidatura para as eleições presidenciais de 2002 sob o nome do movimento Primeiro Colômbia. Este caracterizava-se, acima de tudo, pela extrema heterogeneidade política entre seus integrantes, provenientes do Partido Liberal e do Conservador. A partir da vitória de Uribe nas eleições de 2002, essa coalizão passou a ser chamada de "bancada uribista", uma vez tendo apoiado o presidente na maioria dos projetos pelo Executivo. No entanto, esse apoio não se mostrou constante. Exemplo emblemático disso foi o fato de diversos

---

[10] O fracasso da estratégia das Farc de pôr em prática uma dupla estratégia, dotada de objetivos militares (por meio do grupo não-desmobilizado) e política (por meio da UP), levou o grupo a cortar seus laços com a UP e recorrer, novamente, às armas em 1989. Segundo Boudon (1996), essa "amarga lição" fez que as Farc se tornassem mais relutantes a negociações que exigissem cessar-fogo.

[11] Disponível em: <http://www.latinobarometro.org/>. Acesso em 31 jan. 2008.

[12] Quando foi eleito vereador de Medellín, em 1984, Uribe fundou o Setor Democrático. Segundo ele, a intenção era ser "uma dissidência liberal em Antioquia, mas respeitar a organização nacional do partido [Liberal]" (*Semana*, ed. 1047, 26 maio 2002).

congressistas terem criado seus próprios movimentos (como o Novo Partido e o movimento Colômbia Viva) às vésperas da aprovação da reforma política de 2003, levada a cabo pelo presidente. Por esse motivo, alguns analistas afirmam que o único fator que unia na bancada uribista facções tão diferentes era a própria figura do presidente Álvaro Uribe (Bleier & Arévalo, 2004, p.64).

A TRAJETÓRIA ELEITORAL E POLÍTICA DE URIBE

As eleições presidenciais de 2002 assinalaram uma mudança interessante na vida política da Colômbia, já que foi a primeira vez que um candidato não pertencente ao Partido Conservador ou Liberal saiu vitorioso das eleições para a Presidência já no primeiro turno. Embora de origem liberal, Uribe elegeu-se pelo Primeiro Colômbia, movimento dissidente do Partido Liberal (o qual tinha candidato próprio à Presidência, Horacio Serpa Uribe).

Outro diferencial dessas eleições em relação às anteriores foi o fato de não ter contado com um candidato representante do Partido Conservador. Juan Camilo Restrepo, ex-ministro da Fazenda, havia sido escolhido para fazê-lo, mas renunciou à tarefa diante da falta de consenso dentro do partido. Sem um candidato próprio, restou ao Partido Conservador a opção estratégica de respaldar Álvaro Uribe, que à época já liderava as pesquisas de intenção de voto. Apesar de ser um dissidente liberal, a proposta de Uribe de resgatar a autoridade e a ordem para o Estado colombiano se alinhava às propostas do Partido Conservador.

Cabe destacar dois fatores que, certamente, contribuíram para que os eleitores colombianos depositassem no dissidente Álvaro Uribe Vélez a confiança que o elegeria por duas vezes presidente daquele país: sua trajetória política e seu perfil, que serão analisados a seguir.

Trajetória política

Ávaro Uribe Vélez (4/7/1952) afirma ter herdado de sua mãe, Laura Vélez, a veia política (*Semana*, ed. 1108, 27 jul. 2003). Ela foi vereadora pela cidade de Salgar e militou pelo direito feminino ao voto. Seu pai, Alberto Uribe Sierra, foi assassinado em 14 de junho de 1983, durante uma tentativa de seqüestro das Farc em Antioquia.

A trajetória política de Uribe teve início já em 1976, quando foi chefe de Bens das Empresas Públicas em Medellín. Sua projeção política ocorreu em 1982, ao assumir a Prefeitura da mesma cidade.

Entretanto, é o período 1995-97, quando foi eleito governador de Antioquia, que nos fornece elementos mais esclarecedores no que se refere à sua linha política. Muitos deles, inclusive, podem ser interpretados como embriões de futuras políticas do programa de governo de Uribe apresentado nas eleições presidenciais de 2002.

Exemplo emblemático disso foram as chamadas Convivir, definidas como associações de segurança regional, constituídas por cidadãos, que tinham como objetivo reportar ao Exército e à Polícia a presença de delinqüentes ou guerrilheiros nas proximidades. O agravamento do conflito em algumas regiões fez que o então ministro do Interior, Horacio Serpa, autorizasse o porte de armas defensivas a algumas das 48 Convivir instaladas no departamento[13] de Antioquia.

Originalmente apenas uma rede de informantes, essas associações adquiriram, ao longo dos anos, uma função de autodefesa destituída de mecanismos estatais de controle de abusos dessa prática. O Escritório da ONU para Direitos Humanos na Colômbia, a Anistia Internacional, a então prefeita de Apartadó (município desse departamento), Gloria Cuartas, além de outros atores, criticaram publicamente os excessos das Convivir e convidaram Uribe a replanejar sua estratégia. Contudo, Uribe não somente ignorou o pedido como aprofundou as Convivir em Urabá.[14]

Mais do que isso, alguns críticos alertam que tais associações de segurança facilitaram o crescimento do paramilitarismo em Antioquia. Com efeito, a prefeita Cuartas, que vinha desenvolvendo um experimento fundamentado em investimentos sociais em Apartadó, critica: "Sempre [Uribe] defendeu o Exército acima de tudo. A administração de Uribe facilitou o paramilitarismo através de medidas como as Convivir e a declaração de Urabá como zona especial de ordem pública" (*Semana*, ed. 1047, 26 maio 2002).

Como foi visto, o uso de redes de informantes – constituídas, principalmente, por cidadãos colombianos – como tentativa de controle em quadros críticos do conflito armado foi recorrente no departamento de Antioquia. Tal estratégia constituirá, anos depois, um dos eixos da Política de Segurança Democrática, chegando a envolver cerca de um milhão de colombianos (ICG, 13 nov. 2003). Essa linha de política, comum em algumas de suas gestões, foi alvo de diversas críticas, por vincular cidadãos à Força Pública e por não embutir mecanismos que evitassem a utilização dessas redes para acertos de conta pessoais.

---

[13] Análogos aos estados brasileiros.
[14] O município de Urabá vivia situação delicada em função do recrudescimento do conflito armado em princípios da década de 1990. O setor majoritário do EPL havia abandonado as armas como parte da política governamental de reinserção e passou a ser vítima de ataques das Farc. Em resposta à política de extermínio, o EPL ativou seus comandos, e o conflito entrou numa espiral de violência.

Para além das políticas implementadas ou apoiadas por Uribe ao longo de sua carreira política, é inegável que seu estilo de governo e sua obsessão pelo trabalho contribuíram para a construção da imagem de um líder determinado a resolver os problemas do país.

Seu estilo de governo é regido pela crença de que a confiança da população colombiana nas instituições políticas do país pode ser recuperada pelo estabelecimento de relações próximas entre governantes e governados. É nesse sentido que, já em seu primeiro ano de governo, Uribe criou os chamados "conselhos comunitários": aos sábados, Uribe percorre municípios e consulta as populações locais a respeito de suas demandas e expectativas.

Esta e outras iniciativas governamentais são transmitidas em rede nacional (pelo canal oficial: Sinal Colombia), com o objetivo de difundir a imagem de boa vontade e esforço do mandatário para enfrentar os desafios de seu governo. Este também foi o caso do balanço de governo apresentado ao final de seu primeiro ano de mandato: Uribe e os membros de seu gabinete apresentaram, durante cerca de 14 horas, resultados da gestão, além de responder a perguntas enviadas pelo público via internet ou telefone. Essa atitude de dedicação reflete-se em suas afirmações:

> Quando as metas vão sendo cumpridas, sente-se alívio de consciência. Eu não diria orgulho, mas sim alívio de consciência. A única coisa que faz que eu me sinta bem é a satisfação de dever cumprido. Fazer as coisas bem é a única coisa que defende uma pessoa quando seus resultados não são bons. (*Semana*, ed. 1108, 27 jul. 2003).

No plano da segurança, Uribe nomeou-se o "primeiro soldado da Colômbia", o que certamente impingiu expectativas sobre os eleitores de que sua gestão seria uma espécie de "mandato de sobrevivência", cuja maior responsabilidade era resgatar um país extenuado por um conflito de longa duração (Ulloa, 2003, p.100).

> Como resultado, e em contraste com os baixos níveis de popularidade e governabilidade que, por diferentes razões, tiveram seus antecessores Ernesto Samper e Andrés Pastrana, Uribe projetou as imagens de que "há presidente", "o país avança" e "há solução". (Pardo, 2004, p.3)

Campanhas políticas e resultados das eleições

Denominado "Manifesto democrático", o plano de governo de Uribe possuía cem pontos, entre os quais se destacavam: i) a reforma política e administrativa; ii) a luta contra a corrupção; iii) a revolução educativa; e iv) o que Uribe chamou de segurança democrática.

No que diz respeito à reforma política, Uribe pretendia, principalmente, reduzir o número de cargos públicos, política que já havia implementado quando governador de Antioquia.[15]

Diretamente vinculada ao princípio de resgate da autoridade do Estado colombiano é a disposição de Uribe de combater a corrupção. Com efeito, o candidato definiu como um dos grandes lemas de sua campanha presidencial "la lucha contra la politiquería y la corrupción". Ao identificar no Congresso e nos políticos o centro das práticas de corrupção, adotou um discurso antiparlamentário, com o intuito de chamar para si a responsabilidade do governo, pela realização de referendos[16] e do exercício de um "presidencialismo forte" (Sanín, 2004). A posição inflexível adotada por Uribe em relação às práticas corruptas encontra, em parte, êxito em sua contraposição aos escândalos da década de 1990, quando o então presidente eleito Ernesto Samper foi acusado de ter sua campanha financiada pelo cartel de Cali. No entanto, essa proposta foi maculada em fins de 2006 e inícios de 2007, quando lhe foram direcionadas acusações de que sua campanha eleitoral de 2002 teria sido financiada por paramilitares.

Por "revolução educativa" Uribe entendia o aumento do número de escolas primárias e secundárias e o fortalecimento da relação empresa–universidade. De acordo com ele, era necessário incentivar a criatividade empresarial dos estudantes para que seus projetos fossem apoiados pelas pequenas e médias empresas. Uribe pretendia também aumentar os incentivos à pesquisa científica, passando de 0,6 a 1,0 a porcentagem do PIB colombiano direcionado a esta atividade.

Para as eleições presidenciais de 2002, apresentaram-se 11 candidatos, dos quais apenas quatro receberam atenção da opinião pública: além de Uribe, concorreram à Presidência Horacio Serpa Uribe, Luis Eduardo Garzón e Noemi Sanin. Da mesma forma que Uribe, seus planos de governo também enfatizavam a necessidade de reforma do Estado, o combate à corrupção e ao desemprego, mas foi, em grande medida, a ênfase que Uribe depositou na questão da segurança que tornou sua campanha vitoriosa. Assim, os resultados eleitorais de 2002 (ver Tabela 2) ilustram, mais do que qualquer outra coisa, uma aposta dos eleitores colombianos nas propostas de segurança apresentadas por Uribe.

---

[15] Segundo dados oficiais, durante seu governo, Uribe eliminou 8.562 cargos do governo.
[16] O referendo foi realizado em 25 de outubro de 2003 e significou a primeira grande derrota política de Uribe, que, entretanto, não viu sua popularidade abalada. O referendo apresentava 15 questões, entre elas a redução do número de assentos no Congresso em mais de 20%, a obrigação do voto nominal nas votações de deputados, o estabelecimento de um teto para a aposentadoria do funcionalismo, o congelamento dos salários dos 940 mil servidores públicos por dois anos e a demissão de outros oito mil.

Tabela 2 – Resultados das eleições presidenciais de 2002

Candidato	Votos	Votos válidos (%)	Partido ou movimento
Álvaro Uribe Vélez	5.862.655	53,048	Primero Colombia
Horacio Serpa Uribe	3.514.779	31,803	Partido Liberal Colombiano
Luis Eduardo Garzón	680.245	6,155	Pólo Democrático*
Noemi Sanin	641.884	5,808	Movimento Sí Colombia

* Nas eleições de 2002, o Pólo Democrático era uma coalizão constituída pelos movimentos Anapo, Via Alterna, Frente Social y Político, entre outros.
Fonte: Registraduría Nacional del Estado Civil (Colômbia)

Em dezembro de 2004, o Congresso colombiano aprovou a emenda constitucional para tornar possível a reeleição de Uribe. Um dos pontos polêmicos do debate em torno da emenda constituiu a rejeição da proposta para pôr fim à proibição de que prefeitos e governadores se candidatassem à Presidência enquanto seus mandatos estivessem vigentes. Com isso, foi excluído da competição eleitoral de 2006 o então prefeito de Bogotá, Luis Eduardo Garzón, do Pólo Democrático Independente (PDI), que havia ficado na terceira colocação nas eleições presidenciais de 2002 e seria, com grandes chances, indicado pelo partido para o pleito de 2006. Assim, o PDI se uniu à Alternativa Democrática e lançou Carlos Gaviria Díaz como candidato da coalizão de esquerda Pólo Democrático Alternativo (PDA).[17]

Nas eleições de 2006, Uribe obteve 62,35% dos votos já no primeiro turno. Se sua vitória em 2002 significou uma aposta do eleitorado em seu projeto de segurança para o país, os resultados eleitorais de 2006 (ver Tabela 3) podem ser interpretados como o respaldo desse eleitorado à PSD, ainda que em detrimento de garantias às liberdades civis da população.

Tabela 3 – Resultados das eleições presidenciais de 2006

Candidato	Votos	Votos válidos (%)	Partido ou movimento
Álvaro Uribe Vélez	7.397.835	62,35	Primero Colombia
Carlos Gaviria Díaz	2.613.157	22,02	Pólo Democrático Alternativo
Horacio Serpa Uribe	1.404.235	11,83	Partido Liberal Colombiano
Antanas Mockus Sivickas	146.583	1,23	Mov. Alianza Social Indígena

Fonte: Registraduría Nacional del Estado Civil (Colômbia)

Por outro lado, uma análise mais minuciosa revela-nos uma ascensão da esquerda na Colômbia, uma vez que o PDI havia conseguido somente 6,155% dos votos nas eleições presidenciais de 2002, em contraste com os 22,02% dos votos obtidos em 2006, à frente do candidato do Partido Libe-

---

[17] É interessante observar que Gaviria Díaz derrotou Antonio Navarro Wollf, ex-militante do M-19 nas prévias eleitorais da coalizão.

ral, Horacio Serpa Uribe. É importante destacar que mesmo a Colômbia, país que parece ser a exceção quanto a governos de esquerda ou centro-esquerda na América do Sul, parece estar afirmando um movimento da mesma natureza política com a ascensão do PDI.

Ambas as eleições revelaram também outro aspecto significativo, qual seja, os índices elevados de abstenção: em 2002, apenas 46% do eleitorado compareceu às urnas (11.249.734, num universo de 24.208.311 potenciais votantes), e em 2006 registraram-se apenas 45,05% de participação (Registraduría Nacional del Estado Civil, 2008). Mesmo a política dos conselhos comunitários de Uribe, a qual busca aproximar o presidente dos cidadãos – que tem por objetivo, de um lado, aumentar o interesse dos cidadãos pela política e, de outro, mostrar que o presidente está ouvindo os "problemas do povo" e que trabalhará para solucioná-los –, empreendida desde o seu primeiro mandato, não parece ter produzido efeitos nos altos índices de abstenção, os quais põem em questão o nível de representatividade e de legitimidade do sistema político colombiano.

O CONFLITO COLOMBIANO E A SEGURANÇA COMO *SLOGAN* NO PROJETO URIBISTA

Qualquer análise que se proponha compreender os processos políticos na Colômbia não deve se distanciar do fato de esse país enfrentar um conflito de longa duração. A dominação bipartidária e a forte dicotomia campo–cidade, associadas à ordem bipolar da Guerra Fria, constituíram o caldo sociopolítico para o surgimento dos principais movimentos insurgentes na Colômbia, entre os quais se destacaram as Farc e o Exército de Libertação Nacional (ELN). A incapacidade do Estado colombiano de apresentar uma resposta aos projetos revolucionários por meio de políticas de inclusão social e do estabelecimento de maior capilaridade das instituições estatais no território como um todo abriu espaço para o aumento da complexidade do conflito armado, que passou a estar presente no país ora de forma latente, ora manifesta.

No período que coincidiu com o governo de Ernesto Samper (1994-97) as Farc conheceram seu maior crescimento numérico no país – calculava-se em vinte mil o número de efetivos (Restrepo, 2004, p.47) –, chegando até a se viabilizar como uma opção real de poder. Esse avanço político das Farc foi marcado pelo fato de alguns governos da América Latina e da Europa terem permitido que a organização guerrilheira tivesse uma espécie de "representação diplomática". Porém, ao mesmo tempo, esse fato incentivou, paralelamente, o crescimento de grupos paramilitares anticomunistas como as Autodefesas da Colômbia (AUC). Para complementar o quadro dramático, a economia colombiana, que havia conseguido fugir da "década perdida" da América Latina, experimentou sua primeira recessão econômica em setenta anos em fins do governo de Samper (1994-98). Em resumo, o cenário era praticamente de colapso e o país parecia à beira de uma intensa guerra civil.

Da mesma forma que a crise econômica no Equador, que forçou milhares de pessoas a abandonar o país nos últimos anos, o quadro crítico colombiano produziu, desde a década de 1970, cerca de 72.796 refugiados, que buscavam segurança física e institucional em outros países (Acnur, 2007). Além disso, a Colômbia é o terceiro país que mais possui ocorrências de deslocamentos internos: de acordo com a Consultoria para os Direitos Humanos e o Deslocamento (Codhes), o conflito colombiano produziu, de 1985 a 2002, cerca de 2,900 milhões deslocados internos no país.

Os governos de Andrés Pastrana (1998-2002) e de Álvaro Uribe deram início à difícil tarefa de dar legitimidade ao sistema político tanto interna como externamente. Essa problemática passava, necessariamente, pela busca de soluções para o conflito armado de longa duração. Assim, Pastrana fez da segurança interna a prioridade de sua agenda política presidencial, chegando mesmo a afirmar em sua campanha presidencial que iria à selva se encontrar com líderes da guerrilha se isso fosse necessário para alcançar a paz.[18] A gestão de Pastrana foi caracterizada por diversas tentativas de negociação com os grupos insurgentes, quase todas marcadas por um maior número de concessões do governo – que chegou a conceder uma zona desmilitarizada de 42 mil quilômetros quadrados às guerrilhas[19] – do que do lado dos insurgentes.

Em 20 de fevereiro de 2002, as Farc seqüestraram um avião comercial em que viajava o presidente da Comissão de Paz do Congresso e retiveram todos os passageiros. Na mesma noite, o presidente anunciava pela televisão, em rede nacional, o fim do processo de paz. Em contraposição ao cenário doméstico, Pastrana teve mais êxito no aspecto externo, ao restabelecer plenamente as relações com o governo dos Estados Unidos.[20]

---

[18] Conforme discurso proferido em 8 de junho de 1998.
[19] Em julho de 1998, Pastrana encontrou-se com Manuel Marulanda Vélez, líder das Farc, para negociação de um acordo de paz, no qual o governo cedeu à guerrilha uma zona desmilitarizada de 42.000 quilômetros quadrados na região da selva colombiana. Esse acordo fazia parte de um plano de negociações denominado "Cambio para Construir la Paz 1998-2002". Segundo alguns analistas, essa medida de Pastrana permitiu que as Farc se reagrupassem, realizassem treinamento e se armassem.
[20] O governo de Ernesto Samper (1994-98), antecessor de Pastrana, havia sido marcado por relações tensas entre Bogotá e Washington, devido a acusações direcionadas ao presidente colombiano de que sua campanha presidencial recebera financiamento de US$ 3,5 milhões do cartel de Cali. A posição norte-americana de isolar o presidente chegou ao ponto de negar-lhe o visto para os Estados Unidos em julho de 1996. Para mais informações so-

O presidente deixou o governo com a imagem de um líder "fraco" internamente, principalmente devido ao fracasso do processo de negociações com os grupos guerrilheiros. O número de seqüestros, que já vinha em ascensão desde o governo de Samper, aumentou significativamente ao longo da administração Pastrana: dos 2.860 seqüestros registrados em 1998, chegou-se a registrar a cifra de 3.572 em 2000, e houve uma pequena redução no último ano de seu governo, quando aconteceram 2.882 seqüestros (Fondelibertad, 2007). Além disso, em 2001 foram registradas de 1.500 a 2.500 mortes em decorrência do conflito nas áreas rurais do país (ICG, 2007). Foi em dados alarmantes como este que a campanha de Álvaro Uribe Vélez se apoiou, apresentando traços marcadamente distintos do plano de paz levado a cabo pela gestão anterior.

O carro-chefe da campanha presidencial de Uribe em 2002 tem nome específico: Política de Segurança Democrática (PSD), formulada com o objetivo de restabelecer a ordem e a integridade territorial na Colômbia e fortalecer a autoridade do Estado. Para estes fins, a PSD foi concebida sobre três grandes pilares: consolidação do território nacional[21] (com destaque para o papel das Forças Armadas e uma desmobilização dos grupos paramilitares); eliminação do comércio das drogas ilícitas, fortalecendo para isso a política de fumigação das zonas de plantio e combate pelo Exército aos grupos de narcotraficantes; e proteção das fronteiras, mediante acordos com os países vizinhos (Villa, 2005).

Para cumprir esses objetivos, foi preciso incrementar o número de efetivos militares e de unidades policiais, e enviar as tropas a diferentes pontos do país para pressionar as guerrilhas e os grupos de plantadores de coca e narcotraficantes. Por trás dessa estratégia está a idéia de que esses grupos, ao terem cortados os seus ingressos financeiros provenientes do tráfico de drogas, seriam enfraquecidos, uma vez que o governo entende que o narcotráfico corresponde à principal fonte de financiamento das guerrilhas e dos paramilitares. Paralelamente, a PSD tratou de dar proteção militar a oleodutos, como o de Cano Limón,[22] no Arauca colombiano, para evitar que os grupos armados conseguissem arrecadar taxas das empresas responsáveis pela extração do petróleo mediante a ameaça de implosão desses canais.

---

bre as relações entre Colômbia e Estados Unidos durante a administração Samper, ver Crandall (2001).

[21] O núcleo dessa política são as Zonas de Reabilitação e Consolidação (ZRC), que incluem uma presença militar ativa e uma política de coordenação das zonas em conjunto com governadores e prefeitos.

[22] Durante o processo de paz no governo Pastrana, o Exército de Libertação Nacional (ELN) intensificou seus ataques a oleodutos, com o intuito de chamar a atenção da mídia internacional. Calcula-se em torno de cem os ataques a gasodutos na Colômbia. A Companhia Colombiana de Petróleo (Ecopetrol) estima seu prejuízo com a explosão do gasoduto Caño Limón-Coveñas em torno de US$ 201 milhões (ICG, dez. 2003).

Seu objetivo de consolidar o controle do território pelas forças de segurança tem dado sinais de sucesso. Uribe assumiu o governo com a meta de praticamente dobrar o contingente das Forças Armadas para fazer frente aos grupos insurgentes: atualmente, além de ser o quinto maior receptor de ajuda militar dos Estados Unidos, o Exército colombiano possui um contingente de tropas terrestres superior ao de importantes países da região, como Argentina, Brasil e Venezuela (ver Tabela 4).

Tabela 4 – Distribuição dos efetivos dentro das forças singulares (força terrestre)

	Argentina	Brasil	Colômbia	Venezuela
Oficiais	5.531	26.103	7.816	4.500
Graduados	21.274	52.265	28.777	2.900
Tropa	13.656	159.835	171.824	55.950
Total	40.461	238.203	208.417	63.350

Fonte: *Atlas comparativo de defesa na América Latina* (p.112, 139, 151, 299). Disponível em: <http://www.resdal.org>. Acesso em: 7 jun. 2007.

A partir de 2004, a PSD teve seu aspecto militar adensado, com a entrada em cena do Plano Patriota, instrumento que constitui uma fase mais dura da ofensiva militar contra as Farc, com reforço de unidades de inteligência, especialmente nos departamentos de Meta e Caquetá, onde se estima que a guerrilha concentre cerca de 17 mil efetivos.

Dois aspectos devem ser destacados desse Plano: a farta assistência técnica e militar oriunda dos Estados Unidos e a crença do governo Uribe de que com a execução desse plano será possível desarmar as Farc, para que o governo possa, em condições mais favoráveis, dar início às negociações de paz, paralisadas desde o governo Pastrana.

Tal política parece ter tido alguns resultados positivos e de proveito para o governo Uribe. Apesar de as Farc terem empreendido uma ofensiva considerável no início do primeiro mandato de Uribe – que incluiu vários atentados a bombas em Bogotá –, a ampla ofensiva militar deflagrada contra os grupos guerrilheiros, intensificada após o Plano Patriota, produziu dois efeitos principais. Primeiro, o recuo das Farc para um espaço do território mais reduzido que aquele com o qual contava durante o governo Pastrana: em fins da década de 1990, as Farc estavam presentes em 622 municípios (Alves, 2005, p.42); em fins de 2007, estavam confinadas a regiões próximas das fronteiras, como Equador, Peru e Venezuela.[23]

Em segundo lugar, com base em declarações de alguns analistas colombianos, parece que, pela primeira vez em mais de quarenta anos de conflitos, as Farc e o ELN se encontram seriamente enfraquecidos política e

---

[23] *O Estado de S. Paulo*, "Ações de terror enfraquecem as FARC", 30 dez. 2007, p.A12.

militarmente. Como observa Leongomez, "A hora do guerrilheiro heróico, que há tantos anos já passou pela América Latina, começou também sua contagem regressiva na Colômbia" (2004, p.76; tradução nossa). As afirmações de que o governo Uribe teria obtido vitórias no combate aos grupos armados se apóiam em dados como a redução no número de assassinatos, que caíram de 28.837 em 2002 para 18.111 em 2005. Nesse mesmo período, verificou-se queda nos seqüestros de 2.986 para oitocentos (Observatório de Direitos Humanos, 2008). Cabe destacar, entretanto, que órgãos que se dedicam à observação do conflito armado na Colômbia, como o Alto Comissariado para Direitos Humanos da ONU, têm demonstrado preocupação com possíveis omissões relativas às violações de direitos humanos atribuídas às forças de segurança do governo.[24]

Uribe capitalizou esses resultados ao receber um amplíssimo apoio da população colombiana, que acredita que sua política é a grande responsável pela recuperação da legitimidade de um Estado que até 2002 estava à beira do colapso institucional e social.

Mas a PSD também tem sido questionada em alguns aspectos. Por exemplo, as chamadas Zonas de Reabilitação e Consolidação, no marco da PSD, têm sido denunciadas por ONGs de direitos humanos internacionais[25] como responsáveis pela expulsão de populações do sul da Colômbia, pela repressão a movimentos sociais e populares dessas regiões, por perseguições políticas e desaparecimentos.

Além disso, o governo Uribe decretou o "estado de comoção interior", acentuando uma tendência já observada em governos anteriores. Neste, instituições como o Judiciário cedem suas funções judiciais a tribunais militares, que realizam processos sumários e acentuam a prática de tribunais de exceção em nome da luta contra o narcotráfico. Sensibilizada com essas críticas e denúncias de ONGs internacionais, a União Européia (UE), em julho de 2003, aprovou uma declaração de apoio à PSD, mas condicionou esse apoio ao cumprimento por parte do governo Uribe de 27 recomendações da Seção dos Direitos Humanos da ONU em Bogotá (Restrepo, 2004, p.50).

Em 2007, o Congresso dos Estados Unidos tomou talvez sua mais enérgica medida em relação às sistemáticas denúncias de violação dos direitos humanos na administração do presidente Uribe: congelou o pedido do Executivo norte-americano de homologar a assinatura do Tratado de Livre Comércio com a Colômbia até ter garantias de que o governo colombiano mudará sua posição em relação à violação dos direitos humanos.

---

[24] Ver, por exemplo, "Report of the UNHCHR on the situation of human rights in Colombia 2005", do Alto Comissariado para Direitos Humanos da ONU, de 16 maio 2006.

[25] Consultar relatório da Human Right Watch sobre a Colômbia em: <http://hrw.org/reports/2004/childsoldiers0104/5.htm>.

Outro ponto polêmico tem sido a eficácia da política de incorporação à vida civil dos grupos paramilitares colombianos, especialmente das AUC. O governo colombiano aprovou, em 2005, a Lei de Justiça, Paz e Reparação (n. 975/2005), cujo objetivo era "a reincorporação de membros de grupos armados organizados à margem da lei, que contribuam de maneira efetiva para a consecução da paz nacional".[26]

Embora a definição de "grupos armados organizados à margem da lei" abrigasse os grupos guerrilheiros, na prática a lei foi interpretada de forma unilateral, na medida em que o governo Uribe negociou o processo de reinserção apenas com os grupos paramilitares. Enquanto os grupos armados como as Farc e o ELN eram tratados duramente, o governo adotou uma posição mais *soft* em relação aos grupos paramilitares colombianos, aos quais ofereceu a possibilidade de reinserção na vida civil e política, ao mesmo tempo que tramitava no Congresso a lei de alternatividade penal, por meio da qual seriam criados espaços para integrar os paramilitares à vida cívica, colocadas as condições para um cessar-fogo, o desarmamento e, possivelmente, a anistia de seus crimes passados.

Essa atitude ambígua leva a considerar que o governo Uribe tem utilizado os paramilitares como instrumento de consolidação de zonas tomadas das guerrilhas. De outro lado, enquanto Uribe reivindica o qualificativo de grupo terrorista e narcotraficantes para os grupos guerrilheiros aos Estados Unidos e à União Européia, poupa os paramilitares da mesma qualificação. Porém, a Política de Segurança Democrática não eliminou completamente os grupos paramilitares; na realidade, estes têm assumido formas mais descentralizadas de organização e atuação, deslocando-se para fronteiras de países vizinhos, como a Venezuela (ICG, 2007).

A questão da desmobilização dos paramilitares é um dos problemas de mais difícil equacionamento na política do governo Uribe. Primeiro, porque o fenômeno do paramilitarismo na Colômbia está estreitamente vinculado às forças de segurança do Estado, especialmente ao Exército colombiano, desde os anos 1980. Esses grupos também contam com uma representação de deputados e senadores colombianos que assumem suas causas. Como sustenta o cientista colombiano Sanín, "Os paramilitares têm elaborado nos últimos 20 anos uma densa rede de cumplicidade com organismos de segurança do Estado ... e também existem fortes vínculos entre paramilitares e poder político legal – não só autoridades locais e regionais mas também com congressistas e funcionários" (2004, p.68; tradução nossa). Segundo, porque os grupos de guerrilhas e os paramilitares concorrem com o Estado colombiano na realização de diversas funções – em princípio estritamente estatais – e reivindicam autonomia. As Farc, por exemplo, chegaram a possuir o

---

[26] Lei n. 975 de 2005 (25 jul.), *Diario Oficial*.45.980.

domínio legal sobre áreas pobres e rurais, ao passo que os paramilitares se apóiam na classe média.

No que diz respeito à meta de combate às drogas da PSD, também houve resultados questionáveis. O Escritório das Nações Unidas contra Drogas e Crime (UNODC) lançou, em junho de 2006, estudo que demonstra que a área de plantio de coca passou de 8.000 hectares (2004) para 86.000 em 2005, apesar das fumigações de cerca de 138.780 hectares e de erradicações de 31.285 hectares de tais plantios em 2005 (UNODC, 2005, p.10). O cultivo agora se encontra espalhado por todo o país, com um aumento no número de comunidades afetadas pela dinâmica decorrente desse plantio. A estratégia utilizada pelos plantadores consistiu em reduzir o tamanho de seu campo, ou seja, atomizar o que, ao fim da década de 1990, eram campos de porte industrial, com mais de 40 hectares de extensão, com a finalidade de dificultar a identificação dos alvos nas práticas de fumigação. Assim, a extensão média do campo de coca diminuiu de 1.3 hectares em 2004 para 1.13 hectares em 2005 (ICG, 2007, p.11).

Para além disso, esse quadro torna mais sensíveis as relações da Colômbia com os países vizinhos, pois desde o primeiro mandato de Uribe já se observa a (re)migração de cultivos ilícitos para países como Peru e Bolívia. De acordo com especialistas (ICG, 2007; UNODC, 2005), a observação de uma queda na produção de coca na Colômbia, sem repercussões para os vizinhos, somente seria possível por meio da implementação de um conjunto de políticas sociais e de desenvolvimento, além de uma reforma agrária, de modo que permitisse aos pequenos fazendeiros uma forma alternativa de buscar o seu sustento.

No entanto, se o governo Uribe ainda não atingiu satisfatoriamente a meta de unir a fragmentada Colômbia e construir o Estado nacional – o que decorreria do desarmamento dos grupos guerrilheiros e da eliminação ou redução ampla dos grupos de narcotraficantes –, sua principal conquista política tem sido a legitimação doméstica de suas políticas. Cansada de tantos anos de conflito, a população colombiana parece estar disposta a perdoar os imensos custos políticos da solução de Uribe, custos que têm a ver com os excessos da aplicação das políticas repressivas de segurança interna, em detrimento dos direitos humanos de parte da população civil das zonas em que se desenvolvem os conflitos entre o Exército e os grupos guerrilheiros (Villa, 2005).

As últimas eleições, em que Uribe se reelegeu por ampla maioria (62%), apontaram claramente para aquela opção por parte de grandes contingentes da população. Assim como tem ocorrido em outros países andinos, como a Venezuela, mecanismos democráticos como a eleição não têm tido necessariamente resultados de adensamento democrático e de tratamento correto dos direitos humanos. Porém, não se pode negar legitimidade aos resultados.

Luis Fernando Ayerbe

POLÍTICA EXTERNA E SEGURANÇA: AS RELAÇÕES CARNAIS COM OS ESTADOS UNIDOS

Nos dois mandatos de Uribe, a componente externa da estratégia de consolidação e combate aos grupos insurgentes, paramilitares e de narcotraficantes do território colombiano tem sido a continuidade e o aprofundamento das estreitas relações político-militares com os Estados Unidos.

Desde inícios de seu primeiro governo, Uribe teceu uma estreita aliança com aquele país, que incluiu uma declaração explícita de apoio à segunda guerra do Iraque, um amplo *overlap* de posições comuns em organismos internacionais e uma posição bastante similar em relação à luta antiterrorismo internacional após os eventos do 11 de Setembro. Com efeito, como sustenta Restrepo, "Uribe tem colocado toda a política exterior a serviço da segurança" (2004, p.50; tradução nossa). E, embora de imediato tenha obtido importantes êxitos políticos, financeiros e militares, sua estratégia hipoteca as relações internacionais da Colômbia, sobretudo com os vizinhos (Restrepo, 2004, p.50).

Embora caiba ressaltar que a cooperação militar entre Colômbia e Estados Unidos sempre foi intensa desde os dois períodos de Ronald Reagan (1980-88), envolvendo assinaturas de acordos para o fornecimento de equipamentos, treinamento de militares e policiais e presença de assessores estadunidenses, duas condições ajudam a explicar a crença de Uribe na indispensabilidade da "aliança estratégica" com os Estados Unidos para a consolidação do território nacional.

A primeira delas é a forte coincidência de perfis ideológicos entre W. Bush e Uribe, embora tenha sido destacado o caráter mais pragmático do segundo (Coutinho, 2007). Em segundo lugar, embora acredite ser possível vencer militarmente as Farc e o ELN, o governo de Uribe compartilha a idéia que vigorou durante o governo de Pastrana segundo a qual a Colômbia não teria condições internas para resolver por sua própria conta os problemas derivados da atividade dos grupos guerrilheiros e da produção e do tráfico de drogas. Nas palavras de Bonilla, essa percepção firmou-se "na aproximação realista que acompanha as estratégias antidrogas do Departamento de Estado, focalizada na interdição e no controle; nesse sentido [aquelas] não poderiam ser eficazes, porque supõem capacidades que os Estados andinos particularmente não têm" (Bonilla, 2004, p.154; tradução nossa).

Os acontecimentos do 11 de Setembro de 2001 influenciaram fortemente o relacionamento da política externa dos Estados Unidos com a Colômbia e com os países da região andina. Mas algumas das mudanças conceituais, que permitiriam um tratamento global de atores como guerrilha e narcotráfico sob a única categoria "terroristas", já haviam sido amadurecidas anteriormente. Nesse sentido, o ambiente doméstico colombiano projetou grande influência sobre a transição conceitual.

Desde meados da década de 1990, tanto o governo dos Estados Unidos como o colombiano vinham insistindo nos estreitos vínculos entre a guerrilha colombiana e os narcotraficantes. Nas palavras do presidente Ernesto Samper (1994-98), a guerrilha colombiana tinha se "narcotizado" (Samper, 1997, p.96-7), isto é, parte do financiamento da guerrilha das Farc e ELN passou a ter como principal fonte de financiamento "os impostos de guerra" e o pagamento por proteção a plantios, laboratórios e carregamentos dos narcotraficantes. Essa estranha aliança entre guerrilha e narcotraficantes passou a ser incorporada ao vocabulário político dos *policy makers* de Washington e Bogotá como *narcoguerrilha*. Nem mesmo quando a militarização da repressão antidrogas em países como a Colômbia e o Peru tinha como objetivo encoberto o combate às forças guerrilheiras tal objetivo fora colocado de forma tão explícita (Villa, 2005).

A administração W. Bush havia feito um alerta, já no início de seu governo em 2001, sobre a falta de atenção de seus antecessores ao conflito armado na Colômbia. De acordo com a interpretação do governo W. Bush, esse conflito "aliava o marxismo leninista aos benefícios da droga". Para os dois presidentes, estava claro, portanto, que os Estados Unidos deveriam contribuir para acabar com o tráfico de drogas, deter a guerrilha e colocar um ponto final na violência que rondava o país.

Nesse sentido, as administrações de W. Bush e Uribe significaram uma mudança não apenas de ênfase, mas sobretudo de direção no tratamento da questão colombiana, na medida em que o conflito passou a ser visto mais como questão global do que como algo limitado à região andina e aos vizinhos colombianos.

Em 1989, a administração W. Bush implementou a Iniciativa Regional Andina, que direcionava fundos não apenas para a Colômbia, mas também para outros países andinos, além de Brasil e Panamá. Posteriormente rebatizado como Iniciativa Andina Antidrogas (Andean Counterdrug Initiative – ACI, na sigla em inglês), o programa obteve a aprovação no Congresso norte-americano para um orçamento de US$ 700 milhões para 2003 e de US$ 731 milhões para 2004. No entanto, em ambos os orçamentos, a prioridade dada à Colômbia era evidente: 63% dos recursos destinavam-se aos programas de erradicação e pulverização da droga em larga escala, assim como para o treinamento e a compra de equipamentos militares, repartindo-se o restante entre Peru, Bolívia e Equador, nessa ordem.

Dos US$ 731 milhões da ACI, 49% foram enviados para a Colômbia. Do total do fundo para a Colômbia, 36% destinaram-se a propósitos econômicos, sociais e de governança, enquanto os outros 64% para combate às drogas e segurança. No caso do Peru e da Bolívia, a quantia destinada para os setores econômico e social foi significativamente maior – 61% em ambos os países.

Para o ano fiscal de 2003, o governo Bush enviou ao Congresso o pedido de US$ 980 milhões para o fundo da ACI, dos quais 55% destinavam-se à Colômbia. No ano fiscal seguinte, o pedido foi de US$ 990,7 milhões, dos quais US$ 463 milhões eram para financiar os programas de combate às drogas na Colômbia (Perl, 2006). Contudo, em 2002, a ACI contemplava um total de US$ 292 milhões para os vizinhos da Colômbia. O Peru recebeu US$ 132 milhões; e o Equador, e mesmo a Venezuela e o Brasil, países que haviam se oposto às medidas antidrogas dos Estados Unidos na região, receberam, respectivamente, US$ 37 milhões, US$ 8 milhões e US$ 12 milhões (Urigüen, 2005, p.85).

De acordo com Urigüen (ibidem, p.86), no campo das medidas concretas, a ACI: (i) aumentou a assistência ao Peru para se proteger do ressurgimento do cultivo de coca, por meio da interdição e de programas de desenvolvimento alternativo, e respaldar os esforços equatorianos para proteger sua fronteira com a Colômbia; (ii) aumentou os controles fronteiriços da Venezuela e do Brasil, bem como seus sistemas judiciais e seus programas de combate ao tráfico de drogas; (iii) e teve por objetivo que se operasse nos países da região um equilíbrio entre a aplicação da lei, os programas de segurança e o desenvolvimento socioeconômico.

Além de fornecer apoio financeiro aos países da região andina, a ACI possuía objetivos políticos múltiplos, entre eles dar assistência a seus "aliados" (Colômbia, Equador e Bolívia), persuadir os países "duvidosos" (Peru) e pressionar os "opositores" (Venezuela e Brasil). Com isso, desejava-se estabelecer uma política comum contra o narcotráfico na Colômbia. Em termos reais, porém, a iniciativa significou a intensificação da pulverização dos cultivos de maconha, folha de coca e papoula, a proibição de carregamentos destinados aos Estados Unidos e à Europa, a extradição de condenados por narcotráfico e a maior vigilância nos postos fronteiriços a fim de frear a movimentação de supostos terroristas de um país para outro, o que gerava risco à segurança nacional.

Dessa forma, a estratégia de "empurrar para o sul" (*push in Southern*) adotada pelos governos Clinton e W. Bush em direção à Colômbia foi traduzida na criação de três batalhões antinarcóticos na área da selva das províncias de Putumayo, Caquetá e Guaviare. O objetivo era promover uma campanha de interdição e erradicação massiva de áreas de cultivo de folha de coca e papoula, que, a partir de 1992, simplesmente quadruplicaram, pulando de 38.000 hectares para 136.000 em 2000.[27] No entanto, as áreas de cultivo do narcotráfico ampliaram-se para além das fronteiras

---

[27] Essa medida teve sérias conseqüências sobre a população e o meio ambiente, provocando o desaparecimento de mais de 8.100 hectares de floresta tropical.

colombianas, ocasionando sérios problemas aos países vizinhos (Villa, 2005).

De outro lado, dadas as amplas coincidências entre os governos de W. Bush e Uribe em matéria de terrorismo, a ACI apagou qualquer indício de estratégia diferenciada de combate a grupos guerrilheiros, paramilitares e narcotraficantes. Isso ficou evidente no documento *National Security Strategy* (Estratégia de Segurança Nacional, 2002), no que tange especificamente ao caso colombiano: "Reconhecemos, na Colômbia, a ligação entre terrorismo e grupos extremistas que desafia a segurança do Estado, bem como atividades de tráfico de drogas que ajudam a financiar as ações de tais grupos" (*National Security Strategy*, 2002; tradução nossa). Ao mesmo tempo, o discurso do governo colombiano enfatizou o termo terrorista para referir-se aos grupos insurgentes e aos grupos narcotraficantes, pressionando, paralelamente, seus vizinhos para que incorporassem o mesmo tratamento a esses grupos.

A lista de organizações terroristas do Departamento de Estado dos Estados Unidos, de 2001, formada em grande parte por grupos que atuavam no Oriente Médio, considerou quatro grupos armados da América Latina, todos na América do Sul: Farc, ELN e AUC, na Colômbia, e Sendero Luminoso, no Peru. No entanto, desde 1997, o Departamento de Estado elabora uma lista anual, conhecida como Organizações Terroristas no Exterior (Foreign Terrorist Organizations – FTO, na sigla em inglês), para designar as organizações internacionais terroristas vistas como uma ameaça à segurança nacional dos Estados Unidos. Enquanto as Farc e o ELN foram incluídos nas FTOs desde 1997, as AUC só passaram a ser consideradas uma organização terrorista a partir da lista de 2001 (Cronin, 2003).

Em síntese, o Plano Colômbia, a ACI e a estratégia comum das administrações W. Bush e Uribe sobre o tratamento aos grupos armados apontavam para uma nova arquitetura de segurança regional, com especial ênfase na Colômbia. Essa nova arquitetura visava a mudanças conceituais nas concepções da estratégia de segurança nacional que haviam vigorado durante os governos Clinton, das quais a principal é o conceito ampliado de terrorismo, que vai além do que se conhecia por "terrorismo tradicional".

Assim, de acordo com documento do Center for International Policy, antes do 11 de Setembro a administração W. Bush havia começado um "processo de revisão" que considerava a possibilidade de suas políticas de segurança para a Colômbia irem além da luta antidroga, a fim de auxiliar o governo colombiano em sua luta contra a guerrilha e os paramilitares (CIP, 2003). É interessante observar que essa estratégia de revisão conceitual e doutrinária é bastante congruente com a estratégia de minar, mediante a desqualificação moral de terroristas, a legitimidade dos grupos armados que contestam o monopólio da presença do Estado colombiano em âmbito nacional.

CONCLUSÃO

Mais do que um "presidente forte" (Sanín, 2004), Uribe representa um projeto conservador de reconstrução do Estado colombiano, cuja debilidade resulta da ação contínua de fatores desgastantes, como a corrupção, o narcotráfico, a exclusão social e um conflito que já se estende por mais de quatro décadas no país. Os índices de aprovação de Uribe obtidos em seu primeiro mandato ilustram a percepção positiva da população colombiana em geral com relação à disposição de seu presidente eleito de trabalhar com dedicação a fim de resolver os problemas do país, principalmente o problema da violência.

Sua reeleição em 2006, por sua vez, simboliza o respaldo de ampla população às medidas de segurança empreendidas por Uribe, ainda que esta seja aplicada em detrimento do respeito às liberdades civis dos colombianos e dos direitos humanos. Mais do que isso, ambos os resultados eleitorais (2002 e 2006, este último com mais força) significam uma opção dos eleitores colombianos pelas propostas de segurança de Uribe, em detrimento das propostas relativas ao aprofundamento da democracia no país. É nesse sentido que afirma Sanín: "De fato, no início de seu governo, Uribe propôs uma troca entre 'menos liberdades' e 'mais segurança', troca que se expressaria legislativamente no chamado 'estatuto antiterrorista'" (2004, p.61; tradução nossa).

No aspecto da segurança, a gestão de Uribe não tem sido tão linear como em princípio se poderia julgar. Sua política de segurança democrática tem conhecido importantes vitórias nos primeiros anos de seu mandato, como a recuperação de territórios que, até Pastrana, estavam sob o domínio das Farc e a captura de importantes membros desta guerrilha. Para muitos colombianos das cidades e do campo, Uribe tem devolvido a possibilidade de transitar por uma grande parte do território nacional sem estar constantemente ameaçado pela possibilidade de ataques e seqüestros, ou por uma via interditada por uma patrulha da guerrilha ou dinamitada por uma bomba deste grupo. Com efeito, o governo foi capaz de isolar as Farc em algumas regiões e levou o Estado para locais em que os rebeldes faziam a lei.[28]

Quanto aos grupos de narcotraficantes, entre 2002 e 2004 a política de fumigações e interdições conseguiu diminuir significativamente o número de hectares cultivados de folha de coca, além de intensificar a política de deportações para os Estados Unidos de chefes da droga. Quanto aos paramilitares, ainda que a PSD não tenha sido bem-sucedida em paralisar completamente as atividades do grupo, especialmente das AUC, conseguiu uma alta desmobilização deles graças à Lei de Justiça, Paz e Reparação.

---

[28] Ver opinião do cientista político colombiano Pablo Casas, citado na matéria "Ações de terror enfraquecem as FARC", *O Estado de S.Paulo*, 30 dez. 2007, p.A12.

Uribe bem sabe que a presença do poder público em todo o território nacional, mediante políticas de desarmamento, pacificação, combate e desmobilização desses grupos, constitui o ponto-chave da construção do Estado nacional colombiano.

Um olhar mais atento, no entanto, nos permite constatar que o que parece ser o ponto forte da política de Uribe, a PSD, também é seu ponto fraco, devido aos déficits sociais e políticos que acaba gerando. Embora tenha sido responsável pelo recuo dos grupos armados, alguns problemas sociais do país têm recebido pouca atenção. Este é o caso dos deslocados internos, que têm sinalizado uma crise humanitária no país, cuja negligência do Estado tem despertado crescentes preocupações em organismos internacionais, por exemplo o Acnur e suas agências implementadoras. Durante a administração Uribe, o número de deslocados internos não se estabilizou e não diminuiu, pelo contrário: os números são similares aos do Iraque, em torno dos 3,5 milhões (Acnur, 2008). Esses deslocados resultam do conflito interno e das próprias condições de miséria social em que vive uma parte da população colombiana.

O aumento dos plantios de coca a partir de 2005, documentados pela ONU, também questiona a eficácia das políticas de linha dura (interdições e fumigações) que Uribe tem colocado em prática desde que assumiu a Presidência. Soma-se a isso o fato de que os acordos humanitários de intercâmbio de prisioneiros por reféns – que, em princípio, pareciam ser um indicativo de que as guerrilhas têm sentido as pressões da PSD e do Plano Patriota – estão sofrendo, na verdade, um desgaste tanto para a guerrilha como para o próprio Uribe, pois, de alguma maneira, foi o governo da Venezuela que tirou proveito político de uma ação que objetivava colocar as bases para uma futura mesa de diálogo entre o governo e as guerrilhas das Farc.

Também a personalidade intransigente de Uribe é apontada por alguns analistas como risco a uma tendência autoritária, colocando em perigo a já frágil democracia colombiana. Uribe é convicto de que é possível desarmar os grupos guerrilheiros mediante vitória militar e os grupos de narcotraficantes por meio de políticas de interdição. Trata-se de um dilema saber qual será o impacto de suas convicções e das ações práticas que disso derivam sobre as instituições democráticas colombianas. Como aponta Giraldo: "A natureza ainda tradicional da sociedade conduziu a um consenso sobre a democracia; mas, ante a aguda situação política, também se podem consolidar tendências autoritárias, colocando cada vez em maior perigo a democracia construída até hoje" (2007, p.234; tradução nossa). Nesse sentido, embora a Colômbia não seja uma exceção na região andina, o país constitui um exemplo substantivo de como os mecanismos democráticos podem ser aproveitados para resultados nem sempre democráticos.

Ainda que seja verdade, como apontado por Coutinho (2007), que Uribe se inscreve numa tendência de governos pragmáticos sul-americanos, seu problema parece maior que o do restante dos governantes sul-americanos, os quais têm sido classificados na mesma tipologia (Hugo Chávez, Néstor Kirchner e Evo Morales, entre outros). Isso porque na Colômbia a fragmentação política tem se mostrado mais intensa do que nesses outros Estados. A democracia colombiana parece contingencial se precisar depender das atitudes pragmáticas para conter os excessos das atitudes de linha dura do governante colombiano. Isso é reforçado quando levamos em conta que o objetivo principal da administração Uribe tem sido a consolidação do território colombiano, no qual se circunscrevem políticas como a PSD, o Plano Patriota, a Lei de Justiça, Paz e Reparação, o Estatuto Antiterrorista, as políticas militares conjuntas com os Estados Unidos e mesmo todas as manobras políticas para aprovar a emenda da reeleição. O balanço das políticas de linha dura coloca não mais um dilema, e sim um claro saldo a favor da consolidação do Estado nacional – simbolizado nos resultados eleitorais de 2006 –, mesmo a despeito de restrições às liberdades civis ou ao resguardo dos direitos humanos.

No aspecto externo, as iniciativas conjuntas de Colômbia e Estados Unidos, com ênfase na "guerra às drogas" e na "guerra ao terror", também incrementaram algumas pressões regionais, especialmente por parte dos vizinhos andinos. Embora hipóteses mais dramáticas não se sustentem – como a possibilidade do efeito *spill over* do conflito colombiano sobre os territórios de países vizinhos –, o que parece certo é que tanto o Plano Colômbia como a ACI criarão tensões novas para vizinhos andinos. A despeito de ter havido, nos três primeiros anos de implementação do Plano Colômbia (2000 a 2002), relativo consenso de que as plantações de coca haviam diminuído na Colômbia, as fronteiras com Equador, Peru e Venezuela são contíguas das zonas de maior cultivo de coca na Colômbia (a saber, os departamentos de Nariño e Sucumbuios); além de serem regiões de intensa atividade de grupos como as Farc e os narcotraficantes, no caso de Equador e Peru; ou do ELN e de paramilitares, no caso da fronteira noroeste da Colômbia com a Venezuela. No caso do Equador, especialmente na província de Sucumbios, existe uma atividade regular de grupos narcotraficantes, funcionando ali também o 48º destacamento das Farc.

Uma vez em curso o Plano Colômbia e a PSD, os grupos de narcotraficantes e de guerrilheiros têm recuado cada vez mais em direção ao território do Equador e da Venezuela. Sabe-se também que a PSD não eliminou completamente os grupos paramilitares e que estes têm assumido formas mais descentralizadas de organização e atuação, deslocando-se para fronteiras de países como a Venezuela (ICG, 2007). O resultado geral disso é que, para esses países vizinhos, a prioridade nessas regiões limítrofes atingidas pelas políticas conjuntas de Colômbia e Estados Unidos não é a "guerra ao terror" ou a "guerra às drogas", e sim a estabilidade das fronteiras.

Em conclusão, se Uribe obtiver sucesso no combate aos diferentes grupos armados e na luta antidroga e, com isso, conseguir levar a presença do Estado a todo o território colombiano, a sociedade civil colombiana lhe cobrará menos, no futuro, pelo déficit democrático gerado por suas políticas de linha dura – e até descontará as tensões que gera com seus vizinhos andinos, além de justificar as "relações carnais" com os Estados Unidos –, mas, se não obtiver sucesso, Uribe será "só mais um presidente entre tantos outros" e terá contribuído para o aprofundamento do déficit democrático na Colômbia. Se isso ocorrer, o Estado colombiano continuará a ser um Estado não plenamente nacional, no sentido weberiano do termo.

REFERÊNCIAS BIBLIOGRÁFICAS

ALVES, M. C. *Um mandato para a Paz* – o caso da negociação entre o governo de Andrés Pastrana e as Forças Armadas Revolucionárias da Colômbia (1998-2002). Rio de Janeiro, 2005, 145p. Dissertação (Mestrado) – Instituto de Relações Internacionais da PUC-Rio.

BLEIER, E. U., ARÉVALO, C. A. Partidos y sistema de partidos en Colombia hoy: ¿Crisis o reordenación institucional? In: *Partidos políticos en la región andina: entre la crisis y el cambio*. International Institute for Democracy and Electoral Assistance, 2004. Disponível em: <http://www.idea.int/publications/upload/pp_andean.pdf>. Acesso em 31 jan. 2008.

BONILLA, A. Percepciones de la amenaza de seguridad nacional de los países andinos: regionalización del conflicto colombiano y narcotráfico. In: GÓMEZ, J. M. (org.). *América Latina y el (des)ordem global neoliberal*. Buenos Aires: Clacso, 2004.

BOOTH, J. A. Rural Violence in Colombia: 1948-1963. *The Western Political Quartely*, v.27, n.4, dez. 1974.

BOUDON, L. Guerrillas and the State: the Role of the State in the Colombian Peace Process. *Journal of Latin American Studies (Londres, Cambridge University Press)*, v.28, n.2, maio 1996, p.279-97.

CARTA CAPITAL. O uribismo está em crise. Ano XIII, n.438, p. 34-5, 4 abr. 2007.

CIP International Policy Report. "The war on drugs" meets the war on terrorism: The United States involment in Colombia climbs to the next level. Washington DC., fevereiro, 2003. Disponível em: <http://www.ciponline.org/colombia/0302ipr.pdf>. Acesso em 5 fev. 2008.

COLOMBIA.COM. Programa dos candidatos às eleições de 2002. Disponível em: <http://www.colombia.com/politica/presidencia_2002/planes/>. Acesso em 30 jan. 2008.

CONSULTORÍA para los Derechos Humanos y el Desplazamiento (Codhes), 2003. Disponível em: <http://www.codhes.org.co/cifras.php>. Acesso em 30 jan. 2008.

COUTINHO, M. Novos ventos do Sul: um breve ensaio de economia política contemporânea. OPSA. *Análise de Conjuntura (Rio de Janeiro, IUPERJ)*, n.1., jan. 2007. Disponível em: <http://observatorio.iuperj.br/pdfs/26_analises_Novos_ventos_do_sul.pdf>. Acesso em 6 fev. 2008.

CRANDALL, R. Explicit Narcotization: US Policy toward Colombia during Samper Administration. *Latin American Politics and Society (Miami, School of International Studies)*, v.43, n.3, p. 95-120, outono 2001.

CRONIN, A. The FTO List and Congress: Sanctioning Designated Foreign Terrorist Organizations. CRS – Report for Congress. out. 2003. Disponível em: < http://www.fas.org/irp/crs/RL32120.pdf> Acesso em: janeiro, 2008.

DADOS – eleições presidenciais da Colômbia 2002. *Political Database of the Americas. Georgetown University*. Disponível em: <http://pdba.georgetown.edu/Elecdata/Col/pres02.html>. Acesso em 2 jan. 2008.

ESCRITÓRIO DAS NAÇÕES UNIDAS CONTRA DROGAS E CRIME (UNODC). *Colombia Coca Survey 2005*. Organização das Nações Unidas, jun. 2006. Disponível em: <http://www.unodc.org/pdf/andean/Colombia_coca_survey_2005_eng.pdf>. Acesso em 31 jan. 2008.

INTERNACIONAL CRISIS GROUP (ICG). "Colombia: la Política de Seguridad Democrática del presidente Uribe. *Informe sobre América Latina n.6*. Bogotá/Bruxelas, International Crisis Group, 13 nov. 2003. Disponível em: <http://www.crisisgroup.org/library/documents/latin_america/06_colombia__uribe_dem__sec_sp.pdf>. Acesso em 31 jan. 2008.

_____. Los nuevos grupos armados en Colombia. *Informe sobre América Latina n.20*, 2007. Acesso em 2 fev. 2008.

JIMÉNEZ, A. R. Partidos y sistemas de partidos en las democracias andinas. *Nueva Sociedad*, n.51, maio-jun. 2001.

LEONGOMEZ, F. G. Una luz al final del túnel. Balance estratégico del conflicto armado en Colombia. *Nueva Sociedad*, n.192, p.72-84, jul.-ago. 2004.

MELÉNDEZ, C. (eds.). *La política por dentro. Cambios y continuidades en las organizaciones políticas de los países andinos*. Lima: Internacional Idea, 2007.

_____. Colombia: elecciones presidenciales 2002. *ALCEU (Rio de Janeiro)*, v.3, n.6, p. 229-36, jan.-jul. 2003.

MINISTERIO DE DEFENSA NACIONAL. Fondo Nacional para la Defensa de la Libertad Personal (Fondelibertad), jun. 2007. Disponível em: <http://www.antisecuestro.gov.co/documentos/7_16_2007_4_58_07_PM_CifrasHistoricas.pdf>. Acesso em 31 jan. 2008.

NATIONAL SECURITY STRATEGY OF THE UNITED STATES (2002). Disponível em: <http://www.whitehouse.gov/nsc/nss.html>. Acesso em: 10 jan. 2008.

OBREGÓN, A. Q. Contemporary Peasant Movements. In: LIPSET, S. M., SOLARI, A. (eds.). *Elites in Latin America*. Nova York: Oxford University Press, 1967.

OBSERVATÓRIO DE DIREITOS HUMANOS, Vice-Presidência da República da Colômbia. Disponível em: <www.derechoshumanos.gov.co>. Acesso em 31 jan. 2008.

PARDO, R. Vuelve la esperanza: balance y desafíos de la administración de Álvaro Uribe en su primer año. In: Seminário "Conflict and Peace in Colombia: consequences and perspectives for the future", organizado pela Fundación Ideas para la Paz, The Kellogg Institute of the University of Notre Dame e Woodrow Wilson Center. Washington, 22 set. 2004.

PÉREZ M., C. A. Colômbia, Alvaro Uribe e os desafios de um novo sistema de partidos políticos. *Cadernos Adenauer – Promessas e esperanças: Eleições na América Latina 2006 (Rio de Janeiro, Fundação Konrad Adenauer)*, ano VII, n.4., 2006, p.29-38.

PERL, R. *International drug trade and US foreign policy*. CRS – Report for Congress. Nov. 2006. Disponível em: <http://193.43.76.2/pdf/other/ RL33582.pdf> Acesso em: fev. 2008

PROGRAMA DAS NAÇÕES UNIDAS PARA O DESENVOLVIMENTO (PNUD). Relatório *A Democracia na América Latina,* Anexo Compilação Estatística, 2004.

REGISTRADURÍA Nacional del Estado Civil – República de Colombia. Disponível em: <http://www.registraduria.gov.co/>. Acesso em 2 jan. 2008.

RESTREPO, L. A. La difícil recomposición de Colombia. *Nueva Sociedad (Caracas, Editorial Texto)*, n.192, jul.-ago. 2004, p.46-58.

REVISTA *SEMANA*. La gracia es vencer el cansancio. Ed. 1108, 27 jul. 2003. Disponível em: <http://www.semana.com/wf_InfoArticulo.aspx?IdArt=71886>. Acesso em 31 jan. 2008.

_____. Un hombre complejo. Ed. 1047, 26 maio 2002. Disponível em: <http://www.semana.com/wf_InfoArticulo.aspx?IdArt=489>. Acesso em 30 jan. 2008.

SAMPER, E. Ernesto Samper: gobernabilidad sin soberanía no vale la pena. In: ARCHARD, D., FLORES, M. *Gobernabilidad: un reportaje de América Latina.* México: Fondo de Cultura Económica, 1997.

SANÍN, F. G. Ilegalidad y sistema político en Colombia: la agenda de Uribe Vélez. *Nueva Sociedad (Caracas, Editorial Texto)*, n.192, jul.-ago. 2004, p.59-71.

SARTI, I. A conjuntura colombiana nos cem dias de Uribe. OPSA. *Análise de Conjuntura n.1 (Rio de Janeiro, IUPERJ)*, jan. 2007. Disponível em: <http://observatorio.iuperj.br/pdfs/26_analises_Novos_ventos_do_sul.pdf>. Acesso em 2 jan. 2008.

ULLOA, F. C. Álvaro Uribe: Dissidente. *Política Externa (São Paulo, Paz e Terra)*, v.12, n.2, set./out./nov. 2003, p.97-107.

URIGÜEN, H. M. *Colombia y sus vecinos frente al conflicto armado*. Quito: Ediciones Abya-Yala, 2005.

VILLA, R. D. Los países andinos: tensiones entre realidades domésticas y exigencias externas. In: *América Latina a comienzos del siglo XXI – Perspectivas económicas, sociales y políticas.*1. ed. Rosário: Homo Sapiens Ediciones, 2005. v.1, p.141-202.

VILLA, R. D., OSTOS, M. del P. As relações Colômbia, países andinos e Estados Unidos: visões em torno da agenda de segurança. *Revista Brasileira de Política Internacional (Brasília)*, v.48, n.2, p.86-110, 2005.

6. "Esquerda conflitiva" e política econômica: notas sobre Argentina, Bolívia e Venezuela

Carlos Eduardo Carvalho

INTRODUÇÃO

Os governos de esquerda da América do Sul são freqüentemente divididos em dois grupos, os "responsáveis", Brasil, Chile e Uruguai, e os "neopopulistas", Venezuela, Argentina, Bolívia e Equador. Os adjetivos explicitam uma valoração ideológica e política muito clara, ainda mais eloqüente na classificação "esquerda boa" e "esquerda má", atribuída a Jorge Castañeda: governos que respeitam o manual de bom comportamento convencional e governos que não o fazem.

No posicionamento político e ideológico de quem as formula, a avaliação embutida nestas caracterizações pode fazer algum sentido quando se destaca a prática dos governos diante dos conflitos políticos em seus países e também em relação ao quadro internacional. A caracterização se torna pouco nítida, contudo, quando a análise se detém na política econômica.

Dois exemplos são notáveis: na área cambial, as diferenças entre Venezuela, Bolívia e Argentina são enormes; na área fiscal, os três governos apresentam superávits primários, uma das pedras de toque para caracterizar a sacrossanta "responsabilidade fiscal", indispensável para um governo obter o estatuto de respeitabilidade diante dos mercados.

Ainda assim, quando analisadas as orientações mais gerais da política econômica, a distinção se torna forte outra vez: nos países "do mal" há tolerância com a inflação e iniciativas de ruptura e renegociação forçada de contratos, o protagonismo estatal é enfatizado e chega a incluir controle de preços e restrições diversas ao comércio exterior.

Dito de outra forma, a diferenciação dos dois grupos é fraca ou impossível quando se trata de analisar as políticas econômicas básicas ou centrais: a política de juros, a política cambial, a política fiscal. A caracterização é relevante, porém, quando se enfocam as orientações econômicas mais abrangentes, aquelas que constituem paradigmas gerais de política econômica.

A distinção entre políticas básicas e paradigmas gerais está longe de ser consensual, até porque o conceito de paradigma neste caso tem sido utilizado de forma bastante livre. Trabalha-se aqui com a idéia de que os paradigmas de política econômica orientam as políticas específicas, mas não as determinam, deixando espaços consideráveis para a escolha de instrumentos e para opções variadas, todas elas condicionadas, com maior ou menor força, pelas questões centrais que caracterizam o paradigma. Assim, os paradigmas são amplos e fortes para orientar opções estratégicas, mas são também flexíveis para acomodar opções variadas nas políticas econômicas básicas ou centrais.

Este artigo pretende contribuir para a análise dos novos governos de esquerda da América Latina destacando estes dois níveis de exercício da política econômica. O interesse pelo tema se justifica pela necessidade de compreender melhor o que se passa nesses países na área econômica, de modo mesmo que amplie as avaliações sobre a sustentabilidade das políticas, além de avançar na crítica de conceitos muito utilizados na discussão do que se passa no continente, como neoliberalismo e neopopulismo. Neste sentido, o trabalho adota a distinção dos governos de esquerda em "conflitivos" e "amigáveis" no que se refere aos paradigmas de política econômica em que se orientam.

Além desta introdução, o artigo está organizado em mais quatro seções. A próxima discute a distinção entre políticas econômicas e paradigmas de política econômica como um marco analítico fecundo para a análise dos novos governos de esquerda de nossos países. A terceira seção caracteriza o contexto econômico internacional e regional dos últimos anos, em busca de situar os processos em discussão. A quarta destaca os aspectos mais relevantes da política econômica dos governos chamados aqui de "esquerda conflitiva", Venezuela, Argentina e Bolívia – o Equador não foi incluído por ser experiência ainda muito recente. A última seção traz algumas notas finais.

UM MARCO ANALÍTICO PARA A ANÁLISE COMPARADA DE POLÍTICAS ECONÔMICAS: PARADIGMAS GERAIS E POLÍTICAS ESPECÍFICAS

A trajetória das políticas econômicas em diferentes países da América Latina nas últimas décadas reforça a pertinência de distinguir dois terrenos: a) as políticas econômicas entendidas em sentido restrito, que podem ser chamadas de políticas econômicas básicas ou centrais: a gestão dos juros e da moeda, o resultado fiscal perseguido, o regime cambial; e b) os paradigmas econômicos gerais, as grandes orientações abrangentes que condicionam as políticas específicas, mas sem lhes impor formas únicas e predefinidas.

A experiência destes anos confirma que os paradigmas gerais são muito fortes e têm peso suficiente para influenciar fortemente as políticas específicas. Ao mesmo tempo, os paradigmas são também flexíveis o bastante para comportar políticas que acomodam necessidades e demandas próprias de cada país, decorrentes de seu contexto histórico e das circunstâncias nacionais e regionais nas quais o paradigma geral é assimilado e desenvolvido.

A fecundidade deste esquema se evidencia na análise do período de hegemonia neoliberal da segunda metade dos anos 1980 até o início da década atual. O conceito de neoliberalismo é vago e utilizado com pouco rigor. No que se refere à política econômica, pode-se dizer que o paradigma neoliberal consiste em: prioridade absoluta para os direitos do capital; ocultamento da relações capital–trabalho e responsabilização do indivíduo diante do capital; despolitização da política econômica, tratada como técnica universal; abertura de novos espaços para a valorização do capital, como a previdência e a saúde; responsabilização dos países dependentes pela eclosão de crises financeiras (Carvalho, 2004, p.135-6).

Como se sabe, a orientação liberalizante vinha ganhando força no continente desde os anos que se seguiram à eclosão da crise da dívida externa, em 1982-83, e foi sintetizada e potencializada no chamado Consenso de Washington, de 1989. As recomendações ali contidas, porém, não iam além de proposições de caráter genérico e abrangente: "solidez" macroeconômica, governo "eficiente" e menor, maior espaço para o setor privado, políticas para redução da pobreza.

Apesar de muito vagas, as orientações se revelaram fortes o suficiente para consolidar o novo paradigma econômico, ao qual a maioria dos países latino-americanos já havia aderido naquela altura ou estava na iminência de fazê-lo. A simplicidade e a vagueza facilitaram a aceitação do novo paradigma, mas sua força vinha de outra vertente: as teses eram simples, mas estavam fortemente vinculadas às opções das elites e dos governos, o que permitia legitimá-las, permitia transformá-las em um discurso obrigatório e incontestável. Tais orientações, porém, conviveriam com políticas econômicas variadas nos anos seguintes.

Na área cambial, por exemplo, o Chile conservou a política de estabilizar a taxa de câmbio real, praticada desde meados dos anos 1980, enquanto a adesão da Argentina ao consenso neoliberal conduziu à adoção do regime de câmbio fixo ultra-rígido em 1991, a chamada conversibilidade. Ainda nos anos 1990, o Brasil ensaiou um regime de câmbio flutuante nos primeiros meses do Plano Real, para logo voltar a um modelo de bandas deslizantes com metas de câmbio real, semelhante ao que o México adotava desde o fim dos anos 1980. Este modelo foi abandonado pelo próprio México em 1995, depois da crise cambial de dezembro de 1994, substituído pela flutuação, escolha feita também pelo Brasil na seqüência da crise cambial de 1998-99, enquanto a Argentina manteve o câmbio ultra-rígido até a explosão catastrófica de 2001-02.

Divergências substanciais apareceram também em outros terrenos relevantes da política econômica. O Brasil praticou juros reais muito altos até 1999, enquanto a Argentina manteve juros baixos para facilitar a expansão econômica acelerada, tida como fundamental para contornar os efeitos negativos da valorização do câmbio real. A carga fiscal permaneceu baixa na Argentina, subiu um pouco no Chile, enquanto no Brasil o crescimento foi contínuo.

A privatização na Argentina foi conduzida de modo intempestivo, sob forte pressão da grave crise cambial e fiscal dos anos 1988-90, sem preocupações regulatórias e sem dotar o estado de mecanismos de regulação. O Brasil privatizou lentamente, conservou a companhia de petróleo e os bancos comerciais e de fomento federais, além de preservar os grandes fundos parafiscais e as instituições a eles associadas.

Mais singular ainda foi o caso chileno. Além de ter privatizado amplamente as empresas estatais na seqüência do golpe militar de 1973 e continuado a fazê-lo na década seguinte, o Chile conservou a grande estatal do cobre, a Codelco, e passou a utilizá-la amplamente desde meados dos anos 1980 como instrumento de política econômica. O uso dos recursos gerados pela Codelco foi subordinado a conveniências de regulação macroeconômica e de estabilização das receitas e dos gastos públicos, por meio de um grande fundo de estabilização, o que favoreceu a utilização de políticas compensatórias e de programas de fomento a setores escolhidos, como os novos produtos de exportação, escolha que constituía um dos pecados mortais do antigo desenvolvimentismo.

Estas diferenças, contudo, apesar de muito significativas, não diminuem em nada a força do paradigma codificado pelo Consenso de Washington.

O conceito de paradigma, no sentido aqui utilizado, é pouco preciso e necessita de delimitação mais rigorosa. As análises de Fanelli, Frenkel e Rozenwurcel (1993) apontam a vagueza do Consenso de Washington em relação às necessidades das políticas de estabilização, deixadas a cargo das fórmulas antigas do FMI, mas no sentido de que as duas formulações pareciam tratar de questões distintas, ou de tempos distintos da política econômica. O sentido aqui proposto é diferente: são processos simultâneos, tratam de níveis distintos dos mesmos problemas.

O conceito foi adotado em análises do populismo de meados do século XX, discutindo se havia ou não um paradigma populista de política econômica característico destes governos e destes processos políticos. Para Dornbusch & Edwards (1989), o paradigma econômico do populismo era claro e podia ser definido com precisão: defesa incondicional do crescimento econômico e da distribuição da renda, sem preocupações com os riscos de inflação, com o déficit público, com os déficits fiscais, com as restrições externas e com as reações dos agentes econômicos diante de atitudes políticas agressivas.

Contudo, as evidências de que práticas típicas do populismo conviviam bem com políticas econômicas neoliberais, como em Fujimori e Collor, enfraqueceram esta associação e levaram alguns autores a defender que não existe esta relação e que se trata de dois fenômenos distintos (Lodola, 2004, p.14-5). Para Torre (2004, p.91), "a maioria dos estudiosos atualmente conceitua o populismo como um fenômeno eminentemente político cujo vínculo com fenômenos econômicos é um problema empírico que precisa ser explicado". Outros autores utilizam o conceito de paradigma de modo apenas indicativo, sem atribuir a ele nenhuma relevância analítica.

O sentido aqui adotado é de que os paradigmas mostram sua vitalidade e sua força por conseguirem dar espaço para a adoção de políticas econômicas distintas, necessárias ou convenientes em situações específicas, sem que isso descaracterize seus traços fundamentais ou impeça que estas políticas sustentem seus objetivos maiores.

No chamado período de hegemonia neoliberal na América Latina, nos anos 1990, é evidente que havia parâmetros comuns orientando a política econômica em quase todos os países do continente: abertura externa, desregulamentação financeira, privatização e outros, apesar das variações acentuadas em políticas específicas.

A flexibilidade e a vagueza dos paradigmas constituem elementos essenciais para que tenham força e não são sinais de debilidade. Se o paradigma neoliberal fosse rígido, como poderia acomodar a necessidade do Chile de manter a indexação em operações financeiras, com o objetivo de desindexação do Plano Real, que era justamente desindexar? Ou como acomodar a mudança do México para o câmbio flutuante, em 1995, quando a Argentina queria radicalizar a conversibilidade e o Equador caminhava para a dolarização oficial?

A história econômica da América Latina mostra também a convivência de dois paradigmas durante quase dez anos, de meados da década de 1970 até os primeiros anos após a eclosão da crise da dívida externa. O paradigma desenvolvimentista, industrializante, mantinha sua força no Brasil do II PND e no México dos primeiros anos da *bonanza petrolera*, mas no Cone Sul já estava em curso o primeiro ensaio do que seria o neoliberalismo em política econômica, com os experimentos liberalizantes das ditaduras do Chile, da Argentina e do Uruguai.

Neste paradigma liberalizante havia razoável semelhança nas políticas econômicas específicas, calcadas no chamado enfoque monetário do balanço de pagamentos, e o desfecho foi também semelhante, com as graves crises cambiais e financeiras de 1981-82. A saída da crise, contudo, conduziu a caminhos distintos. Depois da quebra, a Argentina tentou retornar ao paradigma anterior, com o governo Alfonsín, enquanto o Chile modificou aspectos essenciais da política econômica para manter o paradigma liberalizante: elevou por alguns anos as tarifas sobre as exportações, mas sem restabelecer níveis diferenciados, e logo voltou a reduzi-las; abandonou o câmbio fixo e adotou a política de câmbio real estável. Além disso, o governo chileno passou a utilizar ativamente as receitas da grande empresa estatal do cobre para fazer políticas fiscais anticíclicas, por meio de um fundo de estabilização em que era retido o excesso de receitas dos momentos de alta do cobre, de modo que evitasse a valorização do câmbio e o superaquecimento da economia, receitas que poderiam ser liberadas para uso do Tesouro para estabilizar o gasto público e fortalecer a demanda interna em momentos de baixa do preço do cobre ou de enfraquecimento da atividade econômica.

BONANÇA MUNDIAL E DESGASTE DO NEOLIBERALISMO: ELEMENTOS PARA PENSAR OS PARADIGMAS ECONÔMICOS DOS GOVERNOS DE ESQUERDA DA AMÉRICA LATINA

O contexto em que surgiram e evoluíram os governos de esquerda da América Latina resulta de três processos de largo alcance que se desenvolveram em paralelo nos últimos anos. O mais recente dos três é o momento excepcionalmente positivo da economia mundial a partir de 2003, decisivo para ampliar a margem de manobra e a capacidade de escolha de políticas por parte dos governos da América Latina. Esta situação foi particularmente favorável para aqueles que integram o grupo aqui classificado como "esquerda conflitiva", oferecendo-lhes um ambiente econômico favorável para os processos que os levaram ao poder e que procuram orientar para forte conteúdo de transformação política e institucional.

Outros dois processos anteriores à configuração do contexto externo positivo favorecem os governos de esquerda: o forte desgaste das políticas neoliberais dos anos 1990, com poucos benefícios para a maioria da população e taxas de crescimento em geral baixas, e o sentimento de unidade dos países latino-americanos, favorecido pelas frustrações com a conduta dos países centrais e dos organismos multilaterais. A compreensão das relações entre estes movimentos é indispensável para a análise das escolhas de política econômica dos países do continente.

A frustração com os resultados das reformas liberalizantes e as políticas dos governos neoliberais nos anos 1990 teve origem nas evidências de poucos benefícios econômicos para a maioria da população, ao lado do crescimento baixo e instável na maioria dos países. O desgaste se acentuou com as sucessivas crises cambiais e financeiras, desde o episódio mexicano de 1994-95 até a implosão Argentina de 2001-02, todos com forte legado de desemprego, recessão e piora das condições de vida da maioria da populalção.

Esta frustração estava na origem da eleição de Hugo Chávez na Venezuela, em 1998, o marco inicial da formação dos novos governos de esquerda no continente. O sentimento se espalhou nos anos seguintes e levou sucessivamente à eleição de governos originados da oposição, alguns vindos de antigos partidos de esquerda consolidados, outros resultantes de movimentos sociais formados ao largo dos partidos ou em oposição frontal a eles.

De um modo geral estes novos governos tinham poucos planos específicos e concretos para mudar a política econômica de seus países. Alguns nasceram com o firme propósito de "refundar o Estado" ou ao menos de implodir o sistema de partidos existente, e pouco mudaram na política econômica praticada, limitando-se a medidas imediatas de distribuição de renda ou de reforço das políticas sociais. Outros foram compelidos a improvisar uma política econômica nova, no calor de crises catastróficas, caso por excelência da Argentina. Outros ainda se limitaram a manter a totalidade da política econômica anterior e a mover-se com a máxima cautela, para conquistar a confiança dos mercados financeiros e do grande capital, caso por excelência do Brasil.

O segundo processo surgido na década passada é o sentimento reforçado de unidade latino-americana, impulsionado pelas frustrações com a atuação hostil ou indiferente dos países ricos e do FMI nas crises, além de pelas dificuldades com as regras de comércio e com a instabilidade dos fluxos de capitais. Um exemplo da força deste sentimento está na rapidez com que foram absorvidas as frustrações provocadas pela indiferença do governo brasileiro diante das dificuldades vividas pela Argentina com a crise de 2001-02 e mais ainda com os esforços do governo Kirchner para levar a desfecho favorável a renegociação unilateral da dívida externa.

Ressalte-se que pela primeira vez este sentimento de unidade incluiu forte componente de defesa da democracia e das liberdades fundamentais e de repúdio a golpes e rupturas das regras institucionais, o que tem sido decisivo para a sustentação de governos reformistas em países tradicionalmente instáveis, como a Bolívia.

Por fim, a estes dois processos veio se somar o momento excepcionalmente positivo da economia mundial a partir de 2003, com um cenário de crescimento do comércio e grande liquidez nos mercados financeiros (ver Cintra & Cagnin, 2007; Cunha, 2006). Na base deste movimento está o crescimento vigoroso e simultâneo das economias da Ásia, em especial da economia chinesa, e das economias centrais, em especial dos Estados Unidos. Este processo gerou forte aumento da demanda mundial por *commodities*, com elevação de preços e aumento contínuo de quantidades, o que beneficiou bastante a maior parte dos países da América do Sul, tanto de forma direta, pela elevação de preços e receita com a exportação de seus produtos primários, como de forma indireta, com o aumento do comércio regional e da demanda por produtos industrializados ou semimanufaturados por diversas áreas econômicas (ver Blázquez-Lidoy, Rodríguez & Santiso, 2006; Jiménez & Tromben, 2006).

Outro movimento fundamental na economia mundial foi o aumento inusitado da liquidez e da propensão ao risco, o que ampliou muito a capacidade de captação de recursos e de financiamento por parte de governos tidos como pouco confiáveis pelo grande capital. No caso do Brasil, por exemplo, além da boa vontade explícita com os mercados, este movimento favoreceu a entrada vigorosa de recursos, processo que aconteceria em seguida com a Argentina, mesmo com o episódio de moratória e renegociação unilateral dos títulos privados. No caso de Brasil e Argentina, embora estejam em blocos distintos entre os "conflitivos" ou "amigáveis", as avaliações de risco tornaram-se próximas em tempo bastante curto.

PARADIGMA E POLÍTICAS ECONÔMICAS DA "ESQUERDA CONFLITIVA"

Uma análise rápida da política econômica seguida nos três países aqui destacados nos anos recentes indica a conformação de um novo paradigma, distinto tanto do que prevaleceu no período neoliberal como do que é observado nos governos da chamada esquerda "boa", notadamente no Brasil e no Chile.

Neste, uma caracterização sumária indica os seguintes componentes básicos:
– tolerância com a inflação, mas com superávits fiscais significativos;
– ruptura dos contratos como instrumento de política econômica possível, mas não sistemático, com objetivos diversos: fortalecer empresas estatais, aumentar receita fiscal, reduzir pressões inflacionárias, além de objetivos políticos;

– ampliação do protagonismo estatal na política econômica: direcionamento da inversão, valorização das estatais, controle de preços, controles sobre câmbio e comércio externo;
– despreocupação com "ganhar credibilidade dos mercados", ao lado de discurso favorável ao investimento privado.

Este conjunto de elementos pode ser considerado suficiente para caracterizar um paradigma específico, no sentido aqui discutido, e consegue, em certa medida, explicar os motivos de os três países serem considerados um grupo no que se refere a sua política econômica, embora haja grandes diferenças entre elas, como se verá logo adiante.

Este conjunto de orientações de política econômica não pode ser caracterizado como populismo econômico, no sentido usual que se deu ao termo na América Latina: não há desequilíbrio fiscal nem emissão monetária para financiar o gasto público; a solvência externa está preservada, embora com regimes cambiais distintos; a valorização do câmbio real ocorre apenas na Venezuela, foi evitada na Bolívia e na Argentina, embora nesta última a inflação crescente possa ter comprometido esse objetivo.

Na ausência de denominação mais precisa, propõe-se aqui a expressão "esquerda conflitiva" em relação às orientações gerais de política econômica, acentuando o traço de enfrentamento com os mercados e com as regras de comportamento recomendadas pela orientação prevalecente. Em oposição a essa designação, teríamos o paradigma da esquerda *market friendly*, em que se encaixam bem os governos de Brasil, Chile e Uruguai.

Segue-se uma exposição dos traços básicos das políticas econômicas nos três países, na ordem cronológica em que os governos de esquerda se instalaram em cada um.

Venezuela

Na sua fase inicial, a forte conflitividade do governo Chávez em relação ao quadro institucional e político da Venezuela não incluía a política econômica. "Con la notoria excepción de la política petrolera, durante los primeros años de gobierno no hay una propuesta integral de modelo de desarrollo ni una política económica que sea consistente con el radicalismo del discurso político" (Lander & Navarrete, 2007, p.13). Ao contrário, a marca de continuidade e a preocupação com a estabilidade macroeconômica deram a tônica inicial.

Embora a ascensão de Chávez estivesse ligada diretamente à sucessão de graves crises econômicas no país desde os anos 1980, o conflito com o sistema anterior não envolveu as políticas econômicas básicas, tidas como indispensáveis para manter a solvência externa e dar fôlego fiscal para os projetos do novo governo (Barros, 2006, p.218-20). A opção pela continuidade e pela ortodoxia pode ser atribuída à falta de clareza sobre o que fazer, mas também ao cenário de crise em que o governo assumiu:

> Dada la profundidad de la crisis económica, las orientaciones básicas de las políticas macroeconómicas son bastante ortodoxas, con prioridad a los equilibrios macroeconómicos y un énfasis al control de la inflación. Ejemplificando este enfoque, Maritza Izaguirre, ministra de Finanzas del último año del gobierno de Caldera, permanece en esta función. Esta orientación se encuentra en el *Programa Económico de Transición 1999-2000* emitido por el gobierno, donde se hace énfasis en la estabilización macroeconómica "como condición *sine qua non* para el desarrollo de políticas sectoriales dirigidas a propiciar una reactivación económica sobre bases sólidas y permanentes. ... Las acciones específicas de la estabilidad monetaria, financiera y cambiaria tiene su pivote central en una prudente política fiscal signada por reformas tributarias, ajustes de gastos, de tarifas y precios de los bienes y servicios públicos". A pesar de que se insiste políticamente en la necesidad de revisar y renegociar la deuda externa, ésta se paga con rigurosa puntualidad y en el primer año el gobierno mantiene sus compromisos con el FMI que había adquirido el gobierno de Caldera. ... no se solicitan nuevos préstamos al FMI, evitando de esa manera nuevas negociaciones, condicionalidades y supervisiones. (Lander & Navarrete, 2007, p.14)

Neste período inicial, a política econômica conseguiu alguns êxitos importantes na redução da inflação, mas o investimento privado declinou fortemente. A ação de governo se concentrou na atuação perante a Opep para garantir a recuperação dos preços do petróleo e nas iniciativas para atrair investimentos externos. Os juros ficaram altos, o setor financeiro conseguiu ganhos elevados e a dívida pública subiu (ibidem).

O conflito interno progressivamente se concentrou no controle das receitas da PDVSA, o que contribuiu decisivamente para os graves acontecimentos de 2002-03 – o golpe de Estado malsucedido, o locaute da grande empresa estatal e a destituição de grande parte do seu corpo diretivo. A partir daí a política econômica foi reorientada, apoiada fortemente na utilização ativa das rendas geradas pela empresa de petróleo.

Um marco desta nova etapa é a limitação da receita apropriada pela PDVSA em US$ 26 por barril, destinando-se o restante a um sistema de fundos geridos pela Presidência, caso do Fonden e do Fondespa (Barros, 2006, p.229). Com base nestes recursos, o governo aproveitou a forte elevação das receitas para expandir o gasto público, em especial os gastos sociais. O gasto total subiu para 30% do PIB em 2006 e o gasto social saltou de 8,2% do PIB em 1998 para 13,6% do PIB em 2006 (Sisov e BCV), e passou a representar 44% do gasto total (contra 34,7% em 1998).

O aumento do gasto e os efeitos do locaute e das crises políticas elevaram a inflação para níveis em torno de 20% ao ano desde então. Ainda assim, os juros foram reduzidos e passaram a níveis reais negativos quase sempre desde então, sem que a política monetária fosse acionada para tentar frear a demanda, evidente nos problemas quase contínuos de desabastecimento de vários produtos (Weisbrot & Sandoval, 2007, p.20).

A partir de 2005, o governo optou pelo câmbio fixo como instrumento de regulação econômica e de redução da inflação, ao mesmo tempo que foram enfatizados os instrumentos de controle cambial criados por ocasião da crise de 2003. A centralização do câmbio foi instituída em fevereiro de 2003, com a criação da Comissão de Administração de Divisas (Cadivi), que passou a administrar o fechamento dos contratos de câmbio e a emissão de licenças de importação. Mesmo com o alívio progressivo da situação das contas externas, com a forte elevação dos preços do petróleo, os poderes da Cadivi foram mantidos até agora, ao lado do câmbio fixo (Espíndola, 2007). O ágio no mercado cambial paralelo chegou a mais de 200%, cotação apontada como um dos motivos para manter o câmbio nominal valorizado e o controle cambial.

A relação com o capital privado tornou-se crescentemente contraditória nos últimos anos. A forte conflitividade política e as menções enfáticas ao socialismo foram acompanhadas por iniciativas como a estatização do canal de televisão e de empresas de energia elétrica, até os recentes conflitos da PDVSA com a Exxon. As taxas de crescimento foram muito elevadas desde o fim dos conflitos de 2002-03, e o governo tem priorizado a diversificação da economia, de modo que reverta a tradicional dependência do petróleo com atrofia dos demais setores produtivos que caracteriza a economia venezuelana desde meados do século XX.

Argentina

Uma das singularidades da experiência argentina é que a gravíssima crise de 2001-02 levou à formação progressiva de uma política econômica inteiramente nova em relação ao período anterior, da conversibilidade. Esta política se formou a partir da ruptura drástica e unilateral de contratos: o bloqueio dos depósitos bancários e sua conversão forçada em pesos a um câmbio fixado pelo governo; a moratória da dívida externa com agentes privados; e a alteração dos contratos com concessionárias de serviços públicos que haviam adquirido empresas estatais nas confusas privatizações do início do governo Menem.

> Así, junto con el abandono de la Convertibilidad se produjo el *default* de una parte de la deuda pública. Pero no fue esa la única alteración contractual. Se mantuvo el "corralito" y se convirtieron a pesos – aunque a diferentes tipos de cambio – los créditos y depósitos en moneda extranjera. También se pesificaron a 1 peso por dólar las tarifas de los servicios públicos privatizados durante los años noventa, las cuales habían sido fijadas en dólares con un esquema de indexación que seguía

> la inflación norteamericana .... En efecto, una vez que elmercado cambiario fue unificado y el tipo de cambio empezó a flotar, el gobierno decidió convertir a pesos la mayoría de los contratos domésticos pactados en moneda extranjera (créditos bancarios, tarifas de servicios públicos, alquileres, etc.) a 1 peso por dólar, neutralizando los efectos cambiarios sobre la hoja de balance de la mayoría de los deudores en moneda extranjera. (Rapetti, 2005, p.5-6)

A partir deste processo tumultuado e de enorme conflitividade política, o governo Kirchner retomou grande mobilidade no manejo dos instrumentos econômicos e acentuou o intervencionismo, inclusive como forma de legitimação.

Um componente de grande importância foi a distribuição de renda mínima para todos os lotes de desempregados, medida de emergência que operou na forma keynesiana típica em um país afundado em gravíssima recessão. O aumento da renda permitiu a saída rápida da recessão e grande apoio ao governo, e ao mesmo tempo elevou a receita tributária. Apesar da forte desvalorização do câmbio na crise, a inflação declinou rapidamente, para níveis em torno de 4% ao ano, e o superávit fiscal passou a ser tratado como instrumento básico para controle dos preços e para sustentar a política monetária de juros reais baixos (Damill, Frenkel & Maurizio, 2006, p.12-20).

Definiu-se então uma política cambial até certo ponto assemelhada ao que fez o Chile de 1984 a 1997: meta de câmbio real estável e desvalorizado para induzir as exportações e manter o equilíbrio externo, em um contexto de conflito com os credores privados e grande dificuldade de obter financiamento de qualquer tipo.

A pressão inflacionária advinda da recuperação dos preços das *commodities*, em 2004, enfrentada no Brasil com juros reais muito altos, foi tratada na Argentina com uma política de acomodação e diluição progressiva. Foram criadas restrições quantitativas às exportações de carne, controles de preços de diversos itens e redutores nos reajustes de tarifas de serviços públicos.

> Entretanto, juntamente com o governo, o Banco Central, que, diga-se de passagem, é independente, pelo menos em tese, tem agido de modo pragmático a combater as tendências inflacionárias da Argentina, que são, na maioria das vezes, pressões no lado dos custos, e não na demanda. O Banco Central basicamente anuncia metas para agregados monetários visando coordenar as expectativas dos agentes e trabalha juntamente com o governo, seguindo a política de Kirchner. Atualmente o governo tem feito acordos com as principais redes de supermercados visando manter os preços de bens da cesta básica sob controle. Além disso, o transporte público e insumos como combustível são subsidiados. Nota-se que o controle inflacionário se dá também pelo lado da oferta, e não apenas pela demanda.
> ... o Banco Central argentino mostra-se ortodoxo para o resto do mundo ao se declarar independente do governo e também ao utilizar as metas de agregados monetários como condutor de expectativas inflacionárias, porém, juntamente com

o governo, a manutenção de um câmbio desvalorizado via intervenções constantes no mercado de câmbio e em setores produtivos da economia mostra o pragmatismo presente nesta política ... (Lauar & Cunha, 2007, p.18-9)

Vale ressaltar que o governo não abandonou a defesa das medidas de ruptura dos contratos, seja com o FMI e com os credores que não aceitaram a renegociação de 2003, seja com as empresas estrangeiras, mas insiste sempre na recuperação do investimento externo.

O ritmo de crescimento acelerado, em torno de 8% a 9% ao ano, fez que já em 2005 o PIB recuperasse todas as perdas sofridas com a longa depressão iniciada em 1998. O surgimento de pontos de estrangulamento na oferta e as pressões crescentes sobre os preços não levaram o governo a definir uma política antiinflacionária específica. Os problemas do governo com a divulgação dos índices de preços oficiais gerou grande desconfiança de que a inflação corrente esteja próxima a 20% ao ano, embora os índices apontem níveis pouco superiores a 10%.

Bolívia

O início do governo de Evo Morales na Bolívia foi marcado por graves conflitos políticos e pela orientação geral de "refundar o Estado", com grande destaque para a recuperação do controle sobre os recursos naturais. A estatização do gás e do petróleo foi promovida com a ruptura de contratos com empresas estrangeiras, tidos como ilegítimos pelas condições em que tinham sido assinados com os governos anteriores. Em paralelo a todo esse clima de conflito, a política econômica foi mantida em seus pontos básicos e vem sendo conduzida de forma cautelosa.

As relações entre conflitividade política, ruptura de contratos e política econômica "cuidadosa" são muito singulares na trajetória do governo Morales. As nacionalizações no gás e no petróleo garantiram o superávit fiscal elevado, da ordem de 4% do PIB. Esta folga fiscal permitiu o aumento do gasto social e, ao mesmo tempo, acirrou o conflito do governo central com os governos regionais, de oposição, fortemente centrado na disputa pela apropriação deste excedente fiscal gerado pelos conflitos do governo com as empresas estrangeiras. Não por acaso, a grande maioria das análises publicadas sobre o governo Morales aborda os conflitos políticos sem referências à política econômica, a qual também não ocupa lugar de destaque nas violentas disputas em torno das propostas políticas do governo.

As políticas econômicas básicas têm sido conduzidas de forma bastante cuidadosa: foram mantidas, e esta continuidade não parece ameaçada por mudanças abruptas, já que seu manejo cuidadoso é tido como essencial para os objetivos centrais do governo:

> el alto desempeño económico en 2006 esta asociado a una conjunción de factores, donde no solo ha influido la buena suerte manifestada por el favorable entorno externo que se expresó en los elevados precios de los productos de exportación ... y las elevadas remesas desde el exterior, sino en especial ha contribuido la aplicación de la nueva economía política o economía de lo posible que ha combinado, por un lado, la ejecución de buenas políticas simbolizadas en el adecuado manejo de la política monetaria, cambiaria, fiscal y financiera y, por otro lado, el trascendental cambio político, expresado por un nuevo gobierno que aplicó un viraje sustancial en particular en el sector hidrocarburos el cual contribuyó a una reversión estructural de una crónica situación de déficit fiscal a una de superávit en 2006 y, probablemente, a una de tendencia al equilibrio fiscal en los próximos años. ... Con base en este enfoque, aún cuando el entorno externo podría ser menos benigno en los próximos años, las bases de una buena política fiscal y monetaria junto al cambio estructural, en particular en el sector hidrocarburos, nos permitirá mantener una tasa de crecimiento favorable y, lo más importante, distribuir los frutos de este crecimiento en forma más equitativa ..., asignando a la diversificación de la estructura productiva y asegurando el beneficio de las generaciones futuras. (Udape, 2006, p.7-8)

O Banco Central opera para manter o câmbio real estável, de modo que preserve o comércio exterior e o nível de preços. A orientação de preservar o câmbio real estável era seguida na Bolívia havia anos, justificada em grande parte pela dolarização elevada:

> En materia cambiaria, el rol del BCB es velar por que el tipo de cambio real sea competitivo, pero congruente con un entorno de inflación baja y estable. La dolarización de la economía boliviana implica que los precios de muchos bienes y servicios se denominen o tomen como referencia la moneda extranjera, por lo que son afectados por variaciones en el tipo de cambio. En el caso de los bienes transables también son afectados por la inflación externa. Por lo tanto, la política cambiaria tiene mayores repercusiones en los precios de la economía boliviana que en otros países. ... Por más de veinte años, Bolivia ha adoptado el régimen de tipo de cambio deslizante (*crawling peg*). ... Este régimen se ha adoptado principalmente por el alto grado de dolarización de la economía boliviana, en especial del sistema financiero. (Banco Central de Bolivia, 2007)

Apesar da intensa conflitividade política, os dados de meados de 2007 mostram aumento contínuo de demanda pela moeda boliviana e por depósitos em bolivianos, indicador de confiança no Estado: os depósitos dolarizados no sistema financeiro caíram para 73%, contra quase 95% no início de 2003, e os empréstimos dolarizados recuaram para 85% do total, contra cerca de 98% quatro anos antes. Este movimento tem sido induzido também pela administração do mercado cambial pelo BC, de modo que encareça as operações de compra e venda de dólar pelos agentes privados, mantida a liberdade de transação.

Em 2006, primeiro ano de seu governo, a inflação manteve-se pouco acima de 4% ao ano, mas subiu para 11,73% em 2007, elevação atribuída às enchentes que causaram diversos problemas de oferta de bens de consumo. As autoridades econômicas optaram por tratar a alta da inflação de forma progressiva, sem choques de juros, na expectativa de que o movimento se diluiria progressivamente.

O crescimento econômico foi de 4,63% em 2006 e recuou para 4,03% no terceiro trimestre de 2007. A Bolívia mantém assim a singularidade de ser o único dos três países que apresenta taxas de crescimento modestas, inferiores à média do continente. O governo atribui grande relevância à atração de investimentos para o setor energético, já que a empresa estatal tem dificuldades de promovê-los sozinha na escala desejada.

NOTA FINAL

As políticas econômicas seguidas pelos governos de esquerda na Venezuela, na Bolívia e na Argentina apresentam diferenças consideráveis quando analisadas em si mesmas, o que impediria qualquer tentativa de classificar estes três países em algum modelo comum, como fazem as tentativas de defini-los como "neopopulistas" ou "esquerda má". As políticas seguidas podem ser mais bem entendidas se considerados os problemas específicos que estes governos enfrentaram em seu início e também as peculiaridades nacionais.

Contudo, a observação das orientações mais gerais indica sim a presença de um paradigma comum, o qual orienta diversas opções de políticas econômicas específicas – como a tolerância com a inflação e a conflitividade com o capital e os mercados, o que dificulta a recuperação da taxa de investimento. Na falta de uma definição mais precisa, propôs-se aqui denominá-lo paradigma da "esquerda conflitiva", pela relevância deste traço específico.

REFERÊNCIAS BIBLIOGRÁFICAS

BANCO CENTRAL DE BOLIVIA. *Boletín Informativo*, n.159, ano 14, jun. 2007. Disponível em: <www.bcb.gov.bo>. Acesso em 8 fev. 2008.

BARROS, P. S. Chávez e petróleo: uma análise da nova política econômica venezuelana. *Cadernos Prolam/USP (São Paulo, Prolam/USP)*, ano 5, v.2, p.209-37, jul.-dez. 2006.

BLÁZQUEZ-LIDOY, J., RODRÍGUEZ, J., SANTISO, J. ¿Ángel o demónio? Los efectos del comercio chino en los países de América Latina. *Revista de la Cepal (Santiago)*, 90, dic., p.17-43, 2006.

CARVALHO, C. E. O governo Lula, triunfo espetacular do neoliberalismo. *Margem Esquerda (São Paulo)*, n.3, p.131-46, 2003.

CINTRA, M. A. M., CAGNIN, R. F. Evolução da estrutura e da dinâmica das finanças norte-americanas. *Econômica (Rio de Janeiro, UFF)*, v.9, n.1, p.89-131, jun. 2007

CUNHA, A. M. Estratégias periféricas sessenta anos depois do acordo de Bretton Woods. *Revista de Economia Política (São Paulo)*, v.26, n. 4 (104), p. 483-501, out.-dez. 2006.

DAMILL, M., FRENKEL, R., MAURIZIO, R. *Macroeconomic Policy Changes in Argentina in the Turn of the Century*. Institute for Labor Studies of the ILO, 2006, 62p. (principalmente as seções de 1 a 3).

DORNBUSCH, R., EDWARDS, S. *The economic populism paradigm*. National Bureau of Economic Research, Working Paper 2986. 1989.

ESPÍNDOLA, N. O. *Restrições às exportações e controle de câmbio: a CADIVI na experiência venezuelana recente*. São Paulo, 2007. 42p. Monografia (Conclusão do curso de Relações Internacionais) – PUC/SP.

FANELLI, J. M., FRENKEL, R., ROZENWURCEL, G. Crescimento e reforma estrutural na América Latina: Onde estamos? In: ZINI, Á. (org.). *O mercado e o Estado no desenvolvimento econômico dos anos noventa*. Brasília: Série IPEA 137, jun. 1993, p.229-89.

JIMÉNEZ, J. P., TROMBEN, V. Política fiscal y bonanza: impacto del aumento de los precios de los productos no renovables en América Latina y el Caribe. *Revista de la Cepal (Santiago)*, 90, dic., p.61-86, 2006.

LANDER, E., NAVARRETE, P. *La política económica de la izquierda latinoamericana en el gobierno: Venezuela*. Amsterdam, Havens Center, Rosa Luxemburg Stiftung, Transnational Institute, Informe 2007/02, 2007, 55p.

LAUAR, V. G., CUNHA, P. H. F. *A recuperação da economia argentina: origens, dinâmica e desafios*. São Paulo, Sociedade Brasileira de Economia Política (SEP), Anais do XII Encontro Nacional de Economia Política, 2007.

LODOLA, G. Neopopulismo e compensações aos perdedores da mudança econômica na América Latina. In: NEOPOPULISMO na América Latina. Rio de Janeiro: Fundação Konrad Adenauer, 2004. p.13-44.

RAPETTI, M. *La macroeconomía argentina durante la post-convertibilidad: Evolución, debates y perspectivas*. Observatorio Argentino del Programa de Graduados en Asuntos Internacionales en la New School University. Economics Working Group Policy Paper n.5. 2005.

TORRE, C. Polarização populista e democracia no Equador. In: NEOPOPULISMO na América Latina. Rio de Janeiro: Fundação Konrad Adenauer, 2004. p.91-120.

UDAPE. *Economía y política económica 2006*. La Paz, Unidad de Análisis de Políticas Sociales y Económicas (Udape). Dez. 2006, 40p. Disponível em: <www.udape.gov.bo>. Acesso em 8 fev. 2008.

WEISBROT, M., SANDOVAL, L. *La economía venezolana en tiempos de Chávez*. Washington D.C., Center for Economic and Policy Research (CEPR). 2007, 26p. Disponível em: <www.cepr.net>.

7. A AMÉRICA DO SUL NA ENCRUZILHADA DA SUA HISTÓRIA: FRAGMENTAÇÃO, ALTERNATIVAS POLÍTICAS E OPÇÕES A PARTIR DA PERIFERIA[1]

Carlos Oliva Campos

Marcada talvez pelo que tem se tornado, para alguns analistas, uma sentença histórica, a América do Sul foi considerada uma área marginal dos principais acontecimentos internacionais, o que acabou por diminuir seu peso geopolítico global. É provável que tal interpretação provenha, em primeiro lugar, do relativo isolamento gerado pelo sistema hemisférico de dominação imposto pelos Estados Unidos. Mas não se pode desconhecer outro fator que agravou muito mais esse relativo isolamento, porque no balanço de prioridades regionais desse país, por razões tanto geopolíticas como geoeconômicas, a América do Sul se viu relegada a um segundo plano com respeito à denominada Bacia de Caribe-México, América Central e Caribe. Defendendo essa distinção, envolvido no eterno debate sobre a importância da América Latina para a política externa dos Estados Unidos, Abrahan Lowenthal foi categórico em afirmar:

> Como aplicar a tese da irrelevância para a sub-região que inclui ... México, América Central e ... Caribe, cuja integração funcional aos Estados Unidos não fará mais do que se incrementar nos próximos anos? Esta área, que representa apenas um terço da população total da América Latina e do Caribe, concentra quase a metade do investimento norte-americano na região, representa mais de 70% do comércio interamericano, quase 60% da presença bancária norte-americana na América Latina e por volta de 85% da imigração latino-americana nos Estados Unidos. (2006, p.71)

---

[1] Tradução do espanhol, Julia Souza Ayerbe.

É válido lembrar que, à medida que vai se consolidando o Tratado de Livre Comércio da América do Norte (Nafta), com reafirmação de sua dimensão altamente estratégica para os Estados Unidos, foram se ajustando sucessivos mecanismos de controle sobre a área. Depois do balanço da primeira década deste acordo tripartite, conseguiu-se a assinatura do Tratado de Livre Comércio para América Central e República Dominicana (Cafta-DR, em inglês); e também em 2005 se criou um novo mecanismo de segurança regional, a Associação para a Segurança e a Paz da América do Norte (Apan) (Preciado & Hernández, 2006). Isto significa, para Lowenthal, um reforço dos esquemas de controle sobre a área, considerando que "a Bacia do Caribe e o Cone Sul se movem em sentidos opostos em relação aos EUA, enquanto ... os países andinos também seguem um caminho diferente" (ibidem, p.71).

Mas essas percepções não provêm somente de especialistas estadunidenses; e muito menos devemos acreditar que seja alheia aos principais centros de pensamento sul-americanos. Em relatório elaborado em setembro de 2004, o então vice-ministro das Relações Exteriores do Brasil, Samuel Pinheiro Guimarães, escreveu: "A América do Sul, especialmente a área ao sul da Colômbia e da Venezuela, tem um grau diferente e de menor prioridade no contexto da política externa dos EUA e de sua estratégia como um todo, o que pode ser um feito positivo para as aspirações políticas do MERCOSUL". No entanto, o experimentado diplomata não deixa de assinalar:

> Todos os outros grandes atores estratégicos estão mais distantes geograficamente da região dos EUA e tendem a consolidar e a aceitar a América do Sul como uma zona natural de influência dos EUA. A América do Sul está também na "área psicológica de influência" dos EUA na medida em que suas elites tradicionais, numa atitude que revela uma mistura de oportunismo, medo, submissão e admiração, aceitam o "direito" estadunidense à hegemonia mundial e regional. (p.3-4)

Mas qualquer análise que pretenda se aproximar da realidade sul-americana contemporânea não pode desconhecer que, em tanto seja parte da totalidade que conforma o subsistema América Latina, foi igualmente impactada por grandes mudanças sociopolíticas desde o fim do século XX. A América do Sul foi e é o cenário de grandes lutas sociais, em que índios, desempregados, sem-terra, estudantes, profissionais e trabalhadores em geral protagonizaram acontecimentos de tal magnitude que, entre outras conseqüências, custaram o cargo a seis presidentes no Equador, na Argentina e na Bolívia. Pelo voto nas urnas, emergiu uma nova liderança política regional, expoente de um amplo arco-íris que percorre desde a "centro-direita" até a esquerda considerada mais radical. Estes novos líderes, desde seus projetos políticos, têm pactuado com o poder tradicional – com maiores ou menores prerrogativas – ou entrado em conflito direto com a institucionalidade estabelecida, gerando uma complexa convivência da qual devem emergir todas as opções e respostas que a América do Sul, como região, precisa para reverter tanto a imagem como a realidade dessa marginalidade dentro do sistema internacional.

Procurando ordenar as próximas reflexões, avança-se como hipótese de trabalho que os países sul-americanos, para assumir a vontade política de trabalhar coletivamente a fim de construir um Estado regional, devem encontrar soluções ao menos para três desafios cruciais: a tendência à fragmentação regional; a necessidade de conviver num clima de pluralismo ideológico; a interpretação do tema das lideranças como uma fortaleza para a coletividade, empregando-a em função do objetivo comum.

Certamente, o fato de não mencionarmos os Estados Unidos não significa o desconhecimento dos níveis de influência que podem exercer sobre os países sul-americanos. A diplomacia presidencialista, o concerto político com as mais importantes chancelarias e a definição de determinados papéis táticos com países escolhidos foram os principais mecanismos habilitados pelos Estados Unidos para enfrentar os desafios existentes.

Talvez essa estratégia possa ser mais bem apreciada depois da polêmica turnê do presidente Bush por alguns países latino-americanos em março de 2007. Para além do impacto do tema biocombustíveis e da não-inclusão da Argentina na viagem, o certo é que

> uma tendência que surge da "nova agenda" é que a diplomacia de Washington está expressamente orientada a trabalhar com diferentes países sul-americanos (Chile, Colômbia, Peru, Brasil, Argentina) em função das suas preocupações. ... No âmbito sul-americano, claramente não tem um interlocutor único com o qual Washington possa compartilhar suas preocupações pela radicalização e as ameaças à governabilidade. (Burdman, 2007, p.3)

No entanto, seria um grave erro assumir, depois da leitura da hipótese formulada, que os Estados Unidos tiveram êxito ou definiram uma estratégia política que lhes assegura esse êxito. Ainda que pareça evidente que estão bem identificados os problemas, contemplados os recursos e mecanismos por meio dos quais acreditam que podem atingir seus objetivos políticos, não se pode dar por superados os perigos de retornar às velhas "receitas" intervencionistas de sempre, sobretudo se consideradas as mudanças no mapa político sul-americano. Uma leitura da história da política externa estadunidense pode nos dizer que a radicalização dos processos políticos em curso e a consolidação de uma articulação regional de projetos alternativos aos seus interesses, no meio de uma eventual grande crise internacional que Washington deva enfrentar, contêm todos os ingredientes para uma possível reação desse país.

Luis Fernando Ayerbe

A AMÉRICA DO SUL NA POLÍTICA EXTERIOR DA ADMINISTRAÇÃO DE GEORGE W. BUSH

É quase impossível, para não absolutizar, que uma administração estadunidense fique isenta do questionamento sobre a importância que concede à América Latina como região em sua política exterior global. E mesmo que a leitura dos acontecimentos aponte efetivamente a refletir uma perda progressiva da importância estratégica da América Latina, sobretudo a partir do pós-Guerra Fria, por não estar incluída entre as regiões priorizadas, o assunto despenca por falsos abismos. Vejamos o problema de três perspectivas. A primeira é a ponderação entre o prioritário e o permanente. O prioritário pode ou não ser conjuntural, o permanente, como seu nome o indica, sempre está incluído, mesmo que não seja uma prioridade. Evitando emergir nas velhas lições históricas dos Estados Unidos, em particular nas de suas relações com a América Latina, não percamos de vista, ao menos, um elemento essencial: a credibilidade da hegemonia estadunidense começa por sua posição no hemisfério. Do contrário não se entenderia que a América Latina teve alta prioridade quando da "crise dos mísseis" – em outubro de 1962 – e durante a crise na América Central nos anos 1980. Entendendo as diferenças e as complexidades de cada caso, ambos expressavam um problema essencial, os Estados Unidos, potência hegemônica e nação líder do mundo capitalista, só seria confiável se fosse capaz de pôr ordem em seu "quintal".

Como afirmou José Miguel Insulza: "não é equivocado dizer que a América Latina e o Caribe não estão dentro das prioridades da política externa da administração Bush. Mas é um erro sustentar *a priori* que isso implique uma perda de importância ou inclusive que essa posição menos saliente tenha um efeito negativo nas relações do nosso país com os Estados Unidos" (2005, p.1).

É verdade que em numerosas ocasiões, e hoje é assim, a América Latina não aparece entre as regiões priorizadas. Tampouco por países, como é demonstrado numa lista de prioridades que descreve Insulza: Iraque, Afeganistão, Coréia do Norte, Irã, Palestina e Israel, China e Taiwan, Rússia e Sudão Ocidental (Darfur) (ibidem, p.1). No entanto, Laura Calrsen considera que, "com todos os olhos postos no Oriente Médio, a região seguirá sendo uma arena para intervenções em *crises ad hoc*, com Cuba e Colômbia como pontos focais opostos" (2005, p.1).

Tal afirmação da autora não deve ser vista como exagerada. Cuba foi considerada durante a Guerra Fria uma ameaça à segurança nacional dos Estados Unidos, devido à sua ativa presença internacional, em particular no chamado Terceiro Mundo. Era o principal aliado da União Soviética nestas áreas. Com o pós-Guerra Fria, Cuba passou a ser etiquetada como um assunto doméstico, devido à perda de suas alianças estratégicas com o desaparecido campo socialista, deixando de ser percebida como uma ameaça à segurança nacional. A direção política do assunto Cuba ficou mais condicionada e ao acionar o *lobby* do Congresso e outras instâncias políticas conseguiu uma influência direta sobre o Executivo estadunidense. Portanto, Cuba não é uma prioridade da política externa medida em termos convencionais, mas é objeto de um tratamento particular por instâncias criadas para tal efeito pelo presidente dos Estados Unidos. Em suma, é um caso pendente sob atenção permanente. Mesmo que, para além do que possam acreditar na Flórida, seja o assunto Cuba uma dívida com a racionalidade histórica do sistema de dominação hemisférica, a solução do conflito dependerá das decisões que, em seu momento, assumir a Casa Branca.

A Colômbia, por sua vez, é o terceiro receptor mundial de assistência militar proveniente dos Estados Unidos, depois de Israel e Egito, e representa o único reduto seguro de confrontação armada no hemisfério. Como é objeto de atenção por sua participação no narcotráfico internacional, sua localização geográfica torna mais complexo o caso, devido a sua vizinhança com Venezuela, Equador e Bolívia.

Laura Carlsen destaca as posições adotadas pela secretária de Estado, Condolezza Rice, durante audiência perante o Comitê de Relações Exteriores do Senado, em que reafirmou as posições assumidas desde os primeiros quatro anos de governo; reiterou

> sua ofensiva contra Cuba e criticou severamente a Venezuela de Hugo Chávez. O Brasil foi citado como um sócio crítico, o México foi visto como um ator-chave para fortalecer a competitividade global do bloco do NAFTA, os países andinos qualificados de região vital com muito potencial e o governo colombiano de Uribe elogiado como um modelo de cooperação exitoso. (2005, p.2)

Como conclusão, a América Latina se manteve sempre presente para os Estados Unidos, com oscilações entre percepções de normalidade e de crise, muito bem delimitadas uma da outra, porque, como bem afirma Insulza, "quando um país ou uma situação são olhados como prioridade, existe uma atenção maior das autoridades, mas ao mesmo tempo essa tensão se dá sob o prisma da crise" (2005, p.2).

Portanto, se bem que seja importante para uma região ou país ser considerados uma prioridade da política externa dos Estados Unidos, mais importante ainda é que esse nível de prioridade não venha marcado pela crise. Depois dos lamentáveis acontecimentos do 11 de Setembro de 2001 nos Estados Unidos, seu governo realizou uma exaustiva análise para determinar as ameaças terroristas que enfrentavam em todas as áreas do mundo. Para o caso da América Latina e do Caribe, a primeira dificuldade era a ausência quase total, com a conhecida exceção da Colômbia, de conflitos armados no hemisfério. O segundo problema é que, mesmo que os guerrilheiros colombianos recebessem o qualificativo de terroristas, para efeitos práticos isso não deixou de ser parte do discurso político tradicional; assim, não podiam ser classificados no critério de "terroristas de alcance global", como a Al-Qaeda.

No entanto, é conhecido que as autoridades estadunidenses realizaram investigações, sobretudo na área da chamada Tríplice Fronteira de Argentina, Paraguai e Brasil, historicamente identificada com o contrabando de mercadorias e múltiplas operações ilegais. Mesmo assim, em relatório dado a conhecer pela Biblioteca do Congresso dos Estados Unidos, reconheceu-se que o governo não havia conseguido uma informação fidedigna que demonstrasse a presença organizada da Al-Qaeda na Tríplice Fronteira, assim como negava-se a existência de planos terroristas na região. A única coisa que se pôde comprovar foi a existência de pessoas que arrecadam fundos para o Hamas e a Hezbollah, organizações das quais não se conhecem vínculos com a Al-Qaeda; além de não operarem fora do Oriente Médio (Kahhnat, 2006, p.1).

Após estas reflexões, aparece ao menos a dúvida sobre como localizar a América Latina na política externa da segunda administração Bush. Uma interpretação aceitável é a que nos oferece Isabel Jaramillo, que nos propõe considerar a existência de dois níveis diferenciados, o primeiro vinculado à estratégia geral da política externa do país, o segundo determinado pelo que a autora denomina interesses imediatos e conjunturais, de caráter político, econômico ou comercial (2006, p.4). É neste segundo nível que se desenvolvem as relações que serão analisadas. Aqui surge a pergunta: como entender hoje o conjunto de políticas dos Estados Unidos com relação à América do Sul?

Enfrentando a abordagem do tema pelo ângulo de percepções convencionais, ou seja, de "normalidade" e de "crise", o único país que poderia reunir os requisitos para ser qualificado como um foco de crise é a Colômbia, dado o empenho particular dos Estados Unidos neste país, devido ao peso que, como ameaça à segurança nacional, pode assumir o conflito armado, que envolve o tema do narcotráfico e as políticas aplicadas em primeiro lugar no Plano Colômbia, posteriormente no chamado Plano Patriota, ambos com reconhecido impacto não só para a Colômbia como para toda a região andina.

Certamente, pode-se estabelecer uma distinção bastante clara entre a área andina e o Cone Sul para os Estados Unidos, tanto pelos diferentes pesos específicos das relações como por sua situação geral atual. Como bem destacam Bonilla & Paez, "... o arco andino segue sendo a região latino-americana com maiores níveis potenciais de conflito, em termos estratégicos para Washington" (2006, p.128). No entanto, como bem refletem as estatísticas, essa área não foi uma das mais favorecidas pelas relações com os Estados Unidos. Segundo os autores mencionados:

Os interesses das sociedades andinas e de seus Estados têm muito pouco impacto nas decisões dos Estados Unidos. Atualmente, a região andina conta com menos de 13% do PIB latino-americano, enquanto ... a sua população é de 22%; recebe menos de 10% dos investimentos estadunidenses e representa menos de 13% do intercâmbio comercial dos Estados Unidos ao sul do Rio Grande. (ibidem, p.128)

Como entender esse alto nível potencial de conflito dos Estados Unidos com a área andina? Segundo nossa perspectiva, devido à presença de projetos políticos que se consideraram alternativos aos dos tradicionais governos aliados a Washington. O governo boliviano do líder indígena Evo Morales, o governo que encabeça no Equador Rafael Correa e, especialmente, o governo venezuelano encabeçado pelo presidente Hugo Chávez são ingredientes claramente conflitivos para o país.

Mas a natureza das preocupações dos Estados Unidos com os países do Mercosul – Argentina, Brasil, Paraguai e Uruguai – é de outra índole, em particular depois da solicitação e da aprovação inicial – ainda à espera de ratificação pelos Congressos do Brasil e do Paraguai – do ingresso da Venezuela neste esquema de integração. Esta solicitação foi favorecida por uma conjuntura política muito particular. No Brasil, Luiz Inácio Lula da Silva, líder histórico do Partido dos Trabalhadores (PT), assumiu a presidência do país em janeiro de 2002. Na Argentina, a crise estourou com todo o rigor conhecido, com Carlos Menem tentando tirar o maior proveito do caos e o velho sistema partidário procurando a "ave fênix", que finalmente viria com Néstor Kirchner, governador peronista da província de Santa Cruz. No Uruguai, a Frente Ampla negociava com outras forças políticas para deslocar do governo a esgotada maquinaria partidária tradicional. Enquanto isso o Paraguai, sempre dono do maior anonimato, se dirigia igualmente para uma mudança de governo. Este quadro não poderia deixar tranqüilo o governo estadunidense, com a maior atenção fixada, como seria de esperar, no Brasil e na Argentina.

Mas a evolução dos acontecimentos levou a uma redução considerável das preocupações de Washington. De fato, os novos líderes políticos de Brasil, Argentina e Uruguai triunfaram com programas de governo de "esquerda" – no mais amplo e flexível sentido do termo – que defenderam em suas plataformas de política externa perspectivas de relações com os Estados Unidos qualificadas de maduras e pragmáticas. Rejeitados os "alinhamentos automáticos" de épocas anteriores, se caracterizaram por manter permanentes canais de comunicação bilateral, incluindo o máximo nível hierárquico. Para explorar as decisões assumidas pelos Estados Unidos não só no âmbito andino, mas no sul-americano em geral, focalizemos a análise nos três atores que, por seu protagonismo regional, atraem hoje a atenção dos especialistas: Brasil, Venezuela e Argentina.

Sem dúvida, a vitória eleitoral de Lula e sua tomada de posse em janeiro de 2003 abriram uma nova etapa na história política latino-americana contemporânea. É muito difícil, depois do tempo transcorrido do início do primeiro mandato de Lula, quanto do ocorrido era esperado e muito menos como poderá superar tantos problemas internos ao longo de seu governo. Como afirma Mariana Foglia, "apesar de haver alcançado a presidência em 2002 como um dos maiores expoentes da esquerda latino-americana, Lula exerceu o seu mandato acusado por fora e por dentro do seu próprio partido de conservador e de ter 'social-democratizado' o PT (2006, p.2).

Tentar interpretar a racionalidade da política externa brasileira com Lula requer ponderação das prioridades e dos interesses estratégicos permanentes do país, com uma adequada contextualização do momento histórico que se vive, da correlação de forças políticas no plano nacional e das características do entorno nacional. Daí a validez do seguinte comentário de Foglia:

> Assim como se observa uma continuidade do tom social-democrata das políticas em nível doméstico, em nível externo a política de Lula esteve numa fina sintonia com a ideologia partidária do PT. A imbricação entre ambas as áreas de poder é notória em todo o governo e no caso do Brasil podemos falar de uma política externa do atual mandatário orientada ao "consumo interno", no sentido de que Lula mostrou suas credenciais esquerdistas no exterior, mornas na política interna anteriormente descrita. (2006, p.3)

Obviamente, o fato de que um mandatário latino-americano, seja de que país for, faça da política externa de seu governo a prioridade não resulta nada novo. Tratou-se mais de um recurso histórico para procurar equilibrar os graves problemas em outros âmbitos. Mas o que parece estar claro é que Lula e sua equipe de trabalho – em particular o Itamaraty – deram continuidade à batalha para abrir para o Brasil novos espaços em âmbito global, agora segundo a perspectiva do PT. Isso fica perfeitamente explicado pelo forte ativismo internacional de Lula em seus primeiros momentos (fazendo um discurso oficial no Fórum de Davos e no dia seguinte no Fórum Social Mundial de Porto Alegre, como ocorreu em 2004), pela ativa participação brasileira na Organização Mundial do Comércio e seu papel na Rodada de Doha, com o Grupo dos 20 (G-20), e na demanda pela eliminação dos subsídios da União Européia e dos Estados Unidos.

Mas não se deve interpretar esse ativismo político como confrontativo com os Estados Unidos. Como bem afirma Juan Gabriel Tokatlián:

> O Brasil desempenha o papel de um ator global e está forjando vínculos com aqueles que considera seus pares, como Rússia, China, Índia e África do Sul. E não é que o Brasil tenha uma política de confrontação com os Estados Unidos, mas ao incrementar sua visibilidade internacional ganha mais atenção de Washington. (2004)

Deve-se reconhecer, no âmbito das relações internacionais, com a estrutura unipolar que nos legou o fim da Guerra Fria, a necessidade por parte das diferentes potências mundiais – como Rússia e China – ou regionais – como Índia, África do Sul e o próprio Brasil – de trabalhar para maximizar suas margens de mobilidade e de acordo político em relação à única potência global.[2]

Como parte de sua nova projeção global, o Brasil articulou um discurso "institucionalista", buscando apoio para ser aceito como membro pleno do Conselho de Segurança das Nações Unidas. Mas, além disso, acompanhando a reflexão de Mónica Hirst, o Brasil assumiu "novas responsabilidades em situações de risco institucional", conceito que acolhe as gestões mediadoras em situações internas na Venezuela, na Bolívia e no Equador, em diferentes momentos, assim como a criação do polêmico Grupo de Amigos da Venezuela, em 2003, ou o envio de militares brasileiros ao Haiti, como parte das forças internacionais da ONU encarregadas de garantir a paz (2006, p.132-3).

Então, o problema para o Brasil não deve ter sido o seu ativismo internacional, sua intenção de se colocar como um novo *global player* e assumir determinadas responsabilidades institucionais no hemisfério, mas a inconsistência de sua posição e sua atuação como liderança na América do Sul. No entanto, no balanço geral, o governo de Lula não se saiu tão "mal parado" em relação aos Estados Unidos, se dermos crédito às seguintes reflexões expostas pelo jornalista brasileiro Carlos Eduardo Lins:

> Bush e Lula parecem ter desenvolvido uma simpatia recíproca, o que – nestes tempos em que a diplomacia presidencial é importante – é fundamental para o êxito. Algumas testemunhas dos encontros entre ambos afirmam que, apesar das suas posições políticas quase antagônicas e suas trajetórias tão diferentes, muito rapidamente encontraram pontos em comum sobre os quais basearam um laço de sólida confiança mútua: o reconhecimento da importância da família, da religião e da ação comunitária para a vida pessoal, a preocupação pelos efeitos do narcotráfico na sociedade e, sobretudo, a disposição para enfrentar problemas com espírito prático e sentido comum. (2005, p.1)

Lins sela sua análise lembrando que o chanceler brasileiro Celso Amorim, em entrevista concedida ao *Financial Times* dia 5 de novembro de 2004, declarou que as relações bilaterais entre Estados Unidos e Brasil se baseavam no respeito mútuo e na solidariedade, declaração a que Lins acrescenta que

> Washington minimiza os ocasionais surtos teóricos ou simbólicos de Lula e outros dirigentes brasileiros, remanescentes do seu passado esquerdista, e Brasília,

---

[2] Aqui se atribui aos Estados Unidos o *status* de única potência global, pela posição que assume dentro do sistema internacional dado o conjunto de todas as suas capacidades.

em relação com a América Latina, tem o cuidado de não causar conflitos com a estratégia estadunidense dirigida aos demais países do subcontinente. (ibidem)

Hugo Chávez é um militar venezuelano que foi preso por sua tentativa de golpe contra o então governante Carlos Andrés Peres em 1992; seis anos depois, foi eleito presidente nas urnas, por uma maioria notável, que o apontou durante 11 diferentes processos eleitorais e referendos. Durante a tentativa de golpe de Estado contra ele, em abril de 2002, a população desenvolveu um impressionante exercício de apoio a Chávez; aliás, as duas principais fontes de sua liderança são justamente a população e as Forças Armadas venezuelanas. Durante todos esses anos de governo, Chávez demonstrou notável capacidade de comunicação com a população, resgatando inteligentemente uma grande massa de "esquecidos" pelos governos anteriores.[3] O eixo central de seu pensamento político é o idealizado por Simon Bolívar, o que lhe permitiu, apesar de seus inimigos e detratores políticos, em harmonia com a sua formação militar *criolla* e nacionalista, vertebrar um pensamento antiimperialista, latino-americanista e integracionista, assumindo a luta contra a Alca e pela construção, ampliação e consolidação da Alba, um espaço protagonista regional.

Seguindo o raciocínio de Andrés Serbín, Chávez revolucionou a política exterior de seu governo, com a incorporação de visões ideológicas e geopolíticas e a reivindicação do nacionalismo bolivariano, com um estilo presidencialista muito ativo. Mas o fator decisivo foi a ampla disponibilidade do recurso "petróleo", que lhe permitiu desenvolver uma "agressiva diplomacia petroleira", suporte fundamental de suas políticas de confrontação com os Estados Unidos na região. Outro fator principal apontado por Serbín é a articulação de um novo mapa regional de alianças e vínculos, no qual destaca a estreita relação com Cuba (2006, p.82).

Até aqui se assinalaram importantes componentes do governo de Chávez, como o relançamento da figura presidencial, aproveitando-se de seu carisma pessoal e de sua capacidade de comunicação com o povo, ou disponibilidade de amplos recursos econômicos gerados pelo petróleo. Numa de suas mais recentes análises dedicadas ao presidente venezuelano, escreveu Michael Shifter:

> Em 2007, depois de acumular um enorme poder político e desde uma posição de extrema confiança em si mesmo, Chávez assegura que a Venezuela está entrando na "nova era" do socialismo do século XXI. Washington deverá continuar lidando com o estilo particular de Chávez, baseado na confrontação e no uso político da riqueza derivada da exploração do petróleo venezuelano. Devido ao atraso de Washington no processo de entendimento do fenômeno, Chávez e suas ramifica-

---

[3] Tenha-se em conta que no momento de sua ascensão ao governo, 66,7% da população se encontrava na pobreza (Buxton, 2003, p.146).

ções se utilizaram de uma variedade de estratégias, tanto no sentido polêmico como no de conciliação, que muito freqüentemente foram confusas e contraditórias. (2007, p.5)

No substrato das reflexões de Shifter deve estar considerado o grave erro cometido pelos Estados Unidos quando se precipitaram em apoiar a frustrada tentativa de golpe de Estado na Venezuela em abril de 2002. Mas o que mais toma em consideração é:

> Chávez encabeça um governo que administra entre 12 e 14% do total de petróleo que se importa nos Estados Unidos. Efetivamente, somente tendo em conta 2006, as exportações de petróleo provenientes da Venezuela excederam os 30 bilhões de dólares. Esta amostra de tensão política e de dependência econômica formula um verdadeiro dilema aos funcionários estadunidenses a cargo das relações com a Venezuela e da promoção do interesse nacional. (2007, p.5)

O terceiro ator considerado para a análise é a Argentina, que se apresenta neste cenário como o país com maiores desvantagens relativas, conjunturalmente, e daí a interessante condução de suas alianças e relações com o resto. Neste caso, como igualmente no de Chávez, sobretudo deve-se reconhecer o papel protagonista desempenhado por Néstor Kirchner no Executivo argentino.

Kirchner era o governador da província de Santa Cruz no momento de se candidatar à Presidência de seu país nas eleições de 2002-03, considerado um expoente da esquerda peronista dos anos 1970. Mesmo sendo uma figura política secundária, emergiu triunfante nas urnas, no segundo turno, beneficiado pelo lema "Todos contra Menem", pois no primeiro turno o ex-presidente e artífice do neoliberalismo e suas desastradas conseqüências para o país havia alcançado a maior quantidade de votos. À diferença de Lula, Kirchner teve que assumir o país submerso no caos generalizado, resultando numa oxigenação de um sistema político que não enfrentou a crise definitiva devido às características das revoltas sociais ocorridas, que não chegaram porém a alcançar a dimensão anti-sistêmica que se capitalizou na Venezuela. Seguindo a linha de pensamento de Carlos Vilas, o problema esteve

> na capacidade do velho sistema político de processar a crise e reorientar e neutralizar o protesto da massa, e neutralizar o protesto massivo quando o questionamento social não atinge uma expressão política própria e não demonstra capacidade de avançar a partir da rejeição – momento inicial imprescindível de qualquer busca de uma alternativa – até a formulação de propostas viáveis. (2005, p.264-5)

Chama a atenção como Kirchner, em seu discurso de posse, desenvolveu uma idéia que parece essencial para sua execução da política externa. Entre suas reflexões sobre o papel que a Argentina deveria desempenhar no mundo e suas opções, Kirchner defendeu que haveria de se "pensar no mundo em argentino" (2003, p.2). Procurando uma racionalidade neste pensamento, pode-se interpretá-lo como a necessidade de se localizar, com realismo, no momento histórico que estava vivendo o país, porém com a obrigatoriedade de trabalhar para maximizar os espaços e as oportunidades para reverter os danos da crise, recuperar a credibilidade dos sócios internacionais e reinserir a Argentina no sistema mundial.

Mas, igualmente, esse "pensar argentino", no que respeita a atores tão importantes para o país como Estados Unidos, Brasil e Venezuela, é uma idéia que se apresenta sumamente sugestiva.

Em documento elaborado pelo Conselho Argentino para as Relações Internacionais (Cari), que ainda qualifica a política externa de Kirchner como "difícil de definir", pelas "voltas, pelos atores envolvidos no processo de decisões e pelos temas que entram e saem da agenda" (2006, p.5), são assumidos, no entanto, seis elementos inalterados:

- O já mencionado distanciamento de políticas anteriores de alinhamentos com os Estados Unidos, do modelo econômico definido nos anos 1990 sob os marcos do chamado "Consenso de Washington" e da Alca. O alinhamento automático seria superado por relações sérias, maduras e racionais.
- Críticas aos organismos financeiros internacionais, por suas relações com o país e a definição de um processo de negociações para o pagamento da dívida externa.
- A integração regional é um objetivo de grande importância. Como afirmou Kirchner em maio de 2003, "será a construção de uma América Latina politicamente estável, próspera, unida, com bases nos ideais de democracia e justiça social" (ibidem). O Mercosul aparece como o esquema priorizado, sob o pressuposto de admitir a incorporação de novos membros, como o seria a Venezuela.
- As duas relações preferenciais se localizam nos dois países-chave: Brasil e Venezuela. "Estas duas alianças não trabalham sempre de maneira harmônica. A relação com Caracas flutua entre o pragmatismo e a ideologia. A relação com o Brasil, por sua parte, flutua entre a amizade política e a rivalidade comercial" (ibidem).
- Outorgar a máxima prioridade à luta contra o terrorismo, mas com base no respeito ao direito internacional.
- A defesa dos direitos humanos, tema que vincula a política interna com a política externa, pela pesada carga histórica para o país, será um tema definitivo em toda a gestão presidencial (ibidem).

Da informação anterior se depreendem os elementos que explicam a inteligente posição definida pelo governo Kirchner para enfrentar o atual cenário geopolítico sul-americano. Primeiro, a busca de uma relação com o Brasil determinada pelo "manejo das desvantagens", sem rupturas. Segundo, a articulação de uma relação que vai se tornando estratégica com a Venezuela, que além dos benefícios econômicos traz para o cenário regional um novo ator com peso econômico e forte ativismo político, que lhe serve como contrapeso em suas relações com o Brasil. Terceiro, um tratamento racional, sem confrontos diretos – como mostra a Cúpula de Mar del Plata –, com os Estados Unidos. Kirchner foi capaz de ganhar a confiança da administração Bush, por sua gestão interna e internacional, pelo inteligente equilíbrio entre o Brasil e a Venezuela, sem concessões a nenhum, e pela busca de novas alianças com países aliados e altamente confiáveis para os Estados Unidos, como o Chile e o México. A isto pode se acrescentar a firme atitude na causa Amia contra o Irã, denunciando o país nas Nações Unidas pelo atentado ocorrido contra a embaixada israelense em Buenos Aires.

A AMÉRICA DO SUL NA MAIOR ENCRUZILHADA DE SUA HISTÓRIA

Muito tem sido escrito sobre a situação atual que apresenta a América do Sul. Na região convergem as complexas dinâmicas sociopolíticas já assinaladas, graves problemas com a insegurança cidadã, o narcotráfico, com todas as suas seqüelas conhecidas, o grande desafio que resulta tratar de enfrentar a degradação ambiental numa região que muito contribui para a vida e a natureza do planeta. Além disso, apesar do quanto se tem trabalhado para convertê-la em "zona de paz", ela apresenta os orçamentos militares mais significativos de toda a América Latina, com setores de suas Forças Armadas acostumados a violentar a institucionalidade. Velhas feridas não cicatrizadas nos numerosos conflitos interestatais e fronteiriços atravessam desde a história toda a geografia regional – tudo isso foi historicamente usufruído pelos Estados Unidos, consciente do realismo que encerra o velho axioma "divide e vencerás".

Como complemento desse panorama, retomemos artigo escrito faz alguns anos por Wolf Grabendorft, que mantém sua plena vigência:

> Apesar dos esquemas empreendidos, com suas limitações e êxitos, não existe na região senão de maneira embrionária uma noção unificadora que possa brindar uma identidade política. Existem processos de integração bem diferenciados, e uma desigual preparação dos atores internos e externos. A isso se acrescentam as aspirações de liderança de alguns países e a projeção estratégica dos esquemas estadunidenses. (2006, p.31)

O Mercosul entrou num contencioso com os Estados Unidos em virtude das contradições que surgiram por conflitos de interesses em torno dos aspectos-chave nas negociações para a assinatura da Alca, em particular o tema dos subsídios agrícolas e as políticas protecionistas desleais, o que gerou uma firme posição divergente do Brasil e da Argentina. Como se sabe, a oposição do governo venezuelano a um conjunto de assuntos das negociações e depois ao projeto Alca em sua totalidade gerou de fato um acordo tático entre estes três atores, que teve seu ponto clímax na IV Cúpula das Américas, celebrada em Mar del Plata, Argentina, em novembro de 2005. À margem do impacto político – real e midiático – que teve o encontro, deve-se dizer que à altura dessa data e com a evolução dos acontecimentos os Estados Unidos já sabiam que não se realizaria a assinatura da Alca em janeiro de 2005, como originalmente se considerou. Também a situação existente determinou uma mudança de foco na visão original da Alca, passando-se a privilegiar negociações de menor escala – sub-regional – com base em tratados bilaterais de livre-comércio.

O interessante, a partir desse momento, e à diferença do que se poderia esperar, é que nem a CAN nem o Mercosul demonstraram consolidação. A primeira, em crise pela retirada da Venezuela e pelo posterior diferendo político entre Chávez e o presidente peruano Alan Garcia. No caso do Mercosul, pelo vazio de liderança do Brasil – atribuído em primeira instância à fragilidade política interna em que vivia o governo de Lula em 2006 –, por uma Argentina submersa na direção de sua recuperação econômica, e por um Uruguai e um Paraguai altamente descontentes com a ausência de políticas para reduzir as assimetrias dentro do esquema. A situação se agravou ainda mais com o início do conflito entre o Uruguai e a Argentina em torno do assunto das fábricas de celulose uruguaias na fronteira comum e com a resistência dos Congressos do Brasil e do Paraguai em ratificar a entrada da Venezuela no Mercosul. Essa situação, mais que preocupante, coincidiu com a consolidação, por parte dos Estados Unidos, de seu anel estratégico da Bacia do Caribe.

Concluindo, à margem do emprego de mecanismos político-diplomáticos, como o ativo contato entre as chancelarias, as visitas de funcionários de alta patente e os encontros de Cúpula, a estratégia hemisférica dos Estados Unidos se apoiou em dois pilares fundamentais, o livre-comércio e a segurança nacional. Mas não se deve pensar na adoção de uma estratégia que implique elevados custos, mas antes num perfil muito funcional a uma região não-prioritária. Neste sentido, seus dois pontos mais visíveis foram os tratados bilaterais de livre-comércio e a instalação tática operacional de postos militares avançados e bases de novo formato – pequenos assentamentos, procurando camuflar a histórica visão de uma força de ocupação –, estrategicamente deslocados por toda a geografia hemisférica, particularmente próximos aos grandes reservatórios naturais de petróleo, gás, água potável e biodiversidade (Russell, 2006, p.53-4).

Portanto, nos enfrentamentos de um cenário sul-americano muito fragmentado, refletido na seguinte polarização de tendências políticas descrita por Alberto J. Sosa:

> Os governos da Bolívia, da Venezuela e do Equador têm uma importância de tipo nacional-popular, enquanto ... os do Brasil e Argentina apresentam características de tipo institucional. O Chile, o Peru e a Colômbia transitam numa senda de associação com os EUA, por meio dos seus respectivos Tratados de Livre-Comércio (TLCs) e das suas inserções comerciais externas individuais ... O Uruguai oscila entre uma aliança comercial com os EUA, somada a uma política comercial de tipo chilena e sua permanência com o Mercosul ... A mediterraneidade paraguaia lhe imprime um rumo à sua política exterior. Se sair do Mercosul, suas exportações com saída pelo Atlântico terão que pagar imposto externo tanto na Argentina como no Brasil. Neste sentido, sua capacidade de decisão (TLC com EUA *versus* MERCOSUL). (2007, p.3)

Mas a análise ficaria incompleta se ao menos não se mencionasse uma terceira perspectiva, dada pelos limites das capacidades de intervenção e reversão dos processos sul-americanos que hoje têm os Estados Unidos. Essa declinação relativa, mas evidente, do poder global estadunidense abre oportunidades para as áreas não priorizadas em sua política exterior. Essa realidade deve ser altamente aproveitada pelos países sul-americanos, porque implica maiores níveis de autonomia para trabalhar entre si e com os novos atores extracontinentais, e mesmo a capacidade de negociar com os Estados Unidos os termos de suas relações, na perspectiva de aprofundar a co-participação de responsabilidades em temas não só sul-americanos, senão da própria agenda hemisférica.

Da fragmentação à busca da unificação sul-americana

Depois de avaliar a situação sul-americana, damos lugar às alternativas. De uma perspectiva política, a primeira coisa que parece visivelmente lógica é tratar de reverter esse processo de fragmentação interior da América do Sul. E o caminho parece ser uma busca da recomposição dos esquemas de integração, defendendo interesses e estratégias conjuntos, para tratar de minimizar ou administrar os efeitos dos TLCs com os Estados Unidos, no caso daqueles países que já assinaram, e evitar que surjam outros tratados, particularmente o que pode se configurar com o Uruguai, que teria gravíssimas implicações para o Mercosul.

A CAN ficou dividida com a retirada da Venezuela. A isso se agreguem a recente ratificação do TLC dos Estados Unidos com o Peru e a expectativa de alguma negociação do governo colombiano com os setores opositores no Congresso estadunidense para conseguir também a ratificação de seu TLC.

Sem soluções para estes graves problemas não se pode aspirar às metas de unificação definitiva. Porque estancar a fragmentação é só o primeiro passo, um escalão básico para a busca de uma unificação sul-americana, com apoio nos esquemas de integração sub-regional existentes, que por sua vez ficam incorporados ao macroprojeto da União Sul-americana de Nações (Unasul). A busca de uma unificação sul-americana não é um simples *slogan* de algum discurso político, é uma realidade inevitável e irrenunciável se a pretensão é mais do que melhorar os níveis de inserção internacional e sobreviver em meio às tendências que hoje determinam os rumos da economia mundial. Existem fatores bem conhecidos que demonstram a necessidade de uma unificação sul-americana, num mundo globalizado, em que a tendência à formação de blocos estratégicos – subsistemas – foi decisiva para alguns dos principais pólos de poder mundial, como os Estados Unidos – o Nafta – e a Europa – a União Européia. Para Félix Peña:

> A América do Sul é cada vez mais – como foi no passado – um subsistema internacional diferenciado, com lógicas e dinâmicas próprias, determinadas por uma história compartilhada e uma geografia na qual as distâncias físicas, mas sobretudo políticas e econômicas, se encurtaram. O fator energia – entre outros – acentuou a mútua dependência entre os membros deste espaço regional, contribuindo com a sua diferenciação. (2007, p.2)

Mas existem muitas outras razões que não se podem desconhecer. Em primeiro lugar, os países latino-americanos devem avaliar muito seriamente todas as implicações que tem para a sua própria existência como região a divisão estratégica estabelecida pelos Estados Unidos, que só vem reafirmar critérios de marginalidade sem romper a subordinação ao centro hegemônico. O paradoxo do caso é que a América do Sul é a única área geográfica do hemisfério com capacidades de poder que em conjunto lhe possibilitariam uma melhor inserção internacional e um reposicionamento de sua agenda de relações com os Estados Unidos sob condições muito mais favoráveis. Deve-se levar em conta que "Sua população é maior que a dos Estados Unidos – 293.027.771 –, seu território possui por volta de 17 milhões de km^2, é o dobro do território estadunidense (9.631.418 km^2) e possui uma das maiores reservas de água doce e biodiversidade do mundo e imensas riquezas minerais, [de] pesca e [na] agricultura" (Barrios, 2006, p.2).

A América do Sul concentra enormes reservas comprovadas de petróleo e gás natural, contando com alguns dos primeiros produtores e exportadores do mundo. A Amazônia, o chamado "pulmão verde" do planeta, apesar da depredação do homem e suas conseqüências para o meio ambiente, se encontra entre as maiores reservas de biodiversidade do planeta; submetida já à exploração das grandes transnacionais farmacêuticas e biotecnológicas. Possui a maior extensão de bosques tropicais do mundo (56%), uma grande variedade biológica de ecossistemas, um milhão e meio de espécies de animais conhecidas; pelos seus rios e afluentes correm seis trilhões de metros cúbicos de água por segundo; e é o maior provedor de oxigênio do mundo (40%) (Oliva Campos, 2006, p.101-2).

O chamado Sistema Aqüífero-Guarani, na área da Tríplice Fronteira (Argentina, Brasil, Paraguai), é o maior reservatório em exploração de água potável do mundo. Compreende uma área de aproximadamente 1.190.000 quilômetros quadrados. Isso explica a forte presença das maiores multinacionais de água do mundo (Suez, Vivendi, Saur, Bechtel), assim como da Coca-Cola e da Pepsi Cola. Tudo isso sem falar que na Antártida, ainda inexplorada, mas não esquecida, se concentra uma massa de trinta milhões de metros cúbicos de água, que representam 70% da água potável do planeta (ibidem, p.103-6).

Para completar o panorama, após a viagem presidencial de Bush de março de 2007, o tema dos bioenergéticos ganhou nova dimensão como uma alternativa real – também mais ecológica –, mesmo que perspectiva, para substituir os combustíveis fósseis. O Brasil é o primeiro produtor mundial de biocombustíveis – o álcool produzido a partir de cana-de-açúcar, beterraba e milho, entre outros, representa cerca de 40% da produção mundial. Os Estados Unidos, que produzem o bioetanol com o processamento do milho, só chegam a 12% dessa produção (Daniels, 2007, p.99). Isso significa que, mesmo que a aposta nos energéticos seja real, ainda falta bastante para se fechar a história do petróleo. Tenha-se presente que os Estados Unidos, mesmo produzindo etanol com todo o milho que cultivam, poderiam satisfazer apenas 12% do consumo de gasolina em seu próprio país (Barral & Perrone, 2007, p.1).

Além do Brasil, na América do Sul existem outros importantes produtores de cana-de-açúcar, como a Colômbia, a Venezuela e o Paraguai, enquanto a Argentina produz biodiesel – composto químico que se obtém processando óleo de soja, de palmeira e outros componentes. É de esperar, portanto, um *boom* dos bioenergéticos, que estimulará o incremento dos mencionados cultivos. Mas já não será um aumento da produção para a alimentação humana, o que representa outro novo desafio a enfrentar numa região historicamente produtora e exportadora de alimentos como a América do Sul.

Em resumo, seja como subsistema sul-americano, "Estado continental" – segundo Barrios este se baseia na consistência de suas capacidades políticas, tecnológicas, culturais, econômicas e militares (2006, p.8), seja como "Estados regionais periféricos", como os denomina Samuel Pinheiro Guimarães (2005, p.25-6), a essência é a mesma e a opção uma só. Mas essa unificação precisa imperiosamente superar a visão "economicista" e fortalecer sua institucionalidade mediante um conjunto de estruturas políticas, educativas, culturais, técnico-científicas, de comunicações e defesa comum. Só com uma visão coletiva, racional e objetiva de quanto se pode ganhar e de tudo o que se pode perder é que se poderia avançar num processo de negociação multilateral, no qual todos vão perder algo mas devem ganhar mais. É um processo mais complexo, que deve conciliar a multipolaridade, a diferença de visões sobre a democracia e a sociedade, as diversas posições ideológicas e o multiculturalismo, entre outros grandes desafios.

No entanto, não se trata de especular sobre o que se acredita que se deva fazer. A consciência de que esse deve ser o caminho existe há anos, assim como exemplos muito importantes nesse sentido. Para o âmbito sul-americano, o projeto unificador que prevalece hoje é a já mencionada Unasul, que transitou por diferentes aproximações: Área de Livre Comércio da América do Sul (ALCSA) e Comunidade Sul-americana de Nações (CSN). A Unasul parte do pressuposto de unificar num "Estado regional" os países-membros da CAN e do Mercosul, além de Chile, Guiana e Suriname, entre os países historicamente considerados caribenhos.

A idéia do que hoje se conhece como Unasul tem seu antecedente na convocatória a uma Cúpula Sul-americana por parte do então presidente do Brasil Fernando Henrique Cardoso, ao reunir seus homólogos da área, em Brasília, nos dias 31 de agosto e 1º de setembro de 2000. Numerosas são as razões para entender o lançamento do novo projeto. Primeiro, ele se beneficiou do desenvolvimento regional que havia alcançado a diplomacia presidencial, com as diferentes cúpulas e mecanismos políticos. Sem dúvida, as Cúpulas Ibero-americanas, o Grupo do Rio e as próprias Cúpulas das Américas, convocadas para o projeto Alca, facilitaram o lançamento da nova iniciativa. Além disso, era um momento em que se estavam desenvolvendo negociações entre o Mercosul e a CAN, e o Brasil em particular estava interessado em implementar projetos de estradas com o Peru e a Bolívia, assim como uma interconexão elétrica com a Venezuela (Gudynas, 2006, p.4). Em essência, tratava-se de reorganizar e fundir as estruturas já existentes da CAN e do Mercosul, "com o fim de evitar a duplicação de funções, aumentar a eficiência e racionalizar o uso de recursos econômicos e humanos" (Vázquez, 2005, p.66-7). No entanto, não pode ficar fora da análise a preocupação do grande capital brasileiro de gerar espaços desde os quais garantir sua participação nas grandes cadeias produtivas mundiais.

A proposta de criar uma Área de Livre Comércio da América do Sul (ALCSA), termo que ficou determinado na declaração final do encontro, vinha a ser, em primeiro lugar, a contraproposta estratégica do Sul, que concentrava geograficamente as maiores capacidades relativas para alterar os marcos de negociações da Alca. Não se esqueça que o México, histórico competidor regional com o Brasil, se incorporou como membro pleno do Nafta, núcleo duro da estratégia hemisférica de livre-comércio dos Estados Unidos, o que significou um redimensionamento real do país não só aos olhos de seu vizinho do Norte mas de todo o sistema hemisférico. O maior benefício da nova situação seria aproveitar o notável distanciamento do México de seus vizinhos do Sul.

Também se deve considerar que àquela altura já estavam caracterizados os principais temas de conflito e de debate da agenda brasileira e do Mercosul com a Alca, entre os quais alguns dos principais eram as patentes, os subsídios agrícolas e o acesso a determinadas tecnologias de ponta. Segundo Gudynas, na declaração final da cúpula conhecida como "Comunicado de Brasília", o novo projeto se apresentou com

> uma visão da integração como essencialmente comercial. O aumento do comércio permitiria o crescimento das economias nacionais e, portanto, todos os países estavam esforçando-se em desmontar suas barreiras às importações e agilizar as exportações. Não existe uma crítica da globalização como tal, já que os presidentes entendem que existem muitos benefícios potenciais e que o que se deve fazer é administrar esses desafios. Ainda que não se questionem as idéias básicas das relações comerciais, os presidentes apostam em "mercados livres" e criticam as proteções comerciais que estabelecem as nações industrializadas. Tudo isso se dava a partir de convocações ao "regionalismo aberto" da Comissão Econômica para a América Latina e o Caribe (Cepal). (2006, p.5)

A segunda Cúpula Sul-americana foi celebrada em julho de 2002, em Guayaquil, Equador. Neste encontro se destacaram dois aspectos interconectados: a interpretação do espaço a ser integrado em suas dimensões físicas, como facilitador do projeto econômico final; e a promoção da chamada Iniciativa para a Integração da Infra-estrutura Regional Sul-americana (Iirsa), aspecto que já havia sido abordado em Brasília, ficando sob o formato inicial de um plano de ação. Gerado originalmente desde o Banco Interamericano de Desenvolvimento (BID) e com o apoio posterior da Corporação Andina de Fomento (CAF) e a Fundação do Rio da Prata (Fonplata), a Iirsa é um esquema multinacional que abarca os 12 estados sul-americanos, e multisetorial, porque define numerosos projetos e eixos setoriais, entre os que se destacam as áreas de energia, transporte e comunicações.[4]

Em dezembro de 2004, organizada pelo presidente Lula e pelo então mandatário peruano Alejandro Toledo, foi celebrada em Cuzco, Peru, a terceira Cúpula Sul-americana, na qual se proclamou oficialmente a criação da Comunidade Sul-americana de Nações (CSN). Novamente, Brasília serviu de sede para a quarta Cúpula Sul-americana, oficialmente a primeira da CSN. Neste encontro, do qual transcenderam as discrepâncias e ne-

---

[4] Ver <http://www.iadb.org/INTAL/tratados/iirsa.htm>.

gociações entre o presidente Chávez da Venezuela e alguns dos seus vizinhos, se destacou a aprovação de um programa mínimo de trabalho, com oito áreas de ação prioritárias: "diálogo político; integração física; meio ambiente, integração energética; mecanismos financeiros sul-americanos; assimetrias; promoção da coesão social; a inclusão social e a justiça social; e as telecomunicações" (Gudynas, 2006, p.8-10).

Durante a reunião da Cúpula Energética Sul-americana, celebrada nos dias 16 e 17 de abril de 2007, na ilha Margarita, Venezuela, os mandatários sul-americanos decidiram que a CSN passaria a se denominar Unasul.

O pluralismo ideológico, custos e oportunidades

No artigo já citado, Roberto Russell fez a seguinte reflexão:

> a insistência do governo de Bush no livre-mercado e naquelas políticas orientadas a favorecer o mundo dos negócios contribuiu para aprofundar as diferenças com uma região que reivindica um papel mais forte do Estado e mais programas sociais para combater seus elevadíssimos níveis de pobreza e marginalidade. Washington continua confundindo democratização com eleições (a maior aberração a esse respeito é o Iraque). Enquanto isso, na América Latina o eixo do debate sobre o processo de democratização se deslocou drasticamente: nos 90, o central era o fortalecimento da democracia liberal e o tipo de reformas que deviam se realizar para consolidá-la. Hoje, em compensação, a democracia liberal conta com altos níveis de rejeição em alguns países, enquanto ... em outros se discute sua adequação para fazer frente aos crescentes problemas sociais. Ao mesmo tempo, as pesquisas revelam que mais da metade da população latino-americana estaria disposta a aceitar um governo não democrático se ele fosse capaz de resolver os problemas econômicos. (2006, p.53)

Desta reflexão, válida, e por sua vez polêmica, é importante resgatar alguns aspectos decisivos para avaliar as características do cenário ideológico-político sul-americano contemporâneo. O primeiro que ressalta é a rejeição generalizada ao projeto neoliberal, com a conhecida exceção do Chile, país em que as críticas ao neoliberalismo e suas seqüelas estiveram bem no centro ou num lugar destacado do discurso político. No entanto, seria um grave erro assumir, seriamente, que os novos governos são propriamente pós-neoliberais, termo que já parece assimilado; este erro é perfeitamente compreensível dado o grau de complexidade que implica reverter os processos muito avançados de desnacionalização e descapitalização dos recursos naturais, bens, propriedades e indústrias nacionais. Não esqueçamos que os novos governos, em geral, assumiram suas responsabilidades sob graves condições econômicas e uma profunda frustração social, com as conseqüentes reações conhecidas e, portanto, atuando como um fator de permanente pressão. Daí que a alternativa foi *transição*, entendida como um processo gradual, que tendeu mais a procurar soluções sem rupturas, ou *ruptura*, que para o caso se expressa mediante as nacionalizações e/ou expropriações, levando a um processo de reconfiguração dos papéis no interior da sociedade, na qual o setor dominante é substituído por uma força política emergente. Este processo implica fraturas não só no interior da sociedade mas também em fatores de poder externos com os quais governos anteriores mantinham estreitos vínculos.

Neste segundo caso, favorecidos pelo triunfo democrático nas urnas, os novos governos se viram obrigados a criar as condições para alcançar realmente o poder. Daí que países como a Venezuela, a Bolívia e o Equador tenham optado por convocar assembléias constituintes com a intenção de refundar o Estado, para construir um novo poder. Em todos os casos, o da Venezuela ainda o mais avançado, a confrontação com os setores opositores foi e é muito forte. A recente derrota nas urnas de Chávez, que pretendia modificações substanciais da atual Constituição e começar a construção de seu projeto de "socialismo do século XXI", pode ter repercussões ainda não calculadas não só para o processo político bolivariano, mas também para os processos que têm lugar na Bolívia e no Equador. Chávez foi derrotado apesar de contar com três recursos estratégicos vitais: o apoio majoritário da população pobre e marginalizada – apoio popular; o apoio das Forças Armadas, fator a que dedicou uma especial atenção – apoio militar; e o petróleo como suporte financeiro do seu poder – apoio financeiro. Agora começam a aparecer novas leituras, das quais uma é a necessidade de desentranhar quantos chavistas e não membros da oposição tradicional disseram "Não" ao socialismo, quando votaram sozinhos, diante de sua consciência.

Nem o governo de Evo Morales na Bolívia, nem Rafael Correa no Equador contam com esses três apoios ao mesmo tempo. Morales tem um importante apoio popular, fundamentalmente indígena, e avançou na nacionalização do gás natural como recurso econômico principal do país, mas encontra uma resistência inesperada para conseguir a aprovação da nova Assembléia Constituinte. Correa, no entanto, já conseguiu esse passo, mas isso não significa que já tenha um controle da situação política nacional. Tem como grande desafio imediato saber conduzir a grande fragmentação da política interna que predomina no país.

O segundo aspecto a se destacar, mencionado por Russell, é a revalorização do papel do Estado. Deve-se dizer que este é um fator fundamental para todos os casos analisados, porque tanto os que "rompem" como os que "transitam" precisam de um Estado capacitado a levar adiante seus programas de governo. Para os primeiros, um Estado forte lhes brinda com essa capacidade. Os que "transitam", por sua vez, se movem entre a negociação com o poder tradicional – para governar com seu apoio, não para obter esse poder real – e o desenho de um projeto político com credibilidade, com suficientes margens de manobra e assumindo decisões que o legitimem diante de um eleitorado bastante exigente. Para o poder tradicional, não deixa de ser um excelente negócio, dado que o novo ator político é o que assume os custos perante uma sociedade em ebulição e, em definitivo, lhe formula uma alternativa que permite a ele dirigir as complexas situações do momento.

Um terceiro aspecto assinalado por Russell, sem dúvida o mais polêmico, é o referido ao exercício da democracia nestes novos governos. Certamente, as dúvidas, o questionamento, as críticas são dirigidos fundamentalmente à Venezuela e à Bolívia, onde se faz sentir mais o uso do novo poder para tratar de mudar o *ancient régime*. Neste sentido, é interessante a formulação de Manuel Antonio Garretón, refletindo sobre as características democráticas do processo político venezuelano:

> Muitas vezes é confundido com populismo, o que é incorreto, já que o populismo era uma política destinada a integrar atores excluídos a uma comunidade política já existente, enquanto nesse caso se trata de uma mobilização destinada a refundar ou reconstruir a pólis através de uma nova constituição. É possível que uma política como esta só possa se realizar se dispuser de recursos tão estratégicos como o petróleo. Por outra parte, existe ainda como desafio a mudança do sistema produtivo. Em qualquer caso, o sujeito a que se apela neste modelo é o povo mobilizado, e seus riscos e custos mais altos têm a ver com o problema da polarização da sociedade e sua dificuldade de institucionalização para além da liderança pessoal. (2006, p.110)

Os recentes acontecimentos na Venezuela deram crédito às afirmações de Garretón. Mas o que não disse esse autor é que o que está acontecendo na Venezuela e na Bolívia é uma luta de classes, a luta entre um poder tradicional deslocado e um poder atual, mas que está propondo metas políticas, às quais não estão dispostos a chegar alguns de seus seguidores de hoje; sem falar na histórica e nada subestimável psicologia anticomunismo/socialismo, inoculada na sociedade latino-americana durante décadas.

Como projetar este debate ao plano da região? Uma primeira aproximação para os setores críticos de Chávez ou do socialismo em qualquer de suas variáveis é que conseguir mais adiante essa meta política influenciaria ou estimularia setores políticos propensos a projetos socialistas na Bolívia e no Equador. Mas não esqueçamos que em ambos os casos, sobretudo na Bolívia, haveria que se considerar um fator muito importante, o componente indígena. Na prática, constitui outro agravante para esse poder tradicional, que se sente ameaçado por uma sociedade multiétnica, a qual sempre vivenciou desde o poder.

Em princípio, as reações a esses cenários descritos podem se colocar em dois planos. O mais irracional e negativo para toda a região – felizmente hipotético hoje – seria o das opções violentas de diversa índole – já vimos algumas na Venezuela –, como golpes militares ou envolvimento direto ou indireto dos Estados Unidos, via Colômbia, por exemplo. Sobre suas conseqüências não se faz necessário ser muito imaginativo; mas seria um grande erro supor que, a ter êxito, os perdedores seriam Chávez, Morales, Correa e seus colaboradores. Estaríamos perante um novo ciclo de repressão popular que afetaria um espectro social muito mais amplo.

O segundo cenário, que não deixa de ser hipotético também e certamente polêmico, se dá no plano da confrontação ideológica, favorecido pelo fato de que em suas raízes estaríamos analisando a contraposição de projetos com uma mesma origem de esquerda, hoje já colocados na dicotomia socialismo do século XXI/socialdemocracia, com componentes sociais emergentes ou não tradicionais. E o que se quer expressar com isso é que no sucesso de Lula e sua equipe política no Brasil, em caso de garantir um sucessor eleitoralmente viável, no dos Kirchner na Argentina – com Cristina já presidente e aberta a especulação de um segundo mandato de seu esposo – ou no de Tabaré Vázques no Uruguai – com os questionamentos sobre os rumos de seus possíveis sucessores – sem falar no das forças políticas que hoje prevalecem no Chile, na Colômbia, no Peru e no Paraguai, está a aposta socialdemocrata para enfrentar a influência do projeto de socialismo para o século XXI.

Mas, passando da hipótese para a realidade, ao menos no plano econômico a cooperação entre os principais atores de ambas as tendências foi ampla. O exemplo mais irrefutável é a multiplicidade de acordos bilaterais subscritos pela Venezuela com Brasil, Argentina, Uruguai e Paraguai, entre outros países vizinhos, abarcando temas energéticos e em outros setores econômicos. O interessante dessa dinâmica é que, enquanto para a Venezuela os diferentes acordos responderam à sua estratégia de desenvolver a Alternativa Bolivariana para as Américas (Alba), para os seus vizinhos foram acordos estrategicamente proveitosos, mas não vinculados à lógica de pensamento venezuelana. Vejamos as duas perspectivas.

Na ocasião da III Cúpula dos Chefes de Estados e de Governo da Associação de Estados do Caribe (AEC), celebrada na Ilha Margarita, em dezembro de 2001, o presidente Chávez esboçou algumas idéias sobre o que posteriormente seria a Alba. Mas foi apenas em 14 de dezembro de 2004, quando assinou com o presidente Fidel Castro em Havana o acordo para a aplicação da Alba e da Declaração Conjunta Cuba–Venezuela que se apreciou uma definição dos objetivos e alcances do projeto. Entre os princípios recolhidos na Declaração Conjunta aparecem:

> o comércio e o investimento não como fim, senão como instrumentos para um desenvolvimento justo e sustentável; a aplicação de um tratamento especial e diferenciado; a complementação econômica; a cooperação e não a competição en-

tre os países participantes; planos especiais para os países menos desenvolvidos na região, incluindo o Plano Continental contra o Analfabetismo; a criação de um Fundo de Emergência Social; o desenvolvimento integrador das comunicações e o transporte entre os países latino-americanos e caribenhos; ações para propiciar a sustentabilidade do desenvolvimento; integração energética entre os países da região; fomento dos investimentos de capitais latino-americanos na própria América Latina e no Caribe; defesa da cultura latino-americana e caribenha e da identidade dos povos da região; medidas para que as normas de propriedade intelectual protejam o patrimônio dos países da região e não se transformem em um freio à cooperação entre eles, e concerto de posições na esfera multilateral e nos processos de negociação de todo tipo. (Estay, 2005, p.23)

Mas o que é a Alba? Como defini-la? Evidentemente, é um projeto em construção, ainda não concluído: porque se nutre constantemente dos espaços políticos, econômicos e sociais que vão ganhando os países-membros como resultado da evolução de seu processo interno e do acordo entre todos. Portanto, tem uma dimensão interna e outra externa, que por sua vez se apóia decisivamente no papel dos Estados e do setor empresarial aliado. Íris Varela, deputada do Parlamento venezuelano, ressalta sua dimensão interna quando observa:

> A ALBA não é um projeto de integração tradicional escrito ou preconcebido pelo nosso presidente, também não é um mero tratado comercial; é uma realidade que se constrói dia a dia quando no nosso país observamos o funcionamento das missões, quando se põem em prática mecanismos para a organização social e o desenvolvimento endógeno, quando observamos as cooperativas, a microempresa e sua nova relação com o Estado venezuelano ou a modalidade produtiva da cogestão ... Quando a Venezuela organiza rodadas de negócios com outros países e nas mesmas participam empresários, com o respaldo financeiro dos Estados e sem intermediários – lógica seguida ao menos no acordo bilateral com Cuba, N. do R. –, estamos em presença de um novo modelo de integração que olha já não as elites tradicionais que se beneficiaram exclusivamente das contradições do Estado nas suas relações internacionais, senão que dirige seu olhar para uma nova geração de empresários que entendem que as políticas econômicas do Estado estão dirigidas agora para saldar a enorme dívida social que constitui uma pesada carga que recebemos como herança. (2005, p.74-5)

Portanto, é um projeto de integração, com um novo formato, sobretudo – e ninguém duvida que isso seja um grande desafio para si próprio – porque se desdobra e alimenta-se progressivamente de novas idéias e ações. Suas premissas básicas são: a identificação de posições ideológicas críticas para o governo dos Estados Unidos e para a Alca; a negação dos projetos de integração condicionados a um centro hegemônico; a busca de um adequado tratamento das assimetrias econômicas; e o desenvolvimento dos vínculos sob princípios de solidariedade, cooperação e complementação econômica. Daí os economistas cubanos Lourdes Regueiro e Jorge Mario Sanchéz considerarem que as propostas da Alba têm a ver com: a) as relações políticas entre os países latino-americanos como um projeto integracionista diante dos Estados Unidos, b) a facilidade de comércio e serviços financeiros com critérios de prioridade para a atenção de áreas deficitárias no lugar de mecanismos convencionais de mercado – traço que constitui seu elemento distintivo, com ênfase nos mecanismos de gestão e nas iniciativas governamentais, incluindo a colaboração nas esferas de educação básica, cultura, ciência, tecnologia e infra-estrutura social. (2007, p.143)

Numa tentativa de interpretar a lógica do desenvolvimento da Alba se podem identificar cinco eixos:
- Eixo energético, fundamental porque se beneficia do recurso petrolífero, recuperado pelo governo venezuelano, sendo a principal fonte de financiamento para todos os eixos. Este eixo se definiu como o projeto PetroAmérica, que na prática foi se refletindo no segmento PetroCaribe e outros bilaterais da Venezuela com a Colômbia, o Brasil, a Argentina, o Uruguai e o Paraguai, entre outros.
- Eixo de programas de desenvolvimento humano, que incluem programas de saúde como o Bairro Adentro, que sustenta os médicos cubanos na Venezuela, ou a Operación Milagro, um macroprograma de operações oftalmológicas que ultrapassa hoje as 300 mil operações de pacientes de diferentes países latino-americanos, membros ou não da Alba. Também prevêem programas educacionais de alfabetização e instrução esportiva e projetos culturais, entre outros.
- Eixo de construção de infra-estruturas, que tem seu maior desenvolvimento até o presente no segmento Cuba–Venezuela, com numerosos projetos conjuntos em diferentes ramos industriais, em particular o energético.
- Eixo de comunicações, que até agora se viabiliza mediante o projeto da TeleSur, um canal televisivo com critérios de comunicação e análise alternativos, respondendo aos postulados ideológicos da Alba. Também aparece o projeto da extensão de um cabo submarino entre Cuba e Venezuela, para melhorar as comunicações da ilha com esse país e o resto do mundo.
- Eixo financeiro, com a criação dos Bancos del Sur e da Alba.

O acordo político entre Cuba e Venezuela e os países do Mercosul para enfrentar a Alca – à margem das diferenças de objetivos estratégicos – foi um fator importante na estruturação de níveis de diálogo e cooperação entre esses atores. Ainda que a aprovação da Venezuela como membro do Mercosul tenha marcado um ponto de inflexão nas relações entre esses cinco países, foi o resultado de um processo de aprofundamento das relações bilaterais, expresso em numerosos acordos, energéticos e de diversa índole, que geraram um forte tecido de relações e deram importante margem de cooperação e acordo político multilateral. Com o Brasil e a Argentina, a Venezuela assinou o que se passou a denominar alianças estratégicas. Tenha-se presente que a entrada da Venezuela no Mercosul significa incorporar a terceira economia sul-americana, passando a compor, aproximadamente, 75% do produto interno bruto da região.

Além de reconhecer a importância estratégica da Venezuela para o Mercosul, sua função econômica complementar e sua disposição para trabalhar na condução das assimetrias existentes, Miguel Angel Barrios faz uma aproximação ao tema de uma perspectiva geoestratégica:

> Geopoliticamente – gravitação do espaço, tecnologia e poder na formulação da política exterior dos Estados, pela primeira vez na república Bolivariana da Venezuela, se vinculam com a Bacia do Prata, única fronteira real luso-hispânica onde se julga a unidade real da América do Sul, conservando como novidade um espaço geoeconômico que vai desde o Caribe até a Terra do Fogo, pelo que podemos observar os indícios do que poderia ser num futuro um Estado continental sul-americano. (2006, p.2)

Somente durante o governo de Néstor Kirchner, o governo da Venezuela assinou e instrumentou 39 acordos bilaterais, o que dá argumentos a boa parte das críticas internas que recebeu o mandatário argentino, acusado de pró-chavista. A insistência dessas críticas e o interesse por saber o que diria Cristina Fernandez durante sua campanha eleitoral a levaram a dar uma resposta durante uma viagem pela Europa que merece ser cuidadosamente avaliada: "A equação energética latino-americana não pode se fechar sem a Bolívia nem a Venezuela. A América Latina precisa do Chávez como a Europa do Putin" (Gees, 2007, p.7).

É evidente que a frase dá ensejo a muitas e variadas reflexões. A possível incorporação da Venezuela ao Mercosul significa uma inquestionável fortaleza para o esquema. Mas as prováveis contribuições desse país teriam o sentido de ajudar a compensar determinados déficits econômicos e energéticos de seus vizinhos, e não o de utilizar esse país como contrapeso aos Estados Unidos.

AS LIDERANÇAS NA AMÉRICA DO SUL. A CONTRADIÇÃO COMO FONTE DE DESENVOLVIMENTO?

Em toda a região geográfica está presente, de uma forma ou de outra, o assunto das lideranças. No caso da América do Sul, as discussões em torno desse tema a acompanharam no decorrer de toda a sua história. Desde seu surgimento e seu desenvolvimento como nação, o Brasil foi identificado com essa posição, por ser o país de território, população e PIB maiores e estar hoje entre as dez primeiras economias do planeta; por possuir espaços fronteiriços com a maioria de seus vizinhos; por sua origem diferente – lusitano e imperial –, que gerou históricos receios quanto a suas intenções com os vizinhos; por sua reconhecida escola diplomática e suas conhecidas construções geopolíticas, articulando não só a geografia sul-americana mas também outras regiões estratégicas, como a África Austral e a Bacia do Pacífico.

Que seja possuidor de tais capacidades e condições não significa automaticamente que tenha alcançado efetivamente a posição de líder do subsistema sul-americano. No que se refere a este tema, a imagem de líder sempre acompanhou o Brasil, à falta de outro candidato confiável que reclame esta posição e na ausência de responsabilidades reais no cumprimento dessa função, atitude mais aceitável para seus vizinhos e menos custosa para o próprio Brasil.

Todo líder, real ou potencial, precisa de contrapartidas que facilitem o necessário equilíbrio. Por razões similares às expostas, mesmo que com um menor peso econômico relativo, a Argentina foi um fator histórico de equilíbrio em relação às reais ou pretensas aspirações de liderança do Brasil. Mas hoje, por razões já apontadas, se visualiza um terceiro ator, a Venezuela, com evidentes pretensões de liderança regional, ainda que de outra natureza. Precisamente por isso esse importante tema deve ser abordado com o maior realismo político.

Já se refletiu sobre as características gerais do protagonismo regional da Venezuela, mas se fôssemos identificá-lo haveria que considerar que os importantes recursos econômicos provenientes da produção de petróleo poderiam criar novas capacidades econômicas e sociais, expoentes de um projeto político alternativo não para seus vizinhos sul-americanos – mesmo que sem as suas oligarquias – mas para os Estados Unidos e seu sistema, que encontram um terreno muito amplo para atuar na América Latina em virtude da grave situação econômica que afeta quase a totalidade de uma região que concentra o maior nível de pobreza e marginalidade por área geográfica do mundo; e a reconfiguração sociopolítica que se fez sentir em muitos países do continente.

Elsa Cardoso da Silva interpreta o novo protagonismo da política externa venezuelana como parte da mudança de sua agenda, que reorientou seus temas fundamentais, petróleo, integração, democracia, segurança, comércio e finanças, para que respondam à promoção da democracia participativa (2002, p.10).

No entanto, Andrés Serbín considera que existem determinados traços comuns entre a política externa de Chávez e a de governos venezuelanos anteriores. Em primeiro lugar, o que o autor qualifica como a "excepcionalidade" de um ator que durante muito tempo combinou uma continuidade democrática e uma ampla disponibilidade de recursos petrolíferos. Em segundo lugar, o papel decisivo do presidente na implementação da política externa. Em terceiro lugar, um marcado ativismo internacional, que ultrapassa suas possibilidades como país em vias de desenvolvimento, mas alcança determinados níveis de aceitação interna (2006, p.81-2)

Analisando o que foi formulado por Serbín e repassando a experiência anterior de Chávez, lembramos que o ativismo venezuelano se projetou mais no passado recente para a Bacia do Caribe, haja vista o consistente olhar venezuelano para esse universo insular e a ativa participação, desde o fim dos anos 1970, no Grupo dos Três (México, Venezuela e Colômbia) e posteriormente, durante a crise na América Central, primeiro no Grupo de Contadora (Grupo dos Três mais Panamá), depois no Grupo dos Oito – em que se somam os governos democráticos de Brasil, Argentina, Uruguai e Peru –, até chegar finalmente à constituição do Grupo do Rio. Já nesta etapa final, deve-se assinalar como vai se refletindo uma projeção coletiva sul-americana, da qual a Venezuela passou a fazer parte.

No entanto, a própria Elsa Cardoso considera que a política externa venezuelana perdeu sua liderança, sua imagem e seu prestígio como promotora e defensora da democracia nas Américas: "apesar da ativa participação diplomática do presidente Chávez na área latino-americana, a Venezuela já não é percebida como líder hemisférica e ainda menos como modelo de democracia regional" (2002, p.19). Esta formulação não deixa de ser polêmica, sobretudo por ter sido formulada há cinco anos. No entanto, na conjuntura atual, não se pode desconhecer que Chávez sustenta vários diferendos com seus homólogos de alguns países vizinhos – talvez com a Colômbia isso seja mais preocupante, por todas as implicações que possa ter o eventual aprofundamento de um conflito com esse país. Nesse sentido, seu particular estilo político de verbo direto e de escasso apego aos pressupostos da diplomacia tradicional lhe granjeou mais detratores e inimigos, mesmo sem considerar todas as especulações que emergem da recente derrota sofrida por Chávez em sua tentativa de levar o país ao "socialismo do século XXI".

No entanto, que nível de realismo possui esse debate sobre liderança sul-americana, para além de todos os benefícios políticos que possa reportar aos contendores ou a terceiras partes? A primeira coisa a fazer é um diagnóstico real sobre as capacidades que reúnem os países mencionados – entendidas como capacidade de poder – de conseguir espaços de liderança em nível sul-americano. Porque as respostas apontam mais para um concerto de capacidades, como uma fortaleza básica, caso se deseje realmente construir um Estado regional.

Procurando avançar no diagnóstico, com um olhar inclusivo e flexível, consideremos todos aqueles países sul-americanos que possuem uma ou mais das seguintes capacidades: potência econômica sub-regional – neste caso em âmbito sul-americano –, regional ou global; potência militar sub-regional ou global; e potência diplomática em âmbito sub-regional, regional ou global.[5] Os países selecionados são: Brasil e Argentina, por seu aval histórico no âmbito sul-americano; Venezuela, pela política exterior que desenvolve hoje seu governo; Chile, pelo conjunto de indicadores econômicos favoráveis que apresenta na atualidade; e Colômbia, porque, apesar do conflito interno em que vive, possui importantes recursos econômicos e experiência diplomática em âmbito regional. É preciso ainda apontar que todos os atores mencionados tiveram ou mantêm orçamentos militares notáveis se considerada a realidade regional e assumiram ou assumem missões de paz na região ou fora dela.

Quadro 1 – Diversas dimensões do poder nacional de atores sul-americanos

PAÍSES	DIMENSÃO ECONÔMICA	DIMENSÃO POLÍTICO-DIPLOMÁTICA	DIMENSÃO MILITAR E DE SEGURANÇA	DIMENSÃO MILITAR	DIMENSÃO DIPLOMÁTICA INSTITUCIONAL EM ÂMBITO GLOBAL
Brasil	REGIONAL COM ASPIRAÇÕES GLOBAIS.	REGIONAL COM ASPIRAÇÕES GLOBAIS.	SUB-REGIONAL. MISSÕES DE PAZ EM ÂMBITO REGIONAL.	X	X
Argentina	SUB-REGIONAL/ REGIONAL	SUB-REGIONAL/ REGIONAL	SUB-REGIONAL. MISSÕES DE PAZ EM ÂMBITO REGIONAL.	X	X
Venezuela	SUB-REGIONAL/ REGIONAL	SUB-REGIONAL COM ASPIRAÇÕES GLOBAIS	SUB-REGIONAL	X	X
Chile	SUB-REGIONAL/ REGIONAL	SUB-REGIONAL	SUB-REGIONAL/ REGIONAL	X	
Colômbia	SUB-REGIÃO AMÉRICA LATINA	SUB-REGIÃO AMÉRICA LATINA	SUB-REGIÃO AMÉRICA LATINA	X	X

Fonte: adaptado de Sipri, *Yearbook 2007*; Cepal. Estudio Económico de América Latina y el Caribe 2006-2007; e Relatórios Anuais das Chancelarias dos Países Incluídos.

---

[5] Lamentavelmente, se desejaria incorporar uma quarta capacidade referida às potencialidades em termos de desenvolvimento social, educacional e de saúde; mas se prefere deixá-lo como uma das grandes metas a alcançar, devido à heterogeneidade de níveis existentes e diferenças de focos, em muitos casos não favoráveis a priorizar o desenvolvimento destes temas, que existe entre os atores considerados.

Impõem-se alguns comentários. Os cinco países selecionados atingem, certamente com suas diferenças, capacidades econômicas que lhes outorgam determinada relevância na América do Sul. Em qualquer projeto de unificação regional representam atores imprescindíveis. Por outro lado, Brasil, Argentina, Venezuela e Chile – também poderia estar incluída a Colômbia, a não ser por sua situação nacional – desenvolvem ativas relações com outros pólos de poder econômico global estabelecidos (Estados Unidos, União Européia e Japão), emergentes (China e Índia) e ressurgentes (Rússia e Irã).

Na seção destinada a analisar o nível de impacto desses países nos assuntos diplomáticos da região, Brasil, Argentina, Venezuela e Colômbia mostram amplo histórico no âmbito latino-americano a partir dos anos 1980. Hoje, sua atividade político-diplomática se aprecia mais no Grupo do Rio, nas Cúpulas Ibero-americanas e sobretudo na diplomacia presidencial, bilateral e multilateral. No caso da Colômbia, não se pode negar que, sob a grande pressão que significa a presença de movimentos guerrilheiros, paramilitares, de narcotraficantes e dos Estados Unidos, o governo de Uribe aceitou o apoio de outros países, como Cuba e Venezuela, para o processo de paz nacional, trabalhou na construção de uma boa vizinhança com a Venezuela – à margem dos resultados alcançados – e trabalha para melhorar suas relações com países vizinhos. Seria portanto o Chile o país que, ainda e quando participa dos diferentes fóruns regionais, não se projeta da mesma forma que os restantes. Neste sentido, pode-se pensar que considerou melhor para seus interesses se preservar de participar regularmente de esforços multilaterais, optando por um alinhamento com os Estados Unidos e pela busca de acordos bilaterais com outros pólos de poder. Mas não se deve subestimar o fato de que seus contenciosos históricos com Bolívia e Peru o conduzem a tratar com sumo cuidado suas projeções diplomáticas no plano regional.

Não se deve esquecer que nos últimos tempos tanto Brasil como Venezuela tiveram aspirações no interior do Conselho de Segurança das Nações Unidas, ambos sem êxito, que sinalizam uma expressão concreta de um pensamento político que se autovaloriza com capacidades não só regionais, mas globais. No final das contas, sobrevalorização ou não, as tão reivindicadas reformas da ONU não devem realizar-se, se enfim acontecerem, sem levar em conta o fato de que a América Latina deve ter voz e voto, representando uma importante ainda que subestimada comunidade de nações.

Com relação à dimensão militar e de segurança, os cinco países estão altamente involucrados, considerados os importantes montantes que destinam a seus respectivos orçamentos para a defesa. O Chile é o país que mais investe nesta área. A Colômbia, único país com um conflito armado interno, é o terceiro receptor mundial de assistência militar por parte dos

Estados Unidos, apenas superado por Israel e Egito. A Venezuela está modernizando suas forças armadas e tem comprado armamentos e aviões da Rússia e outros provedores. Por sua vez, Brasil e Argentina são produtores de determinadas tecnologias para uso militar.

Por outro lado, não esqueçamos que Argentina, Bolívia, Brasil, Chile, Equador, Guatemala, Paraguai, Peru e Uruguai participaram com pessoal militar na Missão de Estabilização das Nações Unidas no Haiti (Minustah). Em janeiro de 2007 se informou que uma força militar conjunta de Chile e Argentina seria enviada a esse país. Já fora do hemisfério, uma unidade de engenheiros do Exército argentino apóia a Missão da Otan em Kosovo desde 1999. Argentina e Brasil contribuem com uma força terrestre, Euroforça Operativa Rápida (Eurofor), na Bósnia. A Colômbia participa com um batalhão de infantaria na Multinacional Force Observers, na Península do Sinai. Depois de toda esta informação, cabe a pergunta: podem ser aproveitadas essas capacidades das Forças Armadas da região para trabalhar por um melhor clima de segurança coletiva e confiança mútua?

Ao mesmo tempo, pode-se aspirar seriamente a que este universo *multipolar*, *pluriideológico*, *pluricultural* e *multiétnico*, que por sua vez é altamente *interdependente*, possa unificar-se?

Essas condicionalidades, que não existem apenas na América do Sul, podem ser conciliadas a partir das capacidades existentes na região. Não resulta disparatado aspirar ao desenvolvimento de projetos conjuntos em múltiplas esferas estratégicas, como nas áreas de energia, transportes, comunicações, finanças. Trata-se de conciliar projetos e tornar viável o "gasoduto do Sul" ou o "anel energético".

Vontade política e um programa bem concebido para institucionalizar um novo Estado regional podem ser dois pilares-chave para o projeto. Já foram apresentados elementos suficientes para entender a qual vontade política nos referimos. Mas o tema da institucionalidade se apresenta com um elevado valor estratégico. Devido, entre outros fatores, à interdependência que marca as relações econômicas em todos os níveis, os países sul-americanos não podem deixar de se relacionar entre si. Por razões naturais, a América do Sul necessita redesenhar-se em termos institucionais, especialmente no manejo e no controle dos recursos energéticos, da biodiversidade e das grandes reservas de água potável; ou na institucionalização que demanda o novo traçado sul-americano em termos de vias de comunicação para interconectar diversas áreas geográficas.

Sem o manejo e o controle efetivos dos enormes recursos estratégicos de que dispõe a América do Sul, não se pode pretender a construção de um Estado regional viável. No meio deste complicado tecido, pouco ou nada se conseguirá se não se institucionalizarem igualmente as relações Estado–economias–grandes empresas transnacionais, por razões mais do que debatidas.

ALGUMAS CONSIDERAÇÕES FINAIS

Um caminho recorrente para concluir nossas reflexões poderia ser a descrição dos cenários previstos, o qual, geralmente, nos leva a nos equilibrar entre os nossos desejos e a realidade. Havendo aportado suficientes argumentos sobre o que pode e deve ser feito em favor da unificação regional, fica como último recurso ativar o alarme para ratificar que nem a curto nem a médio prazos se visualiza outra tendência que não seja a que acentua as contradições e os antagonismos entre personalidades e governos. Portanto, se de cenários se trata, o mais certo é o que marca a fragmentação regional. Ambos os esquemas de integração, a CAN e o Mercosul, enfrentam desenvolvimentos internos muito comprometidos; e a sombra dos TLCs se eleva como "a espada de Dâmocles" numa espera ativa por sua oportunidade.

Não se visualiza a fragmentação apenas nas áreas econômicas e comerciais. Há um evidente conteúdo político que pode se agravar se a socialdemocracia *light* que representam Lula, Tabaré Vázquez e Kirchner não garantir sua continuidade no poder. A razão fundamental para se advogar pela permanência dessa corrente socialdemocrata é o fato de que, para além de suas discrepâncias, estes governos têm mantido importantes vínculos e níveis de comunicação com Venezuela e Bolívia, que encabeçam os processos políticos mais radicais da região. Isto partindo do pressuposto de que os governos de Chávez, Evo Morales e perspectivamente Correa no Equador consigam tornar viáveis em seus países seus respectivos projetos de "socialismo para o século XXI", superando os grandes desafios internos que enfrentam hoje e garantindo a continuidade do modelo. A tornar-se realidade este cenário, a possível equação entre ambos deixaria maiores opções para um processo de integração sul-americana.

Se há um tema que vincule os discursos políticos dos líderes de ambas as tendências, este é o da integração regional. Esse é um importante aspecto a ressaltar. Possuem experiência em desenvolver projetos conjuntos e, num amplo horizonte de interesses, sabem o que significa a unificação para o futuro da região. Obviamente, as forças da direita, o poder tradicional, apoiados pelo governo dos Estados Unidos, não desejam que se aprofundem essas mudanças, mas que sejam neutralizados os protestos sociais e revertidos os processos políticos radicais. O sul-americanos têm o privilégio de estar longe dos Estados Unidos e talvez até os socialistas se sintam perto de Deus, mas isso não basta para evitar os problemas que se avizinham. Talvez a esse sábio refrão seja preciso acrescentar a necessidade de possuir um elevado pragmatismo político.

REFERÊNCIAS BIBLIOGRÁFICAS

FERNÁNDEZ BARBADILLO, P. *Cristina y Néstor tratan de fundar la dinastía Kirchner*. Grupo de Estudios Estratégicos, colaboración n.1875, 6 set. 2007, Argentina.

BARRIOS, M. A. *América del Sur en la geopolítica mundial*. Mercosurabc, CAEI. Disponível em: <http://www.mercosurabc.com.ar/nota.asp?IdNota=753&IdSección=3>. Acesso em 1º jun. 2006.

_____. *El significado geopolítico del ingreso de Venezuela al MERCOSUR*. Mercosurabc, Relaciones Externas. Disponível em: <http://www.mercosurabc.com.ar/nota.asp?IdNota=814&IdSeccion=3.>. Acesso em 27 jun. 2006.

BONILLA, A., PAZ, A., P. Estados Unidos y la región andina: distancia y diversidad. *Nueva Sociedad (Buenos Aires)*, n.206, nov.-dez. 2006. Disponível em: <www.nuso.org>.

BURDMAN, J. Argentina y Estados Unidos: ¿hay luz al final del túnel? Notas y artículos, Fundación Diálogo Argentino americano, 11 out. 2007. Disponível em: <http/www.dialogoaa.com.ar/notas6b.html>.

BUXTON, J. *Política económica y ascenso de Hugo Chávez al poder. La política venezolana en época de Chávez. Clases, polarización y conflicto*. 1. ed. Caracas, Venezuela: Consejo de Investigación de la Universidad de Oriente. Ediciones Nueva Sociedad, 2003.

CARDOSO DA SILVA, E. *Estados Unidos en la Política Exterior Venezolana: El complicado Manejo de las Asimetrías*. Fev. 2002. Disponível em <www.tableroglobal.com>.

CARLSEN, L. El segundo gobierno de Bush en América Latina; más de lo mismo. *Pensamiento Crítico*, 16 fev. 2005, Americas Program, Interhemispheric Resource Center (IRC). Disponível em: <www.americaspolicy.org>.

CONSEJO Argentino para las relaciones internacionales, Buenos Aires, 2006.

DANIELS, A. Etanol brasileño, la solución que nadie quiere ver. *Política Exterior*. 2007. Disponível em: <http://www.politicaexterior>.

ESTAY REINO, J. La integración latinoamericana en el 2004. In: *Anuario de Integración Latinoamericana y Caribeña*, Auna/Redialc, 2005, Brasil.

FOGLIA, M. *Elecciones en Brasil 2006. Hacia la segunda vuelta. Análisis y perspectivas*. Centro Argentino de Estudios Internacionales. Programa América Latina, out. 2006. Disponível em: <www.caei.com.ar>.

GARRETÓN, M. A. Modelos y liderazgos en América Latina. *Nueva Sociedad (Buenos Aires)*, n.205, nov.-dez. 2006. Disponível em: <www.nuso.org>.

GIL, G.-APM. El Banco del Sur y la autonomía financiera. *El Economista de Cuba*. Ed. on Line. Disponível em <http:// www.eleconomista.cubaweb.cu/>; Ministros acuerdan creación del Banco del ALBA. *Prensa Latina (Caracas)*, 9 jun. 2007.

GONZÁLEZ URRUTIA, E. Las dos etapas de la política exterior de Chávez. *Nueva Sociedad (Buenos Aires)*, n.205, set.-out. 2006. Disponível em: <www.nuso.org>.

GRABENDORFT, W. Perspectivas de una integración política de América del Sur. *Nueva Sociedad (Buenos Aires)*, n.177, jan.-fev. 2006. Disponível em: <www.nuso.org>.

GUDYNAS, E. Comunidad Sudamericana de Naciones. Las Cumbres y la búsqueda de un nuevo marco de integración regional. *Revista del Sur (Montevideo, Uruguay)*, n.168, nov.-dez. 2006.

HIRST, M. Los desafíos de la política sudamericana de Brasil. *Nueva Sociedad (Buenos Aires)*, n.205, set.-out. 2006. Disponível em <www.nuso.org>.

INSULZA, J. M. La cooperación hemisférica en la segunda administración Bush. *Foreign Affairs* (em espanhol), jan.-mar. 2005. Disponível em: <http://www.foreignaffairs-esp.org>.

JARAMILLO EDWARDS, I. La política exterior de la administración de GW Bush y los referentes históricos. Cuba Socialista. *Revista Teórica y Política*, ed. pelo Comité Central del Partido Comunista de Cuba, 2006. p.4. Disponível em <http://www.cubasocialista.cu/texto/cs0220.htm>.

KAHHNAT, F. América Latina, Medio Oriente y Estados Unidos. Foreign *Foreign Affairs* (em espanhol), out.-dez. 2006. Disponível em: <http://www.foreignaffairs-esp.org>.

KIRCHNER, N. Discurso de asunción del Presidente de la Nación, ante la Honorable Asamblea Legislativa, 25 maio 2003. Buenos Aires, Argentina.

LA NACIÓN, 5 ago. 2007. Disponível em: <http://www.lanacion.com.ar/931628>.

LINS, C. E. La Casa Blanca y Planalto: respeto y solidaridad. *Foreign Affairs* (em espanhol), jan.-mar. 2005. Disponível em: <http://www.foreignaffairs-esp.org>.

LOWENTHAL, A. F. De la hegemonía regional a las relaciones bilaterales complejas: Estados Unidos y América Latina a principios del siglo XXI. *Nueva Sociedad (Buenos Aires)*, n.206, nov.-dez. 2006. Disponível em: <www.nuso.org>.

OLIVA CAMPOS, C. Los Estados Unidos, América Latina y el Caribe: del neopanamericanismo al sistema americano del siglo XXI. Los Estados Unidos, América Latina y el Caribe: los otros senderos del Alca. Carlos Oliva e Luis F. Eyerbe (eds.). Araraquara: Laboratorios Editorial FCL/Unesp; Sao Paulo: Cultura Académica Editora, 2006.

PEÑA, F. La Argentina, Brasil y Sudamérica. Revista *Archivos del Presente*, ago. 2007. Disponível em: <http://www.felixpena.com.ar>.

_____. La gobernabilidad del espacio geográfico sudamericano. Mercosurabc, Entrevistas, 23 jun. 2007. Disponível em: <http://www.mercosurabc.com.ar/nota.asp?Idnota=1235&IdSeccion=7>.

PINHEIRO GUIMARÁES, S. Vice-canciller de Brasil, El rol político internacional del MERCOSUR, set. 2004. Disponível em: <www.amersur.org.ar>.

_____. *Cinco siglos de periferia. Una contribución al estudio de la Política Internacional.* Buenos Aires, Argentina: Prometeo Libros, 2005.

PORTAL ALBA. Disponível em <www/docs/alternativabolivariana.org/public.html/mainfile.php.on line 583>.

PRECIADO, J., HERNÁNDEZ, J. 2005: ASPAN y la nueva agenda de integración norteamericana siguen dejando fuera a la migración. *Anuario de Integración Latinoamericana y Caribeña*, Redialc-Unesp. Laboratorio Editorial Unesp-Araraquara, Brasil, 2006.

RUSSELL, R. América Latina para Estados Unidos: ¿especial, desdeñable, codiciada o perdida? *Nueva Sociedad (Buenos Aires)*, n.206, nov.-dez. 2006. Disponível em: <www.nuso.org>.

SÁNCHEZ-EGOSCUE, J. M., REGUEIRO BELLO, L. Latin América vis à vis. The FTAA: Between Relaunching and Alternatives. In: PREVOST, G., OLIVA CAMPOS, C. (eds.). *The Bush Doctrine and Latina America*. EUA: PalgraveMcMillan, 2007.

SERBÍN, A. Cuando la limosna es grande. El Caribe, Chávez y los límites de la diplomacia petrolera. *Nueva Sociedad (Buenos Aires)*, n.205, set.-out. 2006. Disponível em: <www.nuso.org>.

SHIFTER, M. Hugo Chávez. Un desafío para la Política Exterior de los Estados Unidos. *Informe Especial del Diálogo Interamericano*, mar. 2007.

SOSA, A. J. El Mundo y América del Sur, actualidad y devenir. AmerSur, Asociación Civil. Disponível em: <www.amersur.org.ar>, jun. 2007.

TOKATLIÁN, J. G. El Gran hermano del Norte. Enfoques, *La Nación*, Buenos Aires, 20 jun. 2004.

VARELA, I. ALBA: una propuesta de la Revolución Bolivariana. In: FLORES, R. C. (coord. e comp). *Construyendo el ALBA. Nuestro Norte es el Sur*. 2. ed. Caracas, República Bolivariana de Venezuela: Ediciones del XL Aniversario del Parlamento Latinoamericano, Secretaría General, out. 2005.

VÁZQUEZ, C. O. La Comunidad Andina en el 2004. In: *Anuario de la Integración Latinoamericana y Caribeña*, Redialc/Auna, Brasil.

VILAS, C. M. Pobreza, desigualdad y sustentabilidad democrática: el corto ciclo de la crisis argentina. *Revista Mexicana de Sociología (México DF)*, ano 67, n.2, abr.-jun. 2005.

8. A UNIÃO SUL-AMERICANA DE NAÇÕES: OPORTUNIDADES ECONÔMICAS E ENTRAVES POLÍTICOS

Gilberto Dupas
Marcelo Fernandes de Oliveira

> *As instituições de integração devem transcender no tempo os governos que eventualmente estejam no comando dos seus respectivos Estados no momento da sua adesão.*
> Soares de Lima & Kfuri

O impacto da deterioração socioeconômica resultante da adesão acrítica ao discurso e às práticas neoliberais na década de 1990, somado à incapacidade das lideranças tradicionais de dar respostas aos desejos e às demandas da população latino-americana, produziu um quadro político extremamente complexo na região neste início de século XXI. Por um lado, cada vez mais os Estados nacionais vêm sendo percebidos como aparelhos com baixa capacidade de resolver problemas decorrentes da era da globalização. Por outro lado, esses mesmos Estados vêm sendo ocupados por novas lideranças carismáticas e populares, as quais assumem publicamente o compromisso de romper com o passado e oferecer alternativas societárias com capacidade de formulação de projetos políticos inovadores, os quais supostamente permitiriam aos excluídos partilhar o estoque de riquezas coletivas e apropriar-se de parte do novo fluxo gerado pela fase excepcional de exportações de matérias-primas motivada pela demanda chinesa.

Nas duas últimas décadas do século XX, as promessas de ascensão social dos excluídos por meio da liberalização dos mercados e da privatização haviam fracassado. Pior, cem milhões de novos pobres foram adicionados aos 136 milhões que existiam na região em 1980. Já que a economia não deu conta, coube então à política incorporar os excluídos por meio de novas lideranças populares ou neopopulistas que prometeram reduzir a pobreza e a exclusão. Hoje os movimentos sociais estão nas ruas e, em alguns casos, dentro dos palácios e da própria máquina governamental de vários países da América Latina, pressionando governantes e congressos nacionais – que eles ajudaram a eleger – a cumprir promessas de campanha. Para tanto seriam necessárias várias condições, entre as quais a implementação de vetores de desenvolvimento econômico efetivamente democráticos. Democracia supõe seres humanos portadores de dignidade e possuidores de direitos. Por isso mesmo, para Guillermo O'Donnell, o desenvolvimento econômico só é democrático quando produz sociedades progressivamente mais eqüitativas e respeitadoras daquela dignidade. Por outro lado, não há desenvolvimento sem um Estado que dê sustentação à democracia e a impulsione em direção a maior eqüidade. Ele lembra que as democracias da região são sustentadas por Estados apenas parcialmente democratizados, que promovem cidadanias de baixa intensidade, convivendo com ampla pobreza e desigualdade. Por isso mesmo, esses cidadãos-agentes da democracia – até porque elegem seus representantes – esperam ser beneficiários de políticas públicas que atenuem sua exclusão e resgatem sua dignidade. Espaço crucial de poder, que tem como participantes de pleno direito classes e setores antes excluídos, o Estado enriquece-se quando representa o conjunto amplo da cidadania. Para O'Donnell, há quatro condições básicas para que ele possa dar conta de sua missão de promover democracia e desenvolvimento: eficácia de suas burocracias; efetividade do sistema legal; credibilidade como guardião e realizador do bem público da nação; e competência para filtrar tensões externas. Aumentar a eficácia do Estado como burocracia significa prestar um bom serviço civil, regido por critérios universalistas, o que implica salários dignos para funcionários públicos, carreiras avaliadas por critérios objetivos, oportunidades de capacitação periódica, além de boa proteção contra corrupção, clientelismo e nepotismo. Isso é difícil, custa dinheiro e exige longo prazo, palavra proibida para muitos dirigentes políticos. Aumentar a efetividade da legalidade estatal significa estender homogeneamente os direitos civis básicos, sem descuidar da expansão dos direitos sociais. Ou seja, ser capaz de elevação progressiva dos pisos mínimos de bem-estar, e de desenvolvimento humano que respeite direitos individuais e proteja contra a violência. Isso exige tratamento respeitoso, inviolabilidade do domicílio, acesso eqüitativo à justiça e não-discriminação a nenhuma classe social. Aumentar a credibilidade do Estado e do governo como agentes gerais do bem público significa boas políticas, bons exemplos de probidade republicana e avanço progressivo na justiça e na coesão social. Finalmente, é necessário a esse Estado saber filtrar adequadamente as diversas dimensões da globalização, reduzindo seus efeitos perversos. E ter claro que globalização econômica nada tem a ver com diminuição do poder do Estado. Até porque a natureza das demandas às quais deve responder exige que ele gaste mais e melhor.

Caminhar nessa direção é uma dura tarefa numa sociedade de desiguais, já que as classes dominantes podem tentar exercer forte poder de veto. De fato, nossos Estados latino-americanos, no entanto, têm tido baixo desempenho nessas quatro tarefas básicas, permitindo zonas extensas de anomia em que outros atores – crime organizado, máfias, terceiro setor contaminado por interesses privados – assumem parte de seu papel e enfraquecem as condições para a proliferação dos valores e bens públicos. Para complicar ainda mais, a classe política dá contínuos pretextos para deslegitimar-se perante a sociedade. As massas continuarão a ocupar os espaços públicos, cobrando promessas e exigindo soluções. E é a democracia quem vai ter de dar conta de garantir-lhes realizações, mais que ilusões.

Há vários graves empecilhos para se trilhar esse caminho. O baixo crescimento econômico limita o novo fluxo de riquezas a distribuir. Quanto aos estoques nacionais de riquezas naturais, fator estratégico teoricamente de primeira grandeza diante das restrições energéticas que limitam a expansão da economia global, vários deles estão à espera de exploração mais intensa e racional, especialmente em relação às fortes sinergias que poderiam decorrer de uma efetiva integração regional. Há intensas e conhecidas dificuldades de natureza política para essa integração efetiva, processo complexo que exige grande comprometimento das lideranças nacionais. É fundamental que essas lideranças aceitem a necessidade da celebração de estreitas parcerias focadas na lógica da cooperação transnacional para que a saga integracionista saia da mera utopia e se concretize. "É importante dar consistência aos processos, ser perseverante, adaptar-se às circunstâncias, não deixar de lado o plano estratégico e não inventar iniciativas regionais a todo momento" (Schmied, 2007, p.108). Como isso só vem ocorrendo muito lentamente e de maneira débil, as oportunidades econômicas que se apresentam ao continente não vêm sendo aproveitadas com o pragmatismo político necessário para dar impulso à união sul-americana, região mais obviamente passível de efeitos sinérgicos importantes.

O consenso internacional é que as iniciativas políticas pró-integração regional devem ter uma base econômica, de acordo com projetos comuns que fujam da ditadura do exercício das "pequenas soberanias" nacionais em benefício de uma autonomia transnacional gerencial e financeira que busque racionalidade macro e microeconômica. Como isso só vem ocorrendo debilmente, a condição de gerar novas riquezas na região e a promessa de integrar os excluídos acabam por não ser concretizadas estruturalmente, limitando-se a programas assistenciais – ainda que em certos casos amplos e importantes – que podem, no entanto, vir a deslegitimar as novas lideranças emergentes. Essas lideranças, paradoxalmente, agravam essa situação ao superestimar sua capacidade governativa de seus

Estados nacionais, limitadas que estão ao exercício de soberanias residuais cada vez mais restritivas, dado o enorme peso dos atores globais que decidem sobre as questões mais relevantes que afetam a lógica global. O risco é o aprofundamento do sentimento de *apartheid*, de insatisfação e de exclusão social, que pode evoluir para formas políticas instáveis e pouco democráticas de expressão.

Para evitar esse quadro seria útil promover a internacionalização da prática governamental por uma verdadeira integração regional que recriasse a capacidade política dos Estados latino-americanos, enlaçados numa esfera regional, para a solução dos problemas econômicos e sociais comuns. Os líderes sul-americanos deveriam compreender a integração regional como um instrumento para lograr uma inserção internacional que gerasse maior eqüidade e coesão social na região. O setor privado, engajado em projetos de infra-estrutura e integração, identificando ganhos de sinergias, motivado por taxas de retorno adequadas e incentivado por estabilidade política e social, é essencial para ajudar a desencadear um surto de desenvolvimento com sustentabilidade socioambiental que legaria à população sul-americana novas oportunidades de trabalho e geração de riqueza adicional para eventual alívio das pressões sociais.

Diante desse quadro, cabe-nos verificar se há condições de desencadear essa espiral positiva mediante o convencimento das lideranças políticas latino-americanas e de suas respectivas sociedades a se engajar nessa empreitada. E quais são as potencialidades econômicas concretas e os caminhos a ser percorridos para compatibilizar *timing* político com econômico. A rota mais factível parece ser uma refundação do Mercosul, ampliado e democratizado para possibilitar uma integração efetiva sul-americana voltada para a busca de sinergias e a promoção de desenvolvimento econômico e social.

NOVAS LIDERANÇAS E A COMUNIDADE SUL-AMERICANA DE NAÇÕES

A emergência de novas lideranças de esquerda na América do Sul, com intensa mobilização popular e incorporação de vários contingentes de excluídos ao processo político, é sem dúvida alguma uma novidade importante no continente. Como já dissemos, na ausência do adensamento do desenvolvimento econômico e social, a democracia teve que abrigar as intensas pressões sociais incorporando os excluídos ao processo político. Por um lado, isso vem servindo para criar um sentimento de co-responsabilidade da população na gestão dos assuntos públicos. Assim, talvez parcelas significativas das sociedades sul-americanas pudessem melhor atenuar suas frustrações diante das limitações e dificuldades de seus Estados nacionais para responder positivamente a suas demandas. As bases sociais dessas novas lideranças tendem a considerar que boa parte de suas dificuldades econômicas e sociais são conseqüências dos impactos vindos de seu exterior, passando a demandar dos governantes posicionamentos internacionais mais autônomos. Para não perder apoio político doméstico, essas lideranças por vezes exacerbam seus discursos e práticas de política externa. A conseqüência é que, paradoxalmente, a nova onda de líderes "esquerdistas" sul-americana, a qual se supunha ser facilitadora de uma futura pauta de política externa de integração regional por proximidade de identidades ideológicas, acaba por operar contra essa tendência. Um exemplo é o crescimento de eventuais tensões entre Bolívia, Paraguai, Uruguai e Brasil por antagonismos reforçados por suas assimetrias econômicas.

O fato novo ocorrido a partir da virada do século, que veio a alterar parte desse quadro, foi o impressionante crescimento chinês. Ele aqueceu a economia mundial e permitiu um enorme salto das exportações – em preços e volumes –, em especial para os países da periferia limitados fundamentalmente à venda de produtos básicos. Nesses seis últimos anos, os preços das principais *commodities* metálicas (níquel, cobre, alumínio e zinco) haviam subido em média 200%; os das energéticas (gás, petróleo e carvão), 100%, e os das agrícolas (milho, soja, açúcar e café), 60%. Isso tinha sido suficiente para garantir um crescimento médio das exportações de Brasil, Bolívia, Chile, Equador, Peru e Venezuela em 150%, o que permitiu um aumento das reservas internacionais de Argentina, Brasil e Venezuela ao redor de 120%, transformando vários países da América Latina de devedores em aplicadores líquidos de recursos no exterior. Essa reversão do quadro econômico criou margens para políticas redistributivas de renda, ainda que em geral assistencialistas. Enquanto essas condições macroeconômicas globais se mantiverem, especificamente a demanda crescente das *commodities* comercializadas por esses países, essa tendência poderá sobreviver. Em outras palavras, a afirmação de soberanias nacionais na América do Sul como instrumento de resgate da dívida social por parte das novas lideranças à esquerda – em um momento particular de folga na economia – pode dificultar a adoção de medidas essenciais e fundamentais para políticas de integração progressivas que permitam articular as vantagens comparativas e competitivas desses países e prepará-los para mudanças estruturais mais profundas em busca de processos de desenvolvimento auto-sustentado. No entanto, se as expectativas de alterações estruturais permanentes nas condições socioeconômicas precárias das populações sul-americanas não se concretizarem, e se uma eventual recessão – ainda que moderada – aparecer no cenário internacional, poderá estar perdida outra oportunidade histórica de adaptação pragmática às restrições e aos obstáculos domésticos e externos existentes para a integração regional sul-americana e a apropriação das sinergias dela decorrentes. O que poderá nos levar de volta à velha conhecida retórica integracionista sem os meios necessários para pô-la em prática.

Para tentar avançar faz-se essencial empreender mudanças profundas nas perspectivas das lideranças sul-americanas contemporâneas no tocante às suas respectivas políticas externas de integração regional. Buscaremos compreender se há condições políticas para que isso ocorra, iniciando pelos governantes dos três maiores países da região: Brasil, Venezuela e Argentina.[1]

No caso de Lula, no Brasil, a conquista do segundo mandato serviu para consolidar sua força política, agastada pelo fisiologismo que veio à tona no primeiro mandato, exacerbado pela necessidade de manter uma ampla coalizão que permitisse condições de governabilidade. No tocante à política brasileira de integração regional e ao alargamento do Mercosul em direção à Comunidade Andina, o governo tem mantido intensa relação diplomática e política com os países vizinhos, procurando administrar divergências e conflitos de interesse que parecem ter crescido. Na realidade, é difícil concluir se o aumento das tensões – seja entre Brasil ou Argentina com os países pequenos do bloco (Uruguai, Paraguai e especialmente a Bolívia), seja entre Brasil e Venezuela – é devido a tendências de fragmentação ou, ao contrário, decorre de uma emergência efetiva dos interesses em jogo na integração e da disposição de discuti-los abertamente em busca de um consenso. O governo Lula continua a insistir em que participará ativamente na resolução de problemas regionais, com o objetivo de construir uma lógica positiva de *spillover*. Se bem-sucedida, essa estratégia evidentemente ampliaria a legitimidade da liderança brasileira na América do Sul – ainda que sem hegemonismos –, sob o olhar complacente dos Estados Unidos, para quem o Brasil pode ser o fator de equilíbrio e de rebaixamento de radicalismos na região. Essa estratégia poderia desembocar na refundação do Mercosul com o intuito de uma efetiva ampliação em direção à Comunidade Sul-Americana de Nações, assumindo o Brasil a disposição de arcar com os eventuais custos do exercício de seu protagonismo em todo o Cone Sul.

Essa estratégia, no entanto, não vem sendo posta em prática de maneira eficaz. No segundo mandato do governo Lula, a linha adotada pelos formuladores da política brasileira na integração regional é a de que a liderança regional é, de fato, essencial para uma inserção internacional de maior qualidade do país. Porém, consolidar essa liderança, atando o destino do país a um processo de integração regional mais profundo com os países sul-americanos, requer cessão de soberania e – por isso mesmo – parece encontrar resistências concretas. Ainda há uma tendência prevalecente nas

---

[1] Ver no Quadro 1, no Anexo, a relação dos países pelo tamanho do PIB.

lideranças do país a resistir à consolidação de regras regionais que limitem a capacidade unilateral de ação brasileira no mundo. Simultaneamente, essas mesmas lideranças buscam angariar vantagens a partir de sua posição regional. Afinal, também para o Brasil ampliar a institucionalidade do bloco por mecanismos supranacionais significaria engessamentos e limitações advindas de uma governança regional que poderiam limitar as pretensões internacionais do Brasil. Esse impasse sinaliza aos parceiros sul-americanos que o maior país da região manifesta restrições a alienar sua vontade nacional em prol de objetivos comuns, numa aritmética de custos-benefícios que pode trabalhar contra a lógica da integração e seus efeitos benéficos. Um ótimo exemplo é a consolidação de uma Tarifa Externa Comum, que pode ser disfuncional para os interesses atuais brasileiros. Mantê-la muito flexível, apenas como uma união aduaneira incompleta, pode ser visto como benéfico por várias razões:
1) Permite aos grupos econômicos que operam especialmente no Brasil e na Argentina utilizá-la conforme seus interesses setoriais, sobretudo para efetuar trocas comerciais intra-industrial e intrabloco. O Brasil, por exemplo, tem sido muitas vezes escolhido como plataforma de exportação regional de corporações transnacionais instaladas na região.
2) Mantém a Argentina liberada para executar rompimentos na TEC quando julgar necessário para proteger seus segmentos industriais débeis.[2]
3) Torna Paraguai e Uruguai satélites dependentes das economias maiores ao obrigá-los a assinar acordos comerciais internacionais exclusivamente em bloco, limitando sua inserção global. Nos momentos de maiores "rebeldias" o Brasil acaba procurando, como sócio maior, absorver pequenos custos para sanar crises focais provocadas pelos países menores.

Nessa perspectiva, a aceitação e até o estímulo do Brasil e de alguns parceiros do bloco à adesão meteórica da Venezuela ao Mercosul podem ser compreendidos como positivos. Apesar de ampliar as dificuldades para

---

[2] Exemplo disso é o Mecanismo de Adaptação Competitiva (MAC) firmado por Brasil e Argentina em 3 de fevereiro de 2006, o qual estabelece:
- Sua utilização se dará caso o setor reclamante comprove que as importações do país vizinho causam danos à sua produção e que tenham fracassado as medidas de negociação.
- O MAC poderá ser aplicado por no máximo quatro anos e implicará a imposição de cota para exportação do produto afetado, acima da qual incidirá a cobrança da Tarifa Externa Comum com redução de 10% (se a TEC para o produto for de 10%, a tarifa cobrada para os volumes do produto que excederem a cota será de 9% adicionais).
- O outro país terá a possibilidade de desconhecer a aplicação do acordo, caso a restrição ao ingresso de seus produtos acabe resultando em aumento de importações de terceiros mercados.

Em suma, o MAC abre espaço para legitimar comportamentos irregulares por parte da Argentina no Mercosul, que antes ocorriam unilateralmente.

a concretização da TEC, abrem novas possibilidades de negócios, incorporando a Venezuela – o terceiro maior PIB da região – na dinâmica comercial sub-regional especificamente por meio do aumento do intercâmbio comercial intra-Mercosul. Para alguns analistas,

> o processo de convergência deverá aumentar as margens de preferências com que os produtos industriais exportados pelo Mercosul contarão para entrar no mercado venezuelano, uma vez que o novo sócio deverá elevar as tarifas de diversos produtos do setor industrial. Esse processo beneficiará particularmente as exportações brasileiras, que são mais concentradas nesses produtos. Já para os produtos agrícolas e agroindustriais deverá haver uma redução da proteção na Venezuela. (Rios & Maduro, 2007, p.55)

A entrada da Venezuela contribui também para a possibilidade de ampliar o Mercosul como área de livre comércio. Nessa perspectiva, aquele país ofereceu desgravação tarifária imediata para os principais produtos da oferta exportável do Paraguai e Uruguai, auxiliando o Brasil a arcar com os custos da integração. É nítido que os ganhos econômicos podem vir a ser significativos – ainda que possa haver dificuldades na coordenação de uma agenda externa do Mercosul, provavelmente devido a maior sensibilidade venezuelana nos produtos do setor agrícola, agroindustrial e em produtos intermediários –, o que também compõe o núcleo de vantagens comparativas do Mercosul e possibilita aos países-membros uma ação coordenada ofensiva nas negociações externas. A perspectiva brasileira ressalta também a posição estratégica que a Venezuela pode vir a desempenhar no tocante ao desenvolvimento de eixos sinérgicos de integração sul-americana, especificamente nas questões energética e amazônica.

Os descompassos atualmente existentes seriam eventualmente compensados pelos acertos político-diplomáticos, um deles a posição chavista de sepultamento definitivo da Alca em prol de uma integração sul-americana. Para além disso, o atual governo brasileiro imagina que a entrada da Venezuela no Mercosul obrigaria Hugo Chávez a cumprir a Cláusula Democrática do Mercosul, impedindo-o de aventura golpista rumo ao rompimento da institucionalidade democrática. Isso encapsularia a Venezuela também nos acordos entre Mercosul e a Agência Internacional de Energia Atômica (Aiea), os quais prescrevem que na região o desenvolvimento de pesquisa nuclear só é permitido para fins pacíficos. O significado da inserção no quadro regional do conceito de bens públicos internacionais como segurança, democracia e crescimento auto-sustentado teria como corolário imediato a indução da estabilidade na região e o fortalecimento de posições positivas na comunidade internacional. Isso contemplaria o interesse tanto dos Estados Unidos na "domesticação" de Chávez, já que aquele país parece preferir no momento não ter problemas adicionais na América Latina ocasionados por uma eventual proeminência do presidente venezuelano, como dos europeus em ver a América do Sul como uma zona de promoção da paz.

O obstáculo principal a essa estratégia é que, afiançado pelo amplo apoio eleitoral dos segmentos mais pobres da população em troca da distribuição da renda do petróleo por meio de políticas públicas assistencialistas ou não, Chávez vem buscando consolidar na esfera doméstica a chamada "revolução socialista bolivariana", ocupando o espaço ideológico vazio com o declínio da Cuba de Fidel Castro e anunciando freqüentemente a pretensão de exportá-la para outros países latino-americanos, o que causa embaraços ao próprio Lula. O governo brasileiro tem reagido com mais firmeza a certas ofensivas de Chávez, cuidando, no entanto, de manter as portas abertas e reafirmando que respeita as opções do povo da Venezuela, mas que é preciso que o líder daquele país tenha a mesma atitude com relação aos demais países. O fato de parcelas consideráveis das elites do hemisfério considerarem as políticas chavistas pouco democráticas e a crescente agressividade de seu líder – como o atrito com o rei da Espanha em novembro de 2007 – são problemas a mais a enfrentar.

De início, tendo como coadjuvantes Lula e Kirchner, Chávez cumpriu papel relevante na implosão da Alca. Com Bolívia, Cuba e Nicarágua, a Venezuela celebrou a Alternativa Bolivariana para as Américas (Alba) – apresentada por Chávez como uma manifestação histórica das forças progressistas da Venezuela e seus parceiros para demonstrar que "outra América é possível". Sua retórica era construir uma integração latino-americana solidária com ênfase na luta contra a pobreza e a exclusão social, enquanto as propostas da Alca e os esquemas sub-regionais de pouca densidade apenas aprofundariam as dificuldades dos povos latino-americanos. Foi essa leitura do regionalismo na América Latina que orientou Chávez em sua retirada da Comunidade Andina de Nações (CAN) – e na quase simultânea solicitação de sua adesão ao Mercosul. Para Chávez

> el ALBA es una propuesta para construir consensos para repensar los acuerdos de integración en función de alcanzar un desarrollo endógeno nacional y regional que erradique la pobreza, corrija las desigualdades sociales y asegure una creciente calidad de vida para los pueblos. La propuesta del ALBA se suma al despertar de la conciencia que se expresa en la emergencia de un nuevo liderazgo político, económico, social y militar en América Latina y El Caribe. Hoy más que nunca, hay que relanzar la unidad latinoamericana y caribeña.

Para concretizar esse modelo de integração regional, a Alba busca criar mecanismos para induzir vantagens cooperativas entre as nações latino-americanas que permitam compensar as assimetrias existentes entre elas. Para isso ele propôs fundos compensatórios, flexibilização da propriedade intelectual em benefício da saúde e da educação pública e proteção do mercado agrícola regional – na medida em que a agricultura se diferenciaria de um bem comum por servir principalmente à segurança alimentar dos povos. Ele acrescentou a seus objetivos o respeito aos direitos humanos, trabalhistas e da mulher e o manejo sustentável do meio ambiente com base numa integração física efetiva. Como sabemos, o discurso oficial chavista tem sido acompanhado de ações concretas sustentadas pelos lucros dos preços elevados do petróleo. Desde o lançamento da Alba, a Venezuela celebrou vinte diferentes acordos de cooperação com seus parceiros no intuito de dar vida aos eixos de sua proposta.[3] Paralelamente, assinou outros dez acordos bilaterais com países sul-americanos e o Mercosul, nos quais Chávez reafirma o "modelo Alba" de integração regional. Os mais importantes são o Convênio Integral de Cooperação Energética entre o governo da República Bolivariana da Venezuela e o governo da República Oriental do Uruguai (14/3/2006), o Comunicado Conjunto sobre a Aliança Estratégica Brasil–Venezuela (14/2/2006), os Acordos de Cooperação entre Bolívia e Venezuela (23/1/2006), os documentos subscritos entre a República Argentina e a República Bolivariana da Venezuela (31/1/2005), o Protocolo de Adesão da República Bolivariana da Venezuela ao Mercosul (4/7/2006), a Declaração de Porto Iguaçu (4/5/2006) e o Acordo do Grande Gasoduto do Sul (20/1/2006), entre outros.

Para além de todos esses acordos e das conseqüências da adesão da Venezuela ao Mercosul, vale a pena comentar as relações de Chávez com a Argentina de Néstor Kirchner. O aprofundamento desse relacionamento parece ter por objetivo a tentativa de consolidação de um novo eixo estratégico de poder na América do Sul entre o segundo e o terceiro maior países da região, como contrapeso à predominância brasileira. Essa tentativa vem sendo aprofundada sobre dois pilares: o apoio financeiro da Venezuela à Argentina por meio da compra de títulos argentinos e o projeto comum na área de hidrocarbonetos, numa parceria entre a PDVSA e a Enarsa.

No tocante às transações financeiras, desde 2005 a Venezuela já adquiriu US$ 4,2 bilhões em papéis da dívida pública da Argentina, garantindo ao país a condição de resgatar seus títulos de curto prazo, preservar o superávit fiscal sem pressionar suas reservas cambiais e manter-se distante do FMI e das praças internacionais, que se fecharam ao país devido à renegociação da dívida da Argentina depois da crise de 2001. Essa simbiose financeira entre os dois governos é facilitada pela decisão "política" dos bancos venezuelanos de manter os títulos públicos argentinos em sua carteira, a fim de impedir sua oscilação de valor. Em contrapartida, o governo venezuelano lucra com o recebimento dos juros de 10,6% ao ano, mas permite que seus bancos adquiram títulos argentinos pelo câmbio oficial do dólar e revendam por um preço muito maior no mercado paralelo. Essas manobras têm contribuído para uma maior aproximação entre o siste-

---

[3] Ver Quadro 2 no Anexo.

ma financeiro venezuelano e a presidência do país, atenuando as críticas desse segmento a suas políticas domésticas. Além disso, Chávez parece esperar abrir novas oportunidades para seu setor bancário por meio dos financiamentos do Banco do Sul, recém-criado após longa resistência brasileira, depois abrandada para não criar problemas políticos com o presidente venezuelano.

Para aliviar os receios de uma oligopolização do mercado de energia argentino, no qual há uma prevalência de grupos brasileiros, e visando a certa retribuição ao auxílio financeiro de Chávez, o governo Kirchner fomentou uma parceria na área de hidrocarbonetos entre PDVSA e Enarsa.[4] O primeiro passo nessa direção ocorreu com a celebração de um acordo para construir um terminal de regaseificação de gás natural de US$ 400 milhões na Bahia Blanca, na Argentina, com capacidade produtiva de 10 milhões de metros cúbicos, superior às importações argentinas da Bolívia. Essa obra faz parte do Grande Gasoduto do Sul e significará a extensão do gasoduto diretamente à Argentina como destino final, deixando de fazer a rota do litoral e passando pelo interior do Brasil. O governo brasileiro tem se incomodado com essas movimentações, o que levou Chávez a reagir, afirmando: "O gasoduto avança no trecho que liga Bolívia com Argentina, mas o trecho que atravessaria o Brasil foi brecado. Nunca dissemos que o caminho da união seria fácil. Mas nós venceremos esses obstáculos".

Por sua vez, Néstor Kirchner deu apoio moderado à investida da Venezuela no Mercosul e, como se pretendesse amenizar os arroubos retóricos de Chávez, afirmou: "Acreditamos firmemente na consolidação do Mercosul. A contribuição da Venezuela é muito importante, mais que o conteúdo ideológico de cada país". De fato, Kirchner, preparando o mandato de sua esposa Cristina Fernández, também tentou buscar consolidar um novo papel para a Argentina no continente baseado em um ensaio de afirmação de sua soberania nacional residual, em paralelo ao imperativo de integração sul-americana como instrumento para enfrentar eficazmente os atores e as forças transnacionais contemporâneos. Pelo menos durante o pleito eleitoral, o discurso predominante foi de uma Argentina renovada e forte no contexto latino-americano, sem alinhamentos seja com o Brasil, seja com a Venezuela. Resta observar os alinhamentos e ações da nova presidente.

O comportamento de Kirchner deixou teoricamente mais espaço para uma concorrência entre Chávez e Lula pela liderança e pelo protagonismo

---

[4] Essa parceria "Tiene por objetivo establecer el marco y principios dentro de los cuales las Partes desarrollarán un proyecto en el área de hidrocarburos que contemple exploración, explotación, refinación, industrialización, transporte y comercialización de crudo y sus derivados en territorio de la República Argentina; la conformación de una forma asociativa que resulte más conveniente a los intereses de las Partes y el intercambio de información".

político, econômico e ideológico na definição do modelo de integração regional na América do Sul. Essa disputa tem sido travada no campo energético, com o uso das "armas" do etanol por Lula e do petróleo por Chávez. O recente anúncio de novas grandes reservas de petróleo no Brasil introduz um ingrediente adicional nesta disputa. Em agosto de 2007, Lula realizou viagem a México, Honduras, Nicarágua, Jamaica e Panamá para promover os biocombustíveis com apoio do governo norte-americano. Enquanto isso, Chávez fazia um giro por Argentina, Uruguai, Bolívia e Equador celebrando acordos na área de hidrocarbornetos e aproveitando para condenar os biocombustíveis com a afirmação de que eles desviariam a produção de alimentos para "os carros dos ricos".

Vai ficando, assim, mais evidente a disputa por espaços e pela imposição de modelos de integração sul-americana entre Chávez e Lula, o que pode afastá-los mais do que os aproximar da necessidade de estabelecer consensos políticos capazes de identificar um centro de gravidade da integração sul-americana assentado "na complementaridade produtiva e na competitividade de potencializar os recursos, as capacidades e as vantagens de cada um dos países a serviço de todos" (Schmied, 2007, p.110).

Outros países importantes no continente mantêm-se atualmente mais afastados das discussões sobre a integração regional. O destino histórico de parceria do México com os Estados Unidos e os altos níveis de internacionalização de sua economia induzem estratégias próprias que não são possíveis a outros países da região. Com essas políticas, especialmente a adesão ao Nafta, houve atração significativa de investimentos externos, mas isso não impediu que os sinais de deterioração do tecido social se aprofundassem. A conquista de grandes fatias do mercado norte-americano pelas exportações da China e o esvaziamento do espaço das *maquilladoras* têm limitado a capacidade do México de continuar ganhando com o Nafta. Como alternativa o país busca aproximar-se bilateralmente de eventuais parceiros sul-americanos, celebrando acordos comerciais que trazem ganhos econômicos específicos, mas sem maior engajamento de longo prazo.

Quanto à Colômbia, Uribe foi reeleito com uma plataforma eleitoral pautada na eficácia das ações militares propiciadas pelo apoio norte-americano contra o que denominam "narcoterroristas", apoiada por uma população cansada da violência. Em 2007, seu isolamento na América do Sul foi ampliado, sobretudo após a defecção de Chávez da Comunidade Andina de Nações.

Já Alan García, no Peru, encontra-se pressionado por uma maioria legislativa que mantém simpatias com o "chavismo". García não foi capaz de implementar um governo de conciliação como havia anunciado. Como resultado, e em virtude da precária situação do orçamento público, os espaços para a elaboração de projetos que minorem a pobreza no país são pequenos.

Na Bolívia, Evo Morales procura um alinhamento com Chávez assumindo a "liturgia bolivariana", mas também tenta evitar um rompimento com Lula. O apoio de Chávez na controvérsia do gás com o Brasil trouxe ganhos específicos para a Bolívia, mas não vem garantindo recursos para atender às pressões do povo boliviano por financiamento de políticas sociais que dêem suporte às redes dos movimentos que o apóiam. Morales parece destinado a oscilar pendularmente entre Chávez e Lula, procurando tirar vantagens de ambos.

No Equador, o ex-presidente Alfredo Palacio, com suporte de seu então ministro da Economia Rafael Correa, havia sido hábil ao deslocar a destinação dos recursos provenientes do petróleo para o pagamento da dívida externa e para novos investimentos sociais. Simultaneamente, estreitou relações com a Venezuela por meio da assinatura de uma série de convênios, sobretudo na área energética. Promoveu também uma alteração na Lei de Hidrocarbonetos com o intuito de recuperar os ganhos estatais com o aumento internacional dos preços do petróleo, garroteados por contratos draconianos celebrados com as empresas privadas no passado. Aquelas que – como a norte-americana Occidental Petroleum (OXY) – não atenderam ao pedido de revisão tiveram seus contratos revogados. Os Estados Unidos alegaram então que no Equador prevalecia um quadro de insegurança jurídica, congelando os acertos para a celebração de um Tratado de Livre Comércio. Em resposta, o presidente Palacio declarou encerradas as negociações, deixando aberta a possibilidade de o Equador participar de outros arranjos regionais, como a Alba e a Comunidade Sul-Americana de Nações. Às vésperas da eleição de 2006, Palacio propôs uma série de políticas públicas baseadas nos novos ingressos dos lucros da exploração e da comercialização do petróleo, os quais serviram de suporte para um bem-sucedido fim de governo e, sobretudo, para proporcionar condições mínimas de governabilidade para seu sucessor, Rafael Correa, do Aliança Pátria Altiva e Soberana (Pais). Ele venceu as eleições apresentando-se em oposição às elites tradicionais, e foi capaz de aglutinar votos de protesto ao forjar uma agenda pública baseada nas promessas de criar uma Assembléia Constituinte, incorporar o discurso dos movimentos sociais, reafirmar seu compromisso com a valorização do petróleo como bem público nacional e manter uma retórica antiamericana. O apoio de Chávez a seu triunfo eleitoral é decorrente desses posicionamentos programáticos, principalmente a proposta de combater os partidos tradicionais equatorianos contaminados por um tradicionalismo sem resultados sociais. Por essas razões a política externa de integração regional equatoriana tende a pender para alianças estratégias com a Alba de Chávez, mas, como sempre ressalta Correa, sem alinhamentos automáticos. Na afirmação de uma política externa independente dos Estados Unidos, Correa não renovou a cessão da Base Militar de Manta, decretou o fim das gestões para o

TCL com os Estados Unidos e a não-renovação da Lei de Promoção Comercial Andina para a Erradicação da Droga (ATPDEA). Tais ações vislumbram a possibilidade de acordos internacionais com outros países.

Já o Chile, que seguiu uma trajetória macroeconômica diferente dos países da região, tem forte dependência do gás natural. As primeiras visitas oficiais da presidente Bachelet ao continente latino-americano mostraram sua vontade de fortalecer as relações com os vizinhos. Contudo, o principal obstáculo do Chile para a sua integração regional é a intensa abertura de sua economia, que o leva a praticar taxas externas muito reduzidas. A necessidade de energia é premente e o Chile não pode descartar bons acordos na área do petróleo, embora venha buscando novas experiências na área dos biocombustíveis. Para isso observa o Brasil como parceiro natural, mas não pode descuidar do abastecimento imediato dos combustíveis fósseis necessários ao seu desenvolvimento. Na leitura do governo chileno, Chávez usa o petróleo como elemento geopolítico para promover sua agenda externa, enquanto Lula, ao divulgar o etanol, parece mais aberto a uma carência regional. Compatibilizar as necessidades energéticas com a adequação de seus alinhamentos políticos é o desafio chileno em prol do atendimento de seus interesses nacionais. Aliás, trata-se do mesmo desafio de quase todos os países da América do Sul. A administração das incompatibilidades entre Brasil e Venezuela seria o caminho para fabricar consensos políticos indutores de novos projetos com racionalidade econômica que criassem novas sinergias e riquezas adicionais que pudessem ser mais bem distribuídas, em busca de amenizar as penúrias econômica e social. A questão é avaliar qual o espaço de conciliação entre a perspectiva de integração sul-americana mais ideológica do chavismo e a dimensão mercossulina de expressão fundamentalmente econômica e comercial. Também é importante lembrar que no momento o preço de integrar a Venezuela é lidar com as idiossincrasias de Chávez; mas seu país agrega elementos essenciais a uma integração regional bem-sucedida. Compatibilizar e fazer avançar projetos que estão hoje finalmente postos em discussão possibilitará aos países sul-americanos discutir um modelo de desenvolvimento comum, "com uma política coordenada de agregação de valor, articulação das cadeias produtivas e investimentos diretos a partir de um sistema de garantias mútuas" (Coutinho, 2006). Para além disso, a Venezuela agregará valor ao pólo regional, em um contexto de concentração do poder mundial, facilitando tanto a consideração dos interesses regionais na elaboração das normas e regras multilaterais como o exercício de pressões para impedir que ações e normas indesejáveis sejam aplicadas à América do Sul.

Neste sentido, a modalidade de integração multidimensional ambiciona a construção de um sistema na região que seja capaz de formular suas próprias normas e regras de forma autônoma. A coincidência de posições entre Venezuela e Brasil no âmbito da OEA e das Nações Unidas[5] sugere expectativa positiva para a cooperação multilateral futura entre os dois países (Soares de Lima & Kfuri, 2007).

CONSENSOS POLÍTICOS E NOVAS RACIONALIDADES ECONÔMICAS

Para trabalhar na perspectiva do fortalecimento de uma União Sul-Americana é necessário buscar forjar consensos políticos mínimos que possibilitem "fortalecer" a "unidade" regional valendo-se da busca de sinergias que compensem pequenas, e muitas vezes ilusórias, perdas de soberania. Os acordos só evoluirão se houver a percepção de que favoreçam razoavelmente a todos. Um dos passos nessa direção poderia ser um "Foro Sul-Americano de Consulta e Concertação Política" que funcionasse como a coluna vertebral do sistema e possibilitasse

> desenvolver um espaço sul-americano integrado no plano político, social, econômico, ambiental e de infra-estrutura de maneira a fortalecer a identidade própria da América do Sul e que contribua, a partir de uma perspectiva sub-regional, para a articulação com outras experiências de integração regional e o fortalecimento da América Latina e [do] Caribe, outorgando-lhe maior gravitação e representação nos foros internacionais. (Schmied, 2007, p.119)

Alguns dos eixos estratégicos em torno dos quais o consenso poderia ser buscado são: uma rota eficiente de ligação entre o Pacífico e o Atlântico, associada a uma rede de transporte eficaz ligando a região; um acordo energético de amplas proporções; um *enforcement* das lógicas econômicas para a consolidação de cadeias produtivas regionais; um plano de crescimento auto-sustentado para a região amazônica; e um acordo para a preservação da água doce e dos recursos ambientais. Com base neles, poderiam ser dados passos em direção à institucionalização de uma governança regional que inicialmente articularia e gerenciaria projetos decorrentes desses eixos estratégicos, garantindo o avanço do processo.

Obviamente, o aprofundamento dos eixos sinérgicos acima enunciados deve pressupor uma estratégia de integração multidimensional assentada na contigüidade territorial e nas sinergias sistêmicas, com uma coordenação econômica induzida pelos Estados que promova economias de escala regional. Essa tarefa deve ser satisfeita paralelamente às outras dimensões da integração, como a social e a cultural. Muito provavelmente, o maior desafio estará em viabilizar interesses comuns e amenizar as aversões. Para tanto, ao princípio da não-intervenção deve-se somar o da não-indiferen-

---

[5] Ver Anexo.

ça, numa visão solidária. Ou seja, cada país sul-americano deve sentir-se participando da vida do outro, com o estabelecimento na região de nova política de fronteiras, de território e de contigüidade.

Essa mudança de perspectiva visa a explorar um novo espaço transnacional de ação e poder num mundo de fronteiras porosas, no qual um país da região pode até certo ponto se envolver na política interna do outro, garantida a reciprocidade segundo regras comuns preestabelecidas. Essa nova ordenação política e jurídica precisaria ser entendida como uma nova aliança institucional entre Estados e sociedade civil sul-americana. Ela poderia se constituir em ampla fonte de novas legitimações, inclusive para o eventual uso de meios militares em ameaças consideradas comuns (crime organizado, terrorismo, narcotráfico etc.), utilizando um conjunto de *Minima Moralia* de validade comum em benefício de todos, o que exige ampla legitimação democrática que possa sustentar uma política externa supranacional voltada para os interesses da região. Nessa direção, a primeira tarefa será romper com a herança colonial que legou à região padrões de relacionamento orientados para fora, primeiro em direção às metrópoles e atualmente visando aos mercados desenvolvidos. Vigevani (2005) mostrou que os processos de integração regional na América do Sul eram configurados exclusivamente para rebater ameaças externas comuns momentâneas que exigiam urgência pragmática, sem consideração das necessidades reais de integração. Por exemplo, no século XIX, quando "os projetos de união ... tinham como origem principal a preocupação comum que causavam as ameaças de reconquista da antiga metrópole" (Clainche, 1984, p.28).

Esse significado de integração deve ser alterado e seus vetores substituídos. Em lugar de conceber a integração a partir de *inputs* externos, os países sul-americanos devem enxergá-la na lógica de suas respectivas convergências, planejá-la e executá-la prioritariamente para dentro da região, ainda que sem perder de vista as condições do mundo global. O Mercosul tem conseguido induzir algumas complementaridades comerciais, mas sem ação política coordenada, o que torna ineficaz a tarefa de modificar os eixos históricos de relacionamento e interação entre os países da América do Sul. Transporte e logística são um passo importante nessa direção. O objetivo seria criar corredores modais de transporte eficazes na construção da infra-estrutura transul-americana com função articuladora do território e da integração regional. Esse passo inicial é importante porque facilita e estimula o transporte de matérias-primas aos centros de produção e, posteriormente, a distribuição dessa produção aos mercados consumidores nacionais, regionais e internacionais.

A incorporação da Venezuela ao Mercosul, além de adensar complementações comerciais, propiciaria também "a vinculação logística e geográfica, dentro do país, dos estados do Norte e Nordeste da federação brasileira, distantes do eixo original do Mercosul, que passariam a compor uma densa região de relacionamento econômico, energético, social e cultural regionalizada" (Soares de Lima & Kfuri, 2007). A convergência nas agendas de desenvolvimento do Brasil, da Argentina e da Venezuela – os três maiores países da região, que detêm 76% de seu PIB[6] – só viria a facilitar esse processo, abrindo possibilidades de criar agências de financiamento e instrumentos de garantia regionais inovadores para a concretização de vários projetos que pudessem interessar ao setor privado. Restaria a dura tarefa de obter o consenso entre os parceiros com respeito à modelagem específica das instituições de fomento a ser criadas no âmbito regional. Um passo relevante – que também deixou claro haver dificuldades e reticências entre as partes – foi dado recentemente com a celebração do acordo que fundou o Banco do Sul. Destacam-se também as estruturas de Parcerias Público-Privadas (PPP), os mecanismos de Garantias Parciais, a participação dos mercados de capital domésticos no financiamento dos projetos, as concessões e outras formas de suporte financeiro, como as desenvolvidas pelo BNDES e pelo Fonplata.

Outra experiência bem-sucedida que poderia servir de referência é a do Fundo de Promoção de Projetos de Infra-estrutura Sustentável (Proinfra), no âmbito da Corporación Andina de Fomento (CAF). Ele tem por

> objetivo financiar a preparação adequada, a estruturação financeira e a avaliação de projetos de infra-estrutura sustentável que tenham alto impacto para as economias regionais, nacionais ou locais e contribuam de forma consistente para a integração entre os países acionistas da CAF. Os recursos do Proinfra financiam a elaboração de estudos setoriais de infra-estrutura, opções de investimento ou estudos de pré-factibilidade, factibilidade e engenharia de detalhe e impacto ambiental e social de projetos de infra-estrutura. Financia igualmente assessorias para a estruturação do financiamento de projetos ou assessorias a processos de concessão e convocação a licitação e obras, e assistência técnica para a criação ou fortalecimento de sistemas de planejamento do investimento público e esquemas de participação público-privada (PPP).

Além disso, ele leva em conta a Iniciativa para la Integración de la Infraestructura Regional Sulamericana (Iirsa),[7] que busca induzir

> o desenvolvimento da infra-estrutura regional para gerar as condições necessárias para alcançar um modelo de desenvolvimento estável, eficiente e eqüitativo na região, identificando os requisitos de ordem física, normativa e institucional necessários e procurando mecanismos de implementação que fomentem a integração física em nível continental. (Schmied, 2007, p.125)

---

[6] Ver Quadro 1 no Anexo.
[7] Ver Quadro 6 no Anexo.

Essas idéias, mais bem articuladas entre si e alimentadas por uma sólida vontade política, podem dar impulso definitivo para a superação de barreiras geográficas, a aproximação de mercados e a promoção de novas oportunidades econômicas, revertendo o padrão de fronteiras-separação herdado do passado colonial latino-americano que tanto tem prejudicado as iniciativas integracionistas contemporâneas na região.

O aperfeiçoamento e a busca de sinergias nos mercados energéticos regionais constituem outro passo fundamental. É necessário celebrar um acordo energético de amplas proporções entre os países da América do Sul, para o qual a Venezuela desempenha uma função essencial. O governo Chávez, como vimos, utiliza seus recursos energéticos especificamente como base para projetos de inserção regional. Ele diz que "os recursos financeiros provenientes do petróleo servem para costurar alianças e diversificar relações, mas são destinados também a promover um modelo de integração hemisférica diverso do modelo liberal defendido pelos Estados Unidos". Chávez vem promovendo a intensificação de relações comerciais na América do Sul por meio de parcerias entre empresas estatais, sobretudo com o intuito de estabelecer um anel energético regional que garanta a auto-sustentabilidade dos países sul-americanos. Com isso, imagina conseguir ganhos econômicos e estratégicos, ampliando sua influência e a da região na política internacional ao controlar fontes abundantes de recursos energéticos cada vez mais escassos no mercado mundial. Nessa direção, firmou convênios entre a Petrobras e a PDVSA para exploração conjunta de petróleo na Faixa do Orinoco; e já assinou 26 acordos de cooperação na região concentrados no setor da energia. Convidou Néstor Kirchner para a empreitada de constituir uma empresa petroleira comum, a Petrosul, para explorar gás na Argentina. Lula e Chávez lançaram a pedra fundamental da Refinaria Binacional de Abreu e Lima, em Porto Suape, Pernambuco. Em seguida, iniciaram o projeto de um Gasoduto do Sul, ligando o continente sul-americano da Venezuela à Argentina, com participação de Brasil e Bolívia. A Venezuela também iniciou acordos de cooperação técnica na área energética com o Equador e até com a Colômbia. Ainda quanto a um amplo acordo energético sul-americano, é importante ressaltar as possibilidades abertas pelo etanol. O presidente Lula, em suas últimas viagens, tem ressaltado o benefício social do etanol. Na Europa, utilizou esse *slogan* para convencer os europeus a reduzir suas tarifas à importação desse produto, que tem origem principal em países em desenvolvimento. Em Estocolmo, Lula afirmou: "Os biocombustíveis constituem uma poderosa arma contra a pobreza e a desigualdade, sobretudo no campo. Criam-se novas alternativas ... gerando empregos e evitando o êxodo rural". Chegou a afirmar que essas alternativas limitariam os fluxos de imigrantes ilegais para grandes cidades, inclusive européias. Nos países latino-americanos, principalmente nos menores, Lula utilizou o mesmo argumento; mas ao celebrar acordos de cooperação técnica internacional para a transferência de tecnologia da cadeia produtiva do etanol e de biocombustíveis empenhouse em demonstrar o papel construtivo da liderança benigna brasileira na região, insinuando diferenças em relação à Venezuela.

Além desses dois primeiros eixos de convergência política sul-americana, há o *enforcement* de lógicas econômicas racionalizadas para a consolidação de cadeias produtivas regionais. Infra-estrutura de transportes e abundância energética são fatores cruciais para trilhar esse caminho, mas são insuficientes. Faz-se necessário também o aperfeiçoamento dos sistemas de integração e regulamentação nas áreas aduaneira, de telecomunicações, de tecnologia da informação, de mercados de serviços de logística (fretes, seguros, armazenamento e processamento de licenças), entre outras. O papel indutor do Estado terá que ser complementado com investimentos do setor privado. No caso de telecomunicações e tecnologia da informação, muitas empresas privadas – como o grupo espanhol Telefonica – já integraram seus serviços na América Latina, cabendo aos Estados criar legislações regionais para a regulamentação das atividades dessas empresas e estímulo à competição eficaz. Já há também algumas empresas no ramo de seguro que oferecem algumas coberturas para toda a região.

Outra oportunidade econômica excepcional a ser explorada na América do Sul é o desenvolvimento comum de um plano de crescimento autosustentado para a região amazônica. O ponto de partida dessa empreitada, caso haja consenso, poderia ser a Declaração Presidencial de Caracas, assinada em abril de 2000 pelos presidentes Chávez e Cardoso. Nesse documento, ambos se comprometeram a renovar o impulso às relações bilaterais e de integração regional por meio da concretização de projetos de infra-estrutura, como a interconexão fluvial Orinoco–Amazonas e a interconexão elétrica Macagua II–Boa Vista. Isso tudo em consonância com o Tratado de Cooperação Amazônica, que tem como propósito a cooperação dos países amazônicos em questões científicas relativas a seus recursos comuns, bem como questões de transportes e comunicações.

Esse processo se aprofundou quando Chávez e Cardoso decidiram criar a Organização do Tratado de Cooperação Amazônica, com sede em Brasília. Desde então, estabeleceu-se um fórum de debates de questões amazônicas para a solução coletiva de problemas comuns. O aproveitamento hidrelétrico conjunto entre os países da região amazônica certamente abrirá inúmeras oportunidades. O Brasil, por exemplo, poderá oferecer cooperação técnica para seus vizinhos na construção e gestão de novas hidrelétricas; mas também poderá integrar os Estados do Norte a um eixo de desenvolvimento sustentável dinâmico na Amazônia. Para avançar nessa direção, um passo relevante seria o Brasil compartilhar com seus vizinhos as informações recolhidas pelo sistema de monitoramento Sivam e, a médio

prazo, integrar as capacidades comuns dos países amazônicos de vigilância e monitoramento para o combate de problemas comuns, tais como o narcotráfico. São inúmeros os problemas amazônicos que exigem tratamento regional, até porque são oito os países sul-americanos que compartilham esse subsistema:
1) A expansão desenfreada do agronegócio e da agropecuária, com o avanço do desmatamento e as queimadas, contribui para ampliar as emissões de CO_2 na atmosfera, constrangendo a posição brasileira e de outros países na defesa do Protocolo de Kyoto. Para além do vital controle desse processo, o investimento contínuo no desenvolvimento de técnicas comuns para um manejo adequado da região pode atrair dividendos e investimentos internacionais com oportunidades abertas pelo Mecanismo de Desenvolvimento Limpo.
2) A extração ilegal de madeira e o tráfico internacional de aves e animais silvestres; o combate à biopirataria realizada por pesquisadores a serviço de laboratórios internacionais interessados na descoberta de novos princípios ativos para a produção de novos produtos na área químico-farmacêutica de ponta.
3) O incentivo fiscal à iniciativa privada para que a exploração econômica da região ocorra segundo os preceitos do desenvolvimento sustentável e socioambiental.
4) O desencadeamento de políticas públicas articuladas entre os países para a promoção do turismo ecológico em larga escala.
5) A preservação da floresta e dos recursos hídricos e das espécies animais em consonância com as preocupações internacionais. A Amazônia é um *asset* internacional de primeira grandeza no jogo de poder sobre a questão ambiental; se cuidado e assumido, pode ser utilizado inteligentemente como fonte de recursos e legitimação no cenário global.

Outro eixo sinérgico a ser mais adequadamente prospectado é a problemática da preservação da água doce. Segundo o PNUD (2006), na atualidade há mais de um bilhão de pessoas sem acesso a água potável e 2,6 bilhões de pessoas que não são atendidas por redes de saneamento básico. Vários cenários estratégicos internacionais consideram que, em menos de cinqüenta anos, a disputa pelo acesso a água potável poderá conduzir a guerras. Um consórcio de pesquisa entre a CIA, a consultoria PriceWaterhouseCoopers e o Ministério de Defesa britânico realizou um trabalho que mapeou o espectro de futuras guerras por água devido à velocidade na redução de recursos hídricos no Oriente Médio, na Ásia e na África subsaariana (Watkins e Berntell, 2006). Observou-se que nos últimos cinqüenta anos já houve 37 casos de violência declarada entre Estados por causa do acesso à água. Mais de duzentos tratados foram celebrados entre Estados para resguardar e regulamentar o direito de acesso de suas populações à água. O Tratado da Bacia do Indo, entre a Índia e o Paquistão, manteve-se em vigor mesmo durante conflitos armados entre esses países. Na Europa cresce o mercado de importações de água potável, enquanto bilhões de euros são gastos na despoluição de seus rios. Na América do Norte, a água potável de superfície não poluída já não é suficiente para atender à população norte-americana. Mais grave ainda é a situação da água subterrânea, envenenada progressivamente por produtos químicos e bactérias por conta da marcha da industrialização. Os sedimentos de vários aqüíferos dos Estados Unidos estão contaminados e sua capacidade de armazenamento e recuperação já foi reduzida definitivamente. A redução da água potável já a tornou uma *commodity* com custo crescente naquele país, gerando conflitos entre fornecedores e consumidores. Os fornecedores negam qualquer relação entre acesso à água potável e temas como direitos humanos e questões sociais. Os consumidores consideram-na um bem público essencial à saúde e à vida. Isso explica os motivos para a atenção dos Estados Unidos voltar-se para o sul do continente em busca de novas possíveis fontes de água. Segundo Bruzzone (2007), em torno das premissas da Santa Fé IV já está se moldando uma Doutrina Monroe ambiental, segundo a qual os recursos naturais do hemisfério devem estar disponíveis para responder à prioridade nacional dos Estados Unidos. A situação do México, ainda tranqüila, com uma situação estabilizada e disponibilidade de água potável tanto na superfície como subterrânea, pode vir nos próximos anos a ser ameaçada por esse posicionamento norte-americano.

    Esse quadro crítico inverte-se quando se trata da América do Sul. Com 12% da população mundial, possuímos 47% das reservas de água do mundo, das quais boa parte encontra-se submersa, necessitando de investimentos maciços para ser exploradas. A água doce é abundante em toda a região. Existem as grandes bacias do Amazonas, do Orinoco e do rio da Prata. Aos rios, lagos, lagoas e estuários adicionam-se os aqüíferos. Entre eles, o terceiro maior do mundo é o Aqüífero Guarani, espalhado por territórios do Brasil, do Paraguai, do Uruguai e da Argentina. Muitos estudiosos acreditam que a exploração do Aqüífero Guarani será a solução para o fornecimento de água potável e irrigação na região, podendo até ser utilizado para exportação de água aos países ao norte do hemisfério. Outros afirmam que quem controlar os recursos ambientais da tríplice fronteira deterá parte importante do Aqüífero Guarani e, portanto, terá a seu dispor matérias-primas essenciais para a manutenção da vida e a sustentabilidade dos processos produtivos geradores de desenvolvimento econômico e social. A exportação de água ocorre também por via indireta. Por exemplo, com a exportação de alimentos e produtos industrializados que utilizem água em seu processo produtivo. Alguns dados corroboram essa visão: são necessários 1.650 litros de água para produzir 1 quilo de soja; 1.900 litros de água para produzir 1 quilo de arroz; 3.500 litros de água para produzir 1 quilo de aves; e 15.000 litros de água para produzir 1 quilo de carne bovina (Clarke & King, 2005). O mesmo ocorre com produtos industrializados. A produção de um litro de gasolina utiliza 10 litros de água; a de 1 quilo de aço, 95 litros de água; a de 1 quilo de papel, 324 litros de água; e a de 1 quilo de cana-de-açúcar voltada para a produção de etanol utiliza 600 litros de água (ibidem). Assim, a dinâmica futura de produção e exportação de alimentos deverá contemplar a necessidade de água em toda a sua cadeia produtiva. Como se vê, a importação de grãos é a maneira mais eficiente para os países com *déficit* hídrico importarem água em larga escala. Nos países sul-americanos exportadores dessas *comoddities* esse fator é pouco lembrado quando se trata de realizar esforços para aumentar suas exportações. No caso dos produtos industrializados, em virtude de seu maior preço de mercado, a água agrega ainda maior valor do que na agricultura (Conab, 2006). Mais uma vez, se esses fatores não forem adequadamente precificados, a divisão internacional do trabalho e da produção poderá impor maiores custos futuros para os países sul-americanos.

Há autores chamando também a atenção para a movimentação militar norte-americana na América do Sul. Muitos deles sugerem que os Estados Unidos estão usando o discurso do combate aos narcotraficantes e "narcoterroristas" na região para instalar bases militares com o intuito de preparar-se para assumir um papel predominante em relação a nossos recursos naturais estratégicos. Corrobora essa idéia o estudo realizado por John Ackerman, da Air Command and Staff College (Escola de Comando da Força Aérea e do Estado-maior) da US Air Force. Segundo ele, "Nós [EUA] deveremos passar progressivamente da guerra contra o terrorismo para o novo conceito de segurança sustentável". Isso porque novos fatores de desestabilização aparecem no horizonte, como secas que atingem um número crescente de países, epidemias ou disseminações de doenças tropicais (malária, cólera, esquistossomose), crises da água, eventos meteorológicos extremos etc. A multiplicação desses fenômenos tenderá a motivar intervenções militares, sobretudo de caráter humanitário. A título de exemplo, Ackerman sugere que a crescente raridade da água no subcontinente indiano poderia comprometer a sua estabilidade – uma vez que a Índia tentaria garantir para si os recursos hídricos controlados ou utilizados por seus vizinhos. O mesmo poderia acontecer na Ásia Central ou no Oriente Médio. O Center for Naval Analysis, uma instituição independente fundada em 1942 composta por aposentados da marinha estadunidense, em relatório recente, asseverou que "A mudança climática é uma realidade, e o país assim como o exército precisam se preparar para as suas conseqüências". Na mesma perspectiva, o Exército argentino tem realizado um giro doutrinário cujo conteúdo está expresso no Plan Ejército Argentino 2025. Até o momento, esse plano tem como função orientar as ações futuras do Exército argentino para as novas ameaças, especificamente "la posibilidad de conflicto con otros Estados por la posesión de recursos naturales", com destaque para as reservas de água doce do Aqüífero Guarani. Na visão dos militares, a disputa por esse recurso natural é a maior possibilidade que pode conduzir a Argentina a um conflito bélico futuro com seus vizinhos. Para preparar-se para tanto, o Exército tem recomendado que a Argentina

> deberá desarrollar organizaciones militares con capacidad para defender a la Nación de un enemigo convencional superior. Para ello deben prepararse los elementos para hacer frente a operaciones dinámicas, sin frentes, sin tiempo suficiente de preaviso, con organizaciones de pequeña magnitud, con apoyo territorial preparado de antemano y capaces de organizar los recursos humanos y materiales locales en función del conflicto.

Essa nova doutrina militar inovadora destinada à garantia e à proteção dos recursos naturais também recomenda que se deva contar com a organização de uma resistência civil.

Trata-se, portanto, de uma questão urgente, que deve levar os governantes sul-americanos a elaborar estratégias e planos comuns de preservação da água doce para resguardá-la como um dos maiores bens ambientais e ativo econômico global do século XXI. Cabe a esses governantes ter clareza em relação ao tema e desenvolver programas de colaboração concretos para preservar os recursos naturais passíveis de transformar a região no maior celeiro de produção de alimentos do mundo. Até porque a alternativa da colaboração visando a sinergias de integração seria um lamentável retrocesso ao nível inferior das tensões e dos conflitos entre esses países visando a apropriações individuais de recursos até mesmo por meio da força. As questões de planejamento estratégico nessa área são vitais, até porque a tendência de produção de combustíveis segundo o conceito de energia renovável – os biocombustíveis – implica uma complicada competição entre combustíveis e alimentos. O mesmo vale para as questões que envolvem o processo de transição do *mix* energético atual com preponderância do petróleo para uma situação em que, além dos biocombustíveis, a energia nuclear e/ou o hidrogênio terão novos papéis. As questões de água e energia, cada vez mais conectadas à produção de alimentos, abrem portanto enorme caminho para projetos comuns de integração regional na América do Sul.

Como se pôde constatar, avançar pelos caminhos da integração sul-americana implica, sem dúvida, imensas dificuldades. Mas pode representar importante alternativa para impulsionar o crescimento econômico da região e prevenir crises endógenas de natureza política e social.

REFERÊNCIAS BIBLIOGRÁFICAS

ALBA. *Construyendo el ALBA: Nuestro norte es el sur*. Disponível em: <www.alternativabolivariana.org/modules.php?name=Downloads&d_op=getit&lid=5>. Acesso em 15 jul. 2007.

BRUZZONE, E. M. "Drinking Water – the new strategic resource of the twenty-first century: the particular case of the Guarani Aquiferous", 2007.

CLAINCHE, R. M. Le. *La Alalc/Aladi*. México: El Colegio de México, 1984.

CLARKE, R., KING, J. *O atlas da água*. Trad. Anna Maria Quirino. São Paulo: Publifolha, 2005.

CONAB (Companhia Nacional de Abastecimento). *Avaliação da Safra 2005/06 – agosto de 2006*. Disponível em: <http://www.conab.gov.br/download/safra/boletim_safra9_06.pdf>. Acesso em: 20 ago. 2006.

COUTINHO, M. "Democracias andinas: chegando tarde à festa". *Associação Brasileira de Ciência Política*, 2006.

DUPAS, G. Los dilemas de América Latina en el proceso de globalización. *Seminario Cepal/Segig: Paradigmas y Opciones de Desarrollo en América Latina*. Santiago do Chile, jun. 2007.

_____. *O mito do progresso*: ou progresso como ideologia. São Paulo: Editora Unesp, 2006.

_____. *Atores e poderes na nova ordem global*: assimetrias, instabilidades e imperativos de legitimação. São Paulo: Editora Unesp, 2005.

GALLO, D. Preparan al ejército para defender recursos naturales. *La Nation*, Buenos Aires, 25 fev. 2007.

GEDEN, O., CLÉMENCE, M., MAURER, A. Perspectivas para a política energética externa da União Européia: idéias e interesses na Alemanha, Grã-Bretanha, Polônia e França. In: HOFMEISTER, W. (org.). *Anuário Brasil-Europa 2006*. Rio de Janeiro: Konrad-Adenauer-Stiftung, 2007.

KEMPF, H. *O exército americano estuda as repercussões geoestratégicas do aquecimento global*. Disponível em: <http://www.ces.fgvsp.br/index.cfm/arquivos/index.cfm?fuseaction=noticia&IDnoticia=74836&IDidioma=1>.

MARIANO, K. L. P., MARIANO, M. P. Governos subnacionais e integração regional: considerações teóricas. In: WANDERLEY, L. E., VIGEVANI, T. *Governos subnacionais e sociedade civil: integração regional e Mercosul*. São Paulo: Educ; Fundação Editora da Unesp; Fapesp, 2005.

PNUD (Programa das Nações Unidas para Desenvolvimento). *Relatório do Desenvolvimento Humano – 2006. A água para lá da escassez: poder, pobreza e a crise mundial da água*. Nova York (EUA): PNUD, 2006.

RIOS, S., MADURO, L. A adesão da Venezuela ao Mercosul. *Cadernos Adenauer VIII*, n.1, 2007.

SCHMIED, J. Cenários da integração regional: os desafios da União de Nações Sul-americanas (UNASUL) – o novo caminho da integração na América do Sul. *Cadernos Adenauer VIII*, n.1, 2007.

SOARES DE LIMA, M. R., KFURI, R. Política externa da Venezuela e relações com o Brasil. *Papéis Legislativos*, n.6, out. 2007.

VIGEVANI, T. História da integração latino-americana: Mercosul e questões subnacionais. In: WANDERLEY, L. E., VIGEVANI, T. *Governos subnacionais e sociedade civil: integração regional e Mercosul*. São Paulo: Educ; Fundação Editora da Unesp; Fapesp, 2005.

WATKINS, K., BERNTELL, A. *Um problema global*. Disponível em: <http://www.bbc.co.uk >. Acesso em 25 ago. 2006.

ANEXOS

Quadro 1
PIB AMÉRICA DO SUL

Países	PIB*	(%)	Acumulado (%)
Brasil	1.068	56	56
Argentina	214	11	67
Venezuela	182	9	76
Colômbia	136	7	83
Chile	146	8	91
Peru	93	5	96 (6 países)
Outros	83	4	100 (12 países)
TOTAL	1.922	100	

(*) PIB de 2006 em US$ bilhões.
Fonte dos dados brutos: World Development Indicators, 2007.

Quadro 2
ACUERDOS DE INTEGRACIÓN

ACUERDOS ALBA

MEMORANDUM DE ENTENDIMIENTO ENTRE LA REPÚBLICA DE BOLIVIA, LA REPÚBLICA DE CUBA, LA REPÚBLICA DE NICARAGUA Y LA REPÚBLICA BOLIVARIANA DE VENEZUELA PARA LA CREACIÓN DEL BANCO DEL ALBA.	06/06/2007	ALBABolivia, Cuba, Nicaragua, Venezuela
II CARTA DE INTENCION ENTRE LA NUEVA TELEVISIÓN DEL SUR, C.A. Y EL CONSEJO DE COMUNICACIÓN Y CIUDADANÍA DE LA PRESIDENCIA DE LA REPÚBLICA DE NICARAGUA	05/06/2007	ALBANicaragua, Venezuela
DECLARACIÓN CONJUNTA DE LAS NACIONES INTEGRANTES DE LA ALTERNATIVA BOLIVARIANA PARA LOS PUEBLOS DE NUESTRA AMÉRICA CON MOTIVO DEL NACIMIENTO DE LA NUEVA TVES	05/06/2007	ALBANicaragua, Venezuela

MEMORANDUM DE ENTENDIMIENTO ENTRE EL MINISTERIO DEL PODER POPULAR PARA LAS TELECOMUNICACIONES Y LA INFORMÁTICA DE LA REPÚBLICA BOLIVARIANA DE VENEZUELA Y EL INSTITUTO DE TELECOMUNICACIONES Y CORREOS (TELCOR) DE LA REPÚBLICA DE NICARAGUA	05/06/2007	ALBANicaragua, Venezuela
V CUMBRE DEL ALBA - ACUERDO ENERGÉTICO DEL ALBA ENTRE VENEZUELA Y HAITÍ	29/05/2007	ALBAHaití, Venezuela
V CUMBRE DEL ALBA - CONVENIO MARCO DE COOPERACIÓN ALBA- HAITI BOLÍVAR, PETIÓN, MARTÍ	29/05/2007	ALBACuba, Haití, Venezuela.
V CUMBRE DEL ALBA - ACUERDO ENERGÉTICO DEL ALBA ENTRE VENEZUELA Y NICARAGUA	29/05/2007	ALBANicaragua, Venezuela
V CUMBRE DEL ALBA - ACUERDO ENERGÉTICO DEL ALBA ENTRE VENEZUELA Y BOLIVIA	29/05/2007	ALBABolivia, Venezuela
V CUMBRE DEL ALBA - TRATADO ENERGÉTICO DEL ALBA	29/05/2007	ALBABolivia, Cuba, Nicaragua, Venezuela
V CUMBRE DEL ALBA – PROYECTO GRANNACIONAL	29/05/2007	ALBABolivia, Cuba, Nicaragua, Venezuela
FIRMA DE ACUERDOS ENTRE LA REPÚBLICA DE CUBA Y LA REPÚBLICA BOLIVARIANA DE VENEZUELA	24/01/2007	ALBACuba-Venezuela
ACUERDO PARA LA APLICACIÓN DE LA ALTERNATIVA BOLIVARIANA PARA LOS PUEBLOS DE NUESTRA AMÉRICA Y EL TRATADO DE COMERCIO DE LOS PUEBLOS.	29/04/2006	ALBABolivia-Cuba-Venezuela
COMUNICADO CONJUNTO	29/04/2006	ALBABolivia-Cuba-Venezuela
CONTRIBUCIÓN Y SUSCRIPCIÓN DE LA REPÚBLICA DE BOLIVIA A LA DECLARACIÓN CONJUNTA FIRMADA EN LA HABANA, EL 14 DE DICIEMBRE DEL 2004, ENTRE LOS PRESIDENTES DEL CONSEJO DE ESTADO DE LA REPÚBLICA DE CUBA Y DE LA REPÚBLICA BOLIVARIANA DE VENEZUELA	29/04/2006	ALBABolivia-Cuba-Venezuela
PETROCARIBE Y FONDO ALBA-CARIBE	29/06/2005	ALBACaribe
RESUMEN EJECUTIVO DE CUBA	19/05/2005	ALBACuba-Venezuela
DECLARACIÓN FINAL DE LA PRIMERA REUNIÓN CUBA-VENEZUELA PARA LA APLICACIÓN DE LA ALTERNATIVA BOLIVARIANA PARA LAS AMÉRICAS	28/04/2005	ALBA /Cuba-Venezuela

ACUERDO ENTRE EL PRESIDENTE DE LA REPÚBLICA BOLIVARIANA DE VENEZUELA Y EL PRESIDENTE DEL CONSEJO DE ESTADO DE CUBA, PARA LA APLICACIÓN DE LA ALTERNATIVA BOLIVARIANA PARA LAS AMÉRICAS	14/12/2004	ALBACuba-Venezuela
ACUERDOS BILATERALES		
CONVENIO INTEGRAL DE COOPERACIÓN ENERGÉTICA ENTRE EL GOBIERNO DE LA REPÚBLICA BOLIVARIANA DE VENEZUELA Y EL GOBIERNO DE LA REPÚBLICA ORIENTAL DEL URUGUAY	14/03/2006.	Uruguay-Venezuela
COMUNICADO CONJUNTO SOBRE LA ALIANZA ESTRATÉGICA BRASIL-VENEZUELA	14/02/2006	Brasil-Venezuela
BOLIVIA Y VENEZUELA ACUERDOS DE COOPERACIÓN	23/01/2006	Bolivia-Venezuela
DOCUMENTOS SUSCRITOS ENTRE LA REPÚBLICA ARGENTINA Y LA REPÚBLICA BOLIVARIANA DE VENEZUELA	31/01/2005	Argentina-Venezuela
OTROS ACUERDOS Y COMPROMISOS		
PROTOCOLO DE ADHESIÓN DE LA REPÚBLICA BOLIVARIANA DE VENEZUELA AL MERCOSUR	04/07/2006	Argentina, Brasil, Paraguay, Uruguay y Venezuela
DECLARACIÓN DE PUERTO IGUAZÚ	04/05/2006	Argentina, Bolivia, Brasil y Venezuela
RUEDA DE PRENSA FIRMA DE ACUERDOS EN EL MARCO DEL ALBA	29/04/2006	Bolivia, Cuba y Venezuela
BAUTIZADO "GRAN GASODUCTO DEL SUR"	20/01/2006	Argentina, Brasil y Venezuela
DECLARACIÓN DE CIUDAD GUAYANA DEL 28 DE MARZO DEL 2005	28/03/2005	Brasil, Venezuela, España, Colômbia
LOS COMPROMISOS ASUMIDOS EN LA IV CUMBRE DE LA DEUDA SOCIAL "COMPROMISOS DE CARACAS"	26/02/2005	IV Cumbre Deuda Social

Quadro 3

Votos de Brasil e Venezuela na Assembléia Geral da ONU

Total de votações		Votos coincidentes		Votos não-coincidentes	
1990	86	80	93,02%	6	6,98%
1991	75	72	96,00%	3	4,00%
1992	75	71	94,67%	4	5,33%
1993	65	56	86,15%	9	13,85%
1994	68	58	85,29%	10	14,71%
1995	81	75	92,59%	6	7,41%
1996	76	70	92,11%	6	7,89%
1997	69	66	95,65%	3	4,35%
1998	61	54	88,52%	7	11,48%
1999	68	62	91,18%	6	8,82%
2000	67	59	88,06%	8	11,94%
2001	67	56	83,58%	11	16,42%
2002	73	64	87,67%	9	12,33%
2003	74	66	89,19%	8	10,81%
2004	72	60	83,33%	12	16,67%
2005	74	64	86,49%	10	13,51%

Tabela 1: Elaborada com dados disponíveis em <http://ucdata.berkeley.edu:7101/new_web/VoteWorld/voteworld/index.html> e <http://home.gwu.edu/~voeten/>.

Quadro 4

Votos coincidentes de Brasil e Venezuela na Assembléia Geral da ONU

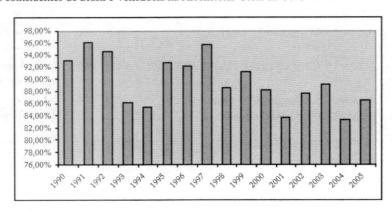

Quadro 5

Comparativo entre votos coincidentes e não-coincidentes de Brasil e Venezuela na Assembléia Geral da ONU

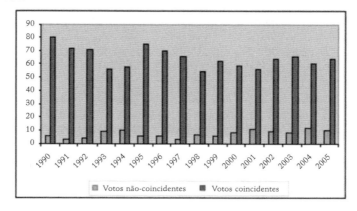

Quadro 6

IIRSA

A união sul-americana de nações – oportunidades econômicas e entraves políticos

9. Novos atores políticos e alternativas de governo na América do Sul: os casos de Argentina, Bolívia, Brasil e Venezuela

Luis Fernando Ayerbe

APRESENTAÇÃO

A partir de meados dos anos 1990, sucessivas crises financeiras atingem diretamente as três maiores economias da América Latina, México, Brasil e Argentina, contribuindo para fortalecer politicamente os setores críticos das reformas liberalizantes associadas ao "Consenso de Washington". No âmbito regional, ampliam-se os espaços para a eleição de presidentes com trajetórias de esquerda, embora de origens e posições diversas, como Hugo Chávez na Venezuela, Luiz Inácio Lula da Silva no Brasil, Néstor Kirchner na Argentina, Tabaré Vasquez no Uruguai, Evo Morales na Bolívia, Michelle Bachelet no Chile, Rafael Correa no Equador e Daniel Ortega na Nicarágua.

A compreensão do novo cenário regional é um desafio de múltiplas dimensões, tanto pela variedade de países, sub-regiões, sociedades e culturas como pela diversidade de possibilidades temáticas e metodológicas. Neste capítulo, nós nos deteremos na análise de quatro processos nacionais que consideramos representativos dos desafios enfrentados pelos partidos políticos e movimentos sociais da América Latina que buscam alternativas ao modelo hegemônico: Argentina, Bolívia, Brasil e Venezuela.

Apesar de apresentarem perfis políticos diferenciados, as administrações de Kirchner, Morales, Lula e Chávez têm em comum a preocupação com a revalorização do protagonismo do Estado em face do mercado. Neste sentido, suas ações objetivam recuperar capacidades de gestão nos âmbitos interno, especialmente com a promoção da eqüidade social, e externo, com a busca de afirmação regional, especialmente no âmbito sul-americano, e maior autonomia nas relações com os Estados Unidos.

De nossa perspectiva, a viabilidade dos projetos socioeconômicos que animam as quatro experiências dependerá em boa medida da capacidade dos setores dirigentes nacionais de administrar as dinâmicas políticas internas. O cenário internacional se mostra favorável à continuidade, consideradas a atuação concertada desses países em favor da governabilidade sub-regional e a evolução recente da política externa estadunidense.

Para desenvolver essa hipótese, organizamos o texto em torno de três eixos temáticos: 1) caracterização das lideranças emergentes, tomando como referência as posições do governo estadunidense e o debate intelectual latino-americano, especialmente aquele pautado pela dicotomia *populismo–nova esquerda*; 2) análise comparativa dos governos de Chávez, Morales, Lula e Kirchner, em sua busca por compatibilizar as alianças e os compromissos programáticos internos com estratégias nacionais de desenvolvimento; 3) caracterização dos desafios para o estabelecimento de um espaço de convergência no âmbito sul-americano.

QUAL POPULISMO?

A percepção de um mundo crescentemente inseguro por parte da administração de George W. Bush alimenta políticas nacionais e globais centradas na segurança. Como deixa explícito o documento de atualização da Doutrina de Segurança Nacional, apresentado em março de 2006, trata-se de uma estratégia "de tempo de guerra, requerida pelo grave desafio que enfrentamos – a ascensão do terrorismo abastecido por uma ideologia agressiva de ódio e de assassinato, revelada completamente ao povo americano no 11 de Setembro de 2001" (NSC, 2006, p.1).

Em contraste com os desafios que identifica em outras regiões e países, especialmente no Oriente Médio e na Coréia do Norte, o documento vê na América Latina um cenário predominantemente favorável, com avanços na consolidação da democracia, no livre-comércio e na cooperação, ressaltando o papel de instituições regionais como a Organização dos Estados Americanos (OEA). Isso não significa ausência de ameaças de conflitos, localizadas principalmente na Colômbia, considerada um aliado democrático sob o ataque do terrorismo marxista e do narcotráfico, na Venezuela, onde "um demagogo inundado em dinheiro do petróleo está minando a democracia e buscando desestabilizar a região", e em Cuba, onde um "ditador antiamericano continua oprimindo seu povo e buscando subverter a liberdade na região" (ibidem, p.15).

Em discurso no Conselho das Américas, a secretária de Estado Condoleezza Rice assume um tom de precaução diante das mudanças políticas que se operam na região. O importante não seria a origem político-ideológica das lideranças emergentes, mas "uma questão de bom governo", o que significa basicamente ser respeitoso à livre iniciativa, ao sistema pluripartidário e colaborar com os Estados Unidos nos assuntos hemisféricos:

> Nós não cobramos nenhum preço ideológico pela nossa parceria. Nós trabalharemos com todos os governos da esquerda, da direita, contanto que estejam comprometidos, nos seus princípios e práticas, com as condições básicas da democracia: governar com justiça, avançar na liberdade econômica e investir em seus povos. Esta não é uma questão de governo grande ou pequeno. É uma questão de bom governo. (Rice, 2006)

Na caracterização do novo cenário, o subsecretário para Assuntos Hemisféricos do Departamento de Estado, Thomas Shannon, estabelece uma diferenciação entre governos "populistas" e aqueles que se aproximam da abordagem estadunidense dos desafios regionais:

> Em algumas partes das Américas, especialmente nos Andes, estamos vendo a aparição de um novo populismo latino-americano. ... Diferente do populismo anterior, que tinha uma base nacionalista forte, o populismo de hoje traz consigo um grau de ressentimento social que é preocupante. Mas é um ressentimento social produto de uma opinião e de uma crença de que as elites políticas e as elites econômicas não têm cumprido seu papel, que têm se situado à parte das suas sociedades e não têm encontrado uma maneira de colocar as instituições para funcionar e criar um ambiente no qual as pessoas possam realmente se sentir cidadãos econômicos e sociais no seu próprio país. Neste aspecto, penso que as Américas estão bem colocadas para ajudar os países que estão enfrentando esta classe de desafio. ... Alguns dos sócios são ... países como México, países como Colômbia, países como Chile, Brasil, Argentina e Uruguai – países que entendem o que está em jogo, que entendem que o assunto aqui não é ideológico. Não é uma questão de esquerda ou de direita. (2006)

A posição expressa por Shannon confere certa legitimidade aos atuais governos que vincula ao populismo, não apenas porque foram eleitos pela ampla maioria do eleitorado, mas pela origem na crítica a um modelo econômico que até agora não apresentou resultados substanciais no combate à pobreza e à desigualdade. Dessa perspectiva, o desafio dos governos que situa no campo dos aliados dos Estados Unidos seria responder favoravelmente às demandas dos setores mais pobres da população. Apesar do tom moderado, sua argumentação não se afasta dos lineamentos estabelecidos por Condoleezza Rice: o que importa não é a origem de esquerda ou direita, mas as posições com relação à democracia, ao mercado e ao império da lei.

A perspectiva do Departamento de Estado na caracterização das trajetórias diferenciadas dos governos regionais também está presente em setores da intelectualidade latino-americana. Para Jorge Castañeda, há hoje dois tipos de esquerda, uma moderna, aberta às novas realidades e de caráter reformista, na qual situa Lula da Silva, Michelle Bachelet e Tabaré Vasquez, e uma de caráter nacionalista, fechada, filha da tradição populista da região, que estaria representada por Hugo Chávez, Evo Morales e Néstor Kirchner.

Os *novos populistas*, na caracterização de Castañeda, buscam concentrar poder, especialmente pela expansão do controle do Estado sobre setores-chave da economia, adotando práticas autoritárias mascaradas por uma retórica que enaltece o povo e estigmatiza o imperialismo. Dessa forma, estariam seguindo a trilha de Juan Domingo Perón, Getúlio Vargas, Lázaro Cárdenas, Victor Paz Estenssoro e Juan Velasco Alvarado, cujas justificativas

> foram sempre ideológicas na superfície (nacionalismo, desenvolvimento econômico), mas essencialmente pragmáticas: necessitavam do dinheiro para distribuir, mas não gostavam de impostos. Eles quadraram esse círculo pela apreensão de recursos naturais ou de rendas monopolistas, que lhes permitia gastar o dinheiro com os descamisados sem aumentar os impostos para a classe média. (2006)

As posições de Castañeda superam em antagonismo as do Departamento de Estado. Seu radicalismo ideológico omite uma caracterização do que seria peculiar à esquerda nos governos elogiados, diferenciando-os daqueles que seriam de direita, e o que há de exclusivo dos populistas que estigmatiza.

A exacerbação de rivalidades contra inimigos externos e internos, o enaltecimento do sentimento nacional, a expansão dos gastos sem a contrapartida do aumento de impostos, a busca permanente do apoio popular com base numa retórica de forte apelo ideológico, mas que objetiva o aumento do poder, estão longe de expressar uma cultura política tipicamente latino-americana.

Nesse figurino pode-se enquadrar também a administração de George W. Bush. Além dos aspectos mais visíveis presentes em alocuções dirigidas ao mundo como parte da guerra contra o terrorismo, sintetizadas na frase "Ou vocês estão conosco ou contra nós", na política econômica e de segurança verifica-se um padrão em que os elementos destacados por Castañeda estão presentes.

No âmbito da economia, o corte de impostos e o aumento de gastos militares, apesar dos déficits gerados, incorporam em parte uma racionalidade extra-econômica. Conforme destaca Irwin Steltzer, diretor de Estudos Econômicos do Hudson Institute, *think tank* conservador fortemente vinculado ao oficialismo, "nos deixam livres para gastar o que queremos quando estamos no poder, e forçam os democratas a elevar os impostos quando vão para a Casa Branca" (2004, p.196). Efetivamente, de um déficit herdado de 290 bilhões de dólares em 1992, o governo Clinton deixou para o sucessor um superávit de 237 bilhões – em parte obtido por uma política de aumento de impostos –, que ao final do primeiro mandato de George W. Bush tinha se transformado num déficit de 307,4 bilhões.

Apesar da retórica distributivista, os cortes no imposto de renda ampliam a desigualdade. De acordo com Paul Krugman, o alívio tributário para as famílias que ganham cinqüenta mil dólares ao ano chega a oitocentos dólares, e para aquelas que ganham um milhão ao ano se aproxima dos cinqüenta mil dólares (2004, p.164).

O corte de impostos foi apresentado como necessário para combater tendências recessivas que teriam sido acentuadas a partir do 11 de Setembro, no entanto Krugman vê um padrão de comportamento que acompanha a administração Bush. Da mesma forma que a invasão do Iraque, a política tributária fazia parte de planos anteriores, que se tornaram politicamente viáveis em virtude do forte impacto dos atentados. O mesmo se aplica às medidas de segurança interna que suspenderam diversas liberdades civis, dando poder ao governo para passar por cima de direitos constitucionais em nome do estado de exceção (Ayerbe, 2006).

Mais do que expressar um suposto patrimônio do "perfeito idiota latino-americano", as práticas questionadas por Castañeda são um expediente freqüente no país que se apresenta como paradigma da vigência da democracia, da economia de mercado e do império da lei. Neste caso, suas referências ao populismo expressam basicamente um esforço de desqualificação de governos que não se enquadram no perfil das democracias capitalistas liberais, modelo que nos parece mais próximo daquilo que o intelectual e político mexicano defende como ideário de uma esquerda aberta, moderna e reformista.

O termo populismo, embora de uso comum e freqüente, carece de rigor analítico. Além de remeter a realidades dificilmente comparáveis, como a Rússia e os Estados Unidos da segunda metade do século XIX,[1] a América Latina das décadas de 1940-60 ou do início do século XXI, a caracterização dos elementos que seriam típicos do fenômeno, por demais diversa e heterogênea, dificulta o debate em torno de padrões de referência capazes de delimitar uma individualidade histórica.

A identificação mais comum, e ao mesmo tempo simplista, de práticas "populistas", especialmente presente na mídia e nos embates ideológicos, destaca como peculiaridade seu lado demagógico e manipulador. No entanto, o apelo ao povo, adaptando discursos a diferentes platéias, exacerbando expectativas sobre a capacidade individual de uma liderança, de um partido ou de um governo de resolver os graves problemas que atingem um setor da sociedade, um país ou a própria humanidade, permeia a prática de políticos de diferentes espectros, à esquerda ou à direita. A tentati-

---

[1] Referimo-nos aqui ao movimento dos Narodniki na Rússia e ao Partido Populista de James B. Weaver, dos Estados Unidos.

va sistemática – muitas vezes com assessoria de modernas e sofisticadas empresas de marketing – de captar os sentimentos das massas em favor de cruzadas de caráter local, nacional ou global, seja contra a pobreza, o imperialismo ou o "eixo do mal", não é patrimônio de uma região.

Entre as análises acadêmicas do populismo, cabe destacar duas vertentes especialmente influentes no debate latino-americano. Uma está focada no momento histórico da industrialização por substituição de importações, marcadamente nos países economicamente mais avançados, como Argentina, Brasil e México, em que os processos de urbanização e expansão do proletariado industrial colocam o desafio de integrar no sistema político as massas emergentes. Práticas demagógicas e personalistas estão presentes, mas como parte de um contexto de mudança e instabilidade que tende a ser equacionado mediante um estado de compromisso, em que parte dos grupos dominantes consideram a necessidade de conferir legitimidade às demandas dos setores populares. Referindo-se à realidade brasileira dos anos 1940, Francisco Weffort situa como componentes fundamentais do populismo, "a personalização do poder, a imagem (meio real e meio mística) da soberania do Estado sobre o conjunto da sociedade e a necessidade da participação das massas populares urbanas" (1980, p.69). Acompanhando essa perspectiva, Manuel Garretón questiona a caracterização de populismo para a personalização do poder presente em lideranças como a de Hugo Chávez, já que não se trata de "integrar setores excluídos a uma comunidade política já existente, ... se trata de uma mobilização destinada a refundar ou reconstruir a pólis através de uma nova constituição" (2006, p.109).

A outra vertente considerada na caracterização do populismo segue uma perspectiva que, mesmo sem desconhecer as diferenças de contexto, direciona seu foco para o surgimento de demandas que unificam grupos, institucionalizam demandas mediante movimentos sociais e geram identidades. De acordo com Ernesto Laclau, em determinadas situações, a insatisfação com a realidade pode gerar condições para uma "ruptura populista", na medida em que haja uma percepção dominante de que "os canais existentes para a veiculação das demandas perderam sua eficácia e [sua] legitimidade, e que a nova configuração hegemônica ... suporá uma mudança de regime e uma reestruturação do espaço público" (2006, p.57). Aqui, a emergência do populismo está associada a três dimensões, que o autor considera presentes na Venezuela de Chávez: "a equivalência entre as demandas insatisfeitas, a cristalização de todas elas em torno de certos símbolos comuns e a emergência de um líder cuja palavra encarna esse processo de identificação popular" (ibidem, p.58).

Laclau questiona as visões que atribuem ao populismo uma conotação pejorativa. Diante da indeterminação da realidade social e do caráter plural das demandas, o discurso que busca estruturar dicotomias em torno de "nós" e "eles" será necessariamente vago (2005). Aqui entramos numa outra variante da indefinição que acompanha a atribuição de nomenclaturas pouco elucidativas: a perda de referências próprias de um processo de globalização que nas décadas recentes atinge um ritmo inédito de aceleração. Como assinala Zygmunt Bauman, a liquidez passa a ser o estado permanente da vida e da sociedade, "uma vida precária e vivida em condições de incerteza constante ... que resulta do temor de que nos peguem desprevenidos, de que não possamos acompanhar o ritmo de acontecimentos que se movem com grande rapidez, de que fiquemos para trás" (2006, p.10).

Esses temores tendem a estimular discursos políticos que prometem segurança e amparo contra a diversidade de medos e incertezas que assombram o capitalismo avançado e atrasado, tornando o retorno aos fundamentos originais das civilizações um tema recorrente tanto nos Estados Unidos como no mundo muçulmano e em países andinos. Neste processo, ressurge com força o apelo à identidade, como "possibilidade de 'tornar a nascer', ou seja, de deixar de ser o que se é e se converter em outra pessoa que ainda não se é" (ibidem, 2005, p.18).

Referindo-se à emergência de movimentos indígenas na América Latina, Aníbal Quijano situa a valorização de discursos identitários no processo de "desnacionalização do Estado, polarização social e desdemocratização" trazidos pela globalização e pelo neoliberalismo, em que estaria havendo uma

> reclassificação social ... e uma crise de identidade social em todos os setores ... empurrando-os para a busca urgente de outras novas identidades ... Isto é o que explica, a meu juízo, que por exemplo as identidades sociais expressadas em termos de classes sociais tenham cedido seu lugar em todos estes países a identidades chamadas "étnicas", regionais, residenciais, ou "informais" e "pobres". (2006a, p.69-70)

Mais do que um retorno do "populismo latino-americano", assistimos a um fenômeno não restrito à região, em que a política assume uma variedade de discursos cujo grau de indeterminação é proporcional aos impactos locais de processos de origem cada vez mais dispersa e velocidade crescente. Paralelamente às carências estruturais que afetam os setores populares, a desestabilização de uma realidade percebida como estável tende a gerar novas demandas, acompanhadas da construção de identidades e lideranças. Dependendo da capacidade de absorção das reivindicações dos atores emergentes por parte do sistema político e econômico, poderá haver um processo de ruptura e o surgimento de uma nova hegemonia, ou um fortalecimento de sua legitimidade pela ampliação das bases de apoio. Será com base nesta perspectiva que abordaremos as experiências de Venezuela, Bolívia, Brasil e Argentina.

Luis Fernando Ayerbe

CRISE DE HEGEMONIA E EMERGÊNCIA DE NOVOS ATORES

> ... o socialismo não é outra coisa senão o passo em frente seguinte a partir do monopólio capitalista de Estado. Ou de outro modo: o socialismo não é outra coisa senão o monopólio capitalista de Estado usado em proveito de todo o povo e que, nesta medida, deixou de ser um monopólio capitalista.
> Vladimir Lenin

Venezuela

A eleição de Hugo Chávez em 1998 expressa o encerramento de um período de quatro décadas em que a Aliança Democrática (AD) e o Comitê de Organização Política Eleitoral Independente (Copei) foram forças dominantes numa Venezuela que, diferentemente da maioria dos países da região, conseguiu afastar o fantasma do militarismo.

Após a derrocada da ditadura de Pérez Jimenez em 1958, AD, Copei e União Republicana Democrática (URD) assinam o Pacto de Punto Fijo, que estabelece as bases da democracia venezuelana, mediante a convergência de forças políticas, sindicais e empresariais cujo grande eixo econômico de articulação é a renda petroleira, sustentáculo fundamental do capitalismo nacional.

A partir de 1974 inicia-se um período de bonança alimentado pela crise do petróleo e pela substancial elevação de seu preço, gerando condições favoráveis à estabilização do sistema político. O Estado, grande detentor dos recursos energéticos, fortalece sua capacidade econômica, operando um processo de distribuição dos ganhos da renda petroleira que, embora desigual, consegue gerar expectativas otimistas no conjunto da sociedade sobre as possibilidades de desenvolvimento do país. Além da burguesia, "também se enriqueceram as burocracias estatais, políticas e sindicais, se ampliou a classe média e cresceu a classe operária" (Lacabana, 2006, p.329).

Entre 1968 e 1993, a AD e o Copei se alternam no poder, configurando na prática um sistema bipartidário, adaptando suas políticas conforme a capacidade do Estado de administrar recursos de uma economia fortemente dependente da exportação de um só produto. Se nos anos de abundância prevaleceu a liberalidade no gasto público e no endividamento externo, a queda dos preços do petróleo a partir dos anos 1980 coloca em pauta a necessidade de um ajuste que incorpora a Venezuela à realidade latino-americana da crise da dívida.

Depois de ter governado o país entre 1973 e 1979, Carlos Andrés Perez, da AD, é eleito para um novo mandato em 1989, gerando a esperança de volta aos bons tempos. No entanto, o otimismo se esvai rapidamente com as medidas tomadas logo após a posse, que implicam um acordo com o FMI acompanhado da liberalização dos preços e tarifas, que afeta de forma mais direta os setores pobres e médios da população. A resposta se dará na forma de uma revolta popular espontânea em fevereiro de 1989, o *Caracazo*, em que se produzem saques nas principais cidades do país. Esse evento revela o descontentamento com medidas que contrariam as expectativas suscitadas durante a campanha eleitoral, consolidando a percepção do caráter estrutural do processo de deterioração econômica. Conforme mostram dados apresentados por Edgardo Lander, entre 1984 e 1991 a porcentagem de população pobre passa de 36% para 68% (2005, p.102).

A partir desse momento, inicia-se um período de instabilidade política, marcado por forte repressão aos envolvidos no *Caracazo*, duas tentativas de golpe militar em 1992 – quando emerge a figura do tenente coronel Hugo Chávez – e a destituição de Carlos Andrés Perez por parte do Congresso em 1993, sob acusações de corrupção. Nas eleições desse mesmo ano, triunfa Rafael Caldera, líder histórico do Copei e presidente entre 1969 e 1973, que funda um novo partido, Convergência, simbolizando o fim do bipartidarismo inaugurado pelo Pacto de Punto Fijo.

No âmbito econômico, o governo de Caldera dá continuidade à política de abertura da economia, estimulando a presença do capital privado, especialmente transnacional, na indústria petroleira e no setor bancário. Na esteira da crise financeira de 1994, em que o país passa por um forte processo de fuga de capitais, o presidente promove a venda de bancos nacionais, tanto estatais como privados, além de estabelecer o controle do câmbio. Em 1996, sob o argumento da necessidade de estabilizar a economia, combater a inflação e a queda dos salários, se acorda uma Carta de Intenções com o FMI e se põe em prática o plano de ajuste Agenda Venezuela. Ao mesmo tempo que se aprofunda a abertura externa, aumenta a deterioração da situação dos trabalhadores, em virtude da diminuição do emprego numa indústria que enfrenta a queda da demanda interna e a desnacionalização (Lacabana, 2006).

No âmbito político, cabe destacar a decisão de Caldera de anistiar Hugo Chávez, preso após o fracassado golpe de 1992, que passa a atuar na conformação de uma estrutura política capaz de sustentar seu projeto presidencial. Candidato pelo Pólo Patriótico, frente de organizações de esquerda sob a liderança do Movimento da Quinta República, partido chavista, vence as eleições com 56,20% dos votos válidos.

Embora se apresente como expressão de um projeto revolucionário bolivariano, não há uma delimitação clara de seu conteúdo, especialmente no campo da economia. O resgate da figura de Simon Bolívar busca identificar uma trajetória antiimperialista, antioligárquica e próxima dos setores populares, simbolizada na expressão "árvore de três raízes", cunhada nos anos 1980 pelo grupo de militares que foi se conformando em torno da liderança de Chávez: Bolívar, o Libertador, Simón Rodríguez, seu mestre, educador e intelectual defensor dos valores da Revolução Francesa, e Ezequiel Zamora, militar de atuação destacada nos anos 1840-50 na defesa da reforma agrária, dos pobres, negros e indígenas. Conforme destaca Chávez, a busca da estruturação de uma perspectiva bolivariana se apóia na "idéia profundamente ética, educativa de Rodríguez, [n]a idéia de reforma social e reivindicativa de Zamora, e [em] Bolívar o visionário da integração, o estadista" (Diaz Rangel, 2006, p.54-5).

O perfil da "revolução bolivariana" vai sendo construído no contexto das ações de governo, das lutas políticas com a oposição, num percurso de radicalização ideológica que assume como grande objetivo a construção do "socialismo do século XXI".

Logo no início do primeiro mandato, convoca-se uma Assembléia Constituinte, para a qual são eleitos representantes em sua maioria vinculados ao governo. Entre as principais mudanças, a nova Constituição altera o nome do país para República Bolivariana da Venezuela, proíbe a privatização do petróleo e da água, cria o poder Cidadão e o poder Eleitoral, que se somam aos poderes Executivo, Legislativo e Judiciário, estabelece o princípio de revogação de todos os mandatos eletivos, fortalece o poder do presidente, que passa a decidir diretamente sobre as promoções no âmbito militar, e estende seu mandato para seis anos com possibilidade de reeleição imediata (Lander, 2005).

Em novembro de 2001, o governo apresenta publicamente o conteúdo de sua reforma econômica, anunciando 49 decretos-lei. Entre o conjunto de regulamentações definidas, duas provocaram forte reação dos principais grupos empresariais do país, a Lei de Terra e Desenvolvimento Agrário, que autoriza a expropriação de propriedades que excedam 5 mil hectares e subordina as terras privadas à chamada "função social alimentar", pela qual devem adequar sua produção aos planos nacionais definidos pelo governo; e a Lei Orgânica de Hidrocarbonetos, que aumenta a carga impositiva dos investidores estrangeiros de 16% para 30% e concentra no Estado a decisão e a participação em no mínimo 51% das ações das sociedades mistas.

As reações às reformas chavistas têm como principal fonte de apoio o *establishment* tradicional, em que se destaca a Fedecámaras, maior central empresarial, a Confederação dos Trabalhadores Venezuelanos, em que tem grande peso a burocracia sindical da empresa estatal Petróleo da Venezuela (PDVSA), os meios de comunicação privados e a alta hierarquia da Igreja Católica. Entre 2002 e 2004, a atuação desses setores terá três momentos de destaque.

Em primeiro lugar, o golpe de abril de 2002, que coloca na presidência do país o dirigente da Fedecámaras Ricardo Carmona, obtendo reconhecimento imediato do governo estadunidense. O golpe é rapidamente sufocado graças à forte reação interna e externa, em que os governos da região e a OEA têm um papel destacado, aplicando a Carta Democrática.[2]

Na seqüência, se dá o *paro* petroleiro, entre dezembro de 2002 e fevereiro de 2003, comandado pela tecnocracia da PDVSA, que levou a uma queda da produção de três milhões de barris diários para 25 mil, à redução de mais de 20% do PIB no primeiro trimestre de 2003 e à demissão de 18 mil dos quarenta mil trabalhadores da indústria do petróleo, com custos diretos para a economia superiores a dez bilhões de dólares (Lacabana, 2006). Apesar dos danos econômicos e sociais, o governo tem um ganho político e estratégico fundamental: aceita o desafio colocado pelo movimento, vai até as últimas conseqüências, levando a greve a um desfecho definitivo, com a derrota dos grevistas, a substituição dos quadros dirigentes e o conseqüente aumento do controle estatal sobre a empresa.[3]

Finalmente, a oposição se mobiliza em favor de um referendo sobre a continuidade do mandato presidencial, para o qual, com base na nova Constituição, conseguiu o número de assinaturas necessárias, gerando a expectativa de vitória contra Chávez. Realizado em agosto de 2004, o presidente obtém 58% de aprovação.

A partir deste momento, a liderança chavista se consolida paralelamente à perda de força da oposição, num contexto de forte crescimento dos preços internacionais do petróleo, gerando condições favoráveis para a implementação da agenda de governo. Em maio de 1998, o barril de petróleo Brent custava US$ 12,08, para chegar a ultrapassar os US$ 100,00 em fevereiro de 2008. Por outro lado, a economia inicia um ciclo de crescimento, atingindo 17,9% em 2004, após uma queda de 8,9% no ano anterior (Quadro 1), acompanhado por um forte aumento do consumo que atinge todos os setores. No âmbito da população mais pobre, esse incremento foi, entre 2004 e 2006, de 159% (Sanjuan, 2007).

Apesar desses resultados, os avanços no combate à pobreza não apresentam impacto nos indicadores estruturais da distribuição da renda. Conforme dados da Cepal, o coeficiente Gini, que em 1990 era de 0,471, aumenta para 0,498 em 1999 e sofre uma leve melhora em 2005, diminuindo para 0,490 (2007, p.79).

---

[2] Como parte dos objetivos da OEA de "promover e consolidar a democracia representativa dentro do respeito do princípio da não-intervenção", a Carta Democrática, aprovada em reunião realizada em Lima, em 11 de setembro de 2001, define medidas de punição para os Estados-membros em que se produzam rupturas democráticas, como a suspensão imediata do seu direito de participação na OEA. Ver <http://www.oas.org/OASpage/esp/Documentos/Carta_Democratica.htm>.

[3] Conforme relata Lacabana, "O governo e os trabalhadores de baixo escalão da indústria petroleira, assim como alguns poucos gerentes ativos, outros aposentados e profissionais das universidades e outros setores de apoio ao governo junto com as organizações populares conseguiram pacientemente colocar a indústria em funcionamento" (2006, p.344).

Quadro 1 – Indicadores econômicos de Argentina, Bolívia, Brasil e Venezuela*
2004-2006**

	PIB			PIB por habitante			Preços ao consumidor			Salário médio real			Desemprego urbano		
	2004	2005	2006	2004	2005	2006	2004	2005	2006	2004	2005	2006	2004	2005	2006
Argentina	9,0	9,2	8,5	8,0	8,1	7,4	6,1	12,3	10,0	10,0	6,0	9,4	13,6	11,6	10,4
Bolívia	3,9	4,1	4,5	1,6	1,8	2,3	4,6	4,9	4,7	2,9	-3,9	—	6,2	8,2	—
Brasil	4,0	2,3	2,8	3,4	0,9	1,4	7,6	5,7	3,0	0,7	-0,3	3,4	11,5	9,8	10,1
Venezuela	17,9	9,3	10,0	15,8	7,5	8,2	19,2	14,4	15,8	0,2	2,6	4,6	15,3	12,4	9,8

* Em porcentagens. ** Dados preliminares.
Fonte: Cepal, 2006.

Apesar do sucesso de Hugo Chávez na obtenção de amplos poderes para reformar as instituições venezuelanas e os resultados favoráveis da economia, há limitações estruturais que colocam desafios à continuidade do processo. Ainda que os grandes grupos empresariais que atuam no país tenham perdido peso político, permanecem como fator de poder em virtude de seu peso econômico, com capacidade para boicotar as políticas do governo, especialmente mediante desabastecimento de produtos, retração de investimentos e fuga de capitais. Para as elites tradicionais, a continuidade indefinida da liderança chavista é percebida como obstáculo à retomada da hegemonia perdida, limitando os alcances estratégicos da busca de convergências com o processo bolivariano. Em contrapartida, o desafio do governo é gerar uma base econômico-social alternativa, vinculada estrategicamente a seu projeto.

Nessa última perspectiva, cabe destacar algumas políticas públicas voltadas para o fortalecimento de novos pólos de desenvolvimento com vocação endógena e com ênfase na economia social. Por um lado, temos o financiamento de empreendimentos associativos, cooperativas, pequenas e médias empresas. No âmbito social, o principal instrumento de inserção popular é o programa de missões, destinado a responder aos problemas críticos enfrentados pelos mais pobres, como analfabetismo (Missão Robinson), acesso à educação nos vários níveis de ensino (Missão Ribas), alimentos a baixo preço (Missão Mercal), assistência médica básica (Missão Barrio Adentro), distribuição de terra (Missão Zamora) e geração de emprego (Missão Vuelvan Casas), entre as principais.[4]

Para Hugo Chávez, essas iniciativas seriam parte da busca de um modelo diferente, de caráter socialista:

> No social, o socialismo deve conjugar igualdade com liberdade. Uma sociedade de incluídos, de iguais, sem privilégios, sem essa abismal diferença entre extrema riqueza e extrema pobreza. No econômico: uma mudança do sistema de funcionamento metabólico do capital. ... Aqui temos iniciado experimentos como o impulso ao cooperativismo e ao associativismo, à propriedade coletiva, à banca popular e núcleos de desenvolvimento endógeno etc. Trata-se de deixar para trás a lógica de funcionamento perverso do capitalismo. São válidas muitas experiências, como a autogestão e a co-gestão, a propriedade cooperativa e coletiva etc. Estamos pondo em marcha um ensaio de empresas de produção social e unidades de produção comunitária. Isso está nascendo, porém ajudaria definir um modelo teórico. (Diaz Rangel, 2006, p.209)

Ao iniciar seu terceiro mandato, contando com um Congresso sem presença da oposição, dado o seu boicote às eleições legislativas de 2005, o presidente venezuelano apresenta as diretrizes da estratégia de aprofun-

---

[4] As informações oficiais das políticas sociais, incluindo as missões, se encontram em <http://www.gobiernoenlinea.ve/misceláneas/misiones.html>.

damento da revolução bolivariana, propondo dois eixos de ação: 1) A criação de um partido unificado, o Partido Socialista Unido da Venezuela (PSUV), buscando aglutinar todas as forças políticas que apóiam a revolução, que se dissolveriam para incorporar-se à nova organização, como condição para continuarem participando do governo.[5] Em outubro de 2007, o partido contava com 5.730.000 inscritos. 2) A construção do socialismo bolivariano, impulsionado por "cinco grandes motores": a) lei habilitante, já aprovada pelo legislativo, que atribui poderes ao presidente para modificar a Constituição, gerando o marco legal para avançar nos passos seguintes, b) reforma constitucional para estabelecer um Estado de direito socialista, c) educação em valores socialistas, d) nova geometria do poder econômico, social e político no interior do espaço nacional, e) explosão do poder comunal na direção de uma democracia socialista.[6]

Com base nos poderes atribuídos pelo Congresso, o governo promove duas importantes iniciativas em 2007: o aprofundamento do processo de nacionalização dos recursos energéticos e a reforma constitucional.

Em 1º de maio, a PDVSA assume o controle majoritário das ações das empresas que operam na faixa do rio Orinoco, que contém uma das maiores reservas de petróleo do mundo. O modelo adotado é o de economia mista, em que as multinacionais assinam novos contratos que atribuem ao Estado o mínimo de 60% das ações, após receberem indenizações em valores de mercado pela perda de patrimônio.[7]

Em 2 de novembro, a Assembléia Nacional sanciona com 161 votos a favor e seis abstenções[8] a reforma constitucional encaminhada pelo presidente em 15 de agosto. A proposta inicial incluía a modificação de 33 artigos da Constituição de 1999, mas o Congresso ampliou o número para 69.

Após a aprovação pelo Legislativo, a proposta de reforma foi submetida a referendo popular. Em 2 de dezembro, com um total de votos válidos de 8.883.746, e uma abstenção de 44,11%, a rejeição à Constituição obteve mais de 50% dos votos.

A vitória do "Não" sinaliza limites à aposta chavista de transformação estrutural, que encontrou oposição mesmo dentro de suas bases de apoio. Se os inscritos no PSUV tivessem todos votado a favor, isso teria bastado para a vitória.

---

[5] Conforme declarações de Chávez à emissora Telesur, "Os partidos que queiram podem continuar sozinhos. Claro! Sairiam do governo nacional. Comigo quero que governe um partido". Ver <http://www.telesurtv.net/secciones/noticias/nota/index.php?ckl=4496>.

[6] Ministerio del Poder Popular para la Comunicación y la Información, <http://www.minci.gob.ve/motores/62/11852>.

[7] Até 1º/5/2007, tinham assinado com o governo: British Petroleum, da Grã-Bretanha; ChevronTexaco e ExxoMobil, dos Estados Unidos; Total, da França; Statoil, da Noruega.

[8] As abstenções foram de deputados do partido Por la Democracia Social (Podemos), que embora seja da base de apoio ao governo teve divergências com diversos pontos aprovados na Constituição.

Embora invalidada pelo resultado do referendo, cabe destacar alguns dos pontos mais importantes da carta proposta pelo Congresso, que sinalizam as transformações programadas pelo governo em seu projeto de "socialismo do século XXI". No plano político: altera o nome do país para República Socialista da Venezuela; aumenta o mandato do Executivo de seis para sete anos, com a eliminação de limites à reeleição; cria o Poder Popular, formado por Conselhos Comunais, paralelo aos poderes Executivo, Legislativo e Judiciário. No âmbito militar: as Forças Armadas passam a incorporar, além das funções de defesa nacional, o envolvimento nos planos governamentais de desenvolvimento econômico, social, científico e tecnológico, e contam com um novo corpo, as Milícias Populares Bolivarianas, formadas pelos reservistas. No plano econômico: limita a jornada de trabalho a 36 horas semanais; cria o conceito de propriedade social e coletiva, que se incorpora às modalidades privada, estatal e mista; extingue a autonomia do Banco Central, passando ao poder Executivo a função de controle das reservas.

Animados pelo resultado, os partidos de oposição Acción Democrática, Copei, Un Nuevo Tiempo, Alianza Bravo Pueblo, Primero Justicia, Movimiento al Socialismo, Causa Radical, Proyecto Venezuela e Bandera Roja assinam em janeiro de 2008 um pacto de unidade, definindo uma plataforma de princípios para orientar a apresentação de candidaturas de consenso nos futuros processos eleitorais. Entre os pontos programáticos do documento, destacamos aqueles que sinalizam mais claramente o contraste com o projeto chavista: "Resgatar o prestígio e funcionamento autônomo das instituições da República ... Respeito à pluralidade ideológica ... Respeito à propriedade privada e às liberdades econômicas ... Educação de qualidade e não ideologizada ... Uma política externa para a democracia e para a paz ... Forças Armadas institucionais" e combate à pobreza com base no estímulo ao emprego, contando com a renda petroleira como alavanca, mas despolitizando a atuação das missões criadas pelo atual governo.[9]

O desenrolar das iniciativas que marcam o terceiro mandato de Chávez sinaliza a percepção dos desafios na definição de um projeto estrutural que vá além de melhorias localizadas nas condições de vida da população mais pobre, fortemente dependente da conjuntura favorável dos preços do petróleo e cuja sustentabilidade permanece associada à sua popularidade. Nessa disjuntiva, o presidente investe seu capital político na ampliação dos recursos de poder sob controle do Executivo, buscando fortalecer a disponibilidade de recursos econômicos e avançar na constituição de estruturas

---

[9] "Propuesta de un acuerdo de unidad nacional 'La alternativa para el cambio'", assinado por organizações políticas de oposição em 23 de janeiro de 2008. Disponível em <http://www.globovision.com/news.php?nid=76943>.

político-militares capazes de dar respaldo às mudanças em curso contra eventuais tentativas desestabilizadoras da oposição.

A rejeição da Constituição e a convergência dos principais partidos oposicionistas na criação de uma linha programática eleitoralmente viável colocam a chamada Revolução Bolivariana diante de novos desafios: como avançar na institucionalização do socialismo do século XXI, sob um sistema político de democracia representativa com pluripartidarismo e alternância do poder, num país em que a defesa da propriedade privada dos meios de produção é um valor fortemente arraigado em setores relevantes da população?

Bolívia

As transformações por que passa a Venezuela de Chávez respondem à iniciativa de um movimento de setores militares que posteriormente busca enraizar-se na sociedade mediante a construção de uma organização partidária e de mecanismos estatais que favoreçam a incorporação das camadas populares. No caso da Bolívia, embora se vivencie a culminação de um processo de crise de hegemonia das elites tradicionais, o governo de Evo Morales expressa a convergência de movimentos sociais fortemente estabelecidos na população de um país pobre, desigual e de maioria indígena.

Esse processo revela duas tendências fundamentais. Em primeiro lugar, a falência das políticas aplicadas a partir de 1985 por Paz Estenssoro, do Movimento Nacionalista Revolucionário (MNR), primeiro presidente da revolução de 1952, que instituiu a reforma agrária e a nacionalização do setor minerador, transformando-se posteriormente num dos precursores latino-americanos da liberalização econômica, sob o comando de seu ministro, e futuro presidente, também pelo MNR, Sánchez de Lozada (Ayerbe, 2002; Petras & Veltmeyer, 2005). Em segundo lugar, a mudança no perfil dos movimentos sociais, em que a lógica classista que predominou até os anos 1980, com a liderança da Central Operária Boliviana (COB), fundada em 1952 e de forte presença no setor mineiro-exportador centrado no estanho,[10] cede espaço para organizações camponesas, vinculadas especialmente ao plantio de folha de coca, que assumem uma identidade indígena[11] (Tapia, 2005).

---

[10] Na primeira metade do século XX, a Bolívia se destacou como um dos maiores produtores de estanho, produto em torno do qual girou sua economia até os anos 1970, quando perdeu relevância como insumo industrial, levando o país a uma forte crise (Ayerbe, 2002).

[11] De acordo com Luis Tapia, "O elemento índio na Bolívia é algo plural, heterogêneo, que se reflete no oriente e no altiplano em formas próprias de organização e de governo que não foram eliminadas durante a Colônia nem na República e que hoje são o suporte organizativo da mobilização dos sindicatos agrários" (2005, p.348).

No que se refere à liberalização econômica, a lógica do modelo implementado tinha um componente estabilizador contra a hiperinflação, de reforma do Estado, com a privatização de empresas públicas e austeridade fiscal, apontando para um perfil exportador em que se destacam a soja e o gás, favorecendo algumas regiões, como a de Santa Cruz.[12] Entre os efeitos colaterais não previstos, produz-se uma forte expansão da economia da coca, especialmente na região de Cochabamba.

Apesar do controle da inflação e do crescimento de 4% ao ano em meados dos anos 1990, há um forte retrocesso a partir de 1997, em que têm peso as crises financeiras que atingem os países vizinhos (marcadamente Brasil e Argentina), dos quais as exportações bolivianas são fortemente dependentes, e os efeitos nas comunidades camponesas das políticas de erradicação da coca acordadas com os Estados Unidos. Entre 1997 e 2002, o PIB *per capita* passa de 1.100 para 890 dólares (Crabtree, 2006).

Sem cumprir satisfatoriamente as promessas de crescimento, as políticas aplicadas contribuem para acentuar a desigualdade social num país em que dois terços da população vivem abaixo da linha da pobreza.[13] Conforme mostra a Cepal, a tendência do coeficiente de Gini apresenta uma evolução negativa, de 0,538 em 1989 para 0,586 em 1999 e 0,614 em 2002 (2007, p.79). Em termos geográficos, regiões como Santa Cruz, Tarija e Oruro aumentaram sua participação no PIB nacional, ao contrário de Cochabamba e La Paz. Neste contexto, aprofunda-se o processo migratório interno na direção das regiões mais ricas.

A precarização do quadro econômico e social vai minando a credibilidade das reformas, que tinham entre seus objetivos importantes a privatização dos recursos naturais. Cabe a este respeito destacar dois processos que conseguiram demarcar os limites ao avanço da agenda de liberalização, dando impulso a novos atores que passam a polarizar a política nacional. Em 2000, temos o movimento contra a atribuição à empresa Bechtel do direito exclusivo de comercializar e distribuir o sistema de água de Cochabamba, que obriga o governo a cancelar a concessão. Em 2003, a iniciativa de exportar gás para México e Estados Unidos através do Chile desencadeia um levantamento popular que envolve greves, paralisação de estradas, manifestações, com apoio de organizações camponesas, da COB e de partidos de esquerda, que se radicaliza diante da forte repressão lançada por Sanchez de Lozada, forçado a renunciar.

---

[12] Conforme dados da Câmara de Indústria e Comércio (Cainco), atualmente Santa Cruz "origina 30% do PIB nacional, gera 62% das divisas do país, produz 50% das exportações e recebe 47,6% do investimento estrangeiro que chega à Bolívia" (Stefanoni, 2007, p.42).
[13] De acordo com Crabtree (2006), cálculos da Unidade de Análise e Política Econômica (Udape), entidade fortemente influente nas políticas sociais do governo boliviano, consideravam necessário um crescimento anual sustentado de 7% para que o desempenho dos setores mais dinâmicos da economia contribuísse decisivamente para a diminuição da pobreza.

Nesse segundo momento, os movimentos recebem forte apoio do Parlamento, que conta com a representação de partidos que expressam a nova dinâmica sociopolítica do país, com destaque para o Movimento Indígena Pachakuti (MIP), dirigido por Felipe Quispe Huanca, e o Movimento ao Socialismo (MAS), liderado por Evo Morales, eleito deputado em 1997 e presidente em dezembro de 2005.[14]

No programa eleitoral de Morales se destacam três propostas estreitamente vinculadas às lutas dos anos recentes: convocação de uma Assembléia Constituinte, nacionalização dos hidrocarbonetos, defesa do cultivo e da industrialização da coca (Stefanoni & Do Alto, 2006). Embora tenha iniciado o mandato em janeiro de 2006, as principais medidas tomadas permitem estabelecer uma correlação entre a posição do MAS e o seu dirigente máximo, na oposição e no exercício do governo.

Em julho de 2006 é eleita a Assembléia Constituinte, com mandato de um ano para redigir a nova Carta. Embora contando com a maioria dos deputados, o governo não consegue atingir os dois terços requeridos para a aprovação de mudanças sem negociar com outras forças políticas, o que leva o MAS a propor que as decisões sejam por maioria simples, gerando fortes disputas com a oposição, diante das quais acaba cedendo. No dia 1º de maio decreta a nacionalização dos hidrocarbonetos, enviando tropas militares e funcionários da empresa estatal Yacimientos Petrolíferos Fiscales Bolivianos (YPFB) para ocupar as instalações petrolíferas e os postos de gasolina. O decreto passa a obrigar todas as empresas a se tornar sócias da YPFB, que se torna proprietária de 51% das ações, e a renegociar os contratos sobre a distribuição dos lucros, com o aumento da parcela que vai para o Estado. Apesar das reações iniciais negativas dos setores afetados, que incluem a brasileira Petrobras, o governo consegue renegociar os contratos em condições favoráveis, com ganhos imediatos de arrecadação, que contribuem para um superávit fiscal de 6% em 2006, após anos de déficits recorrentes. No âmbito da economia da coca, o governo iniciou gestões na Junta Interamericana de Fiscalização de Entorpecentes para obter a despenalização do plantio da folha de coca, segundo uma estratégia que busca ampliar a produção e exportar produtos industriais derivados como farinha e medicamentos, para a qual prevê uma expansão das áreas de plantio de 12.000 para 20.000 hectares. Em outubro de 2007, o presidente anuncia a criação do Bônus Dignidade, renda vitalícia de 26 dólares mensais para todas as pessoas de mais de sessenta anos, a ser financiado pelo recorte de

---

[14] O MIP e o MAS obtêm 28% dos votos nas eleições de 2002. Conforme destaca Camargo, "os dois partidos elegeram 36 parlamentares, número que, somado ao dos deputados de militância indígena eleitos por outras agremiações, eleva a representação parlamentar indígena a 52 (num total de 130 deputados e 27 senadores)" (2006, p.12).

30% da renda petroleira dos departamentos produtores, o que gera forte reação por parte dos governadores afetados.

As medidas implementadas por Morales buscam gerar benefícios tangíveis e não conjunturais para os setores mais pobres da população, como forma de dar sustentabilidade à nova correlação de forças e reduzir os espaços para opções conservadoras que busquem retomar as trajetórias do passado. Esse quadro abre para estes setores duas possibilidades: a insistência na ruptura separatista presente nas propostas de autonomia dos departamentos da chamada Meia Lua (Santa Cruz, Tarija, Pando e Beni) ou a busca de uma estratégia de convivência permanente baseada numa agenda que legitime o pluralismo, especialmente no âmbito do sistema econômico e do regime de propriedade.

Na perspectiva de analistas da esquerda críticos do MAS, a segunda possibilidade seria viável, dado que se trata de um governo que compartilha com os anteriores "o mesmo respeito pelas estruturas fundamentais do capitalismo" (Orellana Aillón, 2006, p.46). De acordo com esta visão, estaríamos diante de um processo de modernização, com ampliação da cidadania e democratização do acesso ao Estado, que passa a reconhecer os indígenas como tais. Neste novo contexto, as lutas entre governo e oposição não seriam insolúveis, há espaço para um

> pacto social entre a antiga oligarquia, o imperialismo e uma nova burocracia estatal que ... não romperia com o regime de acumulação imperante, senão que daria oxigênio ao já existente, ao realizar certas reformas nacionalistas que redistribuam o excedente econômico proveniente dos hidrocarbonetos e consolidem a adesão das massas ao novo governo por um tempo mais longo do que os lapsos políticos que temos conhecido nos últimos anos. (ibidem, p.52)

Nessa linha de argumentação, os ímpetos transformadores do MAS teriam destino similar aos do MNR da revolução de 1952, conformando uma nova força cuja ascensão garante fôlego a uma futura restauração oligárquica. Certamente não é essa a perspectiva com que o governo atual encara os desafios de operar um programa de mudanças num quadro de governabilidade amparado na legalidade institucional. Discutindo o significado da democracia comunitária, que estaria no horizonte da renovação constitucional prevista pelo governo de Evo Morales, seu vice-presidente, Álvaro Garcia Linera, destaca o desencontro histórico entre um Estado monocultural, fundado na etnia branca, na língua espanhola, na democracia liberal, e o mercado capitalista e uma sociedade multicultural de diferentes etnias e formas de organização política e econômica.[15] Para ele,

---

[15] De acordo com os dados do Censo Nacional de 2001, 62% dos bolivianos maiores de idade identificam sua ascendência a povos indígenas, e a língua materna de pouco mais de 40% da população é um idioma indígena (Godio, 2006, p.353-4).

O Estado, como síntese, deveria ser uma institucionalidade capaz de articular, de compor uma engenharia política formada por uma presença proporcional das culturas e identidades lingüísticas, além de ... instituições modernas e tradicionais, deliberativas, representativas e assembleístas na tomada de decisões em escala geral, "nacional". (2006a, p.81-2).

A idéia de síntese, como processo integrador da diversidade, é componente essencial do *evismo*, termo utilizado por Garcia Linera para caracterizar uma estratégia de poder que se diferencia da esquerda tradicional, em que destaca cinco peculiaridades: 1) Na relação com a representação política no plano do Executivo e Legislativo, os movimentos sociais não operam "como base, senão como atores diretos que avançam da resistência para a expansão e o controle de postos no Estado" (2006b, p.26). 2) Em relação ao discurso, articula um indianismo cultural de natureza ampla e flexível, que vai além da ascendência aimará de seu líder principal, que "pode abrir-se aos mestiços, aos brancos ou a quem seja, porém sob a premissa de organizar um novo projeto que tenha como base outra vez a nação" (ibidem, p.27). 3) Diferentemente do nacionalismo que deu origem aos movimentos revolucionários do passado, centrado nas classes médias, especialmente seus setores ilustrados, "aqui a idéia de nação recai nos índios que vêm dos sindicatos agrários e camponeses" (ibidem, p.28). 4) Sua base econômica está nos recursos naturais sob controle do Estado, a "pequena produção, os microempresários, os artesãos, as comunidades, os camponeses" (ibidem). 5) Não segue a tradição das revoluções sociais que operaram rupturas estruturais no modo de produção e na organização estatal, mas aponta para uma revolução política, cultural, descolonizadora, "que abre espaços de representação, modifica as estruturas de poder, modifica a composição das elites de poder e os direitos, e com isso as instituições do Estado" (ibidem, p.31).

Sem descartar o socialismo como perspectiva estratégica, Linera considera que as condições socioeconômicas que vigoram no país comprometem sua viabilidade nas próximas décadas. Neste sentido, aponta na direção de um novo modelo, que denomina capitalismo andino-amazônico, pautado pela "construção de um Estado forte, que regule a expansão da economia industrial, extraia seus excedentes e os transfira ao âmbito comunitário para potencializar formas de auto-organização e de desenvolvimento mercantil propriamente andino e amazônico" (2006c). Em entrevista a Maristella Svampa e Pablo Stefanoni, destaca os avanços registrados na ampliação da presença do Estado na economia a partir da posse do governo, que passa de "6 ou 7% do produto interno bruto (PIB) a 19%. Nosso objetivo é chegar a 30%" (2007, p.149).

Entre as razões que dificultam na atualidade o caminho para o socialismo, destaca duas:

> Por um lado existe um proletariado minoritário demograficamente e inexistente politicamente; e não se constrói socialismo sem proletariado. Segundo: o potencial comunitarista agrário e urbano está muito debilitado. ... O potencial comunitário que vislumbraria a possibilidade de um regime comunitarista socialista passa, em todo caso, por potencializar as pequenas redes comunitaristas que ainda sobrevivem e enriquecê-las. Isto permitiria, em 20 ou 30 anos, poder pensar numa utopia socialista. (Garcia Linera, 2006c)

Apesar de reconhecer o significado histórico das mudanças propostas pelo governo de Evo Morales, especialmente seu projeto de Estado multicultural e multinacional, Anibal Quijano teme pelas possibilidades de convívio permanente entre formas diferentes de administrar o capital ou conceber a riqueza e os recursos naturais no âmbito do capitalismo andino-amazônico: "Pode a redistribuição multicultural e/ou multinacional do controle do Estado ocorrer separadamente da redistribuição do controle do trabalho, dos seus recursos e dos seus produtos, e sem mudanças igualmente profundas nos outros âmbitos básicos do padrão de poder?" (2006b, p.18).

Na perspectiva do governo, a Assembléia Constituinte é o fórum em que se dará a formulação do novo Estado, a partir de negociações com a oposição em torno das pautas de integração dos vários mundos que compõem a diversidade nacional. No entanto, as tendências que predominam ao longo do processo constituinte parecem dar razão à análise de Quijano. Após diversas postergações e impasses, dado o boicote dos congressistas da oposição, apoiados por seis dos nove governadores departamentais, os quatro da Meia Lua, Cochabamba e La Paz, a nova Constituição é aprovada em duas votações. Em 9 de dezembro de 2007 é submetido o texto completo, sem destaques, e em 3 de fevereiro de 2008 são votados os artigos separadamente, recebendo maioria favorável de dois terços dos constituintes presentes na votação, já que o principal partido oposicionista, Podemos, que detém maioria no Senado, não participou em nenhum dos processos. Para entrar em vigor, a Carta terá que ser aprovada em plebiscito.

Dando seqüência às posições defendidas pelo MAS, a nova Carta propõe uma nova forma de Estado, buscando expressar a diversidade nacional:

> Deixamos no passado o Estado colonial, republicano e neoliberal. Assumimos o desafio histórico de construir coletivamente o Estado Unitário Social de Direito Plurinacional Comunitário ... livre, autonômico e descentralizado, independente, soberano, democrático e intercultural. Fundado na pluralidade e no pluralismo político, econômico, jurídico, cultural e lingüístico, dentro do processo integrador do país. (ACB, 2007, p.8-9)

Como parte da nova concepção de Estado, define-se uma divisão da organização territorial que contempla departamentos, províncias, municípios e territórios indígenas originários camponeses, cada um detendo autonomia para a "eleição direta das suas autoridades pelas cidadãs e pelos cidadãos, e as faculdades legislativas normativo-administrativa, fiscalizadora, executiva e técnica, exercidas pelas entidades autônomas no âmbito da sua jurisdição e competências exclusivas" (ibidem, p.63).

No âmbito da estrutura econômica, define-se um modelo de caráter plural, em que convivem, com igualdade jurídica perante a lei, formas de organização comunitária, estatal e privada.

No plano dos poderes do Estado, o Legislativo passa a ser composto por duas câmeras, a de Deputados e a de representantes departamentais; no Executivo, instaura-se a reeleição do presidente por um período consecutivo. Na prática, já que vigora a partir das próximas eleições, abre-se a possibilidade de dois novos mandatos para Evo Morales.

A legalidade da nova Constituição é questionada pelos setores que boicotaram o processo, com o argumento de que a regra vigente determinava que a aprovação deveria contar com o mínimo de dois terços do total dos congressistas, alterada pelos que participaram na seção. Como resultado, o Podemos e os governadores dos departamentos de Santa Cruz, Tarija, Beni, Pando e Chuquisaca propõem a desobediência civil.

Contrariamente às dificuldades políticas internas, o presidente Morales tem recebido importantes apoios externos. Em visita à Bolívia em janeiro de 2008, o secretário-geral da OEA, José Miguel Insulza, manifesta sua satisfação com o processo constituinte e com a carta aprovada em dezembro, na qual não encontra "elementos que vulnerem os princípios básicos da democracia que patrocina a OEA".[16] Em visita ao Brasil em fevereiro, Álvaro Garcia Linera recebe do presidente Lula uma carta endereçada a Evo Morales em que afirma que os bolivianos podem "continuar contando com o nosso irrestrito apoio, a qualquer instante que precisarem".[17]

As manifestações de apoio internacional expressam os fortes receios com as tendências de radicalização esboçadas por setores oposicionistas. Para além dos desacordos com o processo constituinte e o questionamento de sua legitimidade, o impasse estrutural com o governo se situa no tema das autonomias. Os governadores opositores visualizam na nova organização territorial do país uma limitação ao seu poder, dada a superposição de jurisdições que convivem num mesmo departamento. O principal alvo de preocupação é a convivência com a territorialidade indígena. A diversidade de concepções sobre a propriedade, a utilização da terra e seus recursos tenderá a gerar conflitos de poder legal, já que os mesmos direitos de usufruto poderão ser reivindicados pelas diversas partes.

---

[16] Ver http://www.bolivia.com/Noticias/AutoNoticias/DetalleNoticia37357.asp.

[17] A carta, que tem como referência a ajuda humanitária recebida pela Bolívia em janeiro, em virtude do Estado de emergência decretado pelo governo por causa das fortes chuvas, é também uma mensagem explícita de apoio político ao presidente Morales. Ver <http://www.agenciabrasil.gov.br/noticias/2008/02/13/materia.2008-02-13.4340761237/view>.

A aprovação da Constituição não resolve, portanto, as principais diferenças entre oposição e governo. Consciente das dificuldades, em janeiro de 2008 o presidente propõe aos governadores o início de negociações com a expectativa de gerar um acordo nacional que dê saídas institucionais para a crise política. Entre os temas da agenda, destacam-se a defesa da unidade nacional, da democracia, da legalidade, a estatização da economia, as autonomias departamentais, o Bônus Dignidade, o respeito à propriedade privada e a iniciativa do Executivo de realizar um referendo revocatório que inclua, além do mandato presidencial, o dos nove governadores. Esta última proposta é anunciada pelo governo como saída democrática capaz de reiniciar, com nova legitimidade, as relações entre as partes em conflito.

No momento em que concluímos este texto, março de 2008, a intransigência da oposição em torno da aceitação das autonomias e a apropriação pelo Estado de recursos da renda petroleira para programas sociais paralisam o andamento do pacto de governabilidade. No centro das controvérsias situa-se a difícil arquitetura de um novo Estado que contemple, num regime democrático, a convivência de diversidades nem sempre negociáveis.

ESTABILIDADE HEGEMÔNICA COM ALTERNÂNCIA NO PODER

> *É a evolução da espécie humana. Quem é mais de direita vai ficando mais de centro. Quem é mais de esquerda vai ficando mais socialdemocrata, menos à esquerda. ... A gente se transforma no caminho do meio, aquele que precisa ser seguido pela sociedade.*
> Luiz Inácio Lula da Silva[18]

Brasil

O trânsito da esquerda para o centro, na direção do "caminho do meio", não é a expressão de uma opção individual do presidente Lula, mas acompanha a trajetória do Partido dos Trabalhadores (PT). Fundado em 1980, o PT mostra uma evolução parecida à vivenciada pelo Partido Social-Democrata alemão (PSD).

No final do século XIX, o PSD era a principal expressão do socialismo marxista da II Internacional, fundada em 1889 sob a liderança de Friedrich Engels; no entanto, paralelamente ao forte crescimento de sua representação parlamentar, tendeu a substituir a estratégia de ruptura revolucionária

---

[18] Trecho de discurso proferido em 11 de dezembro de 2006, ao receber o prêmio "Brasileiro do Ano", da revista *IstoÉ*, citado por Frei Betto (Christo, 2006).

por uma atuação que privilegiava os espaços institucionais dentro da democracia representativa (Ayerbe, 2006). No caso do PT, a partir de uma origem de oposição ao *status quo*, em que convergem movimentos sociais, sindicalistas, setores da Igreja Católica, intelectuais, organizações de esquerda e militantes independentes, tende cada vez mais a priorizar a lógica institucional.[19]

O rápido crescimento do PT se dá paralelamente à consolidação da sua imagem como expressão de uma alternativa às elites dominantes da política nacional, apresentadas pelo partido como sustentáculos de um capitalismo marcado por concentração de renda, exclusão social e inserção subordinada na chamada globalização neoliberal. Como conseqüência, há uma forte expansão de sua representação parlamentar e da presença no governo de cidades e estados, que culmina na vitória de sua principal liderança, Luiz Inácio Lula da Silva, nas eleições presidenciais de 2002, após ter obtido o segundo lugar nas três disputas anteriores.

Já nos primeiros meses do governo Lula, começa a perceber-se que, mais do que o questionamento da trajetória iniciada por seu antecessor, Fernando Henrique Cardoso, do Partido da Social Democracia Brasileira (PSDB), há continuidade, com o avanço na agenda de reformas liberais nas áreas trabalhista, previdenciária e tributária e, no plano hemisférico, de comprometimento com a governabilidade e a segurança.

A nova posição é apresentada como busca pragmática de credibilidade nacional e internacional que favoreça a governabilidade de uma administração que, embora liderada por um partido de esquerda, expressa uma coalizão de forças políticas muito mais amplas.[20] Esse objetivo obtém resposta favorável. Conforme já mostramos, o Departamento de Estado si-

---

[19] No Programa Democrático-Popular, aprovado no 5º Encontro Nacional do PT, em dezembro de 1987, durante a Nova República, sob o governo de José Sarney, define-se a opção estratégica do partido pelo socialismo, colocando a política institucional como parte de um processo de acumulação de forças: "A alternativa que o PT deve apresentar não pode se limitar a ser uma alternativa à Nova República. Ao contrário, trata-se de uma alternativa estratégica à dominação burguesa neste país, com o objetivo de realizar as transformações econômicas, sociais e políticas exigidas pelos trabalhadores e demais camadas sociais exploradas pelos monopólios. Uma política de acúmulo de forças" (PT, 1987, p.10).

[20] Entre os partidos que compõem a base parlamentar do governo Lula no primeiro mandato, destacam-se, no campo da esquerda: Partido Comunista do Brasil (PC do B), Partido Socialista Brasileiro (PSB) e Partido Popular Socialista (PPS); no campo conservador: Partido Liberal (PL), que a partir de 2007 passa a se chamar Partido da República e Partido Trabalhista Brasileiro (PTB), pelo qual é eleito senador em 2006 o ex-presidente Fernando Collor de Mello; no centro: Partido do Movimento Democrático Brasileiro (PMDB), que comandou o primeiro governo civil após o fim do regime militar. No segundo mandato, sai o PPS da base aliada, ingressam o Partido Democrático Trabalhista (PDT), próximo da socialdemocracia, e o Partido Progressista (PP), de linha conservadora, ao qual pertencem lideranças emblemáticas do período militar, como o ex-governador de São Paulo e atual deputado federal Paulo Salim Maluf.

tua o governo de Luiz Inácio Lula da Silva no grupo de aliados regionais dos Estados Unidos.

Na política econômica, como ressalta Luiz Filgueiras, há uma radicalização do percurso que caracterizou o segundo governo do PSDB, fortemente marcado pela crise cambial de janeiro de 1999, pautado por "metas de inflação reduzidas, perseguidas por meio da fixação de taxas de juros elevadíssimas; regime de câmbio flutuante e superávits fiscais acima de 4,25% do PIB nacional" (2006, p.186). Como resultado, o país apresenta um crescimento econômico menor que o de Venezuela e Argentina (Quadro 1).

O aspecto diferenciado, na comparação com o governo anterior, está na maior ênfase dada à agenda social, em que se destacam algumas políticas públicas de transferência de renda, ampliação do acesso à educação e reforma agrária que, além do impacto na diminuição da pobreza, contribuem decisivamente para a reeleição do presidente em novembro de 2006: o Bolsa Família, que unificou e ampliou diferentes iniciativas já existentes, complementa com recursos monetários entre R$ 15,00 a R$ 95,00 (45 dólares aproximadamente) famílias com renda mensal até R$ 120,00, chegando a atender, em 2006, 11,2 milhões de famílias; o Programa Universidade Para Todos (Prouni), que outorga bolsas de estudo em universidades particulares para estudantes carentes, com a oferta de 47.059 bolsas em 2006 e 108.642 em 2007; assentamento de 381 mil famílias,[21] correspondentes a 95,3% da meta prevista no Plano Nacional da Reforma Agrária de 2003.[22]

Conforme mostra Antonio Prado, do Banco Nacional de Desenvolvimento Econômico Social (BNDES), desde meados dos anos 1990 o Brasil segue uma tendência contínua de elevação do salário mínimo real (97% entre 1995 e 2005) e de diminuição da concentração de renda, que se acelera a partir do governo Lula. Entre 2004 e 2005, há um crescimento real de 10% ao ano nos rendimentos da parcela dos 20% mais pobres da população.

> Desde 1999, a indigência caiu em 4,6 milhões de pessoas e a pobreza, em 4,9 milhões ... Se a queda média dos anos 2004-2005, de 3,3 milhões for mantida, a pobreza será reduzida em dois terços até 2015. As prioridades nas políticas de transferência de renda, de valorização do salário mínimo e de crescimento com estabilidade são contribuições fundamentais para essa trajetória de redução da pobreza. (2006, p.5-6)

---

[21] Os dados apresentados são oficiais. No caso do Bolsa Família, ver <http://www.mds.gov.br/programas/transferencia-de-renda/programa-bolsa-familia>, sobre o Prouni, ver <http://prouni-inscricao.mec.gov.br/prouni/>, sobre os assentamentos, ver <http://www.agenciabrasil.gov.br/noticias/2007/01/30/materia.2007-01-30.1642403473/view>.

[22] De acordo com Antonio Andrioli, que utiliza fontes oficiais, durante o governo de José Sarney foram assentadas noventa mil famílias; no período Collor e Itamar Franco (vice-presidente que assume o cargo após a renúncia do presidente), foram 35.600 famílias; nos dois governos de Fernando Henrique Cardoso, 584.655 famílias (Andrioli, 2003).

A continuidade dessa trajetória se manifesta na evolução positiva do coeficiente de Gini, com índices de 0,627 em 1990, 0,640 em 1999 e 0,613 em 2005 (Cepal, 2007, p.79).

Na perspectiva de movimentos sociais que assumiram publicamente o apoio à candidatura de Lula no segundo turno das eleições de 2006, em que enfrentou o candidato do PSDB Geraldo Alckmin, quatro aspectos são destacados na definição do voto: a recuperação da capacidade de ação do Estado no desenvolvimento de políticas públicas na área social (Marcha Mundial das Mulheres no Brasil – MMM), evitar o retorno da direita e defender o ensino gratuito (União Nacional dos Estudantes – UNE), conter a repressão e o avanço do agronegócio (Movimento dos Trabalhadores Rurais Sem Terra – MST), evitar o retorno às políticas de privatização, do Estado mínimo e a flexibilização dos direitos trabalhistas (Central Única dos Trabalhadores – CUT).[23]

Após a vitória de Lula, a Comissão dos Movimentos Sociais (CMS) entrega ao presidente uma carta assinada por trinta organizações, que inclui as anteriormente mencionadas, cujo teor mostra a preocupação com os rumos da política econômica durante o primeiro mandato, frisando

> a necessidade de um novo projeto de desenvolvimento para o país, que retire as amarras da dependência do capital internacional e financeiro, dos resquícios do neoliberalismo ainda presente na atual política econômica e, para isso, organize a produção e o Estado em benefício dos interesses da maioria da população. (CMS, 2006)

A carta apresenta um conjunto de propostas em torno de oito prioridades: crescimento com distribuição de renda e universalização dos serviços públicos; desenvolvimento sustentável; direito à educação; direitos sociais; saúde pública; reforma política; democratização do poder; defesa da soberania nacional. Na conclusão do documento, manifesta-se a identificação com o presidente em seu "compromisso político, público, assumido principalmente com os mais pobres nas últimas eleições", mas deixando clara sua "determinação de estarem mobilizados e lutar – na cidade e no campo – pelas transformações sociais, políticas e econômicas que o país precisa e o povo brasileiro tanto necessita" (CMS, 2006).

Após tomar posse, Lula busca eliminar qualquer dúvida quanto a mudanças de orientação nos pilares que sustentaram sua política econômica e na alteração das regras de jogo político. Neste sentido, cabe destacar dois momentos em que o discurso presidencial consegue demarcar posições dentro do cenário sul-americano. Na apresentação do Plano de Aceleração

---

[23] Entrevista da Agência Brasil de Fato às lideranças desses movimentos (Sales de Lima, 2006).

do Crescimento (PAC),[24] em janeiro de 2007, define as pautas do "caminho do meio" que propõe à sociedade brasileira:

> Aqui não se cresce sacrificando a democracia, não se fortalece a economia enfraquecendo o social, não se criam ilusões de distribuir o que não se tem nem de gastar o que não se pode pagar. ... Pouco me interessaria um aumento expressivo do PIB se isso implicasse, o mínimo que fosse, redução das liberdades democráticas, assim como não adianta crescer sem distribuir, não adianta crescer sem democratizar. (Lula da Silva, 2007)

Em entrevista ao jornal *O Estado de S. Paulo* no mês de agosto, posiciona-se a respeito de sua sucessão e da alternância do poder, descartando a possibilidade de disputar um terceiro mandato consecutivo:

> Quando um dirigente político começa a pensar que é imprescindível, que ele é insubstituível, começa a nascer um ditadorzinho. Acho que eu só cheguei à Presidência da República por conta da democracia deste país. Foi a democracia que permitiu que um operário metalúrgico, utilizando todos os instrumentos democráticos e vivendo as adversidades, chegasse à Presidência. Então, eu tenho de valorizar isso. (Monteiro et al., 2007)

Argentina

Diferentemente dos países analisados, em que Chávez, Morales e Lula chegam à Presidência como autêntica expressão da nova geração de partidos políticos e movimentos sociais legitimados na oposição ao "Consenso de Washington", a ascensão de Néstor Kirchner, de extensa trajetória no peronismo, busca recompor a credibilidade dos sistemas político e econômico, afetados por um quadro de crise de amplas proporções.

Desde 1991, após a implementação do Plano de Conversibilidade pelo ministro da Economia de Carlos Menem, Domingo Cavallo, a Argentina passa a ser cortejada pelos governos de George Bush, Bill Clinton e instituições financeiras internacionais, como exemplo bem-sucedido de reforma liberal. Essa percepção foi complementada favoravelmente pela política externa de alinhamento com os Estados Unidos, cuja sinalização simbólica mais importante foi o envio de duas fragatas para o golfo Pérsico em apoio à guerra de 1991 (Ayerbe, 1998).

Essa política tem continuidade mesmo com a ascensão de Fernando De la Rua à presidência, numa coalizão que envolve a União Cívica Radical (UCR) e a Frente País Solidário (Frepaso), partido de centro-esquerda fun-

---

[24] O PAC prevê investimentos de 503,9 bilhões de reais em infra-estrutura até o ano 2010, dos quais 436,1 bilhões virão das empresas estatais vinculadas ao governo federal e do setor privado e 67,8 bilhões do orçamento do governo central. Ver <http://www.agenciabrasil.gov.br/media/infograficos/2007/01/22/crescimento_23jan07.swf/view>.

dado em 1994 por setores dissidentes do peronismo e políticos independentes. Em março de 2001, De la Rua nomeia Domingo Cavallo ministro da Economia.

O *default* do final desse ano encerra o Plano de Conversibilidade, num contexto de crise de amplas proporções, envolvendo a renúncia do presidente, em meio a amplos protestos em que confluem os já castigados setores mais pobres e uma classe média que vê sua poupança em dólares seqüestrada nas instituições financeiras, convertidos por decreto em pesos desvalorizados.

Confiar no respeito aos contratos, uma das regras de jogo sagradas reivindicadas pelos organismos financeiros internacionais, agências classificadoras de risco-país e demais analistas dos chamados *mercados* não funcionou para os argentinos. Bancos estatais e privados, nacionais e internacionais não hesitaram em quebrar compromissos legais em seu próprio benefício, aplicando a seus clientes uma modalidade de estado de exceção amparada pela nova legalidade instituída pelo governo de Eduardo Duhalde, cujo mandato não provém do voto direto dos cidadãos, mas do Congresso Nacional.

Após a normalização institucional, em abril de 2003 são realizadas eleições, numa disputa polarizada por duas lideranças do Partido Justicialista (PJ), Carlos Menem e Néstor Kirchner, aliado de Duhalde, eleito presidente após a desistência do outro candidato à disputa do segundo turno.

O novo governo opera em um clima de relativa estabilidade econômica, com o início de um processo de recuperação favorecido por suspensão dos pagamentos da dívida, ampliação do consumo pela expansão dos gastos de uma população desconfiada com o sistema bancário e desvalorização cambial, que impulsiona as exportações e a recuperação da indústria voltada para o mercado interno. Após a queda do PIB de 10,8% em 2002, o país assiste a um ciclo permanente de crescimento (Quadro 1), com impacto moderado na redução da desigualdade. Conforme mostra a Cepal, o coeficiente Gini passa de 0,542 em 1999 para 0,524 em 2005 (2007, p.79). Em maio de 2005, foi concluída a oferta de bônus da dívida em *default*, obtendo-se a adesão de 76,15% dos credores, que implicou um desconto nominal de 65,6% sobre um total de dívida reestruturada de 102 bilhões de dólares. A percepção predominante do resultado é de sucesso, especialmente por ter se dado à revelia do Fundo Monetário Internacional e de setores importantes do sistema financeiro internacional.

Nesse contexto estabelecem-se as condições para a restauração da credibilidade do sistema. Na perspectiva do novo presidente, trata-se da construção de "um capitalismo sério":

> Capitalismo com regras claras em que o Estado cumpra seu papel com inteligência, para regular, para controlar, para estar presente onde se faça necessário

mitigar os males que o mercado não repara. Um Estado que estabeleça equilíbrio na sociedade e que permita o normal funcionamento do país. Capitalismo sério, onde não imperem os monopólios e onde se evite a concentração que afogue a iniciativa dos pequenos e médios empreendedores. Capitalismo sério, onde se proteja o investidor e também o consumidor, com marcos regulatórios explícitos e transparentes e organismos de controle que cumpram seu papel. (Kirchner, 2004)

Com a situação favorável no âmbito da economia, o grande desafio é desarmar o radicalismo que a conflitividade social tinha atingido, abalando a confiança da sociedade na classe política, incorporada em bloco na palavra de ordem *"que se vayan todos"*, que unificou os protestos que derrubaram De la Rua. Entre dezembro de 2001 e julho de 2002, o processo de mobilizações chegou a colocar na rua quatro milhões de pessoas de uma população economicamente ativa de trinta milhões (Petras & Veltmeyer, 2005).

Parte fundamental dessas manifestações teve como protagonista o movimento *piquetero*, que irrompe no país nos anos 1996-97, formado por grupos de desempregados que protestam cortando estradas. Com os anos, os *piqueteros* vão crescendo em participação e organização, passando a ter forte protagonismo e inserção política por intermédio de suas várias vertentes. Maristella Svampa sistematiza três lógicas centrais: a sindical, em que se destaca o vínculo com a Central dos Trabalhadores Argentinos (CTA); a partidária, próxima a organizações de esquerda, especialmente trotskistas e comunistas; e a territorial, estruturada em torno de lideranças comunitárias em bairros populares (2005).

A resposta dos sucessivos governos às demandas dos desempregados orientou-se pelo estabelecimento de assistência na forma de transferência de renda. Começou com o Plan Trabajar (PT), que muda de nome sob a presidência de Duhalde para Plan de Jefes y Jefas de Familias (PJJF), que concede 150 pesos mensais (cinqüenta dólares aproximadamente) para desempregados que estão na cabeça da família. A evolução do número de famílias atendidas é uma amostra do agravamento da crise social no país e do crescimento da organização popular. De duzentos mil atendidos pelo PT em 1997 passa-se a 1.300.000 pelo PJJF em outubro de 2002, estabilizando-se em 2.100.000 a partir da ascensão de Kirchner. Desse total, 10% são controlados diretamente por organizações *piqueteras* e 90% administrados por municípios (Svampa, 2005; Godio, 2006).

Outra área de atuação do governo Kirchner que o aproxima das reivindicações dos movimentos sociais é a política de direitos humanos, com a reabertura das discussões sobre a ação das Forças Armadas durante o regime militar de 1976-83. Em 2003, a Corte Suprema de Justiça declara inconstitucionais as leis do Ponto Final, de 1986, que extinguiram as ações penais sobre aqueles que participaram da repressão política e não tivessem sido julgados até sessenta dias após a promulgação dessa lei, e da Obediência Devida, de 1987, que inocentou os escalões militares inferiores sob o argumento de que cumpriam ordens superiores (Ayerbe, 1998). Em março de 2006, quando se completam trinta anos do golpe militar, o presidente coloca publicamente em discussão a anulação dos indultos concedidos por Menem em 1990 aos principais dirigentes da ditadura. No mês de abril de 2007, o Tribunal Penal Federal considera inconstitucionais os decretos de anistia com base na tese da não-prescrição dos crimes contra a humanidade. A posição de Kirchner lhe granjeia o apoio de organizações de defesa dos direitos humanos, como as Mães e Avós da Praça de Maio.

A ampliação das políticas sociais, a retomada da ofensiva contra a impunidade na violação dos direitos humanos e a interlocução com os movimentos sociais fazem parte do esforço de Kirchner para construir marcos de governabilidade segundo uma nova correlação de forças capaz de superar os impasses gerados pela falência do bipartidarismo PJ-UCR que vigorou desde o fim da ditadura.

A trajetória do presidente revela forte pragmatismo, mostrando capacidade de adaptação às mudanças político-ideológicas que afetam o país e o seu partido nas décadas recentes. Vinculado à Tendência Revolucionária, próxima ao Movimento Peronista Montonero, nos anos de estudante de direito na Universidade de La Plata adquire projeção como político em sua província natal, Santa Cruz, elegendo-se prefeito da capital e depois governador por três mandatos, após aprovar reforma constitucional garantindo a reeleição indefinida. Durante a presidência de Menem, foi um de seus principais aliados, destacando-se entre os governadores que apoiaram a privatização da empresa Yacimientos Petrolíferos Fiscales (YPF) e promoveram ajustes nas contas públicas de suas províncias em consonância com as demandas do Plano de Conversibilidade.[25] Rompe com Menem no momento em que este busca alterar a legislação para tentar uma segunda reeleição, alinhando-se com Duhalde, candidato presidencial do PJ derrotado por De la Rua. Eleito presidente, vai se afastando de Duhalde até o rompimento, nas eleições legislativas de 2005, em que lança a Frente Para a Vitória (FPV). Embora aliada do PJ, a FPV terá algumas candidaturas próprias, como a da primeira dama, Cristina Fernandez. Militante peronista desde a juventude e com uma trajetória parlamentar iniciada em 1985, no processo de redemocratização, Cristina concorre ao senado pela Província de Buenos Aires, derrotando Hilda Duhalde, esposa do ex-padrinho político.

Os resultados favoráveis nas eleições, em que seus aliados resultam vencedores em 14 das 24 províncias, fortalecem a liderança de Kirchner.

---

[25] Em dezembro de 1994, discursando para o então presidente Menem que visitava Santa Cruz, Kirchner destaca a importância atribuída pelo presidente à Patagônia e a sua província em particular, lembrando-o de que "Santa Cruz tem sido a província que menos problemas levou ao governo nacional". Apud Curia (2006), *La Opinión Austral*, 28 dez. 1994, p.84.

Como passo seguinte, busca afiançar o poder, estabelecendo acordos que lhe garantem maioria no Parlamento, apoio da maior parte dos governadores e prefeitos do país, convivência pacífica com as centrais sindicais e os setores mais moderados dos *piqueteros*. Por outro lado, a experiência da FPV dá fôlego ao projeto de construir uma nova força política de centro-esquerda, para a qual busca atrair setores de trajetória diversa, dentro e fora do peronismo.

A iniciativa mais importante nesse sentido é o lançamento de Cristina Fernandez à sua sucessão, numa fórmula em que Julio Cobos, da União Cívica Radical, governador da província de Mendoza, é o candidato a vice-presidente. A fórmula Fernandez–Cobos consegue amplo apoio, vencendo as eleições no primeiro turno, em 28 de outubro de 2007.

Num quadro de crise e mobilização que parecia antever o início de uma situação pré-revolucionária, a ordem retorna na Argentina das mãos do peronismo, que põe em operação, embora com matizes novos, seu tradicional poder de atração de lideranças políticas, sociais e sindicais para a esfera do Estado.

PLURALISMO E AUTONOMIA NO ORDENAMENTO REGIONAL

A trajetória da ascensão de Hugo Chávez, Evo Morales, Luiz Inácio Lula da Silva e Néstor Kirchner exemplifica alguns dos paradoxos presentes nos processos de democratização em condições de ajuste neoliberal e deterioração dos indicadores sociais. O crescente descontentamento popular favorece o surgimento de novas lideranças com capacidade de criação de organizações partidárias que rapidamente se tornam majoritárias (Movimento Quinta República, Movimento ao Socialismo, Partido dos Trabalhadores) ou que ganham espaço no interior do partido governante (Justicialismo), obtendo sucesso eleitoral.

Nos casos de Venezuela e Bolívia, o capital político é imediatamente investido em propostas de mudança institucional mediante Assembléias Constituintes que garantam maior liberdade para exercer o mandato popular e viabilizar os programas de governo. Contando com recursos naturais abundantes e estratégicos para o atual contexto da economia global, implementam políticas que fortalecem o poder decisório do Estado, buscando combinar a afirmação nacional no controle das riquezas, a ampliação do excedente apropriado pelo setor público e sua aplicação em programas de desenvolvimento e combate à pobreza.

Sem questionar o capitalismo e a democracia representativa, esses governos atuam nos limites do sistema na busca de caminhos de superação das condições estruturais de subdesenvolvimento, contando com um fator favorável que lhes é peculiar para o poder de negociação com países e empresas: a riqueza em gás e petróleo.

O socialismo bolivariano e o capitalismo andino-amazônico apresentam pontos em comum com a definição de capitalismo monopolista de Estado (CME) de Vladimir Lenin, anteriormente citada. Embora sua referência seja o contexto de colapso econômico e de conflito político que conduzem a Rússia pelo caminho revolucionário em plena Primeira Guerra Mundial, cabe resgatar a perspectiva do CME como momento de transição, em que o Estado busca combater a crise pelo incentivo a formas capitalistas de produção capazes de estimular o crescimento. Uma vez que esse processo é dirigido por um partido de esquerda, o objetivo será construir as bases de uma economia socialista, diferentemente da Alemanha da época, em que o CME representa uma fase de transição na direção do fortalecimento da burguesia em ascensão, mas ainda sem força para assumir a direção (Lenin, 1980).

Os governos de Chávez e Morales se apresentam como parte de um processo de transição cujo horizonte é outro sistema em que os atuais setores subalternos ocupariam, por intermédio de suas organizações políticas, a direção do Estado. Mesmo que o perfil do modelo proposto não esteja claramente delineado, no que se refere a possibilidades estruturais, consideramos três tendências:

- A força política e a representatividade social são concebidas pelo governo como instrumento de promoção da abertura de espaços institucionais para os setores subalternos, em paralelo à sua incorporação como produtores, assalariados e consumidores de um capitalismo de perfil mais inclusivo. Seria esta uma via próxima das experiências socialdemocratas.
- O capital político torna-se um impulso do avanço do Estado na economia, deslocando de forma crescente e sistemática o setor privado, num processo que gera fortes resistências dos interesses afetados, que têm como resposta a centralização cada vez maior do poder estatal nas mãos da organização política que comanda a transição. Vislumbramos aqui o caminho seguido pelas revoluções na Rússia, na China e em Cuba.
- Cria-se uma economia mista, em que o Estado é o ator dominante, mas com espaços para a presença do setor privado, conformando-se um *establishment* que incorpora atores econômicos que emergem ao amparo de um sistema político sob controle do partido do governo. Entre as referências históricas, cabe destacar o Partido Árabe Socialista Baath, que governou o Iraque até 2003 e desde 1963 comanda a República Democrática, Popular e Socialista da Síria, nome adotado pelo país na constituição de 1973.

Pela análise apresentada, Evo Morales estaria mais próximo da primeira tendência; Hugo Chávez parece transitar entre a segunda e a terceira.

A estratégia de ampliação dos poderes do Estado sobre a propriedade dos meios de produção teria dificuldades de aplicação por governos eleitos em países em que o capital privado é predominante e a economia mais diversificada e globalizada, como Brasil e Argentina. Os governos de Lula e Kirchner adotam uma estratégia de convergência na promoção de um capitalismo com perfil mais distributivo, amparados no sistema político gerado pela transição para a democracia iniciada nos anos 1980.

Apesar das diferenças, as estratégias adotadas pelos governos dos quatro países operam com relativo sucesso nos espaços abertos pelo atual contexto internacional, especificamente:

- A concentração do intervencionismo estadunidense em outras regiões, em que os fracassos no Oriente Médio expõem os alcances limitados da utilização da força em grande escala, gerando crescente desgaste político dentro e fora do país. O tom de moderação do Departamento de Estado com relação à evolução política latino-americana expressa uma tendência a favor da negociação.
- A valorização global do discurso da democracia e das eleições livres, sob supervisão internacional quando necessário, legitimando os resultados independentemente da natureza política das forças vitoriosas, como mostram as experiências do Hamas na Palestina e dos governos sul-americanos aqui analisados.
- O pragmatismo realista que anima o capitalismo global do século XXI, aberto a diversas variantes de "economias de mercado", conceito elástico que inclui a China, com seu regime político de partido único e controle majoritário do Estado sobre os meios de produção,[26] em que a presença e a liberdade de atuação do setor privado estão muito aquém do patamar venezuelano e boliviano.
- A regionalização da gestão de crises na América do Sul, com o privilégio para mecanismos de resolução baseados em acordos intra-regionais ou na atuação mediadora dos países vizinhos. Entre os exemplos, cabe destacar o acordo de paz entre Peru e Equador, que encerrou a guerra iniciada em 1995; a reversão das tentativas de golpe de Lino Oviedo contra o presidente Wasmosy no Paraguai, em 1996, que gerou a Cláusula Democrática do Mercosul, e contra Hugo Chávez, com a aplicação da Carta Democrática da OEA; a mediação nas crises geradas pelas saídas antecipadas de Sánchez de Lozada na Bolívia e Lucio Gutierrez no Equador; o apoio público do secretário-geral da OEA à nova Constituição boliviana e a mediação da OEA, com a aprovação da comunidade regional, na cri-

---

[26] De acordo com o Ministério do Comércio da China, até fevereiro de 2006, 51 países do mundo atribuíam ao país o *status* de economia de mercado, entre eles Nova Zelândia, Austrália, Coréia do Sul, Israel, Brasil, Argentina e Chile (ver <http://www.chinatoday.com.cn/hoy/2006n/s2006n4/p34.html>).

se desencadeada pela ação militar colombiana contra as Farc em território equatoriano.

De nossa perspectiva, vivencia-se na América do Sul um momento peculiar, com ampliação da margem de manobra dos governos para desenvolver seus programas num marco de estabilidade política na frente externa, sem as pressões intervencionistas ou desestabilizadoras de outras épocas. Nesse quadro de relativa autonomia, o tema da democracia adquire uma dimensão internacional estratégica, na medida em que a defesa dos sistemas políticos definidos pelas constituições de cada país encontra respaldo de mecanismos regionais, invocados cada vez que se verificam tentativas de violação da legalidade institucional.

No entanto, a autonomia e a democracia não estão separadas do desempenho econômico dos governos nacionais. Ainda que durante os anos recentes se tenha vivenciado uma conjuntura internacional favorável aos principais produtos do conjunto das exportações dos quatro países abordados, se não houver um processo de desenvolvimento capaz de reduzir a dependência da evolução da economia mundial, a instabilidade retornará cada vez que houver mudanças negativas no cenário externo. Como os governos de Argentina, Bolívia, Brasil e Venezuela geram forte expectativa nos setores populares sobre a melhoria estrutural de sua inserção nas respectivas sociedades, a reversão do quadro positivo na economia poderá alimentar novas crises de governabilidade.

A defesa da autonomia, da democracia e do desenvolvimento com eqüidade social é acompanhada pelo desafio e pela oportunidade histórica de transformar efetivamente o perfil socioeconômico da região. Caso contrário se estará assistindo a uma versão contemporânea dos ciclos de desarranjos, ajustes e promessas redentoras que de tempos em tempos confirmam uma previsível e problemática normalidade latino-americana.

REFERÊNCIAS BIBLIOGRÁFICAS

ANDRIOLI, A. A reforma agrária e o governo Lula: entre a expectativa e a possibilidade. *Espaço Acadêmico* n.31, dez. 2003. Disponível em: <http://www.espacoacademico.com.br/031/31andrioli.htm>.

ACB (Asamblea Constituyente de Bolivia). NUEVA CONSTITUCIÓN POLÍTICA DEL ESTADO Aprobada en grande, detalle y revisión. Dezembro 2007. Disponível em: <http://abi.bo/coyuntura/asamblea/nueva_cpe_aprobada_en_grande_en_detalle_y_en_revision.pdf>.

AYERBE, L. *Neoliberalismo e política externa na América latina*. Uma análise a partir da experiência argentina recente. São Paulo: Editora Unesp, 1998.

_____. *Estados Unidos e América Latina: a construção da hegemonia*. São Paulo: Editora Unesp, 2002.

AYERBE, L. *Ordem, poder e conflito no século XXI*. São Paulo: Editora Unesp, 2006.
BAUMAN, Z. *Vida líquida*. Buenos Aires: Paidos, 2006.
CAMARGO, A. J. C. J. de. *Bolívia – A criação de um novo país – Ascensão do poder político autóctone das civilizações pré-colombianas a Evo Morales*. Brasília: Funag, 2006.
CASTAÑEDA, J. Latin America's Left Turn. *Foreign Affairs (New York)*, maio-jun. 2006.
CEPAL (Comissão Econômica para América Latina e Caribe). *Balance preliminar de las economías de América Latina y el Caribe*. 2006. Disponível em: <http://www.eclac.cl/publicaciones/xml/2/27542/lcg2327_p_e_.pdf>.
_____. *Anuario Estadístico de América Latina y el Caribe 2006*. 2007. Disponível em: <<http://www.eclac.cl/publicaciones/xml/3/28063/LCG2332B_contenido.pdf>.
COORDENAÇÃO DOS MOVIMENTOS SOCIAIS (CMS). Carta dos Movimentos Sociais entregue ao Presidente Lula, 13 de dezembro. 2006. Disponível em <http://www.agenciabrasil.gov.br/noticias/2006/12/13/materia.2006-12-13.8756218035/view>.
CRABTREE, J. Desempeño económico, desigualdad y legitimidad política: Bolivia 1985-2003. In: PILAR, D. (ed.). *Bolivia. Fin de un siglo y nuevas perspectivas políticas (1993-2003)*. Barcelona: Ediciones Bellaterra, 2006.
CURIA, W. *El último peronista. La cara oculta de Kirchner*. Buenos Aires: Sudamericana, 2006.
DIAZ RANGEL, E. *Todo Chávez. De Sabaneta al socialismo del siglo XXI*. Caracas: Planeta, 2006.
FILGUEIRAS, L. O neoliberalismo no Brasil: estrutura, dinâmica e ajuste do modelo econômico. In: BASUALDO, E., ARCEO, E. (comps.). *Neoliberalismo y sectores dominantes. Tendencias globales y experiencias nacionales*. Buenos Aires: Clacso, 2006.
GARCIA LINERA, A. Democracia liberal vs. democracia comunitaria. In: MIGNOLO, W. (org.). *Interculturalidad, Descolonización del estado y del conocimiento*. Buenos Aires: Ediciones del Signo, 2006a.
_____. El evismo: lo nacional-popular en acción. *OSAL (Observatorio Social de América Latina) (Buenos Aires)*, n.19, jan.-abr. 2006b.
_____. El capitalismo andino-amazónico. *Econoticias Bolivia*. 2006c. Disponível em: <http://www.econoticiasbolivia.com/documentos/notadeldia/debatei5.html>.
GARRETÓN, M. Modelos y Liderazgos en América Latina. *Nueva Sociedad (Buenos Aires)*, n.205, 2006.
GODIO, J. *El tiempo de Kirchner*. Buenos Aires: Letra Griega Ediciones, 2006.
KIRCHNER, N. *Mensaje del presidente Néstor Kirchner a la honorable Asamblea Legislativa*, 1º mar. 2004. Disponível em: <http://www.presidencia.gov.ar/>.
KRUGMAN, P. *El gran resquebrajamiento*. Bogotá: Editorial Norma, 2004.
LACABANA, M. Petróleo y Hegemonía en Venezuela. In: BASUALDO, E., ARCEO, E. (comps.). *Neoliberalismo y sectores dominantes. Tendencias globales y experiencias nacionales*. Buenos Aires: Clacso, 2006.
LACLAU, E. *La razón populista*. México: Fondo de Cultura Económica, 2005.
_____. La deriva populista y la centroizquierda latinoamericana. *Nueva Sociedad (Buenos Aires)*, n.205, 2006.

LANDER, E. Izquierda y populismo: alternativas al neoliberalismo en Venezuela. In: BARRETT, P. et al. *La nueva izquierda en América Latina*. Bogotá: Editorial Norma, 2005.

LENIN, V. A catástrofe que nos ameaça e como combatê-la. In: *Obras escolhidas*. São Paulo: Alfa-Omega, 1980. v.2.

LULA DA SILVA, L. I. *Discurso do presidente da República, Luiz Inácio Lula da Silva, na cerimônia de lançamento do Programa de Aceleração do Crescimento*. Palácio do Planalto, 22 jan. 2007. Disponível em <http://www.info.planalto.gov.br/download/Informe_da_Hora/PR014-2.DOC>.

MONTEIRO, T. et al. Quem se acha insubstituível vira um ditadorzinho. *O Estado de S. Paulo*, São Paulo, 26 ago. 2007. Disponível em <http://www.estado.com.br/editorias/2007/08/26/pol1.93.11.20070826.40.1.xml>.

NSC (National Security Council). *The National Security Strategy of the United States of America*, Washington D.C., 16 mar. 2006. Disponível em <http://www.whitehouse.gov/nsc/nss/2006/>.

ORELLANA AILLÓN, L. Hacia una caracterización del gobierno de Evo Morales. *OSAL (Observatorio Social de América Latina) (Buenos Aires)*, n.19, jan.-abr. 2006.

PETRAS, J., VELTMEYER, H. *Movimientos sociales y poder estatal*. México D.F.: Lumen, 2005.

PRADO, A. A queda da desigualdade e da pobreza no Brasil. *Visão de Desenvolvimento (BNDES)*, n.14, 28 set. 2006. Disponível em <http://www.bndes.gov.br/conhecimento/visao/visao_14.pdf>.

PT (Partido dos Trabalhadores). *Programa Democrático-Popular*, 1987. Disponível em <http://200.155.6.7/pt25anos/anos80/documentos/87_prog_dem_pop.pdf>.

QUIJANO, A. El "movimiento indígena" y las cuestiones pendientes en América Latina. *Argumentos (México DF)*, n.50, jan.-abr. 2006a.

_____. Estado-nación y "movimientos indígenas" en la región Andina: cuestiones abiertas. *OSAL (Observatorio Social de América Latina) (Buenos Aires)*, n.19, jan.-abr. 2006b.

RICE, C. *Remarks at the 36th Annual Washington Conference of the Council of the Americas*, 3 maio 2006. Disponível em <http://www.state.gov/secretary/rm/2006/65797.htm>.

SALES DE LIMA, E. Reeleger Lula e fazer luta de classes. *Agência Brasil de Fato*. 2006. Disponível em <http://www.brasildefato.com.br/v01/agencia/nacional/nacional/news_item.2006-10-04.1874151437>.

SANJUAN, A. M. Ocho años de gobierno de Hugo Chávez. Claroscuros bolivarianos. *Le Monde diplomatique (Buenos Aires)*, n.98, ago. 2007.

SHANNON, T. A. *Transformational Diplomacy in the Western Hemisphere*. Remarks at the 36th Annual Washington Conference of the Council of the Americas Washington, D.C., 3 maio 2006. Disponível em <http://www.state.gov/p/wha/rls/rm/2006/q2/69285.htm>.

STEFANONI, P. Bolivia bajo el signo del nacionalismo indígena. Seis preguntas y seis respuestas sobre el gobierno de Evo Morales. In: MONASTERIOS, K., STEFANONI, P., DO ALTO, H. (eds.). *Reinventando la nación en Bolivia*. La Paz: Clacso-Plural, 2007.

STEFANONI, P., DO ALTO, H. *La revolución de Evo Morales*. Buenos Aires: Capital Intelectual, 2006.

STELZER, I. Neoconservative Economic Policy: Virtues and Vices. In: STELZER, I. (ed.). *Neoconservatism*. Londres: Atlantic Books, 2004.

SVAMPA, M. Argentina, el devenir de los piqueteros. In: DUTERME, B. (coord.). *Movimientos y poderes de izquierda en América Latina*. Madrid: Editorial Popular, 2005.

SVAMPA, M., STEFANONI, P. Entrevista con García Linera. In: MONASTERIOS, K., STEFANONI, P., DO ALTO, H. (eds.). *Reinventando la nación en Bolivia*. La Paz: Clacso-Plural, 2007.

TAPIA, L. Izquierda y movimiento social en Bolivia. In: BARRETT, P. et al. *La nueva izquierda en América Latina*. Bogotá: Editorial Norma, 2005.

WEFFORT, F. *O populismo na política brasileira*. São Paulo: Paz e Terra, 1980.

SOBRE OS AUTORES

ALDO DURAN GIL

Sociólogo e cientista político, doutor em Ciências Sociais pela Universidade Estadual de Campinas (Unicamp). Professor adjunto da Universidade Federal de Uberlândia (UFU) e coordenador do Grupo de Pesquisa sobre Estado, Capitalismo e Processo Político (GPECP). Atualmente desenvolve estudos sobre a América Latina, com ênfase em Estado, democracia, crise política e desenvolvimento capitalista.

ANA MARIA STUART

Licenciada em Ciência Política e Diplomática pela Universidade Nacional de Rosário, Argentina, mestre em Ciência Política e doutora em Sociologia pela Universidade de São Paulo (USP). Professora de Relações Internacionais da Universidade Estadual Paulista (Unesp), campus de Franca. Pesquisadora do Centro de Estudos de Cultura Contemporânea (Cedec), membro titular do Grupo de Análise de Conjuntura Internacional (Gacint) da USP e do Instituto de Estudos Econômicos e Internacionais (Ieei), coordenadora da Assessoria Internacional do Partido dos Trabalhadores.

ANDRÉS SERBIN

Antropólogo e doutor em Ciências Políticas; professor titular da Universidade Central de Venezuela. Foi assessor do Ministério de Relações

Exteriores de Venezuela, diretor de Assuntos do Caribe do Sistema Econômico Latino-americano (Sela) e professor convidado de diversas universidades da Europa, dos Estados Unidos e da América Latina. Atualmente preside a Coordinadora Regional de Investigaciones Económicas y Sociales (Cries).

CARLOS EDUARDO CARVALHO

Professor do Departamento de Economia, do curso de Relações Internacionais e do Programa de Pós-Graduação em Economia Política da Pontifícia Universidade Católica de São Paulo – PUCSP, com doutorado no Instituto de Economia da Unicamp. Publicou diversos trabalhos em economia monetária, economia do setor público e economia da América Latina.

CARLOS OLIVA CAMPOS

Licenciado e mestre em História pela Universidade de Havana. Professor convidado em universidades dos Estados Unidos, México, Venezuela, Brasil, Espanha e Suécia. Atualmente preside a Red de Integración de América Latina y Caribe (Redialc). Publicou numerosos artigos e é autor e co-autor de vários livros que abordam diferentes aspectos das relações políticas internacionais.

GILBERTO DUPAS

Coordenador geral do Grupo de Conjuntura Internacional da USP, presidente do Instituto de Estudos Econômicos e Internacionais (Ieei) e autor de vários livros, entre os quais *O mito do progresso*, *Atores e poderes na nova lógica global* e *Ética e poder na sociedade da informação*, todos pela Editora Unesp. Foi professor visitante da Universidade de Paris (II) e da Universidade Nacional de Córdoba e membro da Comissão Nacional de Avaliação do Ensino Superior (Conaes).

HAROLDO RAMANZINI JÚNIOR

Bacharel em Relações Internacionais pela Unesp, mestrando do Departamento de Ciência Política da USP, Pesquisador do Cedec e do Centro de Estudos das Negociações Internacionais (Caeni/USP). Atua principalmente nos seguintes temas: política externa brasileira, negociações internacionais, teoria das relações internacionais, análise de política externa e economia política internacional.

LUIS FERNANDO AYERBE

Professor do Departamento de Economia da Unesp e do Programa San Tiago Dantas de Pós-Graduação em Relações Internacionais da Unesp, Unicamp e PUCSP. Membro titular do Ieei e da Junta Diretiva da Cries. Foi pesquisador visitante no David Rockefeller Center for Latin American Studies, da Universidade de Harvard e do Centro de Estudios Internacionales e Interculturales da Universidade Autônoma de Barcelona.

MANUELA TRINDADE VIANA

Pós-graduanda do Programa de Mestrado do Departamento de Ciência Política da Universidade de São Paulo (USP). Seu interesse pela temática da Colômbia data de 2003, quando participou de um grupo de estudos na USP sobre o conflito armado colombiano. Atualmente, este é o tema de sua dissertação de mestrado, pesquisa realizada sob a orientação do prof. dr. Rafael Villa.

MARCELO FERNANDES DE OLIVEIRA

Graduado e mestre em Ciências Sociais pela Unesp e doutor em Ciência Política pela USP. Professor de Relações Internacionais na Unesp, campus de Marília, pesquisador do Ieei e do Cedec. Autor dos livros *Leviatã – Ensaios de teoria política* (Editora Práxis); *Mercosul: atores políticos e grupos de interesse brasileiros* (Editora Unesp).

RAFAEL DUARTE VILLA

Professor livre-docente do Departamento de Ciência Política e do Instituto de Relações Internacionais da Universidade de São Paulo (USP). Coordenador do Núcleo de Pesquisas em Relações Internacionais da USP (Nupri). Dedica-se a pesquisa em três campos das relações internacionais contemporâneas: relações internacionais da América Latina, segurança internacional e novos temas e atores transnacionais.

RODRIGO ALVES CORREIA

Pesquisador de integração regional e política externa brasileira. Graduado e mestre em Ciências Sociais pela Faculdade de Filosofia e Ciências da Unesp, campus de Marília, onde desenvolve atualmente o doutorado sobre o projeto "Questões teóricas sobre a integração regional e as particularidades do Mercosul". É um dos organizadores do livro *Idéias e cultura nas relações internacionais*.

TULLO VIGEVANI

Professor de Ciência Política da Unesp, campus de Marília, coordenador do Programa San Tiago Dantas de Pós-Graduação em Relações Internacionais da Unesp, Unicamp e PUCSP. Pesquisador do Cedec na área de relações internacionais e política externa, membro do Gacint e do Conselho Consultivo do Ieei. Autor e co-autor de vários livros. Tem artigos publicados no Brasil e no exterior.

SOBRE O LIVRO

Formato: 16 x 23
Mancha: 26 x 48,6 paicas
Tipologia: StempelSchneidler 10,5/12,6
Papel: Off-set 75 g/m^2 (miolo)
Supremo 250 g/m^2 (capa)

1ª edição: 2008

EQUIPE DE REALIZAÇÃO

Edição de Texto
Maurício Balthazar Leal (Copidesque)
Maria Regina Machado (Preparação de texto)
Sandra Garcia Cortez (Revisão)

Editoração Eletrônica
DuSeki

Impressão e Acabamento